心理学译丛·教材系列

生涯发展与规划

人生的问题与选择

Life's Choices Problems and Solutions

[美] 理查德·S·沙夫（Richard S. Sharf）著

周黎明 译

中国人民大学出版社

·北京·

心理学译丛·教材系列
出版说明

我国心理学事业近年来取得了长足的发展。在我国经济、文化建设及社会活动的各个领域，心理学的服务性能和指导作用愈发重要。社会对心理学人才的需求愈发迫切，对心理学人才的质量和规格要求也越来越高。为了使我国心理学教学更好地与国际接轨，缩小我国在心理学教学上与国际先进水平的差距，培养具有国际竞争力的高水平心理学人才，中国人民大学出版社特别组织引进"心理学译丛·教材系列"。这套教材是中国人民大学出版社邀请国内心理学界的专家队伍，从国外众多的心理学精品教材中，优中选优，精选而出的。它与我国心理学专业所开设的必修课、选修课相配套，对我国心理学的教学和研究将大有裨益。

入选教材均为欧美等国心理学界有影响的知名学者所著，内容涵盖了心理学各个领域，真实反映了国外心理学领域的理论研究和实践探索水平，因而受到了欧美乃至世界各地的心理学专业师生、心理学从业人员的普遍欢迎。其中大部分版本多次再版，影响深远，历久不衰，成为心理学的经典教材。

本套教材以下特点尤为突出：

● 权威性。本套教材的每一本都是从很多相关版本中反复遴选而确定的。最终确定的版本，其作者在该领域的知名度高，影响力大，而且该版本教材的使用范围广，口碑好。对于每一本教材的译者，我们也进行了反复甄选。

● 系统性。本套教材注重突出教材的系统性，便于读者更好地理解各知识层次的关系，深入把握各章节内容。

● 前沿性。本套教材不断地与时俱进，将心理学研究和实践的新成果和新理论不断地补充进来，及时进行版次更新。

● 操作性。本套教材不仅具备逻辑严密、深入浅出的理论表述、论证，还列举了大量案例、图片、图表，对理论的学习和实践的指导非常详尽、具体、可行。其中多数教材还在章后附有关键词、思考题、练习题、相关参考资料等，便于读者的巩固和提高。

希望这套教材的出版，能对我国心理学的教学和研究有极大的参考价值和借鉴意义。

中国人民大学出版社

谨以此书缅怀贾尼斯·乔丹[1]，她是一位热情的、才华横溢的同事，她的出色选择感动了许多人。

---

① 贾尼斯·乔丹（Janice Jordan，1947—1998），教师。美国特拉华大学学生运动员服务中心（Student Services for Athletes）的第一任主任（1990—1998），教育发展系副教授。1971年在位于俄亥俄州的安提亚克学院获得学士学位，1975年在特拉华大学获得硕士学位，1985年在马里兰大学获得博士学位。她不仅是一名在特拉华大学有着20年教龄的教师，也是一位为蓝鸡州（特拉华州的别称）的学生运动员提供课程咨询的先驱者。1998年死于癌症。本书脚注均为译者注，以下不再一一说明。——译者注

序 言

Preface

我认为，学生们都希望能够解决在人生中遇到的各种问题，处理好个人选择和个人关系。迄今，市场上还没有一本既适于学生们的日常决策，又以心理学和社会科学理论为基础的实用性教材。与其他教材不同的是，这本教材向学生们提供了在他们人生中所遇到的问题的解决方案，并通过采取案例研究、了解他人处理这些问题的方式加以说明。

这本教材针对广泛的读者受众，其中，包括4年制大学、社区学院和高中学生。另外，在写作本书时，我始终把重返成人高校学生的需求牢记在心。案例事例既包括二三十岁的学生也包括传统年龄的大学生。本书适用于人事关系、调适心理学、个人成长、人生选择的典型过程以及当前生活中存在的问题。

目标

这本教材的基本目标是使学生通过运用心理学和社会科学研究的知识，学会如何能够解决他们自己遇到的问题。学生应该重视案例素材，这些素材使本教材的知识变得栩栩如生。案例问题和相关心理学研究应该能够引起众多学生的兴趣。“问题和解决方案”文字框将有助于学生关注素材的目的，并注意到他们自己人生的相关性。教师应该发现，学生将对这本教材发生浓厚兴趣，而且，与阅读其他教材相比，学生在阅读本书时，将更开放地讨论与个人成长和调适心理学有关的问题。无论是本教材还是本教材的教师手册，问题的使用都为教师在课堂上讨论各种问题提供了机会，这些问题均在本教材中被提出。这本教材很可能更适合于这样的学生阅读：具有实际经验，反对看过于理论化的内容，或与他们自己个人的需求无关的内容。

我是根据与学生有关的问题来选择章节的。在第 1 部分“学习和工作”中，与众多书籍相比，我采取了一个稍有不同的方法，增加了一个有关学习的章节（虽然还是包括了诸多切实可行的建议），因为大部分学生都有一门有关学习技巧或大学介绍的课程。另外，我还提供了两章有关职业生涯问题的内容：一章是有关职业生涯选择的，另一章是有关工作调整的。第 2 部分“关系”讲述了家庭关系以及浪漫伴侣和朋友关系。性别问题、性关系以及文化多样性涉及其他关系问题，如涉及悲痛和丧亲问题。第 3 部分“个人选择和解决方案”关注如物质滥用以及处理压力、焦虑和愤怒等困难问题的个人解决方案。在这部分的最后一章，我在广义上介绍了应对方法。

特色

这本教材有几个旨在提高学生兴趣的特征。这些特征包括在每章开始处和贯穿各个章节的“问题和解决方案”文字框、问题以及推荐的读物和网站。“问题和解决方案”文字框贯穿各个章节，有助于学生关注有用的内容，使学生记起心理学和社会科学研究的知识，可以帮助他们处理各种人生问题。在章节开始处提出的问题，有助于学生思考即将出现什么内容以及他们在人生中遇到的哪些问题将得到解答。这些问题是根据章节提纲提出的问题。这本教材主要章节后提出的问题可用于几个方面：它们可以留作作业或在课堂上进行讨论，抑或兼而有之。这些问题应该对思考正在研究有关内容的学生有所帮助。在第一次讨论某些概念时，我为学生列出了这些概念的定义；这些概念及其定义也被收录在本书结尾处的词汇表里。在每章被用于阐述重要概念的案例研究，要比大多数其他教材全面、彻底。有时，为了说明某些概念，客户终端和我自己的终端之间出现的对话可以有利于解决问题。这个演示和应用的侧重点是这本教材独具特色的内容。此外，我还为学生提供了推荐读物。大多数推荐读物都是基于心理学研究并由杰出的研究者执笔的自助图书。其他推荐读物是讲述诸如性和药物滥用等问题的教材，这些内容可能比本书阐述得更为详细。由于许多学生现在有机会接触互联网，因此，我已经提供了网站，我认为，这将激发学生的兴趣，因为这些网站涉及本教材章节的具体话题。

教师在讲授调适心理学和人事关系基础课时遇到的一个常见问题是，使教学内容与学生的需求有关，并在教学内容的讨论中涉及这些内容。这本教材旨在帮助关注这方面内容的教师。这本教材对“问题和解决方案”、问题以及案例使用的实践性的特点，应该有助于提高教师的教学热情和学生的课堂参与意识。关注“这样做，对我有效吗?”的学生，很可能找到适用于他们的心理学和社会科学的应用。但是，这本教材的实践重点还是不同于目前可以得到的其他教材的实践重点。

鸣谢

我要感谢特拉华大学（University of Delaware）的尼克·西蒙斯（Nick Simons）先生和沙伦·米切尔（Sharon Mitchell）博士阅读本书的部分书稿。我要特别感谢利萨·斯韦德（Lisa Sweder）帮助录入本书的书稿。另外，我要感谢勒莫因学院（Le Moyne College）的文森特·W·海韦纳（Vincent W. Hevern），他帮助我为这本书提供了网站。

我还要感谢以下审读人员，他们为使本书成为一本比较完美的图书提供了帮助：

圣安东尼奥山学院（Mt. San Antonio College）的约翰·布伦内克（John Brennecke）；

佐治亚大学（University of Georgia）的詹姆斯·F·卡尔霍恩（James F. Calhoun）；

特拉华技术社区学院（Delaware Technical and Community College）的D·杰恩·克里斯蒂（D. Jean Christy）；

奥兰治县社区学院（Orange County Community College）的斯蒂芬·S·科恰（Stephen S. Coccia）；

弗吉尼亚中部社区学院（Central Virginia Community College）的苏珊·科菲（Susan Coffey）；

费城社区学院（Community College of Philadelphia）的卡门·N·科隆（Carmen N. Colón）；

佐治亚大学（University of Georgia）的黛安·霍德森（Diane Hodson）；

克莱蒙特研究大学（Claremont Graduate University）的克里斯·穆尔（Chris Moore）；

维泰博学院（Viterbo College）的理查德·莫尔豪斯（Richard Morehouse）；

中部社区学院（Central Community College）的琳达·佩特罗夫（Linda Petroff）；

特拉华技术社区学院的帕特里夏·A·拉蒙尼（Patricia A. Ramone）；

阿克伦大学（University of Akron）的黛博拉·韦伯（Deborah Weber）。

理查德·S·沙夫（Richard S. Sharf）

目录

第 2 部分　关系

第1章 选择和解决方案

适应和发展

适应 …… 你会怎样定义一个充分适应的人？
选择 …… 在什么程度上选择可以被加以改变或被颠倒过来？
改变 …… 什么人生转变是最难做出的？
成长 …… 人们的决策方法怎样随着年龄的增长而改变？
幸福 …… 你怎样定义幸福？
责任 …… 个人为了获得幸福怎样满足他们的需求，而且行为方式还能对其他人负责？
人生角色 …… 这些人生角色对你的重要性如何？

应对人生角色和问题

问题中心应对 …… 你的问题解决策略是什么？
情感中心解决方案 …… 你怎样应对个人问题和情感问题？
适应态度 …… 什么态度有助于解决问题？
保密性和隐私 …… 你怎样确定适合于不同人讨论的问题或情境？
问题和解决方案的类型 …… 列出人们面临的 5 种常见问题

问题和解决方案

2 在一生中，个人都要做出无数次重大的选择。本书所讨论的选择包括学习、工作、爱和友谊、养家、性、性别角色、压力（忧虑、焦虑、抑郁、愤怒的管理）、酒和药物、临终以及文化多样性。所有这些问题都需要进行思考和选择。随着从儿童期到青春期以及进入成年期，一个人选择的责任逐渐增多。在个人（而不是他们的父母）对自己的决策变得更加负责时，他们所做出选择的需求就会对他们的人生方向产生越来越大的影响。在成年期，个人做出的选择不仅影响他们自己的人生，也对他们的伴侣、孩子和同事的人生产生影响。

研究者（心理学者、社会学者和教育工作者）以及治疗师（咨询者、精神病学者和心理学者）已经提出了许多处理各种问题的策略。对于人们在人生中遇到的诸多问题，我将逐一描述，并说明处理这些问题的解决方案。除了说明研究者和心理咨询师的方法外，我还将对我自己作为一名咨询者的工作进行讨论。在过去 25 年中，我有幸与许多大学生一起，就多个问题进行了多方面的合作。通过分享他们处理问题的方法，而这些方法与专家学者提出的方法是一致的，你可以提出各种新方法，以应对你在自己的人生中遇到的各种问题，这些问题可能会使你心烦意乱，也可能会促使你对自己的未来进行思考。

人们有时会想，我是一个充分适应的人吗？我正常吗？我怎样才能知道自己是否做出正确的决策呢？我能够永远幸福吗？如果我幸福的话，我会知道吗？这些问题均难以回答，但是，我们拥有看待这些问题的各种方式，这样，它们看上去就不会过于含糊、不可抗拒了。让我们首先着眼于与“心理调适”(psychological adjustment）有关的问题。

适应和发展

四个主要概念有助于描述我们在这里讨论的一个人的发展：适应、选择、变化和发展。适应对于人们具有多种意义。个人在他们的人生中做出怎样的选择，很多时候会成为他们怎样成为“充分适应”的人的影响因素。有了选择，我们的人生中就会出现各种变化和责任。有些决策要比其他决策难以做出。变化使我们的心理得到发展，从而影响我们与他人的关系。

3 适应

适应 人们应对他们的人生以及应对他们所面临的问题和挑战的方式，指人生的各个领域。

当我们讨论人类行为，以描述人们如何应对他们的人生以及怎样应对他们所面临的问题和挑战时，我们通常使用**适应**（adjustment）一词。这个意义广泛的词语是指人生的各个领域。例如，我们可以说适应学校、适应一份新的工作、适应最近的离婚或适应一名家庭成员的死亡。有时“变得适应”（get adjusted）或“适应它”（adjust to it）是指“克服困难”（get over it）或“停止抱怨”（stop complaining）。这意味着存在一种适当的“适应的”（adjusted）方式。这可以被理解为“充分适应”（well-adjusted），“充分适应”一词已经衍生出人们可以很好地处理他们自己的问题，不用太担心或很容易和谐相处的意思。

每个人都有自己应对和处理问题与危机的方式。当我同具有各种问题的学生一起工作时，我希望知道他们处理危机的方式，以及他们遇到的问题。其他人解决问题的方式可能对我们有所帮助，但通常重要的是，一个人要能够以一种最适合自己的方式来解决问题。在通常情况下，倾听他人对你自己的适应的意见并无帮助，除非他们是专业人员或认真地思考你的问题。例如，你也许被告知应该直接从高中进入大学。然而，出于诸多原因，有些人高中毕业后，在进入大学之前就参加工作或根本没有上大学。有些人认为已婚夫妇不要孩子是错误的，但是，无论已婚夫妇是否有孩子，他们都可以使人生充实起来。看似适合某个人或某对夫妇的“适应”，对其他人来说也许就是不正常的或“不适应的”（not adjusted）。

选择

选择　另一种选择；选择涉及人生的各个领域。

个体进入高中，并处理朋友、爱情伴侣、课程以及参加活动的选择时，他们就开始认识到他们在进行**选择**（choices）了。在青春期的几年时间里，父母与子女之间一个常见的摩擦来源便是选择和独立性。父母有不同的抚养孩子的方法，他们对独立性在多大程度上适合他们的子女的看法也各不相同（我们在第 5 章进行讨论）。你和父母很可能就你晚上在外面待多晚、你的朋友、你的学习课程以及你的活动持有不同的意见。如果你有自己的孩子，那么，你很可能从某个不同的观点来看待独立性的发展。随着人们的成熟，人们越来越对自己的选择负责。其他人，如督学和教师，可能喜欢也可能不喜欢他们的选择。然而，随着我们独立性的增长，我们就会有越来越多的机会去选择我们自己的
工作和我们的人际关系，而且很少有人向我们提出建议。在这本书里，我们将 4
讨论一些你可能面临的选择，并探讨如何处理伴随这些选择可能出现的问题。

大多数选择，特别是涉及那些人际关系的选择，并非是完全不可逆转的。例如，如果你在两份工作之间进行选择，而你对选择的那份工作并不满意，那么，你可能也得不到另一份工作，但是，其他的工作机会还会等待你去选择。在各种关系中，有些选择是可逆的。例如，某种关系在一方希望终止它之前，还会继续维持下去。有时，一方想要恢复这种关系，而另一方却不希望如此。约会关系通常有几种分手与和解的可能。而在其他时候，一方或双方则将同意终止约会关系。当然，有些选择是不可逆转的。如果你在阿拉斯加选择一个职业的话，那么，你到了那里，选择可能就无法改变了。但是，对你选择产生的影响却可能发生改变。其他选择很难发生逆转。停止服用海洛因或戒烟的选择，就是一种困难的选择，这种选择也许需要不断地付出努力。在本书中，我为读者提出了一些建议，当你或朋友需要做出艰难的选择时，这些建议或许会有帮助。

改变

改变　使不同或变化；人们都具有在他们的人生中做出诸多改变的能力。

选择允许你做出**改变**（change），改变你的人生的生活方式。在通常情况下，你很难判断是否要做出某种改变。例如，在选课期结束之前，你可能很难做出是否继续选修某门课程的决定。你也许考虑将某种关系继续保持一段时间。但了解你的选择及其理由却并非易事。举例来说，如果阿琳和戴维保持着

某种关系，而戴维以恶意的方式对待她的话，那么，她就可能希望终止这种关系。然而，如果她发现很难保持独立性并感到孤独的话，她就可能无法做出这种改变。了解你自己的需求和做出各种改变所存在的困难是本书写作的一个目的。你对做出的改变和选择了解得越多，你就越能控制在你生活中发生的各种事件。

虽然做出个人改变可能令人感到恐惧，但是，它同样也使人感到愉快。当一个人决定要摆脱某种虐待关系，并感到伴随这个决策所迸发出的力量和动力时，这个人就会随着做出某种困难的人生选择所带来的不确定性，体验到一种积极的感受。当你做出一种自认为正确的职业生涯选择或纠正某种不愉快的工作情况时，你都可以产生一种成就感，并能够控制局势和事件。在你做出各种改变时，这些变化都能够影响你自己的感受以及你所做出的其他决策。

5

成长

成长　一个人在一生中持续的一个过程；可以表现在生理、情感和智力等几个方面。

成长（growth）来自人们做出的各种选择和改变。与目标不同的是，成长是一个在我们整个一生中持续的过程。在我们获得新的信息并做出新的选择时，我们就在成长。我们了解每一个新决策的各种结果。很少有人能坚持其最初的职业生涯选择。如果你回想自己在6岁时想要做什么和你现在想要做什么的话，这些选择很可能是大相径庭的。你现在拥有更多的新信息，你拥有的兴趣、能力和价值观方面的信息比许多年前要多得多。

同样，就个人而言，在9年级时相遇、长大后成为人生伴侣的现象也是罕见的。虽然这种现象确实出现过，但是，这通常要求两个人都以一种和谐的方式成长，这样，随着一个人成熟起来，另一个人也会成熟起来。因为这种现象非常罕见，所以，许多人在与伴侣一起生活之前，都会在他们人生中遇到几段爱情，只要他们事实上选择那样做的话。在各种关系中，个人了解他们自己和其他人。在各种通常非常稳定的家庭关系中，人们终生都与他们的兄弟姐妹以及他们的父母保持着联系。虽然这并非总是真实的，但是，个人都会经常努力同父母和兄弟姐妹保持着各种困难的关系。他们之所以这样做，是因为在向另一个人做出让步的时候、在变得更加疏远的时候、在某些方面（但并不是所有方面）分崩离析的时候以及在坚持己见的时候，他们要做出各种选择。因此，诸如与父母的关系等许多关系，即使亲近感也许不会减少，个人也会成长或发生改变。

在本书的几乎每一章里，均隐含着适应、选择、改变和成长的问题。与每章讨论这些概念不同的是，我的重点是放在改变你希望改变和帮助他人改变的不同做法上。当你正需要改变某种局面时，你做出选择来应对或适应这种局面，那么，你就会成长起来。通过这种成长过程，你可以提高对人生的满意度。然而，定义满意度或什么使你感到幸福却是困难的。心理学家已经对这个主题进行了剖析，而且，研究结果也相当复杂。

幸福

幸福　一种愉快或满足的感受；可以瞬间出现，也可以持续几个月或几年。

研究综述（Myers & Diener，1997）表明，人们在有关什么是使人感到愉快或满足的重要因素方面取得了大体一致的意见。虽然幸福存在很大的个人分歧和异议，但是，似乎最有助于总体**幸福**（happiness）的变量，却是爱和婚姻、工作以及个人观点。一般而言，已婚的人往往要比单身或离异的人感到幸 6
福。这意味着有良好亲密关系的人，很可能要比没有良好亲密关系的人幸福。另一个有助于总体幸福的变量是工作满意度。当人们失业或对自己的工作感到不满意时，这似乎已经对一般的幸福或内容产生了负面影响。

另一个主要因素是人们对自己的态度。具有高自尊、乐观并认为可以控制自己人生的人，很可能要比不具备这些因素的人幸福。在一个多世纪以前，西格蒙德·弗洛伊德（Sigmund Freud）评述说，爱和工作是一个健康人的核心特征。他的评论似乎在今天同样适用，个人对上述变量的评价与他们对幸福的主观理解方面是一样重要的。

其他有助于幸福的因素还包括：宗教、社会活动和健康。一般而言，有宗教信仰的人同没有宗教信仰的人相比，往往适度地把他们自己看作更幸福的人。对许多人来说，这也许是因为宗教规定了意义和一个目的感。宗教固有的道德价值观为个人提供了一种对家庭和社区关系的认识。虽然健康看起来是感到幸福不可或缺的因素，但是，健康状况不佳的人却经常能够应对他们的局面，而且，虽然健康状况不佳的人感到身体不适，但是，他们却能够体验人生其他领域的幸福。在一般情况下，有很多朋友以及积极与家人、熟人和社区进行交往的人，要比独处的人幸福得多。宗教、社会活动和健康被认为是幸福知觉的重要因素，但是，它们不如爱、工作和对自己的态度重要。

也许，在决定幸福方面最不重要的因素是描述个人的身体变量。举例来说，年龄和性别似乎与幸福无关。人们在任何年龄都会感到幸福，而且，男性和女性的幸福感往往是同样的。智能或受教育程度与某种幸福感毫无关联。人们居住在这个国家的某个地区，无论是城市、郊区，还是农村，均没有报告显示有幸福的差异。金钱越多并不一定意味着幸福感越多。一旦个人收入超出贫困线，更多的金钱似乎并没有带来更多的幸福。许多甚至年收入超过 10 万美元的人，也在抱怨没有足够的金钱来满足他们的需求。这通常是由于他们看到与他们自己有着类似财政状况的朋友造成的。

社会比较理论（social comparison theory）（Fiske & Taylor，1991）指出，幸福的主观感受比客观决定因素更重要。例如，你认为你挣到多少钱、你的健康程度、你多大岁数以及你目前的工作状况，比你赚取金钱的实际数量、你的身体实际状况、你的年龄以及你工作的声望水平更重要。研究者还指出， 7
我们对我们的幸福做出的主观判断程度，取决于我们周围的人以及同我们类似的人，如朋友和邻居。例如，如果你的生活看上去要比你的朋友稳定，你的经济问题也比较少，那么，你也许就会认为你自己很幸福。但是，如果你的朋友似乎有着更幸福的家庭关系、更好的工作或更多的金钱，那么，你可能就会认为自己得不到满足或感到不幸福。如果个人具有他们自己要实现的预期和目标

问题 1.1　思考上述描述有助于提高幸福感的变量，你认为哪个变量对你最重要？为什么？

的话，那么，他们就可能比没有这些目标的人们感到更幸福。因为幸福是一种主观状态，所以，寻求有价值的幸福以及人们不断地做事或做出改变，就会带来一种幸福感。

责任

关注幸福听上去可能有自私或以自我为中心之嫌。威廉·格拉塞尔（William Glasser）[①]（Glasser，1965，1998；Sharf，2000；Wubbolding，1988）提出了一个心理疗法理论，这个理论关注控制一个人的人生以及对自己和他人的责任。格拉塞尔应用他提出的现实疗法的各种概念，帮助人们解决问题，而且，他把这些概念也应用到学校和行业之中。他的方法是要帮助人们看到以前没有出现在他们视野中的选择。通过规划一个人的人生，个人能够做出选择，并为他们的选择承担责任。作为一种理解个人需要做出各类选择的方式，格拉塞尔描述了个人努力满足人生幸福的需求。

归属　爱、分享以及与他人合作的需求；由威廉·格拉塞尔定义。

权力　控制他人以及比他人更好的需求；由威廉·格拉塞尔定义。

自由　我们希望我们的人生如何度过、如何表达我们自己以及如何崇拜；由威廉·格拉塞尔定义。

娱乐　我们为了诸如体育运动、阅读、收藏、笑一笑和
8 开玩笑等消遣而从事的爱好和事情；由威廉·格拉塞尔定义。

格拉塞尔认为，有四种基本的心理需求是人类必不可少的需求：归属、权力、自由和娱乐。**归属**（belonging）需求包括爱、分享和合作的需求。朋友、家人或宠物可以满足这个需求。**权力**（power）需求经常与我们的归属需求发生冲突。例如，我们在婚姻中的权力需求，就与配偶要求被爱的需求相冲突。格拉塞尔认为，并不是不充分的爱毁掉了各种关系，相反，正是夫妻之间的权力斗争以及他们协商和妥协的难度破坏了他们之间的关系。**自由**（freedom）需求是指我们希望我们的人生如何度过、我们希望如何表达自己、我们选择与谁交往、我们希望阅读或撰写什么、我们希望如何崇拜以及其他的人类经验领域。在一个独裁统治的国家里，统治者的权力需求与其他个人的自由需求会发生冲突。如果一个个体具有某种强烈的自由需求，他就不会与其他人有密切的关系，那么，他的归属需求就不会得到满足，而且，这个人很可能感到孤独。虽然娱乐需求并不像权力、自由或归属需求那样强烈，但是，它仍然是一个重要的需求（Glasser，1998）。**娱乐**（fun）可以是笑一笑、开玩笑、从事体育活动、阅读、收藏以及人生的其他诸多方面。为了感到幸福，个人应该满足这些需求（归属、权力、自由和乐趣）并加以平衡，从而使一个需求不会完全支配另一个需求。

格拉塞尔认为，个人应设法控制他们的世界和他们自己，这样，他们就能够满足自己的需求。在没有意识到选择的情况下，个人经常做出设法控制他们的世界的选择。许多人会认为格拉塞尔在选择的侧重点上过于极端。他并不使用诸如沮丧的（depressed）、愤怒的（angry）、焦虑的（anxious）或惊慌失措的（panicky）等词语，相反，他使用这些词语的动词形式来强调行动和采取行动所包含的选择。因此，他使用诸如压抑（depressing）、激怒（angering）、

① 威廉·格拉塞尔（William Glasser，1925—　），美国心理治疗学家，出生于美国俄亥俄州克利夫兰。他是现实疗法的创始人，现实疗法的基础是控制理论（control theory），他在1996年将其更名为选择理论（choice theory）。著有《心理健康还是心理疾病?》（*Mental Health or Mental Illness? Psychiatry for Practical Action*，1962）、《现实治疗法》（*Reality Therapy*，1965）、《认同的社会》（*The Identity Society*，1975）、《选择理论》（*Choice Theory*，1997）等作品。

焦虑化（anxietizing）、惊恐（phobicing）等词语。例如，如果祖父或祖母去世，我们就会感到悲伤或消沉。经过短暂的一段时期，格拉塞尔判断，我们选择了情绪低落，也就是说，保持了这种压抑感。格拉塞尔认为，当人们说："我正在选择消沉"，而不是"我感到沮丧"时，他们既不太可能选择情绪低落，也不太可能选择黯然神伤。因此，格拉塞尔认为，个人通常在没有意识到的情况下，选择在考试之前变得紧张、选择生父母气或选择上课迟到。在本质上，格拉塞尔认为，个人为了满足他们的需求而做出上述这些选择。做出上课迟到的选择，可能是为了满足其他一些需求，如按时完成作业。从这个意义上讲，个人在各种需求之间进行选择。让我们来看另一个事例，如果你旷课逃学，那么，虽然你不会满足归属或权力的需求，但是，你也许要满足自由的需求。假如你上课的话，你就会与其他学生一道努力掌握学科知识。

> **问题 1.2**　在选择消沉或焦虑时，你同意格拉塞尔的观点吗？请解释，并举例说明。

格拉塞尔认为，个人能够在关注其他需求的同时，满足其自身的需求。例如，一名高中生被勒令停止吸烟，她的父母因此会感到心烦意乱，并影响他们对她的关心需求。这名学生通过选择吸烟来表明，她可能无法满足她对乐趣和权力的需求，因为她不能够从事一些放学后的活动，也无法找到许多她想要做的事情。选择吸烟而不是选择去上学，将限制她对满足归属需求（与其他学生交往）、权力需求（上大学）和自由需求（以学校教育为基础，做出其他选择）的能力。格拉塞尔曾与少年犯一起合作，他认为，他们做出的选择将他们置于一个受到限制的环境（少年感化院）里。他要求人们，不仅要看到他们目前的选择，也要着眼于选择可能的结果。从这个意义上讲，他是在强调个人对做出决策要负的责任。

> **问题 1.3**　举例说明一个你做出的选择，这个选择对你的人生产生的影响你当时并没有注意到，后来才意识到。

人生角色

9

> **人生角色**　在不同类型的情境下所表现出的不同行为。

鉴于格拉塞尔强调选择、需求和责任，舒佩尔（Super，1990）描述了个人要扮演的不同人生角色的重要性。他通过描述不同的选择类型以及个人根据他们的**人生角色**（life roles）的行为方式，给出了有关选择的不同看法。个人在强调主要人生角色的程度上存在差异，主要人生角色包括学习、工作、社区服务、家与家人以及闲暇活动。另外，有些角色还要比任何特定阶段的其他角色重要。例如，对于青少年来说，学习可能要比工作或社区服务重要。对于35岁的个人而言，家和家人也许要比学习和闲暇活动重要。虽然上述角色并不是个人扮演的唯一角色，但这些角色却是重要的角色，因为它们构成了个人在他们一生中参与的主要活动。本书的各个章节将在不同程度上涉及本节中详细说明的一个或多个角色（Super，1970；Super & Nevill，1986，1989）。

学习。学习包括诸多活动，这些活动可以在整个一生中进行。在学校读书期间，这些活动包括接受课程教育、上学以及在图书馆或在家中学习。我们知道，人们在一生中任何时候都可以选择继续教育。报纸曾刊登过80岁的老人接受高中教育或大学教育的照片。许多人在他们整个一生的业余时间里，为了得到满足或改善他们的晋升机会而接受继续教育。这个人生角色是第2章"学习和研究"的重点。

工作。工作可以始于儿童期，在这个时期，儿童帮助父母从事家务劳动、修剪草坪或参加诸如担任临时保姆和送报纸等工作。对于青少年而言，比较常见的工作是在放学后或在暑假期间做兼职工作。许多成年人在一生的不同期间从事一种或多种工作。在退休以后，工资或收入可能要比他们年轻时少。这个角色的重要性是选择职业生涯（第 3 章）和对工作感到满意（第 4 章）的内容。

社区服务。社区服务包括范围广泛的志愿服务团体从事的服务，志愿服务团体可以是社会、政治服务团体，也可以是宗教服务团体。年轻人经常参加男
10 童子军或女童子军、印第安向导团、男孩俱乐部或女孩俱乐部，这些服务团体都有作为其目的的组成部分，它们要么直接向他人提供服务，要么通过募集钱款或物品间接地提供服务。这些团体以及提供服务的兄弟会和女生联谊会都是向青少年开放的各种服务团体形式。活动可以包括扫盲工程、清理环境或协助医院工作。这些服务团体的活动以及参与政党和工会的活动均是向各年龄段的成年人提供的活动。

社会型兴趣　分享和关心其他人的福利，福利可以在一生中指导人们的行为方式。

社区服务是个人表达他们的**社会型兴趣**（social interest）的一个机会。一位与西格蒙德·弗洛伊德同时代的学者阿尔弗雷德·阿德勒（Alfred Adler，1964）认为，个人应该努力奋斗的一个基本的人类价值观就是社会型兴趣，社会型兴趣是指关心世界上的其他人，并帮助其他人创建一个更加美好的未来。阿德勒认为，社会型兴趣非常重要，以至于它能够被视为一个实际心理健康的指标。一方面，如果人们缺乏社会型兴趣的话，那么他们很可能是以自我为中心的人、贬低他人的人以及没有建设性的目标的人。另一方面，如果他们关心和努力帮助别人的话，那么他们就有可能对自己的人生感到更加满意。当个人认同和同情他人时，他们由于经历一种归属感或社会连通性（social connectedness），就更可能获得一种幸福感和成功感。通过关心他人，我们可以做出有勇气的决策，这些决策是其他人和我们自己面对的决策。那些反对歧视或为遭到不法指控的人进行辩护的人们，正在把自己置身于一个困难的境地，但是，他们同样也在表达自己的责任感和社会型兴趣。无论是通过正式的组织为社区提供服务，还是通过非正式的团体参与社会问题，关心他人均能够有助于一个人实现自己的幸福感。虽然本书没有专辟一章，直接讨论社区服务和社会型兴趣，但是，社区服务和社会型兴趣的概念在第 5 章“家庭关系”、第 6 章“爱和友谊”、第 8 章“性别角色”以及第 9 章“文化多样性”中均有所涉及。这些章节特别关注个人在与他人的关系中如何看待他们自己。

家与家人。这个角色根据个人年龄的不同而存在很大的差异。一个孩子可以在家里通过收拾自己的房间、刷碗或修剪草坪来提供帮助。青少年可以通过完成诸如担任临时保姆等比较复杂或责任比较大的任务来承担更多的义务。对于成年人而言，他们对孩子和家庭的责任变得要比之前更加重要。成年人也许
11 不仅要照顾子女，还要照顾年迈的父母。当成年人步入晚年时，他们对家和家人的责任可能显著增加或减少。例如，祖父母可能同他们的孩子或孙子住在一起，或者同孩子和孙子一起，居住在成人社区，抑或单独生活。第 5 章“家庭关系”、第 6 章“爱和友谊”以及第 10 章“生和死”均明确与这个角色有关。

终生运动项目　对体能要求较少，而且比其他运动项目要求较少参与者的运动项目。

闲暇活动。闲暇活动的性质和重要性在整个一生中很可能相当不同。闲暇活动是儿童和青少年特别重要和有价值的活动。在通常情况下，这既包括积极参加体育活动，又包括较多需要久坐的活动，如看电视和进行阅读。**终生运动**

项目（lifetime sports）是指对体能要求较少，需要较少参与者的运动项目，因此，它们是成年人在一生的各个时期里比较容易参加的运动项目。可以将高尔夫球、网球和保龄球与足球和篮球进行对比。对于成年人而言，闲暇活动可能变得更加专业和更有智慧，如比赛，参观博物馆，或加入讨论图书、股票和债券或宗教问题的群体。一项具体的活动有时也被称为“娱乐活动”，本书讨论的娱乐活动是饮酒和服用药物（第 11 章）。虽然酒和药物可以产生令人愉悦的感觉，而且在某些情况下，适度饮酒可以有益于身体健康，但是药物和酒对于产生问题的个人和上瘾的人来说，可以引发其他各种影响。

> **问题 1.4**　哪种人生角色对你最重要？解释你参与、承诺和了解的人生角色。

上述角色可以从三个不同视角进行剖析，即多少人参与角色，他们对角色承诺的程度，以及他们对角色了解的程度。参与某个角色可以包括做事、在某个组织中积极主动、观察人们或了解某个活动。参与是指你实际做什么，承诺是指你的未来计划、你计划做的事情。但是，承诺也可以包括现在，如对政治运动做出的承诺。参与和承诺完全是不同的。例如，一个人可能会说，他受到宗教的约束，但是他从不祈祷或去教堂（参与）。了解是指你对某个特定角色的了解程度。孩子对“工作角色”的了解，经常受到他们在电视上看到的内容和听到父母谈论的内容的限制。同样，一个孩子对“家和家人”角色的了解，经常完全不同于一个已经成为父母的成年人。这三个概念：参与、承诺和了解，提供了如何看待本节中讨论的五种人生角色重要性的不同方式。

> **问题 1.5**　在未来，你希望改变哪些与参与、承诺和了解有关的人生角色？请解释。

应对人生角色和问题 12

在应对人们五种人生角色遇到的各种问题方面，我们可以使用许多策略。在本章，我将讨论人生问题的一些基本建议或方法。在随后的几章里，我将阐述一些处理不同类型问题的具体方式。在理解或评价问题方面，我们有两个基本步骤（Lazarus & Folkman，1984；Kleinke，1998）。第一步［**初级评价**（primary appraisal）］是要确定是否存在某个问题或危险。即确定是否有要关心的事情。如果有，那么，第二步［**次级评价**（secondary appraisal）］，就是要确定对这个问题可以做什么。例如，如果父母看到他们的儿子或女儿喝醉了回家，那么，他们就可能进行评价（不自觉地询问），这是令人心烦意乱的事情吗？如果是，那么，他们就会确定这个问题的最佳处理方式。个人处理或应对某种情境的方式可分为两个类型：问题中心和情感中心。

> **初级评价**　适用于问题解决，确定是否存在某个问题或危险的过程。
>
> **次级评价**　适用于问题解决，确定最佳应对这个问题的方法过程。

问题中心应对

问题中心方法经常被用于具有一个可能解决方案的问题。解决方案可以是外导向解决方案和内导向解决方案。**外导向解决方案**（outer-directed solution）是要设法改变或影响他人的行为或以某种方式管理环境。对比而言，**内导向解决方案**（inner-based solution）涉及我们的价值观和个人可能改变对事件或对人的态度。在其他情况下，个人发展各种新技能，如成功学会与不同种族的人互动或学习一门新的语言。在本书中，问题中心策略特别适合于研究

> **外导向解决方案**　改变他人的行为或以某种方式管理环境或部分问题。
>
> **内导向解决方案**　改变对事件或对人的态度，抑或学会应对问题的新技能。

（第 2 章“学习和研究”）、选择一个职业生涯（第 3 章“选择职业生涯”）以及工作问题（第 4 章“适应工作”）。问题中心策略同样也与情感中心问题和策略出现在其他所有章节里。

情感中心解决方案

在通常情况下，我们在情感上对某个问题做出反应。这在处理我们无法控制的关注问题时尤为真实。例如，处理朋友死亡或听到父母中一人已被确诊患有癌症，都是我们可能深深陷入某个情感反应的问题，但是却没有解决方案。在应对
13 情感问题时，个人关注各种控制情感悲痛的方法。一般有两种较为重要的方式，即寻求他人的支持和表达对他人的感受。离开某种情境休息一下、沉思和体育锻炼，是人们处理情感中心问题的其他方式。情感中心解决方案以及在第 5 章到第 12 章中讨论的一些问题中心解决方案，都是在不同程度上处理与他人的各种关系。此外，在第 13 章，我还将提供进一步处理各种问题的应对策略。无论情境是要求问题中心解决方案，还是情感中心解决方案或两者兼而有之，与问题相符的态度有利于应对各种困难。

适应态度

开放性 灵活的问题解决态度；寻找新的思路。

对他人的取向 表示对他人的兴趣。

一致性 努力同意别人。

责任心 可信赖，因个人参加的活动而自豪。

有助于个人应对问题的各种态度，往往强调了自己与他人的灵活性。我将讨论四种有效处理问题和情感中心问题的态度（Kleinke，1998）：开放性、对他人的取向、一致性和责任心。**开放性**（openness）是指寻找解决问题的新思路和新方法。开放性的一个事例，就是保持对我们这个世界以及这个世界上的人们的好奇心。**对他人的取向**（orientation toward others）是指喜欢与人交往、爱笑和爱开玩笑、开朗、健谈以及充满活力。由于大多数问题均以这种或那种方式与他人相关，因此，喜欢与人交往并欣赏他人有助于处理问题。意见一致而不是存在争议是另一种有益的态度。感觉自己能与他人和睦相处的人，不会经常陷入争吵，而且会设法以礼待人，问题解决起来也往往相对容易。**一致性**（agreeableness）并不表示个人必须始终同意他人，但是，在适当情况下，个人要努力这么做。保持**责任心**（conscientious）意味着可靠并以个人参加的活动而自豪，而且还要对我们的所说所为负责。拥有上述态度，有助于个人处理几乎所有的人生问题。

责备自己 由于造成问题而批评自己。

回避问题 并不设法解决问题，而是采取不考虑问题或从事中立性活动。

自我批评信念 干扰应对问题的一般信念。

相反，有些态度无助于解决问题，如回避问题、责备自己和自我批评（Kleinke，1998）。勇于承担问题责任并设法解决问题，能够有助于解决问题，但是，**责备自己**（blaming oneself）造成的问题，就是无效的态度。关注问题的负面程度以及并不关注处理问题的方式，均无助于解决问题。**回避问题**（avoiding a problem）采取不考虑问题、从事不解决问题的活动，如酗酒等自我毁灭性活动或如看电视等中立性活动，均无济于事。**自我批评信念**（self-critical beliefs）会干扰问题的应对。诸如“我是一个失败者”、“我不好”以及“我没用”等信念，都是干扰应对问题的信念，因为它们转移了问题的注意力。

14 让我们着眼于一个问题的事例，这个问题将对上述一些概念做进一步的解释。

詹妮是一名21岁的大学新生，圣诞节她在家中休假。当她与男友从一家购物中心开车出来时，与一辆轿车发生了追尾。她驾驶的是室友凯伦的小型货车，撞瘪了轿车的保险杠和机器盖，并撞坏了轿车的水箱。另一辆轿车的后备箱和后保险杠也遭到了损坏。詹妮害怕把这件事告诉她的室友。

詹妮的困境既有问题中心成分，又有情感中心成分。通过与她的男友交谈，她能够控制对这种情境的恐惧，并在如何处理凯伦的问题方面，也能够得到男友的支持。詹妮能够采取问题中心方法，处理她预计的凯伦会表现出不高兴的情况（一种外导向策略）。詹妮也考虑在凯伦发脾气时，她可能以保持平静的方式去应对（一种内导向策略）。而在过去，她就会叫喊起来。

问题1.6 思考一个你一直所处的情境，这个情境有点类似于詹妮所处的情境。说明诸如开放性、对他人的取向、一致性和责任心等适应态度的方式，也许会对你所处的这种情境有所帮助。

在本书的余下部分，我们将着眼于更多的处理各种困难和问题的具体策略。有些建议的解决方案反映的是开放性、对他人的取向、一致性和责任心的适应态度，而不是回避、自我责备和自我贬低倾向的非适应态度。

保密性和隐私

本书在处理隐私和不宜公开的个人问题的方式上存在着很大的差异。大多数问题都涉及学习、工作、社区服务、闲暇活动等人生角色，这些问题相对容易与其他人进行交谈。然而，许多与家和家人的问题则非常隐秘，因而，**保密性**（confidentiality）也就非常重要。与父母、兄弟姐妹、伴侣的互动，可以包括你希望只与极少数人讨论的问题。本书讨论的其他具有极高个人性问题的事例，是性行为和药物使用。在决定与谁谈论这些问题时，个人关心的是信任和隐私。当你谈论你认为很深的个人话题时，你也许非常小心地选择交谈对象。其中，你很可能具有的一个担忧就是信任。你希望知道与你进行交谈的人不会告诉别人。有关个人的性行为或药物使用的传闻对于他们与他人之间的关系，可能相当有害。

保密性 保守秘密，不告诉别人你被告知的事情。

在撰写本书的过程中，我分享了我在过去25年里向各年龄段的大学生提供咨询的大量经验。个人如何处理和解决问题的事例非常有启发性。因此，我给出了一些案例研究或人们如何应对各种问题和困难的事例。在这样做的过程中，我始终非常小心地保护他们的身份。为了尊重他们的隐私，我对他们的实际背景做了些变动，这样，即使有人和他们很熟悉，也不会认出他们。我非常重视与我一起分享他们的人生以及向我提供这么多有关处理人生的选择和问题的个人。我认为实际问题可以使抽象或复杂的问题鲜活起来，所以，我觉得提供人们如何应对人生的问题和选择的真实事例很重要。 15

在大部分情况下，我会介绍个人遇到的某种情境。有时，我从我自己的观点出发进行介绍；有时，我从他们的观点出发进行介绍。当我介绍学生和我本人之间的讨论时，我使用我的名字的首字母RS[①]，说明此时我正在进行交谈。

① 即Richard Sharf的首字母缩略。

你可能已经注意到，我在本章向你提出了有关你自己的人生的问题。我将继续在这本书里向你提出这类问题。在选择这些问题的过程中，我设法选择那些重要的问题，但是，这些问题并非是侵犯你的隐私的个人问题。我设法选择的问题是那些即使你把你的书丢失了，别人看到你的答案，你也不会感到不适的问题。如果你在这本书里写出问题的答案的话，那么，你就要绷紧保守秘密这根弦。其他人可能会看到你的笔记。如果你在回答本书的问题时，写了其他人的名字，你可以选择使用名字的首字母缩写形式或改变他们的名字。

本书的许多问题都能够在课堂上进行讨论。当你谈论在人生中的各种选择或与课堂上讨论的内容有关的问题时，重要的是，要认真思考谈论的哪些事件或情境你感到比较轻松，哪些事件或情境你感到不适。**自我披露**（self-disclosure）是向别人描述你自己的个人情况，自我披露在创建与他人的亲近感时很重要。另一方面，向他人描述你人生的各个组成部分同样也需要信任。之所以在课堂上保守秘密非常困难，是因为个人在他们如何保守秘密的方式上存在着差异，而且个人在记住什么是保密的内容、什么是公开的内容上也存在着差异。通过分享你自己的经验，你将从本书中学到更多的内容，但是，这些都以你感到轻松为前提。“轻松”是一种对你以及你谈论的人们不造成伤害的主观感受。

自我披露 向别人描述你的个人情况。

问题和解决方案的类型

16

贯穿本书的话题涉及本章所讨论的五个人生角色，这五个人生角色可以被分为三类：学习和工作，关系，以及个人选择和解决方案。在每一章里，我们将剖析个人在他们的人生中遇到的各种问题，然后对这些问题的解决方案进行评价。以下段落解释了人生选择的分类、产生的问题以及可能的解决方案。

第 1 部分，“学习和工作”关注了人生中两个最重要和最耗时的活动。第 2 章“学习和研究”介绍了人们学习的方式、完善时间管理的方法，以及如何组织、研究和准备考试。第 3 章“选择职业生涯”解释了你的人格、兴趣、价值观以及做出适当的职业生涯选择的能力的重要性。这一章也涉及了找工作、写简历和进行工作面试的策略。当个人开始工作时，随着他们适应一份新的工作，他们可能遇到各种各样的问题。第 4 章“适应工作”则介绍了工作满意度的问题以及克服诸如失业或在工作中遇到种族歧视等困难的方法。

第 2 部分包括 6 章，每一章都专门讲述不同的关系种类或关系问题。（第 5 章“家庭关系”包括分别从孩子和父母的视角，讨论他们之间的关系。这一章还包括了离婚及其对家庭影响的讨论。对他人的关怀可以产生友谊和爱情，这是第 6 章“爱和友谊”的主题。我们在第 7 章“性和亲密行为”中讨论了爱情关系的组成部分——性。其他问题包括避孕和避免性传染疾病以及处理有害的性接触。在几乎所有类型的社会里，人们都希望他们的行为能够与其性别相符。第 8 章“性别角色”解释了人们根据他们的性别所经历的儿童期、青春期和成年期的不同预期，指出人们能够更容易与异性建立关系的各种方式。第 9 章“文化多样性”讨论了偏见和歧视以及各种改善与不同文化背景的人的关系的方式。如何处理朋友或家庭成员的死亡是人们最难应对的一个危机事件。第 10 章“生和死”讨论了理解悲伤的方式以及当人们身患绝症时应对临终的方式。虽然上述各章均对问题和解决方案进行了讨论，但是，如何处理一个人自己的问题却是第 3 部分明确提出的重点。

第 3 部分“个人选择和解决方案”介绍了各种在处理压力方面的问题的方式。物质滥用问题可能是个人及其家庭关注的一个主要问题。第 11 章“滥用物质”包括了由滥用香烟、酒、大麻和其他药物引起的问题以及各种治疗策略。如何处理由创伤性事件、危机或各种挫折造成的压力，是第 12 章“控制压力”的主题。这一章也提供了处理焦虑、抑郁和愤怒的策略。最后一章“应对策略”描述了五种可用于各种问题的策略，其中，这些策略我们在第 1 部分和第 2 部分均进行了讨论。 17

每一章的论点都会附带相关问题。章节开始处提出的问题提供了一种思考即将讨论的主题的方法。这些问题可以帮助你了解这一章的主要内容。书的旁边出现的问题，则是为了帮助你思考书中的信息如何能够适用于涉及你或你所担心的人们的情境。

问题和解决方案

“问题和解决方案”文字框遍及本书。在大多数情况下，这些文字框总结了书中所讨论的内容。把这些内容放在文字框里，是为了强调问题的类型以及引入解决问题的策略。通过这些文字框内的内容，我希望说明这些解决方案或方法甚至适用于最困难的问题。本书提出的解决方案均在书中进行了充分说明。

本书还包括了另外三个特征，以帮助你更多地了解书中的主题：定义、推荐读物和网站。重要词汇的定义在靠近其第一次出现的地方给出。所有的定义都在本书结尾处的词汇表里。推荐读物（罗列在各章结尾处）都是与每章主题有关的书籍。许多书籍都是自助图书，这些图书均是出色的非专业图书。大多数图书是在心理学研究基础上完成的作品。有几本书，特别是有关性和药物滥用的几本书，对这个主题的探讨要比本书深入。章节结尾处罗列的网站，提供了各种资源，诸如来自专家的信息以及其他网站的链接。虽然我提供了网址，但是这些网址在你阅读本书时有可能发生变化。

总结 18

本书各章节涉及了大量的个人问题。探讨你应对选择和问题的方式，并找出这样做的新策略，可以帮助你从不同观点来着眼于你关注的各种问题和关系。我写这本书的目的是使你能从中获得实用信息，帮助你处理好自己的选择。

推荐读物

《追求幸福：谁幸福？为什么？》（*The Pursuit of Happiness*：*Who is Happy and Why*?）

戴维·G·迈尔斯（David G. Meyers）著，莫罗出版公司（Morrow①），1992 年版

对许多人而言，这本书在第 5 页和第 6 页对幸福的探究至关重要。迈尔斯提供了追求幸福的建议和研究。人们对他们自己人生的主观评价而不是客观境况，影响着人们的幸福。迈尔斯提出了将我们自己与他人进行比较的建议。他描述了这种比较可能使我们感到不满意。他的建议有助于人们提高他们的幸福感和满意度。在这本书中，迈尔斯并没有侧重于孤立的个人，而是关注于个人与他人的关系。

《学会的乐观：如何改变你的想法和人生》（*Learned Optimism*：*How to Change Your Mind and Your Life*）

马丁·E·塞利格曼（Martin E. Seligman）著，口袋书出版公司（Pocket Books），1990 年版

塞利格曼是一位研究习得性无助（learned helplessness）② 和抑郁的学者。在这本思路清晰的著作里，他关注的是乐观及其在人们的生活中所扮演的角色。他比较了悲观和乐观的人生前景，描述了这些观点如何影响工作、学习和体育，说明了乐观可以毋庸置疑地影响个人的情感和生理健康的方式，并对通过乐观思维来提高表现和行为方式提出了建议。

《你能够改变和无法改变什么》（*What You Can Change & What You Can't*）

马丁·E·塞利格曼（Martin E. Seligman）著，克诺夫出版公司（Knopf），1994 年版

应对人生角色和问题始终是这本教材第一章的一个侧重点（参见第 9 页）③。这个章节假设，你能够改变你所有的人生领域。塞利格曼研究的主题包括诸如习得性无助、抑郁和乐观。他还对生物精神病学中关于人类的某些功能区域无法改变的研究进行了剖析。这些区域包括我们的体格、智力以及我们人格的各个方面。塞利格曼探讨了个人可以改变和无法改变的观点，提出了改变那些可以改变的人类行为的方方面面。在这个讨论中，他的治疗方法涉及酗酒、焦虑、抑郁、暴食、性问题以及创伤后的压力问题。他的写作风格兼具娱乐性和可读性。

19 推荐网站

美国自助信息交流中心原始资料网站（American Self-Help Clearinghouse Source Book）

http：//www. cmhc. com/selfhelp/

这个在线信息交流中心为美国 800 多个自助群体和组织提供联系信息。在学会应对具体问题或具有挑战性的人生情境的过程中，有些自助群体也许能向你提供有帮助的建议。

美国心理学会网站（American Psychological Association，APA）

http：//www. apa. org/

最大的心理学专业组织，美国心理学会公布了本书讨论的最新的研究成果。学生应该考虑使用这个网站，作为获取适应或其他心理学问题的信息来源。

---

① 即威廉·莫罗（William Morrow）出版公司。

② 指一个人经历了挫折和失败后，面对问题时产生的无能为力的心理状态和行为。

③ 指原著页码。下同。

第1部分 学习和工作

第1部分介绍了你可能花大量时间从事的各种活动。研究和工作是耗费时间的活动，而且，它们可以涉及许多困难的问题。第2章阐述了人们的学习方式，并给出了有效学习和研究的建议。职业生涯选择是第3章的重点。寻找有趣的工作、寻找擅长的工作以及寻找你认为可能有困难的工作，第3章用这个过程来帮助你审视目前的职业生涯选择或找出新的选择。第4章阐述了工作适应过程以及如何应对与工作有关的问题。

第2章 学习和研究

学习要付费吗？	对你而言，大学和研究生学位是很好的财务投资吗？	22
儿童学习的方式		
好奇心	当你上小学时，好奇心对你的学习产生怎样的影响？	
探究	列举某一门你通过参加4～6年级各种新教育活动的测试来学习的学科。	
学习信息	你在小学喜欢学习哪类信息？这些信息与课后活动或学校有关吗？	
学习和记忆		
态度	什么因素影响了你的学习态度？	
练习	你会向一个为数学考试而学习的朋友提出什么建议？	
降低干扰	什么是最好的学习方法？什么是不会造成分心的外部干扰？怎样以最好的方式进行学习以及如何降低对学习的外部干扰？	
组织信息	你如何组织课程信息以便于记忆呢？	
记忆建议	你会向一个尝试记住数学概念、生物或法语知识的朋友推荐什么方法呢？	
学习方式	从1到7排列你认为最好的学习方式。	
言语—语言学习方式	______	23
逻辑—数学学习方式	______	
视觉—空间学习方式	______	
音乐—节奏学习方式	______	
肢体—运动学习方式	______	
交流学习方式	______	
自省学习方式	______	

研究

从课本学习 …………………… 描述你学习英语或历史课程内容所使用的策略。

从课堂学习 …………………… 如果有的话，你采用什么记笔记的方法？

研究小组 ……………………… 与两三个人一起研究的优缺点是什么？

时间管理 ……………………… 什么情况下时间管理对你是最大的问题？

个人计划表 …………………… 你怎么计划你的一周？

小时计划表 …………………… 你怎么计划你的一天？

拖延 ……………………………… 什么时候这对你是一个问题？

考试 ……………………………… 什么是准备考试的最佳方法？

在剖析了教育的货币报酬后，本章将着眼于儿童的学习方式以及快乐和好奇心在早期学习中的作用。这将使我们了解人们对学习及其研究策略的态度。学习风格经常影响个人学习不同内容时的方式方法。这能够影响你思考这里给出的从课本学习、从课堂学习以及从研究小组学习的策略。所有这些均会潜在地对你的课程学习有所帮助。学习的另一个方面，是你管理时间以及应对办事拖拉的方式。此外，本章还给出了解决这些问题的方法和准备考试的技巧。

学习要付费吗？

为什么要为获得更多的教育而烦恼呢？教育将对人们一生赚取的金钱数额产生很大的影响吗？学习要支付费用。当然，人们在一生中学习的数量能够有
24 助于培养他们的兴趣、增强自信心并提高对人生的更多满意度。此外，由于学习可以用于衡量一个人受教育程度的高低，所以也和收入密切相关。当我们将高中肄业或高中毕业但没有受到任何高等教育的人们的年收入，与取得博士学位或专业学位（如法律或医学学位）的人们的年收入进行比较时，得出的结果相当引人注目。图 2—1 表明，1997 年，高中肄业的人的年收入（19 700 美元）与具有博士学位的人的年收入（62 400 美元）或具有专业学位的人的年收入（71 700 美元）之间存在着巨大差异。1997 年，具有学士学位的人的收入要比具有高中学历的人的收入高大约 54%。这些数据有力地说明，人们所接受的教育在很大程度上影响他们一生的收入（Chart：Education，1999）。普赖尔和沙费尔（Pryor and Schaffer，1997）指出，大学毕业但不具有相应水平的阅读和定量技能的学生，要比具有较高水平技能的学生更难找工作。因此，在人的一生中，学习兴趣可以带来收入，并获得快乐。

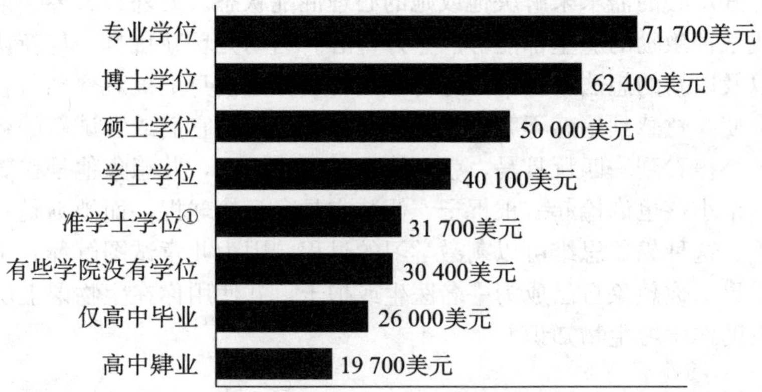

图 2—1 1997 年 18 岁及以上不同教育程度者的平均年收入

资料来源：From *Occupational Outlook Quarterly*，U. S. Department of Commerce，Bureau of the Census，Washington，DC，1999，p. 40。

25

问题和解决方案

我如何能够使学习变得更加快乐呢？

- 保持对学科的好奇心。
- 探究学科内容。

儿童学习的方式

在这一节中，我们涉及三个宽泛的概念：好奇心、探究和信息的学习，这三个概念在儿童（和大学生）学习方式上至关重要。好奇心是一种基本的需求，人们已经在动物和人类婴儿身上观察到这种需求，它是一种了解环境的需求。鉴于好奇心是一种需求，探究则是一种行为。儿童通过探究自己的环境，来满足他们的好奇心需求。玩耍和有趣的活动是探究行为的基本表达方式。当儿童玩耍和探究时，学习有助于满足他们的好奇心，并将他们置于感到更加自信和对周围环境更有控制力的位置上。虽然儿童学习和大学生学习看上去是非常不同的过程，但是，在讨论大学生学习时，审视一些早期儿童学习的要素是有益的。

好奇心

好奇心（curiosity）是我们存在和生存的根本（Berlyne，1960）。当基本需求受到干扰时，如儿童在感到饥饿、口渴或孤独时，好奇心就可能发展为一种满足这些需求的方式。当一个儿童感到不确定或混乱时，这个儿童也许决定

好奇心 对新事物或不同寻常事物的渴望，存在于人们因对环境的兴趣而探究环境之中。

① 初级学院毕业后获得的学位。美国一种两年制短期高等学校，出现于 19 世纪 90 年代。

通过满足好奇心的需求来解决他或她的心理混乱状态。另外，厌倦、某种刺激的渴望或某种激励的愿望都能够产生好奇心。当幼儿玩新玩具、与新认识的人一起玩以及以新的想法来玩时，好奇心便可以在他们身上被观察到。新玩具或新情境会使儿童感到迷惑不解，他或她必须设法理解它们或尝试新的行为。例如，一个小孩看到一匹玩具马，就可能要试图骑上它，并想象他是在骑一匹真
26 马。另一个小孩也许捡起一根棍子，假装它是一只棒球棍，而她则是一名职业棒球选手。这种想象思维可以刺激学习的过程，因为儿童试图解释和了解他们周围的世界。你想象自己成为一名医生或护士，并使用你在生物课上所使用的信息，帮助你学习生物知识。

探究

探究 寻求或剖析事物的行为。

保持好奇心可以导致儿童探究他们的环境、家庭、学校和父母的关系。鉴于好奇心是指表达对知识、新事物或不同寻常事物的愿望，探究（exploration）则是寻求或剖析的行为。有些复杂活动构成了探究行为，我将在这里描述一些探究行为（Jordaan，1963）。探究行为可以是有目的的和系统的行为，也可以是偶然的行为。例如，儿童也许想要通过仔细拆卸钟表的零部件并小心地把它们拼装回去，来了解钟表的工作方式（有目的的行为）；或者，他们可能只是在开始玩这个钟表的时候找到了钟表的毛病（偶然的行为）。有时探究行为出现于有人要求一名儿童做某件事的时候；而在其他时候，则是因为这名儿童想要自己挑选事情来做。因此，一位教师有时要求一名儿童梳理某个难题，或者这名儿童也可能主动解决这个难题。在探究过程中，儿童既可以使用现在的经验，也可以使用过去的经验。在三个星期前，一名儿童处理了某个难题，现在他也许决定处理一个类似的难题。有些探究行为对儿童有益并有助于其学习。其他一些探究行为只是为了享受活动的快乐，如倒着写一个人的名字。有些被要求的探究行为在后来被发觉是快乐的行为。例如，被要求阅读并不意味着阅读总是一件苦差事。一旦儿童在一定程度上掌握了阅读技巧，他就很可能自己主动去阅读。探究行为的这些类型都是各种学习活动，即使儿童不能够把它们像这样进行分类。这为更正规的学习创造了条件。

然而，当探究受到干扰时，儿童就可能遇到冲突，而且，这与同龄人、成年人、和学校有关的学科关系不大。当探究受到抑制时，儿童可能会丧失探究或学习的动机，他或她的工作就可能变得缺乏想象力了。例如，如果一个孩子由于毁坏玩具、把玩具藏在床下或放在沙发和枕头下而受到批评，而且这种批评连续不断的话，那么，这个孩子就很可能不再去探究或尝试获取信息。一个真正性格内向的儿童尝试新活动和学习新事物很困难。当然，大多数儿童并不是处于探究—放弃连续体（exploration-withdrawal continuum）的两端。相反，他们会有意识地去选择探究某些活动。

27 探究行为建立在其他探究行为的基础上。例如，一名三年级学生也许非常笼统地学习电话的工作原理。几年后，这种学习不仅在教师的要求方面，而且也将在孩子的主动性方面发展得比较成熟。作为一名五年级学生，这个孩子可能利用过去对电话的经验，学习更多有关电话运作的详细内容。在高中，一名学生可能在物理课或普通科学课上学习更多电学和通信系统知识。如果这名学

生在大学继续这种探究行为的话，那么就可能会变成为了了解通信系统而选修电气工程课程。总之，早期学习和探究行为经常作为乐趣和快乐的事情而被记住，而探究很少是自我发起的，如学校出现的探究被视为具有更多负面的影响。将生物学视为探究有机体的机会，提供了学生认为没有必要记忆词语的动机。

学习信息

主动性学习信息是儿童成长过程的一个重要组成部分。著名心理学家埃里克·埃里克森（Erik Erikson[①]，1963）提出了一个心理发展的八阶段[②]模型。第三阶段主动对内疚的冲突阶段以及第四阶段勤奋对自卑的冲突阶段，尤为关注儿童期对学习态度的重要性。主动对内疚的冲突阶段大约始于四五岁，强调了玩的重要性。埃里克森认为，儿童应该主动行动，以各种不同的方式参与游戏、去假想和玩耍。如果儿童感到做错了事的话，他们就可能害怕或感到内疚。在这一阶段，儿童应该主动尝试新事物并进行探究。这个概念与探究一节开始时所述的内容相当类似。

在 6～11 岁，儿童经历了勤奋对自卑的冲突阶段，此时，他们自由地做事，并组织目标和计划。如果儿童取得成功，那么他们就可以获得一种勤奋感，但是，如果他们没有成功，那么他们就会获得一种自卑感。特别是在学校期间，也包括在学校外，儿童通过组织、发展和应用信息，形成了一种成就感。对于学校作业完成得好的儿童，往往感到不受约束、有能力和适应。当一名儿童无法很好地完成学校作业或其他任务时，这名儿童就会形成一种自卑感。如果一个孩子阅读有困难或最终落选运动队，那么这个孩子就会感到比别人缺乏技能。自卑感能够妨碍个人努力学习。上述感受可能会对以后的高中和大学的学习态度产生影响。参加工作多年后重返大学的学生，可能会发现自己要挑战能够造成自卑感的各种情境。此外，如果一个人总是认为他或她不能很好地进行学习，而且在学校也没有经历过太多的成功的话，那么这将对此人今后在工作上取得成功及其一生的收入产生影响。

问题 2.1　早期的探究活动和玩耍对你产生了怎样的影响？

问题 2.2　在什么程度上，你享受一门学科的快乐与你学习这门学科的能力有关？请解释。　28

学习和记忆

如果为考试而学习或试图为其他用途而记忆的话，学习就要比仅仅认知（思维）的内容多；其他因素同样至关重要。在学习过程中，进行积极思维有助于你保持主动性，因为你对所学的学科感兴趣。学习需要练习，而且，你练

① 埃里克·埃里克森（Erik Erikson，1902—1994），美国发展心理学家和精神分析学家，出生于德国的法兰克福。他提出了心理社会发展论，将人的一生划分成八个阶段，每一阶段或多或少均以同一性危机的概念来贯穿。著有《儿童与社会》（*Childhood and Society*，1950）、《青年路德：一个精神分析和历史的研究》（*Young Man Luther. A Study in Psychoanalysis and History*，1958）、《同一性：青少年与危机》（*Identity: Youth and Crisis*，1968）、《甘地的真理：论好战的非暴力根源》（*Gandhi's Truth: On the Origin of Militant Nonviolence*，1969）、《生命周期的完成》（*The Life Cycle Completed*，1987）等作品。

② 依次为基本信任对不信任的心理冲突、自主对害羞和怀疑的冲突、主动对内疚的冲突、勤奋对自卑的冲突、自我同一性对角色混乱的冲突、亲密对孤独的冲突、生育对自我专注的冲突、自我调整对绝望期的冲突八个阶段。

习或记忆的方式同样也很重要。当你学习时，记忆有助于降低可能的干扰以及最大限度地集中精力。具有一个学习组织体系是很有益的，这是因为学习有关联的信息要比学习无关联的信息容易得多。为了使信息联系起来更容易，我将在下文介绍一些学习的技巧（记忆技巧）。

态度

学习要求学习者关注所学的内容。最好的关注方法之一就是要找到一种感兴趣的方法。在你进入小学之前，你也许就学习的内容和幻想的内容有某种选择。随着你年龄的增长，越来越多的结构进入到学习过程。然而，你仍然有可能对某门学科产生兴趣。努力把信息应用到你的一个现实人生情境或问题中去，就是一个事例。如果你正在学习历史的话，那么你就要思考怎样把阅读有关第二次世界大战的内容，与一些目前的政治事件联系起来。通过主动关注你正在学习的内容，你就能够了解更详细的信息。所以，一个端正的学习态度，即使略感不适，也会比你采取一个慵懒的学习态度更容易记住学习内容。放松同样是有益的，但是，过于放松就会难以集中注意力或记忆。

被学习内容搞得迷惑不解或不知所措，不仅让人感到不适，也难以使人集中注意力。不按时交作业存在的一个问题是，保持对学科的积极态度就会变得更为困难。当这种情况发生时，一种挫败感往往会取代以前已有的兴趣。为了纠正这种情况，学生可以改变闲暇活动计划，这样他们就可以安排时间进行阅读和做笔记了。

29

问题和解决方案

我如何才能记住学习的内容呢？

- 使内容变得有趣——保持主动性。
- 减少干扰。
- 把内容形象化。
- 使用“思维导图”。
- 记忆法。

练习

过度学习 在你掌握内容后进行复习；一种提高记忆力的有效方法。

集中练习 一种学习方法，其中，课程教学或练习课彼此不间断地进行；一种“恶补”的技术描述。

反复复习有助于你记忆内容。通过不断复述信息，你记住信息的可能性就会大大提高，这是因为你可能完全理解了内容。正如运动员和音乐人必须坚持训练或练习一样，任何希望学习信息的人也必须进行练习。一种提高你记忆力的有效方法就是**过度学习**（overlearn）。如果在你掌握内容后不断复习的话，那么你就是在过度学习内容。你记住内容的机会就会大大提高。

如果过度学习对理解内容有益的话，那么，为考试而“恶补”（cram）同样有益吗？心理学家研究了恶补的效率［**集中练习**（massed practice）与分几天学习的对比］（Hettich，1998）。研究者发现，一般而言，最好分几天进行学习，而不是仓促集中地进行学习。例如，与其为考试连续学习 10 个小时，倒不如第一天学习 3 个小时，第二天学习 3 个小时，第三天学习 4 个小时。恶补往往需要花费更多的精力，而且，恶补也很难记忆大量的内容。另外，如果正好在考试之前进行恶补的话，那么个人就很可能感到焦虑，而焦虑也会干扰学习。

降低干扰

因为关注要学习的内容非常重要，所以，任何造成注意力分散的事情都会使你记住信息变得更加困难。在一天之内学习几门课程，均可能对学习内容造成困难，特别是如果这些课程类似，如两门历史课或两门化学课。在考试当天，也许只学习要考试的课程效果比较好，这样，其他信息就不会对考试内容 30
的学习造成干扰了。事实上，正是在考试之前复习考试内容，才有助于避免遗忘。在同一天有两门或两门以上课程要考试的时候，在每门课程考试前进行简要的复习都是有益的做法。

并非所有的分散注意力或干扰都是来自其他内容。如果你曾在发烧时参加过考试的话，你就会知道，有些健康问题能够干扰你清晰的记忆和思考。在嘈杂的音乐声中设法学习或在一间隔壁正在大声播放电影的教室里参加考试，都相当分散注意力。个人在容忍分散注意力的能力方面存在差异。对于某些课程而言，有些人要比其他人能够容忍噪音、昏暗的光线或拥挤的学习环境。如果你感到沮丧或心烦意乱的话，那么集中注意力就会比较困难。如果你为一门考试的表现和将会得到什么分数而烦恼的话，那么，你就会分散学习内容的注意力。在参加考试时，如果担心你得到的分数或试图猜测你获得的分数，也会干扰你回忆内容和回答问题。形成内容的思维图像，如图表或自我复述内容，能够使你保持主动和降低干扰。

组织信息

当教材很容易理解或课程内容看上去组织缜密时，话题之间通常存在着某种关系。复习课堂笔记，重新对它们进行组织或确保组织体系清晰，是非常有益的做法。当你阅读教材时，如果有时间，你就要概括阅读的内容，即使以一般或通常的方法，也会大有帮助。**思维导图**（mind map）是一种概括内容的方法。你可以在一张纸上写出少量或大量内容，列出基本信息表，然后从一个基本信息表向另一个基本信息表画出箭头。例如，如果你正在学习经济学的话，你也许会发现，列出供给特征表和需求特征表，然后从“需求”的一个特征，向与“供给”有关的另一个或几个特征画出箭头会对学习内容有所帮助。当学习的内容可以与其他内容产生联想时，学习通常得以改善。如果你以照片合成来了解发生的一连串事件，或如果你知道一个数学公式的运算方式的话，那么，你就会比只记住这些单方面的信息要做得更好。

思维导图　通过在一张纸上对信息进行大量或少量分组的概括内容的一种方法。

截至这一节，图 2—2 显示了本章的“思维导图”。儿童学习的方式与埃里克森提出的主动性阶段与记忆建议联系起来。注意，这名学生将埃里克森的“主动性”概念与“2. Are curious（好奇心）”联系起来，把他的“内疚感”概

31 念与“4. Exploration stifled（抑制探究）”联系起来。你可以尝试为本章其余部分做一个思维导图。

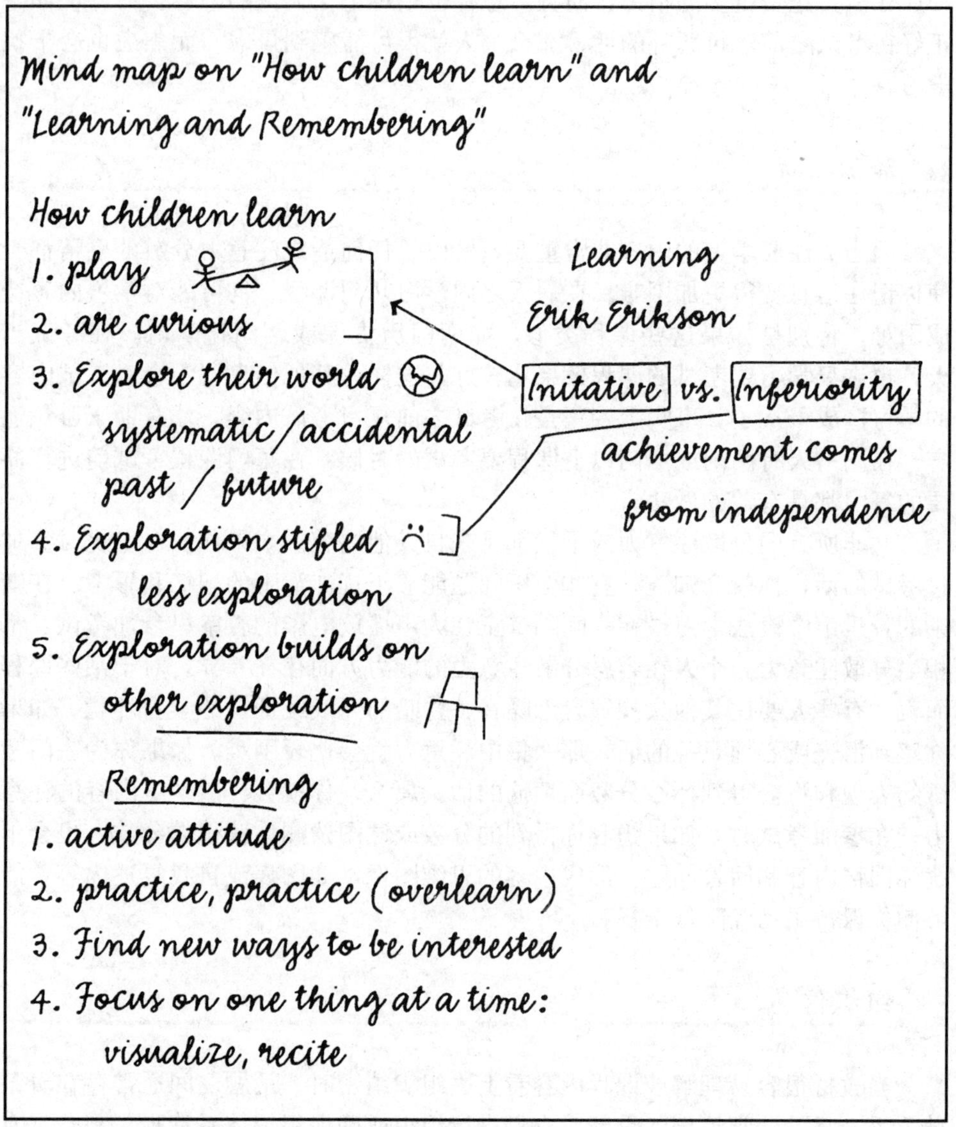

图 2—2　思维导图

32

记忆技巧

记忆法　通过使信息具有更多的相关性来帮助记住信息的策略。首字母缩略词是记忆方法的一个事例。

记忆法（mnemonics）是有助于使信息与你具有更多相关性的策略。例如，像“30 天的月份有 9 月、4 月、6 月和 11 月……”以及“1492 年，哥伦布航行在蓝色的海洋上”的韵文，都是记住日期或其他具体信息的记忆方法。如果你需要记住约翰·布朗（John Brown）[①] 的名字以及他是一名废奴主义者（abo-

① 约翰·布朗（John Brown，1800—1859），英勇的废奴主义者，生于美国康涅狄格州托灵顿。为谋生从事过多种工作，同时宣传废除奴隶制度。曾结过两次婚，有 20 个子女。1859 年，他领导了对弗吉尼亚哈珀渡口一个军械库的袭击，目的在于发动奴隶起义。起义失败后，他被判处绞刑。值得一提的是，为纪念这次袭击事件而创作的歌曲《约翰·布朗之歌》(*John Brown's Body*)，在美国南北战争期间的北方军人中广为传唱。

litionist）的事实的话，那么它可以用“穿上擦得锃光瓦亮的棕色皮鞋参加考试”来帮助记忆，因为“bolish”与“polish”押韵，而且，颜色棕色（brown）使你想起约翰·布朗，这是很好的记忆方法。但是，与其记忆“穿上棕色皮鞋”，不如你只是记“擦得锃光瓦亮的棕色皮鞋”（polished brown shoes）来联想起废奴主义者约翰·布朗。有时，**首字母缩略词**（acronyms）也大有帮助，首字母缩略词是由不同词语的第一个字母创建的词语，如MADD，代表mothers against drunk drivers（母亲反对醉酒驾车）。另一种记忆方式是使用你想要学习内容的图片或图表。你可能画出约翰·布朗的画像，而画像可以帮助你记住他；或者，你可以画出一位疯母亲的画像，这样你就会有一个记住她们的线索。虽然上述有些技巧可能看上去是人为的，但是它们要求积极思考，并提供了一种使内容联想到其他内容、常见物体或概念的方式，这样你就可以更容易地记住它们。

首字母缩略词　由不同词语的第一个字母创建的词语。它们是被用来帮助记忆的一连串词语，也是一种记忆方法。

> **问题2.3**　为什么你有些课程要比其他课程学得好？

学习方式

虽然某些学习方法适应于每个人，如保持主动性、练习你所需要学习的内容、组织信息以及避免干扰，但是并不是每个人都以相同的方式来学习。有些人通过观察学习效果最好，而其他一些人则以倾听别人的方式学习效果更佳。另外一些人也可能边干边学效果最好。此外，有些活动需要某种特定的学习方式。例如，为了学习打字或文字处理软件，你需要动手去练习，而不是看别人做或听一节打字课。使用最好的学习方式、上打字课或设法学习打字信息，都是着手学习的灵活方法。

> **问题2.4**　你如何改善你的记忆技能？

> **问题2.5**　当你学习时，你怎样应对外界干扰？

> **问题2.6**　还有哪些方法可以使你克服学习干扰？

审视学习方式差异的一种实用方法，是霍华德·加德纳（Howard Gardner，1983）提出的**多元智能**（multiple intelligences）理论。加德纳定义智能不仅根据数学和言语能力，也根据人们采用的各种学习方式。他确定了七种智能形式：言语—语言、逻辑—数学、视觉—空间、音乐—节奏、肢体—运动、交流和自省。学校和大学并不都强调上述每一种智能方式。许多课程适合言语—语言方式，如英语、历史学、传播学和哲学。其他一些课程则适合逻辑—数 33
学方式，如数学、工程学和会计学。有些课程既适合言语方式，又适合逻辑方式，如经济学、心理学和商学。适合视觉—空间方式的课程（建筑学、电影、艺术和地理学）较少，适合音乐—节奏方式的课程（音乐）也相对较少。你能够有机会在许多不同的学科和课程中使用各种不同的学习方式。我们将在以下各节详细介绍上述多元智能的各种形式。

多元智能　一种提出每个人都具有不同的学习方式或不同的记忆内容方法的观点。加德纳罗列了七种智能形式。

言语—语言学习方式

擅长言语—语言的人们充分倾听各种讨论和课堂内容，并具有良好的记忆力。他们很可能希望阅读和写作；他们喜欢讲故事并记住日期和事实。这种学习方式对于游戏节目是非常有益的。教师、律师和政治家往往擅长和喜欢这种学习方式。

加德纳的多元智能

- 言语—语言
- 逻辑—数学
- 视觉—空间
- 音乐—节奏
- 肢体—运动
- 交流
- 自省

逻辑—数学学习方式

计算数字和与数字打交道都是逻辑—数学学习者拥有的技能。他们喜欢解决问题和运用逻辑推理，所以，他们喜欢有答案的各种问题，不喜欢像“什么是生命的意义?”那样模棱两可的问题。这类学习者很可能数学和会计学学得不错，这些课程也需要加以归类和分类。他们喜欢而且做得很好的职业类型有工程学、会计学、物理学、数学、生物学和地质学。

34

视觉—空间学习方式

建筑、绘画、涂鸦和看电影都是具有视觉—空间智能的人们从事的典型活动。虽然有些人被图表搞得迷惑不解（如在生物学和化学学科看到的那些人），但视觉—空间智能学习者喜欢图表、地图以及其他图像或照片。他们善于把东西拼起来，如拼图。他们的空间关系测验也会考得很好，其中理解三维概念至关重要，这些都是视觉—空间智能学习者具有的技能。当面对一个机械故障时，他们也许只需要查看一下发动机，就知道该采取哪种修理方法。像绘画、工程、地理、建筑、机械以及外科等专业均适合这类学习者。

音乐—节奏学习方式

有些人在做许多事情时都和着音乐。他们也许哼唱、吹口哨，或把短语变成简短的音乐歌曲。他们喜欢欣赏节奏、旋律和音乐。在他们空想的时候，歌曲或音乐可能会经常流经他们的脑海。当他们工作或研究时，他们可能喜欢有音乐背景。如果这种方式对于一些人非常重要的话，那么他们就可能会进入音乐领域，如音乐教学、表演、指挥和作曲。

肢体—运动学习方式

有些人通过亲身体验的方式学得最好。他们能够搬动物体，而且就像机械师那样移动它们，他们还喜欢像舞蹈家那样走来走去。当他们交谈时，他们经常使用手和身体其他部分来提出观点。在交谈的时候，他们可能指着或触摸物体或用手比划。具有肢体—运动学习方式的教授很可能在课堂上走动很多、做出手势、触摸黑板以及使用物体来说明观点。喜欢这种学习方法的人们，也许会选择舞蹈、表演、木工、机械修理或机械师等职业。

交流学习方式

与其他人交谈、从研究小组学习以及参与社会活动，都是交流学习者的典型特征。他们喜欢以团队形式工作，而且通过与他人建立联系和参与合作的群体，他们学得最好。他们往往寻求与他人的合作，而不是单打独斗。他们善于
负责项目、领导他人、组织活动或制订计划。有时他们会操纵他人，向他人竭 35
力推行自己的观点。然而，他们往往希望与人合作、与人分享和帮助他人。教师、咨询、社区服务、销售和管理等职业，为个人提供了以一种交流方式来学习和表达他们自己的机会。

自省学习方式

与交流学习方式相比，自省学习方式是不仅要单独工作，还要做到深思熟虑。比如认真思考得出结论以及仔细评价，都是这种学习方式的典型形式。这类个人往往具有创造性和独立思考能力，他们不会轻易地改变看法。相反，他们对有争议的话题具有强烈的看法。与团队合作不同的是，他们往往更喜欢那些可以单独工作的项目。有些作家和哲学家非常适合这种学习方式。

不同的课程和活动要求人们使用不同的表达方式。此外，有些方式比起其他方式显然更适合某些活动。例如，当你参加一项运动时，你学习的方法很可能要转为肢体—运动方式。如果你正在唱歌或是乐队的一员，你的思维方法也许更具有音乐—节奏方式。同样，如果你喜欢独处和思考，这种方式则更适合自省方式。有些方式会使你更加愉快，而且你也认为，有些方式最适合你。上述七种学习方式为人们提供了如何接近不同话题的灵活方法。在你思考本书各章内容时，你也许会发现，你在以不同的方式学习这些内容，有些话题要以交流的方式进行，有些话题要以内省的方式进行，还有一些话题要以肢体—运动方式进行。

> **问题 2.7**　这些学习方式哪一个最适合你？你处于什么情况下？请解释。

> **问题 2.8**　如何将这七种学习方式与学生的学习方式联系起来？

研究

虽然个人采用了一些学习方式，但是每个学生都需要完成作业。大部分课程使用一本或一本以上的教材。一般而言，虽然也可以使用其他方式，但是对这些课程最有效的学习方式，就是言语—语言方式以及经常使用的逻辑—数学方式。学习的其他主要方式是通过上课和进行课堂学习进行，言语—语言方式和逻辑—数学方式也是最佳的方法。另一种学习方法就是研究小组，这种学习
方法把言语—语言方式或逻辑—数学方式与交流方式结合起来。上述每种学习 36

方法都具有被公认的可行性和优势。

从课本学习

你也许曾有过读了一页书却对刚刚阅读的内容没有想法的经历。如果你没有这方面的经历的话，那么你就比较幸运，而且你很可能在阅读时比较主动。当你比较被动时，你可能对阅读的内容做不到全神贯注，而且你也不可能记住书中提出的基本观点。例如，你路过的一所房子或一座公寓大楼，也许是你成百上千次经过的自己居住的第七座大楼，可是我对你能够描述它还是感到非常怀疑。然而，假如你专门从你家按照一个特定方向出发，去数第七座房子或大楼，你就能够这样做了，而且你还能够记住它是什么样子。学习需要专注，而且那些旨在帮助人们最有效地进行学习的方法，侧重于帮助人们主动学习和关注阅读的内容。突出是帮助人们学习的一种方法事例。然而，当个人为了便于日后使用而要注意一些内容时，他们就必须使用突出的方法，否则书页就变成了大量的黄色标志。

最著名、也是最早帮助学生记忆学习内容的方法之一，也许就是罗宾森（Robinson，1970）提出的 SQ3R 学习法了。大多数其他方法都是这种学习方法演变的结果。**SQ3R 学习法**（SQ3R）主要有五个步骤：浏览、提问、阅读、复述和复习。对学生来说，这些步骤是让其对课本有计划地进行学习，并积极找出问题的答案。这种学习方法本身相当简单，但使用并坚持这种学习方法需要付出精力和时间。首先，我将介绍这种学习方法，然后给出在使用这种学习方法解决问题时的技巧。

SQ3R 学习法 浏览、提问、阅读、复述和复习；一种著名的学习方法，这种方法侧重于通过回答有关内容的问题来理解内容。

- 第 1 步：浏览。

  在开始阅读一个章节时，要浏览话题标题。话题标题一般有三个级别。一级标题、二级标题以及经常出现的三级标题。你可以根据字号找到它们。字号越大，级别就越高。目录通常给出前两个标题级别的总结。例如，本章一级标题是“研究”，二级标题是“从课本学习”。只阅读前两个级别的标题，浏览一章内容，就为你提供了这一章的全貌以及要学习的内容。然后，你会了解阅读这一章内容的原因以及这一章提出的信息
  37 的类型。在通常情况下，阅读章节的导言和结论能够帮助我们找到要讨论的重要观点。有些教材还包括了章节目标，这些章节目标可以帮助你了解希望从章节学习的内容。本章在第 22 页和第 23 页列出的标题和问题会帮助你理解这些章节中所讨论的话题，这些问题将有助于你获得一个对本章的总体看法。

- 第 2 步：提问。

  要以一级和二级标题为指南，然后设法提出章节问题。有时段首句将帮助你做到这一点。有时在你阅读时，你可能发现自己能重新描述问题，这很好，因为这表明你采取了积极的方法来学习内容。对于“研究”标题，你也许会问“有什么研究方法?”对于“从课本学习”标题，你可能会问“从课本学习，有什么建议的方法?”一般而言，无论是书面素材，还是口头话语，当人们提出问题，而不只是得到素材时，他们就会更有可能了解和重视答案。

问题和解决方案

什么是优秀的学习方法？

SQ3R 学习法

- 浏览。
- 提问。
- 阅读。
- 复述。
- 复习。

- 第 3 步：阅读。

  当你阅读构成标题的问题答案时，你可以采取各种办法。你也许希望在答案下画线，你也可能在书的页边空白处记笔记。如果你有不理解的内容，那么你就要在它的旁边打个问号，这样你就可以请教其他同学或老师。如果你愿意，你还可以在笔记本上做笔记，这样你就可以将这些笔记与随后的课堂笔记进行比较。

  在你阅读时，要核对你提出的问题是否在教材中做了解答。如果没有，你就得重新阅读这段教材的内容，并重新描述你所提出的问题。 38

- 第 4 步：复述。

  在你阅读完答案后，要将答案进行复述。最好用你自己的话来复述答案，这样你就可以理解并相对比较容易地记住答案。如果可能，你要把答案大声叙述出来。当你无法这样做的时候，你就要默默地复述答案。如果你能够以总结的形式告诉自己学到的内容，那么就说明你正在取得进步。重复是学习的一个重要组成部分，所以，要反复向自己复述学习的内容。对于本章各节而言，要重复最后三个步骤：提问、阅读和复述。

- 第 5 步：复习。

  一旦你阅读了整章内容，你就要花时间复习这一章的内容。一种方法是向自己提出问题（看着标题），在你没有阅读素材的情况下，看你是否能够回答问题。如果你需要阅读素材，那么你就要返回去回答问题。另外，你还可以阅读总结，并补充遗漏的重要观点。在通常情况下，你可以把这些内容写在页边的空白处或总结的后面。尽管在学完一章后就马上复习对于掌握该章内容很有帮助，但你也可以在准备考试前的其他时间进行复习。在上课前复习课上要讨论的内容，这也是非常有益的做法。你也许无法把每一章内容都一口气读下来，因为有些章节相当长，所以，在你完成章节最后一节的内容后，复习整章内容将是大有帮助的。

SQ3R 学习法要求我们投入精力并专心致志。在没有使用这种学习法的情况下，只是阅读一章的内容通常比较快，也比较容易；但你学到的东西可能比较少。因为 SQ3R 学习法要求注意力集中，所以，在你累了或学习了很长一段时间的时候，你很难使用这种学习法。在每一级标题之间，休息 5～15 分钟是非常有益的做法。

虽然 SQ3R 学习法相对简单，但是它需要练习和付出努力。如果你以前还没有使用过这种方法，而且还是第一次尝试这种方法的话，那么你很可能会感到有点沮丧，因为这种学习法很可能比你一次性阅读素材所花费的时间要长。另外，这种学习法可能让人感到艰难或跳跃，而不是像你阅读小说或杂志时那样顺畅。尝试这种学习法的最佳方式，是要在一个完整的章节里使用这种学习法，并将你使用 SQ3R 学习法学到的内容，与你使用自己的学习方式所学到的内容进行比较。

并非所有的素材都适用于 SQ3R 学习法，使用标题的教科书（标题是大多数教材常见的形式）最适合这种学习法。当你将这种学习法用于科学和数学课
39 时，你就需要做出调整，因为这些课程要突出各种问题。对于带有问题的教材，为了设法解决问题而进行阅读是比较有益的做法。像生物学那样的课程就应该频繁地使用图表。能够描述或复制图表，也可以成为一种采用 SQ3R 学习法的方式。与将标题变成问题不同的是，你能够把图示或图表转变成问题。对于小说、论文和文章而言，提出的问题也许并不明显，所以你可能要花一些时间找出主要论点或问题，而这些论点或问题是你理解素材需要使用的。

> 莎拉，36 岁，是一名使用 SQ3R 学习法的大学一年级刚入学的新生。起初，她被这种学习方法搞得心神不宁，并认为这种学习方法很麻烦。当她坐在桌子旁学习的时候，她虽然想要学习，却无法提出问题、寻找答案以及复述它们。她在一家餐厅里担任经理助理，习惯于提出各种要求，并且都能获得立竿见影的效果。在我向她解释完这种学习方法一周后，她很恼火地找到我，并问我是否还有更好的学习方法。她使用这种方法学习了普通心理学一章中的两节内容。与放弃这种学习方法不同的是，我建议她再试一试，并要有耐心。她决定在下午而不是晚上试一试这种学习方法，看一看效果是否会最好，她使用这种方法学习心理学，然后使用自己的方法学习法语。在法语学习方面，她一直使用闪存卡，她发现这种方法对于学习动词、名词和形容词很有效。她感到使用闪存卡进行学习比较舒服，而且与 SQ3R 学习法相比，这种方法也不费劲。
>
> 一周后，她找到我，讲述了她怎样在心理学章节中使用 SQ3R 学习法。尽管能够比以前采取的任何学习方式学到更多的知识，但她还是不喜欢这种方法，并对这种方法要付出这样的努力感到失望。她希望得到更有效的学习方法，她再三问我是否有更好的想法。我倒是希望我有更好的想法，但我告诉她，要坚持用这种方法学习心理学，而且，如果这种方法有效，她就要尝试用这种方法学习经济学课程。要是现在，我就会告诉她，即使法语或数学，也要尝试使用这种学习方法，除非她确实觉得这种方法对有些章节不起作用。在学期结束时，莎拉报告说，她的心理学考试的最终分数得了 B+，与以前相比，取得了一个相当大的进步。她说，她花了大约一个月的时间来习惯 SQ3R 学习法。这种方法比她以前的方法需要付出更多的注意力。一旦她在学习时思维敏捷，SQ3R 学习法似乎更容易使用。她打算下一个学期使用 SQ3R 学习法学习政治学和社会学。

不断地改变学习习惯是很难做到的事情。SQ3R 学习法的关键是要保持主

动性。要改变 SQ3R 学习法——提出或多或少的问题，进行或多或少的复
述——经常是很好的做法。一种方法是否有助于保持学习兴趣是其关键所在。
例如，在研究静脉和动脉血管时，思考你自己的血管并观察它们可能是有所帮 40
助的。如果你想使用自己的身体作为一种记忆人类生理学重要部分的方法，那
么这就是很好的方法。不断地改变 SQ3R 学习法使之更具创新性和趣味性，均
可以对某些学科起作用。思考在课堂上呈现的内容以及在课本中解释内容的方
式，同样也是有益的做法。

从课堂学习

与你在课本学习时保持主动性一样，你在课堂学习时同样应该保持主动性。虽然你在从课本学习的情况下，可以通过返回到某些章节或以休息的方式来控制学习的节奏，但是你却无法控制教授讲课的节奏。尽量做好准备可以有助于你应对各种授课方式或教师的表达方式。

你在上课前可以做一些事情。最重要的事情可能就是在教授讲述有关素材前进行指定的阅读。这为你提供了了解课本呈现素材的方式，而且你也会知道希望从教授那里学到的内容。在教授讲课过程中，你就会回忆起在课本中读到的某些素材。你在阅读内容时存在的问题，得到了教授的解答。要能够倾听教授讲授的各种宽泛概念，然后将其用于较小的细节上，这将有助于你理解以前不懂的内容。要在设法理解教授方面做到主动，并寻找与主要观点有关的细节，这样你就会比只是照抄教授讲述的全部内容能学到更多的东西。其他要准备的方法是，复习上一节课的笔记，或者在可能的情况下，看一看课程提纲，了解未来课上可能要讲授的内容。

在上课时，要把注意力集中在课堂行为上，大多数情况下都是教授讲课。有时课堂行为是放映一部影片、演示或分组讨论。如果你发现自己在开小差或开始向窗外张望，你就要把注意力重新集中起来，并设法重新跟上教授的讲课节奏。即使教授讲授的内容不易理解或凌乱不堪，你也要把这种情境看作一种挑战，设法去理解他或她正在讲述的内容，而不要放弃或旷课。

有时在讲课过程中，教授会给出他们认为的重要观点的提示，这些提示最终可能会出现在考试当中。这类提示可以是“重要的”、“十分重要的”、“极其相关的”等词语；有时，也可以是“我认为，这是你们应该思考的内容。”在其他时候，教授就会直言不讳地说：“这将是考试的内容。”即使授课内容枯燥乏味，你也要设法向自己提出挑战，学习课堂内容，这将有助于你在考试中有出色的表现。

具体的笔记思路能够有助于你组织课堂内容。例如，注明每节课做笔记的
日期。要在新的一页纸上开始记笔记，而且，要在新的一页纸上记录一个新的
话题，这将为你进行研究提供一个更好的、有组织的方法。不必担心浪费篇 41
幅，也不要把你的笔记写得密密麻麻，要为今后进行补充或修改留出空间。另
外，如果你只使用一页纸的一面，那么在复习的时候，你就可以更容易地组织
你的笔记。有时你也许希望把笔记从便笺簿上取下来，并把它们摆在面前。如
果老师讲得很快或看上去组织得杂乱无章的话，那么你留有篇幅就尤为重要。
你可以同一位朋友一起复习笔记或将笔记与教材进行比较，并填写和澄清笔

记。参见图 2—3。

回忆栏 复习你的笔记，并在这里写出关键的信息	**课堂笔记** 在这里，写出课堂笔记
什么是视觉一空间学习？	有些人以绘画或构建模式的方法学得最好。
	他们可以使用图表。
	视觉一空间学习对带有图表的生物、化学课程很有效。

图 2—3　组织你的笔记

一些学生认为，使用“回忆”栏很有用。如果你在一张纸的左边留有 2.5 英寸空白作为“回忆栏”，你就可以使用这个回忆栏，作为一种准备考试的方式。在课上，要留出回忆栏空白。在课后，最好在当天的某个时间，把每个主要专题的主要思想写在回忆栏里。这些回忆栏可以选择单词或短语，表示你的笔记主要部分的细节（右栏）。回忆栏可以被用作一种测试你自己的方式。你可以把手放在回忆栏右侧上面，解释回忆栏的主要观点，向自己复述信息。这
42 个步骤非常类似于 SQ3R 学习法的第 4 步，在这个步骤中，你向自己复述了重要的信息。回忆栏的另一个目的是为下一节课做准备。当你等待教授开始上课时，要看一下上节课的回忆栏，并进行复习。通过使用回忆栏，你可以再现或复习信息，这在你准备考试时十分重要。

彼得的指导老师建议他选修经济学作为一门毕业的必修课。彼得是一名新生，他认为自己对经济学知之甚少。第一天去上课时，他完全不知所措。这门课是在一个礼堂里上的，这个礼堂容纳了大约 400 名学生。礼堂的阶梯很陡，教授站在一个小讲台上，看上去就像站在一个深坑的底部。教授的背后是巨大的白色屏幕，屏幕左右是墨绿色的墙壁。彼得的心紧揪起来，甚至他开始怀疑是否进对了教室，也对他上学的原因产生了疑虑。每个坐在他周围的人似乎都知道上课的内容。他认为他自己并不知道教授复习课程的教学大纲和目的。彼得的注意力飘忽不定，有时集中在教授身上，他看上去简直聪明透顶；有时，又感到教授是多么的愚蠢。

彼得的大哥是两年前从大学毕业的，当他与他的大哥谈论此事时，大哥向他讲述了对他有效的学习方法。他对彼得强调说，在下次上课前，一定把第一章的内容阅读一下。当时，彼得说：“为什么这么麻烦呢，教授总会复习这章内容的。”他的大哥说：“这样你就不会因为考试不及格而退学了。你并不知道马上要讲什么内容，而且，如果等到第一次考试之前的话，你就会认为情况糟糕透了。”虽然彼得并不喜欢大哥的态度，但是，他还是接受了大哥的意见。彼得对教授的大部分观点都很认可，而且有些观点甚至还能够预见未来发生的事情。当这门课结束时，彼得感到筋疲力

问题 2.9　你从你不感兴趣的课上或教授那里学到了什么？

尽。他付出了巨大的努力，而他通常并不是这样的。他感到就好像当他打中外场，有人在垒上，投球手向击球手投球时，他才会紧张和警觉起来一样。虽然他对自己并不是很有把握，但是他感到好过了一些，因为他对要发生的事情有某种感觉。尽管他不喜欢大哥那种自称无所不知的态度，但是至少大哥对彼得需要做的准备，还是相当了解的。

问题 2.10 使用一些有关课堂学习的信息，说明你为了从教授那里学到更多的东西，需要在一门课程中怎么做？

研究小组

研究小组要比单独研究具有一些优势。大多数研究在一定程度上均要求言语—语言或逻辑—数学方式，所以，许多人将这种方式与某种交流研究方式结合起来。当个人与他人合作时，他们往往在研究方法上比较主动，而且也更有责任心。如果他们没有给研究小组做出贡献的话，他们就会感到让他人和自己出丑。研究小组可以具有不同的规模。有时研究小组可以只是与另一个人组成。有时研究小组由四五个人组成，有时人会更多一点。如果可能，研究小组成员最好在每次考试前一个星期会面，以复习考试内容。有时他们在考试前一天的晚上还会会面。对于这些发挥良好作用的研究小组，每个人都要为复习课程内容做准备。 43

问题和解决方案

其他学生能够帮助我学习吗？

尝试一下研究小组，你就可以

- 澄清课堂笔记。
- 分享课程目标的看法。
- 复习各种定义。
- 享受重复学习的乐趣。
- 彼此进行提问。
- 复习以往的测验。

研究小组具有一些优势，其形式取决于课程和小组成员。对于几乎任何课程而言，研究小组都是一个澄清课堂笔记和分享教师处理课程目标和方法的机会。这就是研究小组的每个成员携带课堂笔记参加会面的重要原因。另外，小组成员可以复习课程中各种重要的词汇和定义。当小组成员能够就每堂课的主要内容以及这些内容是如何对应阅读材料方面达成一致意见时，你就会获得一种组织性和连续性。研究小组的一个重要组成部分在于它能使重复学习变得更加有趣。利用闪存卡或笔记彼此进行提问，通常是针对考试复习而不是单纯课程内容复习的一种令人愉快的方式。

问题 2.11 如果你参加了研究小组，它对你有什么作用？还是没有作用？如果你没有参加研究小组，你认为他们是否会帮助你？

研究小组的一项工作就是极为关注测验。如果研究小组可以得到以往的测验题的话，就要复习测验的正确答案。另外，你还可以设法预测考试题和答案。某些课程要求不同类型的侧重点。在一门语言课程中，使用英语或学习的语言彼此进行提问可能很有帮助。在数学和一些理科课程中，通过完整地解决各种问题以及帮助彼此解决问题，你就可以获得一个对课程的更深入的理解。

研究小组能帮助许多人提高分数（Gardner & Jewler，2000）、使人在更深入的层面上了解素材以及享受这项工作的乐趣。

44 时间管理

时间是一种与众不同的资源。与食物、金钱或珠宝首饰不同的是，它无法储存或积累起来（MacKenzie，1997）。为了防止浪费时间，人们应该坚持优先考虑的事情，如为了考试而学习，而不是为了英语课而阅读短篇小说。如果你不设法去追求尽善尽美的话，那么你在安排一些事情的时间方面就会更灵活，而不是完全关注正在进行的某件事情。这有点像扔东西的思想。放弃不重要的素材，你就可以组织好笔记、图书等事情，并在找某些内容的时候，不必彻底去寻找。为了不把自己牵扯到干扰目标的事情当中去，对别人说“不”同样也是一种选择方式。当然了，你最好还是能去帮助别人，尽管这可能会耽误你的学习进度。

无论是课本学习、课堂学习还是研究小组，重要的是，要安排好一天的时间，并做好一个星期的计划。经过一个学期的学习，学生都会有各种各样的目标。长期目标涉及论文、考试以及期末考试计划。短期目标包括为了考试而学习某一章的内容或对论文某一部分进行研究。即使学生尽量按照计划去做，许多事情也是无法预料的。使用时间表和计划表来组织时间，对于大多数学生来说都是有效的，但是你可能还需要不断修改和变更你的时间表和计划。不管怎样，办事拖延——拖拉——你就会难以遵守时间表或个人计划表。

个人计划表

个人计划表可以有不同的风格和形式，能够帮助你了解许多要做的事情。办公用品商店和书店经常备有各种这类个人计划表。有些个人计划表涉及一个星期的内容，横跨两页。而其他个人计划表则涉及一个月的活动，也会横跨两页（图 2—4）。有些人喜欢用铅笔来写计划，这样他们能够改变和修改时间表，而其他一些人则使用油性笔进行标记。例如，学期论文和考试可能用红色表示，而个人约会则用黑色表示。很多人喜欢把重要的日期圈起来或以不同的方式做出标志。

小时时间表

通过计划一天要做的事情，你就会对怎样安排时间以及用多少时间进行学习了如指掌。使用星期计划表（如图 2—5 所示），可以帮助你确定在学习和其他活动方面花费的时间数量。与其只是在一个时间表上写出“study”（研究），
45 倒不如试着写出你打算研究的内容“chap. 10，Bio”（生物，第 10 章）或“re：WWI for H”（关于：为历史课学习第一次世界大战）——研究有关历史课所讲的第一次世界大战的原因。为了了解他们的时间表是否有效，有些学生

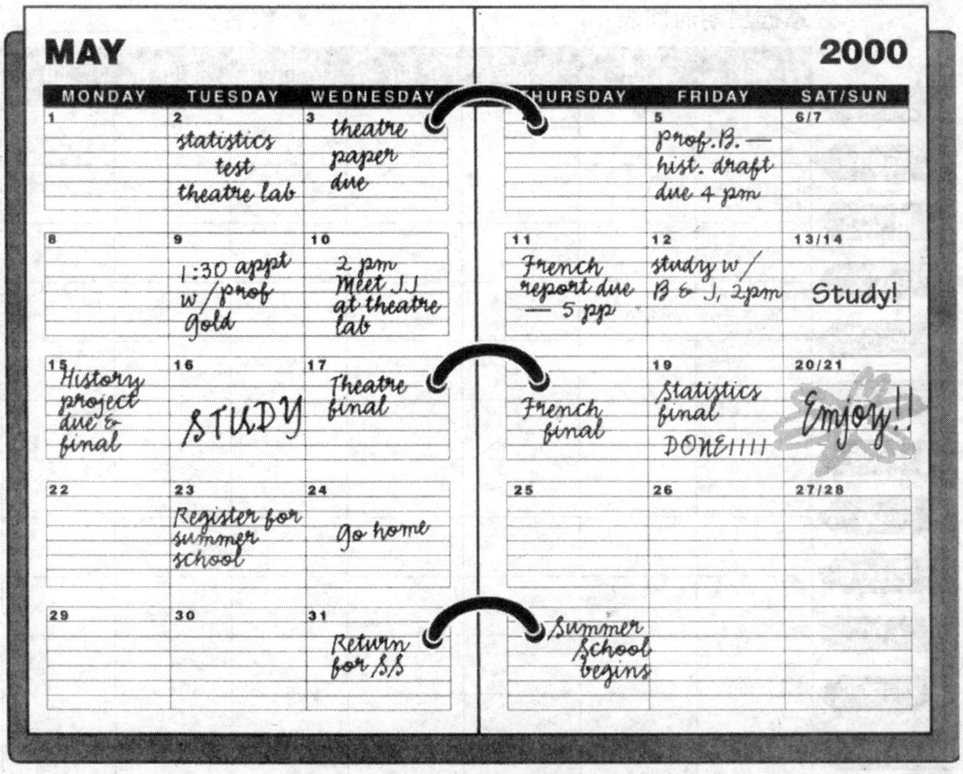

图 2—4　一个个人计划表事例

喜欢用钢笔制定计划内容，然后用铅笔写出他们实际做的内容。这种做法可以为你提供一种准确评价时间的感觉。

通过计划一个星期的时间表，并在你开始各项活动之前的晚上进行必要的修改，你就可以最有效地利用时间。例如，这种做法有助于在上一门课之前的某段时间里安排复习笔记。如果你觉得有很难学的素材，那么你就可以在你最清醒的时间里安排学习这些内容。你也可以安排时间学习最简单的课程，作为一种学习较难课程的“奖励”。但是，你的时间安排一定要现实。事实上，最好要多安排时间休息，少安排时间学习，而不是颠倒过来。例如，如果你计划两个小时的学习时间，并学习了 3 个小时，你就会比计划学习 4 个小时而实际只学习了 3 个小时感觉更有成就感。时间表是专门用来帮助你组织活动的，而不是使你觉得自己是工作的奴隶。

问题和解决方案 47

我经常办事拖拉。我要怎么做呢？

避免拖拉的技巧有：

- 制定的计划要小。
- 要选择学习地点。
- 要安排休息时间。
- 要提出问题：我现在做的事情很重要吗？
- 要使用一个时间表。

46

掌握星期时间表 姓名＿＿＿＿＿＿

	星期日	星期一	星期二	星期三	星期四	星期五	星期六
6:00							
7:00							
8:00							
9:00							
10:00							
11:00							
12:00							
1:00							
2:00							
3:00							
4:00							
5:00							
6:00							
7:00							
8:00							
9:00							
10:00							
11:00							

图 2—5 一个星期时间表的事例

资料来源：Corey，Corey & Corey，p. 55。

拖拉

拖拉 把要做的事情拖延到以后去做。将学习推迟到其他时间是拖拉的一个事例。

管理时间的大敌就是**拖拉**（procrastination）。除了影响学术表现外，拖拉还会增加压力，并对工作、在校表现以及健康产生负面影响（Tice & Baumeister，1997）。有些策略可以有助于解决办事拖拉的问题。制订一个大计划并将其分解成较小的计划，也许是一个最有效的方法。与其说："我今晚有那么多的数学作业要做。"倒不如对自己说："让我先从第 3 章的第一节开始，用大约一个半小时的时间来完成它。"另一种有效方法是控制你要做的事情以及做事情的地点。如果你无法在房间里学习的话，就要去图书馆、另一个房间或一间空的教室。在其他人想要和你一起玩，而你很忙的时候，最好在稍后或在其他时间满足他们的要求。一旦你采取了这种方法，当你和朋友一起玩的时候，你也许就不会考虑所有你必须要做的工作了。另一种方法是要问自己，此时是否真的想做某项工作。如果你不想做，那么你就该去休息一下。你也可以重新安排你正在做的工作的时间，并在某个与学校活动无关的时间里，去做这项工作。

对于大多数学生来说，时间安排中出现的问题往往是出在衡量问题的方面，而不是在不知道如何去遵守时间表方面。问题是决定学习的重要程度，并与选择学习保持一致，而不是花时间与朋友在一起或做别的事情。莫琳的情况并非个案，她介绍了她在经过休学后怎样设法重返大学的经历。 48

> 上学期，我确实把事情弄得一团糟。我知道，上大学的时候，我必须努力学习。我并不担心，因为我认为，我总是能够稍后完成我的工作。在头两个星期里，我去上了大部分课程，也不太烦学习，因为除了数学以外，没有多少要学习的内容。但是当我得到我的第一个"F"时，我觉得我应该学习了。
>
> 我确实尝试做了一个时间表。我对课程、在图书馆的工作和学习都做了时间安排。这个时间表持续了大约一个星期。我的第一个时间表做得非常完美，我用了大量颜色对各种不同的活动都进行了标注。但在此后，我很烦时间表，我总是无法遵守。
>
> 在我父母问我学得怎样的时候，我总是说，"很好，一切顺利。"所以，当他们询问我的考试情况，而我得了"D"和"F"时，我会简单地告诉他们，我得的都是"B"。
>
> 压力确实在不断增大。12 月，当他们发现我向他们撒谎时，他们发疯一样地训斥我。我父亲告诉我，就是这个结果，我不要再上学了，至少他不会再支付学费。我在他平息了怒火后与他进行了交谈，并征得他同意，让我一次选修一门课程。就在今年春天，我打算选修一门课，就一门。
>
> 我刚刚注册了一门课，而且它在一个星期内开课。这次时间安排的问题就不同了。我一星期在一家货车运输公司工作 30 小时，管理他们的办公室，晚上去上课。我现在围绕工作安排了一些学习时间，而不是反过来。

当我跟同学们聊起他们的时间安排和学习的关注问题时，他们经常有一些如何安排时间的想法。但是，能否遵守时间表的问题确实比较困难。聚会、运动、电子游戏以及与朋友在一起的诱惑确实存在。但是，这些活动也可以安排好时间。一个人必须有准备和有意识地做出有关遵守时间表的决策，这样，这个人就能够控制时间使用问题了。因为许多教授在一段为期 4 个月的时间里只进行两三次考试，所以，对于大多数学生而言，时间管理就变得非常必要了。

问题 2.12　描述你对图 2—5 所示时间表的反应。

考试

像学习一样，测验也需要组织。了解何时进行测验至关重要。对于有些学生来说，忘记未来一两天进行的测验是常见的事情，准备测验也相对比较困难。大多数教师会对测验进行说明，这样你就会了解测验的形式。如果他们没
49 有对测验进行说明，你就可以提出问题。因为准备多项选择题测验与准备论文测验有所不同，所以，提出测验问题有助于了解测验由多项选择题、论文题以及对错题构成的比例。看一下以前测验的试卷是有所帮助的，如果看不到以前测验的试卷，看一下测验的问题实例也会有所帮助。了解测验是根据课堂、教材进行的测验，还是基于某种组合进行的测验，将有助于你决定复习侧重的内容。了解测验问题的数量，可以使你对在考试中采取的节奏有所了解。考试的时间完全不同。在某些课程的考试中，有些教授很重视答题速度。在一个只有很少比例的考生才能完成的考试中，如何合理利用你的时间就很重要了。在其他考试里，所有的学生也许有足够的时间完成作答。了解考试的信息越多，你就越能更好地决定把精力应该集中到什么内容上以及应该如何计划学习该内容。

问题和解决方案

我应该就考试提出什么问题才能考得更好？

- 考什么类型的试题？
- 有试题实例吗？
- 考什么专题？
- 考教材，还是考笔记，抑或两者都考呢？
- 考答题速度吗？

客观性测验最典型的是多项选择题，你必须从四五个选项中选出正确答案。有些客观性测验还包括对错题或者需要做出匹配的两列或两栏试题。对于上述问题类型而言，仔细阅读说明至关重要，因为答案经常取决于一两个词。限定性词语，如“总是”（always）、“很少”（seldom）、“从未”（never）、“有时”（sometimes）尤为重要。有时问题还可能是其他问题的答案。对于一些问题，只有你有了新的信息，如记起了之前本已遗忘的内容，你才可以改答案。否则，你的第一反应很可能就是最好的。

当学生对参加测验缺乏信心时，他们有时会改变答案，因为他们认为如果他们觉得答案是正确的，那它一定是错误的。有些学生有一种感觉，他们选择
50 的答案是看起来不正确的答案。这都不是改变答案的理由。设法回忆你学过的内容，其作用要比批评自己没有学到足够的知识会更加有效。时间压力可以造成学生停止逻辑思考，并开始感到焦虑。为此，计划足够的时间回过头检查是非常有益的。

在多项选择题考试中，信息已经被组织好。而在论文测验里，你则需要对信息进行组织。因为这类测验没有什么问题，所以，说明就至关重要了。因此，如果你对问题的含义没有把握的话，你就要去问老师。当你有问题要问时，你就要对怎样安排时间做出决定。一般而言，你最好先提出简单的问题，这样你就对提出比较难的问题有了更多的信心和时间。但是，不要让老师花太多的时间来回答简单的问题，否则你就没有足够的时间让老师回答较难的问题

了。在你思考问题的过程中，可以在一张废纸上或考试手册的空白页上草草记下一些想法。然后，你可以通过给这些想法编号来组织你的观点，或者重新把它们写出来。因为组织在论文考试中至关重要，所以，一个简明的导语段落和一个结束段落都是很有帮助的。把中心思想联系起来的段落，应该用完整的句子描述出来。易于理解非常重要，因为老师要阅读许多份试卷，老师很可能对无法阅读的试卷失去耐心。如果你在论文的结尾留出空白，你就会有时间写出更多的信息，只要你有更多的想法。

当你在写论文问题的答案时，可以假设成你正在与班上或研究小组的某个同学进行交谈并考虑在这种情境下你如何回答问题。这种做法有助于你思考一些重要的观点以及如何描述某些情境、事件或对象。有些论文问题希望你表达你的看法，然后用事实做支持。对于这类问题，可以假设为你与班上的其他同学如研究小组的伙伴进行交谈时，你如何提出论据就可以了。

总结

学习并不是一种单独的活动。它是你与其他人在思想上的一种互动，正如课文所讲述、教授描述的思想和词语以及教授或其他学生讨论的那样。首先，我们剖析了儿童的学习方式，因为儿童的好奇心和探究的确有助于使学习变得有趣和令人愉快。当大学学习是一件有趣的事情时，它
51 可以给你一种成就感而不是一种枯燥感。当个人主动地接近并愿意练习学习的内容时，学习最有效。尽量减少外界的干扰和组织好信息，不仅有助于在学习过程中减少混乱，也有助于减少挫折感。

并不是每个人都以相同的方式进行学习。这七种学习方式适合不同的人。有些人通过文字和作品进行学习，有些人通过逻辑和数学进行学习，有些人更多地通过音乐进行学习，有些人很直观地进行学习，有些人在学习时喜欢动手，有些人通过社交互动进行学习，还有一些人通过思考进行学习。人们经常将上述学习方式结合起来使用。

人们进行研究的方式和态度能够对他们学习什么以及学到多少产生影响。对于从课本学习，SQ3R 学习法（浏览、提问、阅读、复述和复习）是很有帮助的。另外，我还介绍了一些从课堂学习以及利用研究小组的方法。使用 SQ3R 学习法、课堂学习抑或其他与任务相关的研究来管理时间，都需要耐心。虽然个人计划表和小时时间表能够很有帮助，但是坚持个人计划表和小时时间表却是具有挑战性的。然而，当你可以很好地管理时间时，并且你也已经学习和理解了素材时，那么参加诸如论文和多项选择题等测验存在的问题就会变得较少，而且测验也将为你提供一种真正的成就感。

推荐读物

《你的大学经历：成功策略》（第 4 版）（*Your College Experience: Strategies for Success*, 4th ed.）

J. N. 加德纳和 A. J. 朱勒（J. N. Gardner and A. J. Jewler）著，沃兹沃思出版公司（Wadsworth），2000 年版

加德纳、朱勒以及一个由专家组成的小组探讨了旨在帮助个人在大学获得成功的广泛话题。这些话题包括研究技巧、参加考试以及其他诸如时间管理等学术人生领域。这本书的作者讲述了学生在专心学习大学课程的同时，如何处理好社会人生和家庭人生的方式。

《大学和职业生涯的学习技能》（*Learning Skills for College and Career*）

P. I. 赫蒂奇（P. I. Hettich）著，布鲁克斯/科尔出版公司（Brooks/Cole），1998 年版

这是另一本有关在大学期间进行研究和学习的好书。话题涉及研究技巧、进行组织、时间管理、怎样提高记忆力以及如何把测验做好。另外，本书还对阅读和做笔记提出了建议。本书中的练习可以帮助分析你目前的技能。

《时间锁链：人生如何变得如此繁忙，你又能够有何作为》（*Timelock*：*How Life Got So Hectic and What You Can Do about It*）

R. 凯斯（R. Keyes）著，哈珀柯林斯出版集团（HarperCollins），1991 年版

该书涉及使用和安排时间等方面。凯斯讨论了如何用较少的时间做越来越多的事情及其所面临的社会压力。一种解决方案是重新评价人生的重要内容，并关注也许相对不太重要的各种需求。另外，凯斯还讨论了诸如电脑等专门为了节省时间的新设备，但事实上，使用这些设备可能要比其节省的时间需要更多的时间。

52 《情商：为什么情商能够比智商重要》（*Emotional Intelligence*：*Why It Can Matter More Than IQ*）

D. 戈尔曼（D. Goleman）著，矮脚鸡出版集团（Bantam），1995 年版

戈尔曼就各种不同类型的智商，提出了另一种观点。正如本书中第 32～35 页上介绍的加德纳的七种智能一样，戈尔曼解释了情商如何可以比高智商或认知智力更为重要的原因。情商包括了解和表达的能力以及控制一个人自己的感情或情绪的能力。另外，理解和解释他人的情感，也是一种情商形式。此外，戈尔曼还讨论了社交技能的重要性和取得成功的动机。诸如乐观和毅力等特质同样为词语"情商"所涵盖。这个词语强调了处理一个人的情感人生技能与关注学习技能之间的平衡。

《大学生学习方法十二讲》（第 5 版）（*CLASS*：*College Learning And Study Skills*，5th ed.）

D. G. 朗曼和 R. H. 阿特金森（D. G. Longman and R. H. Atkinson）著，沃兹沃思出版公司（Wadsworth），1999 年版

《阅读精修和发展》（第 6 版）（*READ*：*Reading Enhancement And Development*，6th ed.）

R. H. 阿特金森和 D. G. 朗曼（R. H. Atkinson and D. G. Longman）著，沃兹沃思出版公司（Wadsworth），1999 年版

《研究方法和阅读技巧》（第 2 版）（*SMART*：*Study Methods And Reading Techniques*，2nd ed.）

D. G. 朗曼和 R. H. 阿特金森（D. G. Longman and R. H. Atkinson）著，沃兹沃思出版公司（Wadsworth），1999 年版

阿特金森和朗曼将实践方法引入大学准备和研究技能。这三本书都附有大量的练习，这些练习通过选自其他课程的课文和实际教材摘录，帮助学生学习和应用研究技能。《大学生学习方法十二讲》一书，强调了记笔记、时间管理技巧、压力应对策略、记忆最大化技巧、批判性思维策略以及图书馆和研究论文的基本要素。在《阅读精修和发展》一书中，学生可以学习运用 SQ3R 学习法，使用他们正在阅读内容的语境来确定部分讲话并理解比喻性语言，运用结构性分析来提高读者的理解以及有效地阅读图表、地图和表格。《研究方法和阅读技巧》一书，能够帮助学生对大学课程运用阅读技能和研究技巧。学生可以学习如何进行批判性思考、怎样充分倾听、如何做好笔记以及怎样为了准备测验而有效地整合和复习课程内容。

推荐网站

加利福尼亚大学伯克利分校学生学习中心学习技巧网（Cal Ren Project Study Tips）

http：//128.32.89.153/CalRENHP.html

该网站提供的学习技巧是专门为全体学生，特别是为非传统年龄的学生设计的。这些技巧都是出色的学习资源，是由加利福尼亚大学伯克利分校的工作人员设计的。

第3章

选择职业生涯

工作是人生的一个主要组成部分，它可以为人们的一生带来快乐、挫折和烦恼。通过选择有趣的工作、满足个人重要的价值观以及适合自己做事的方式，人们就会感到一种兴奋感或有助于实现对自己至关重要的价值观，并具有一种经久不衰的满足感。然而，选择令人厌烦的工作、看上去似乎不道德的工作或毫无意义的工作，可以使人们产生一种在人生中没有太多快乐的感觉。我们将根据接近职业生涯发展的某个特性和因素，剖析选择职业生涯的三个步骤。另外，我们还将着眼于实施职业生涯选择的方式，包括对寻找工作、撰写简历以及进行工作面试策略的一些简要说明。

在继续本章之前，先对本章和下一章使用的一些词语进行定义是有益的，这样，这些词语——职业生涯、职位、职业和工作——就可以彼此区分开来：

- **职业生涯**（career）。在一个人一生中出现的工作和闲暇活动。从这个意义上讲，职业生涯选择适用于个人在其职业生涯的任何时间里，对他们当时选择追求的特定工作或闲暇活动所做出的决策。
- **职位**（job）。一个组织内部要求的类似于技能的岗位。职位基本上是指工作者完成的具体任务。
- **职业**（occupations）。类似于在许多组织中看到的各种职位。
- **工作**（work）。对其他人创造的有价值的活动；与有报酬和无报酬活动有关的一般性词语。

职业生涯 在一个人一生中出现的工作和闲暇活动。

职位 指雇主要求工作者完成的任务。

职业 类似于人们在许多组织中看到的各种职位。

工作 一种对其他人创造的有价值的活动。

本章关注于职业生涯，这个词语是指个人以及个人可以做出的选择，而职位、职业和工作都局限于某个人完成或填补的各种工作岗位。

在通常情况下，当人们考虑选择职业生涯时，他们就会想到选择一个专业。基本上，专业类似于课程的浓缩，可以以各种不同的方式影响个人的职业生涯。有些专业是对职业生涯的具体培训，如工程学、护理学、医疗技术、教师教育、商业和植物科学。对于某些职业而言，培训在研究生院进行，而且很多专业可以适于法律、社会工作、心理学和医学等职业。对于其他职业来说，如销售、管理、广告或行政工作，也许适于任何专业。在思考做出各种职业选择以及选择某个专业时，也许把某个专业看作职业培训是有益的。因此，在通常情况下比较有益的做法是，首先，要知道什么职业生涯选择比较适宜；其次，什么专业适合那些职业生涯选择。这通常要比先选择一个专业，然后再选择一个职业生涯的效果要好。

职业指导或职业咨询的先驱者弗兰克·帕森斯（Frank Parsons），曾在1909 年撰写过《选择一种职业》（*Choosing a Vocation*）一书。他的观点与本 55
书所述的一样，成为后来发展为特质—因素论的基础。**特质**（trait）是指可以通过测验得出的一个人的各个方面、兴趣、价值观和能力。**因素**（factor）是指成功工作绩效所需的条件。因此，特质和因素是指对一个人和一个职位特征的评价。自 1909 年起，研究者开发出各种测验和量表来测量各种特质。此外，研究者还提出了各种基于特质—因素论的理论。在这些研究者中，约翰·霍兰德（John Holland）提出的类型理论，有助于个人理解他们自己及其职业生涯的各种机会。在下一节中，我将介绍特质—因素论的第一步，即如何理解自我——自我的人格、兴趣、能力和价值观。

特质 一种可以通过测验或观察进行测量的个人特征。

因素 一种成功工作绩效所需的特征。

获得自我理解

要获得自我理解，以一种没有偏见的方式看待自己以及与没有偏见的人进行交谈是有帮助的。与一个为了帮助你解决你希望解决的问题的咨询者进行交谈，是有益的做法，因为咨询者并没有卷入你所从事的工作当中。与其他人进行交谈也可以。例如，父亲也许希望女儿成为一名医生，但是女儿可能想成为一名舞蹈家。为了有助于与女儿讨论她的职业生涯规划，父亲应该相对中立。同样，当人们考虑今后希望从事何种职业时，有益的做法是，要能够实事求是地评价自己——人格、兴趣、能力和价值观，而不是一味地自言自语，“我真的应该做这份工作”、“我根本不可能当律师”或者“大多数工程师都比我聪明。”在第 4 章，自我效能理论说明了缺乏自信对你适应工作产生怎样的影响；它同样影响一个人做出的职业选择的类型。而认为自己根本无法完成大学学业的人（低自我效能），也许会限制其未来职业生涯的可能性。在这一节中，你有机会剖析自己的人格、兴趣、能力和价值观。虽然无法完全做到客观，但是，认识到在何种时刻你处于“自我需求型”还是“自我批评型”，对评估自己是有益的。

人格

人格 描述一个人的特质。这些特质包括思维、感受和行为。

刻板印象（霍兰德） 人们对职业的印象和概括；霍兰

56 德认为，这些概括一般都是准确的。

霍兰德类型 霍兰德采用六种分类来描述人们的人格：现实型、研究型、艺术型、社会型、企业型和传统型；人格类型与现实型、研究型、艺术型、社会型、企业型和传统型工作环境相符合。

职业生涯选择和职业生涯适应构成一个人的**人格**（personality）范围。这是约翰·霍兰德（John Holland，1997）提出的一种观点，他发展了一个类型理论，这个理论因为与职业生涯选择有关，因而有助于理解人格。霍兰德认为，人们通过他们的工作选择和经历来表达他们自己、他们的兴趣和他们的价值观。霍兰德认为，人们对工作的印象和概括一般都是准确的，他把这些概括称为**刻板印象**（stereotypes）。通过研究和提炼这些刻板印象，**霍兰德**将人们划分为六种人格类型。当霍兰德提及人格时，他并不关注反常的人格，如抑郁症或精神分裂症，而是关注基本正常的人格。虽然有些心理学者关注诸如优势、社交、移情、自我控制、被怀疑或被理解等人格特质，但是霍兰德关注的则是兴趣、价值观、能力以及工作选择，并根据这些因素得出一个人的人格指标。我在这里讨论的六种人格类型是现实型、研究型、艺术型、社会型、企业型和传统型（如图 3—1 所示）。那些最相似的人格在六边形中彼此相邻，而那些最不相似的人格则分列在六边形两旁。

问题和解决方案

在我毕业的时候，我不知道我打算做什么。如果我没有获得我所希望的目标，我该怎么办？

我知道我想干什么吗？但是，还有我没有想过的一些职业选择吗？

- 首先，评价你的人格、兴趣、能力和价值观。
- 其次，找出适合它们的各种职业。

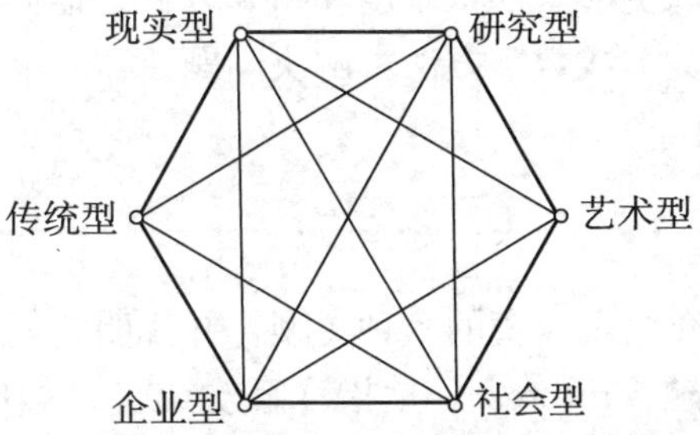

图 3—1 霍兰德各种人格类型之间的关系

资料来源：Adapted from *Holland's Hexagon*, *Act Research Report No. 29*, by J. L. Holland, D. R. Whitney, N. S. Cole, and J. M. Richard Jr. Copyright (c) 1969 The American College Testing Program). Used by permission。

现实型人格。现实型人格的人们可能是很实际的人，并希望提出或接受解决问题的建议。他们很可能看重金钱、权力和地位，同时，不太重视人际关系。一般来说，他们很可能是非常实际的人，而且无法忍受抽象和理论说明。

研究型人格。挑战未被回答的问题令研究型人格的人们兴奋不已。无论是否有经济回报，他们经常都很喜欢解决困难的问题，并努力找到一个解决方案。他们享受需要利用智力来解决难题和接受挑战的乐趣。他们喜欢有机会利用他们的能力来解决数学和科学问题，并享受解决问题带来的感受。在通常情况下，他们不喜欢直接解决个人问题，相反，他们喜欢设法分析或寻找解决方 57
案，而不是直接与他人进行交谈。虽然研究型人格的人能够与团队成员合作解决问题，但他们不擅长指导他人。

艺术型人格。创造性是艺术型人格的特征。这类人喜欢公开个人表现，而且，无论是在音乐、艺术方面，还是在写作方面，艺术型人格的人们均有可能创造性地表达自己的观点。他们的想法可能是非传统的和新颖的，而且他们在守约和工作方式上可能相对比较随意。与研究型人格类型不同的是，艺术型人格类型对逻辑表达不如对个人或情感表达感兴趣。他们可能喜欢讨论艺术品，也喜欢评论或批评其他人的产品。有时他们的表达不够清晰；有时他们使用幽默的语言，幽默是他们对创造性感兴趣的一个标志。

社会型人格。理想、善良、友好和慷慨是社会型人格的特质。社会型人格的人强调人类价值观，并注重与他人沟通和理解他人。社会型人格的人喜欢通过教育或协助他人解决个人问题的方式来帮助他人。社会型人格的人们不喜欢与机器一道工作或发号施令，他们更喜欢与他人进行交谈来解决复杂问题，这些问题很可能是具有道德或理想主义性质的问题。

企业型人格。对于企业型人格来说，与其他人在一起并利用语言技能销售、说服或领导他人是令人愉快的事情。他们往往自信并受到人们的爱戴，而
且，他们喜欢担任领导职位。此外，为了提升他们的职业生涯或赚钱，并为了 58
控制和说服他人，他们喜欢处于强势位置。有时他们看上去要比他们被认为的更加自信。虽然他们善于言辞并喜欢与人交谈，但是相比于帮助他人而言，企业型人格的人更喜欢做令人心悦诚服和说服人们的事。

> **问题 3.1** 请列出最能形容你的霍兰德类型。然后，如果可能，请列出第二个和第三个类型。

传统型人格。计划和组织是对传统型人格的最佳描述。他们重视被人们信任，并遵守原则和命令。由于这个原因，他们经常被含糊其辞或模棱两可的要

求搞得灰心丧气，他们更喜欢规章制度和指导方针。他们喜欢赚钱并处理财政状况。他们喜欢采取文书或数字方法去解决问题。

兴趣

兴趣 对一项活动的好奇心或在一项活动中享受快乐。

在这一节，我将介绍霍兰德的六种类型，并说明它们如何被用来描述业余爱好和职业兴趣。**兴趣**（interest）是指你喜欢或喜爱做的事情，即使你不是特别擅长做这些事情。许多研究者认为，被用于职业选择的兴趣是最重要的特质（Sharf，1997）。兴趣量表已经被用来测量人们对职业成功和满意的好恶。因此，你的兴趣就可以与那些喜欢自己从事的职业并做得很好的人们的兴趣进行比较。在通常情况下，兴趣量表提供了将你的兴趣与50～100种职业男女兴趣的比较分数。

现实型兴趣。安装机器、修理电子设备、驾驶轿车和卡车、狩猎都是现实型人们认为有趣的活动。他们喜欢在业余时间或工作时间使用工具或机器。他们往往喜欢诸如安装管道、铺设屋顶、修理汽车、经营农场和电子器件等的技术挑战。现实型的人们喜爱的其他活动有打猎、钓鱼和修理汽车。他们喜欢在使用工具修理汽车、收音机或其他机械方面成为技术人才。

研究型兴趣。在数学、物理学、化学、生物学、地质学以及其他自然或生物科学领域出现的科学问题很可能吸引研究型的人们。他们喜欢使用复杂和抽象思维来解决这类问题和从事研究。这种分析挑战很可能吸引计算机程序员、医生、生物学家和科学教师。一般而言，他们喜欢用逻辑和严谨的思维来解决问题。

59 **艺术型兴趣**。创作音乐、艺术或作品很可能是艺术型人们的兴趣。他们喜欢使用各种工具，如小提琴、雕刻工具、刷子或文字处理软件来进行创作。他们喜欢学习和提高他们的语言、艺术、音乐或写作能力。他们也可以统筹使用编号工具进行绘画和技术创作，而且，他们为创造性地表达自己提供可能。博物馆、音乐会、诗歌读物都是能找到艺术型人们的地方。

社会型兴趣。具有社会型兴趣的个人喜欢与朋友在一起，并帮助他们解决问题。他们喜欢在诸如教育、社会公益服务以及心理健康等他们可以指导或帮助他人解决私人问题方面提供志愿服务。社会型的人喜欢成为团队的一员，并为达成一项决策而参与讨论，而且他们经常喜欢致力于某个宗教或道德性质的问题。

企业型兴趣。管理和说服他人是企业型的人的乐趣所在。他们通常喜欢处理财务和经济问题，有时他们还喜欢冒险去赚钱：他们可能喜欢在股票市场进行交易、游说人们或设法让别人购买保险。变得更加强大和赚钱是企业型兴趣的人的特点。

传统型兴趣。组织和计算是传统型的人喜欢的技能。他们可能对财务和会计分析感兴趣。做记录、誊写资料以及组织报告是传统型的人的乐趣。他们对各种他们能够进行组织并被人们所指望的活动都感兴趣，如追踪数据和资料等。

问题3.2 列出最能够描述你的兴趣的霍兰德类型。然后，如果可能，列出第二种和第三种类型。除了发现你的兴趣与六种霍兰德类型中的一种类型类似外，有关你的活动的其他问题同样有助于评价兴趣。

问题3.3 你喜欢什么业余爱好和闲暇活动？

问题3.4 你最喜欢什么课程或学科？

问题3.5 在你曾经从事过的工作中，你最喜欢的活动或工作职责是什么？

问题3.6 假如你希望为某个职业生涯做些事情，在与你的能力水平、学校教育支持或找工作无关的情况下，这些事情会是什么呢？

价值观

价值观（values）有两种类型：一般价值观和与工作有关的价值观。一般价值观包括政治价值观，如保守或自由的价值观、在各种问题上代表道德立场的宗教价值观以及代表帮助他人或与人相处态度的社会价值观。一般价值观在与家人或朋友在一起时得以体现，并可以在与工作有关的价值观中得以反映。相反，我在这里侧重与工作有关的价值观，涉及在工作期间获得的经验。在这一节里，我将介绍与工作有关的价值观，与工作有关的价值观源于**工作适应理论**（work adjustment theory）（Dawis & Lofquist，1984；Lofquist & Dawis，1991）。我们在第 4 章里还要对这些价值观（成就、舒适、地位、利他主义、安全感和自主权）进行介绍，但在那里，它们与工作适应有关，而与职业生涯选择无关。

价值观　对个人至关重要的概念和态度。

工作适应理论　一个在预测工作满意度方面侧重于价值观重要性的理论。价值观包括成就、舒适、地位、利他主义、安全感和自主权。

成就。找一份你能够获得一种成就感的工作，并能够利用你所具有的技能，是成就价值观的一种表达。 60

舒适。找到工作将为你减轻人生压力，这是舒适价值观的一个事例。在这种工作中，你也许重视良好的工作条件，如良好的照明、舒适的温度以及整洁的办公室或空间。另外，你还可能希望工作比较稳定，不会下岗或被解雇。为了活得比较轻松，你会希望这份工作有很好的薪水。此外，这份工作还会让你的生活忙忙碌碌，丰富多彩，而且这还是一个你想要的独立工作岗位。如果你重视舒适价值观，你也许希望这个职位满足上述所有因素。

地位。如果你寻找一份你的贡献将得到承认并有机会晋升的工作，那么你就会寻找地位价值观了。它也许是这样一个职位，在这个职位中，你可能是一个权威人士或监督他人的人，而且你在这里还会得到人们的尊重。

利他主义。希望得到一个你可以帮助他人的职位，就是想要得到一个你能够利他的职位。这也许是你能够通过教学、协助治疗或帮助解决个人问题等方式来为他人做事的一个职位。在这份工作中，你认为这份在道义上是正确的工作，就是利他主义价值观的一部分。例如，利他主义者认为，他们不会喜欢从事劣质产品的销售工作。

安全感。对你来说，感到安全或认为受到公平对待也许是你特别重要的一个价值观。你也许希望得到一份你和其他工作人员都会接受良好培训的工作，而且你的老板也会支持你。你希望感到政策的执行对你和你的同事都是公平的。因此，安全感的价值观是指一种感受，即在你受到一视同仁的情况下，你能够信任你工作的这家公司。

问题 3.7　列出三个对你最重要的价值观，以重要性为序。

自主权。能够形成你自己的想法并做出决策，表示自主权的价值观。如果自主权对你来说是一个重要的价值观，那么你就应该充分发挥创造性，并对做出的决策负责。

能力

为了理解能力一词的含义，就要将它与另外两个很容易混淆的词语进行比较。**成就**（achievement）表示你做过的事情，**能力**（ability）表示你正在做的

成就　过去的表现，一个人做过的事情。

能力　目前的表现，一个人正在做的事情。

事情，而**能力倾向**（aptitude）则代表你将来可以做的事情。在通常情况下，为了评价技能水平，我们有各种水平的能力倾向、能力和成就测验。因此，成就测验被用来测试一个人学会了多少。能力测验衡量一个人目前完成任务的能力、他或她此时的知识水平。能力倾向测验则用来衡量一个人在未来很可能学习多少内容——这个人未来可能具有的能力。有时我们很难将上述三种测验区分开。例如，对某人过去成就的评价可以提供一种此人可能的能力倾向的测量。

61 **能力倾向** 未来的表现，一个人将来可以做的事情。

成就测验或测量往往是指人们在他们一生期间从事范围广泛的活动。三种成就与职业生涯选择有关：第一种是学术成就，学术成就不仅包括在校期间的分数，也包括获得的各种荣誉。第二种是工作成就，如你怎样很好地按照上司的要求来完成某些任务。第三种是进入某种职业或获得进入某种职业认证的成就。为了确保个人能够胜任，成就测验被大量用于不同的领域，如会计师、美容师、音乐人、护士、医生、水管工、心理学者和人寿保险代理人测验。通过这类测验，个人就可以获得在某个特定领域内工作的许可或授权。这些测验往往不同于能力倾向或能力测验，因为它们具体到某个特定的任务或职业。测验并不是衡量成就的唯一方法；音乐成就的最佳评价方式是试唱练耳。

问题 3.8 列出 2～3 个你认为很好的成就。

能力是指你现在知道或能够做到的事情。参加一门大学课程考试可能是对你目前能力的一种测验。假如你是一名花样滑冰运动员，而且你能够做两个一周半跳，这说明了你目前的滑冰能力。驾驶测验是一种能力测验，因为它可以测量你目前完成一项任务的能力（驾驶能力）。

问题 3.9 描述 2～3 个你目前的能力，这些能力也许与你选择的职业生涯有关。

问题 3.10 列出 2～3 个你认为你也许具有的从事活动、任务或职业的能力倾向。

能力倾向是指设法预测一个人未来能够做的事情。常见的能力倾向测验，如美国大学理事会学术水平考试（College Board Scholastic Assessment Test，SAT）和美国大学测验评价项目（American College Testing Assessment Program）：学术测验（Academic Test，ACT）被用来预测一个人在大学的表现。在这类测验中，常见的被测量的能力倾向是语言表达测验和定量测验（数学）。其他学术技能，如抽象推理、文书速记、拼写和空间知觉，同样可以进行测量。能力倾向不必只通过测验进行测量。例如，有人在观看体操运动员表演时也许会说："我敢打赌，他将会是一名优秀的滑冰运动员。"或者，一名英语教师在看到一名学生撰写的一篇优秀论文时，也许会说："我敢打赌，她可以成为一名优秀的记者。"在这两种情况中，预测是就未来做出的。

62

职业生涯选择的外部影响

到现在为止，我们对涉及选择职业生涯的个人特质——人格、兴趣、价值观和能力——进行了讨论。有些并非个人特征的因素，同样影响着职业生涯选择。例如，有些人有可以资助他们的父母，而其他一些人则受到较多财政资源的限制。如果你负责供养一个孩子或一个家庭的话，那么也许你承担上学的责任要比没有承担上学的责任艰难。这使得你更难达到一定的职业目标，但是，这并非是不可能的。另一个因素是地理学。如果你生活在农村地区，那么，比起生活在城市里，你就很可能具有不同的接受教育和接触音乐或艺术的机会。父母的价值观同样也至关重要。如果父母重视教育，而且，如果父母从事享有声望的职业，那么子女就会比那些父母从事较低声望职业的人更有可能进入享有威望的职业（Shaft，1997）。当然，也有许多例外的情况。因为奖学金可以帮助那些需要财政援助的人们，而且人们还可以边工作边上大学，所以，人们可以克服那些令他们难以实现职业目标的因素，即他们需要在高中毕业后还要再接受2～8年的全职教育。

职业生涯选择的过程

虽然我已经介绍了与个人职业生涯选择有关的重要特征（人格、兴趣、价值观和能力），但是，我还没有介绍选择职业生涯的过程。个人做出职业生涯选择的方式存在着很大的差异。年轻的孩子们经常根据幻想做出选择。在电视上看到一个侦探、一位舞蹈演员、一名篮球选手，可以令5岁的孩子们兴奋不已，然后，他们就做出想要成为这样的人的决定。随着孩子们年龄的增长，他们就会形成越来越准确的自我概念，一种他们自己的观点。通常，他们首先有能力准确地评价他们自己的兴趣，随后他们能够评价他们的能力，最后他们能够评价他们的价值观（Super，1990）。大约从6岁开始，这种过程将持续相当长的一段时间，据说，能够准确评价自己的兴趣、价值观、能力和人格的人，要比其他人拥有更多的职业成熟性。因为对于大多数人来说，选择职业生涯是复杂的过程，他们经常寻求职业生涯咨询者或他人的帮助。咨询者不仅可以指出职业选择，也可以帮助人们进行自我评价。

> 为了使职业生涯选择过程看上去不那么抽象，讨论凯蒂在几种职业生 63
> 涯之间做出的选择，将是有所帮助的。在她大学二年级春季学期期间，我与她进行了交谈。她对主修什么专业以及可能从事什么类型的职业完全没有把握。多年来，她一直把小学教育看作一个主修方向，有打算教三年级学生的想法。她的母亲一直是一名教师，而且她的母亲现在是一所规模较大的小学的校长助理。她的父亲在一所高中教英语，但最近，他厌倦了教学工作，开始在凯蒂的老家从事房地产销售。
>
> 凯蒂一直喜欢待在孩子们的周围，从事儿童工作。她曾在一日夏令营里工作，教5～6岁儿童的工艺制作。尽管她对绘画和泥塑有一定的兴趣，但是她更喜欢与孩子在一起的工作。她喜欢孩子们向自己的父母炫耀他们的绘画和泥土作品，从中获得无穷快乐。凯蒂确实期待着一日夏令营的工作，而不是她这个学年在一家快餐店的工作。在随后的三年时间里，凯蒂在三家不同的快餐连锁店工作。不幸的是，每次工作似乎都不如她以前的工作。她对这个工作感到厌倦，而且也得不到快乐。当她在快餐店的厨房里工作时，她不喜欢热烘烘的灶台以及在上下班时间快速制作三明治的压力。当她在收银台等候顾客付款时，这份工作似乎又太简单，而且她发现自己不断说着同样的话。
>
> 在高中，凯蒂学习挺不错的。她的英语和历史成绩都是A。她的生物成绩也是A，物理成绩是B，化学成绩是C。她发现，她对理科课程的喜欢程度甚至超过了英语和历史。化学课开始还不错，但她觉得这门课太难了，她对自己在大学里学习化学的能力产生了怀疑。生物格外吸引她。她喜欢学习不同动物的生理学以及像渗透作用那样的生理过程。在她上大学后的第一学年，她选修了生物学，她发现这门课尽管很难，却很有趣，因

为这要比她在高中学的生物课深得多。由于生物很难，因此，她决定选修历史课。然而，她关注的历史似乎与她可能做的事情并没有太大的关系。虽然历史课很有意思，但是她并不想在高中教历史。

在凯蒂还是一名高中毕业班的学生时，她成为一家医院的志愿者。她的工作只不过是要推着满满一小车杂志，挨病房地转悠。她最喜欢这样做的原因，是她有机会同患者进行交谈。她在大学里没有时间做这类志愿者的工作，但是她希望做这类工作。像志愿者工作一样，同样在大学里错过的是她从高中以来就一直坚持的曲棍球。她在高中三年里都在打曲棍球，
64 而且她也非常喜欢这项运动。她最要好的一些朋友，都是在她最开始打曲棍球时认识的。在高中毕业那一年，她还有机会在一个曲棍球训练中心做一点教练的工作，这是她非常喜欢做的事情。当她做一些自己喜欢又能让别人感到快乐的事情时，这些事情就变得有意义了，尽管在别人眼中，这些事可能是枯燥乏味的。例如，推一辆装满杂志的小车可能没什么意思，但那确实是她喜欢做的事情。她喜欢这些患者，也喜欢倾听他们的讲话。

我发现，用霍兰德提出的类型和工作适应理论来组织凯蒂给我的全部信息是有帮助的。从霍兰德的理论视角看，凯蒂的几个兴趣和人格特征似乎都符合社会型兴趣的描述。她对帮助他人尤其是儿童感兴趣，而且她喜欢在他人周围，并与他们谈论他们的人生。另外，她似乎喜欢解决难题，并设法理解科学问题的解决方案。研究型似乎很好地符合她的兴趣，而从人格类型来讲她更倾向于社会型。虽然我们谈论了其他几个兴趣和活动，但是比起其他类型，社会型和研究型似乎更适合她。当我按照工作适应理论思考她的价值观时，利他主义和成就感似乎尤为重要。她确实希望为他人做事，而且她似乎重视帮助他人解决问题。另外，她还喜欢科学的挑战性，并希望利用她的科学能力去实现某些成就。诚然，她害怕科学（化学）的挑战性，但是她却希望学习和运用知识，去帮助别人。

虽然上述信息是有用的，但是凯蒂和我都希望更多地了解她的兴趣、价值观以及她对自己的能力的看法。我把她置于斯特朗兴趣量表（Strong Interest Inventory）和信息交互指导系统（SIGI PLUS）[①] 之下。斯特朗兴趣量表是将学生的兴趣与大约 100 种职业获得成功并享受他们工作的男性和女性的兴趣进行比较。信息交互指导系统是一个将学生价值观、兴趣和首选活动与超过 300 种职业相匹配的计算机程序。使用信息交互指导系统，凯蒂能够评价她的价值观、兴趣和首选活动，这样她就能够找到与之相匹配的职位。这为她了解某些她甚至想都没想过的职业提供了机会。她希望了解的更多的职业是康复咨询师、就业咨询师、学前教育工作者、娱乐工作者、社会工作者、心理学者、医生助理、护士、营养师、理疗师、语言治疗师、听力矫正师和兽医。虽然这可以列出一个长长的清单，但是

① System of Interactive Guidance and Information 的缩略。信息交互指导系统是美国教育考试服务中心（Educational Testing Service, ETS）为学生和其他找工作的人建立的指导系统，用于帮助人们进行教育发展计划或职业发展规划。信息交互指导系统包括一个概述和八个组成部分。这八个部分分别为“自我评估部分”、“搜寻部分”、“信息部分”、“技能部分”、“准备部分”、“帮助部分”、“决策部分”、“后续步骤部分”。这八个部分的顺序以一个准备步入职场的人的探索过程而设立，各部分之间既有联系，又可自成系统，供不同需求的人们选择使用。

凯蒂还是希望更多地了解上述这些职业，并对找到某些吸引她的职业生涯选择充满了憧憬。

虽然在这里你没有机会使用测试和兴趣量表信息，但是，你可以回顾前 4 节你回答的问题的答案，这样你就可以形成一个要探究的职业表。我已经将职业信息分为 13 个类别，这些类别将在下一节职业信息中使用（见表 3—1）。现在，对你来说，选择两三个最符合你的人格、兴趣、价值观和能力的类别（如果你希望多一点也可以）是有帮助的。你只需要对选择的一个类别的几个方面感兴趣即可，而不需要对所有方面都感兴趣。 65

问题 3.11 写出你感兴趣的想更深入学习了解的职业类别和职业种类。

表 3—1 **职业类别**

类别	特征	职业种类
1. 科学、工程学和数学	分析，研究，计算。	生物学家、化学家、地质学家、工程师、建筑师、草图设计员、计算机操作员和程序员、数学家和运筹学管理者。
2. 卫生	调查和诊断健康问题；帮助人们解决身体问题。	医生、护士、医生助理、牙医、牙医助理、验光师、实验室技术员、营养师、健康服务管理员、药剂师和兽医。
3. 社会公益服务	帮助人们解决个人、娱乐或宗教关注或问题。	咨询师、学前教育工作者、精神病学者、心理学者、娱乐工作者、社会工作者和牧师。
4. 教育、图书馆和博物馆工作	教授他人，向他人提供信息或帮助他人使用信息、组织信息或有价值的目标。	教师、校长、大学教师、博物馆馆长和图书管理员。
5. 传播和艺术	通过广播、公共关系、报道、作品、设计、摄影、绘画、表演、跳舞或唱歌，与他人进行沟通。	广播技术人员、电台播音员、公共关系专家、记者、作家、时装设计师、发型师、摄影记者、画家、演员、舞蹈演员、音乐家。
6. 政府和保护服务	制定法律，崇尚某种观点，学习法律，执行法律，规划城市以及对大量人群进行研究。	立法会议员、律师、律师助理、法官、社会学者、城市规划者、消防队员、侦探和警卫。
7. 农业和林业	对自然、植物生长或户外活动感兴趣。	农业科学家、农业设备技师、农场管理者、园丁、渔民、护林员和伐木工。
8. 旅游业	飞行或驾驶；驾驶推土机、火车或船只；为他人制定旅行计划或预定服务。	飞行员、飞机检查员、乘务员、公交车司机、卡车司机、船长、火车司机、预定和旅行代理人。
9. 商业	对管理、销售、购买或说服他人感兴趣；组织或协商商业问题以及处理人事问题。	会计师、预算分析师、产业工程师、经济学家、财务经理、产品经理、就业面试者、咨询师、制造商代表、零售业销售人员、保险代理商、酒店经理以及房地产代理商。
10. 职员或秘书	收集、整理和归档数据，常使用计算机；与客户会面，采集信息，联系客户。	权力要求代表、银行出纳员、簿记员、收银员、调度员、档案管理员、邮递员、接待员、秘书、存货管理员和话务员。
11. 建筑	构筑或建造，使用强大的工具，在户外工作（有时），从事需要体力的工作。	建筑管理员和检查员、瓦工、木工、地毯安装工、电工、玻璃工、油漆工、管工、屋面工和钢筋制造工。
12. 技术、安装和修理	安装或修理飞机、汽车、机器、通信设备、乐器或重型设备；可以举起沉重的设备，并在寒冷、炎热或干燥的建筑物里工作。	飞机技师、汽车技师、柴油机技师、电梯安装工、线路安装工、技工、电话安装工和自动售货机修理工。
13. 制造和产业工作	在产业中，装配、建造、焊接和操作机器和设备。	锅炉制造或修理工、机械工、数控工具程序员、工具和模具制造工、焊接工、固定发动机操作工、污水处理厂操作工。

66 ## 获得有关工作领域的知识

选择职业生涯特质和因素的第二步是要了解职业。因为本书无法提供职业信息，所以，我将告诉你可以在哪里获得更多的信息以及哪种信息对你了解职业生涯也许有所帮助。然后，我们将对劳动力市场、某些职业出现的趋势以及对了解职业有帮助的其他变化进行讨论。接下来，我将介绍凯蒂如何寻找她认为可能感兴趣的一些职业信息。

职业生涯信息可以在公共图书馆、大学图书馆、职业生涯服务办公室以及书店中找到。因为美国劳工部（U. S. Department of Labor）不断寻找和更新职业数据，所以，《职业展望手册》（*Occupational Outlook Handbook*）是一个出色的信息来源。大多数专门的职业信息均可在由出版商和专业组织出版的小册子、图书和其他资源中找到。

你将发现，这些资源有助于了解许多职业特征。我在下面将介绍几个特征，然后对你在其他一些地方可能找到更多的职业信息加以说明（Shaft，1993）。

问题和解决方案

什么是有关一个职业的重要信息？

- 描述。
- 教育。
- 工资。
- 工作条件。
- 资格。
- 如何着手一个职业。
- 如何在一个职业中得到晋升。
- 机会不足群体的就业机会。
- 就业前景。

67 - **描述**。大多数书面信息描述了人们通常工作的方式、工作场所以及使用的工具和设备。如果正在发展的各种新技术对从事的某种工作产生影响的话，那么，这些趋势也要经常加以描述。因为那些刚刚开始某个职业的人们比起经验丰富的工作人员，很可能从事较少责任和不太困难的工作，改变工作职责要向他们加以说明。职业相同但工作的公司不同，工作同样可以有所不同。在小机构或企业内，人们经常有许多责任，而在大机构内，人们也许进行专业化分工，只承担一些不同的任务。
- **教育**。在某些职业中，有各种获得必要教育或培训的方式。有些教育资源包括家庭学习课程、政府培训计划、武装部队、雇主提供的正式培训、2 年制社区学院[①]以及 4 年制学院和大学。

- **工资**。许多工资单都包括某个职业的开始、平均和最高工资。收入经常难以概述，因为不同公司、不同地区以及不同责任收入不同。有些工作人员得到的是年薪，而其他一些工作人员则根据他们销售的百分比收取一定的佣金；还有一些工作人员因某个活动得到薪酬。有时，上述组合被用来确定工资的多少。城市收入往往要高于农村地区。根据某个特定职业对工作人员的需求，地区之间很可能存在差异。一般而言，工资越高，有关责任水平、教育程度和经验的预期就越高。 68

  福利可以被看作收入的一个组成部分。福利包括休假、健康保险和退休金。有时，某个职业有着特殊的福利，如提供饮食和住房补助、旅游费用优惠、公司汽车的使用或商品的折扣。
- **工作条件**。工作条件差别很大。特别是户外工作，可能意味着要暴露在炎热、寒冷、潮湿、灰尘、风雨或其他困难的条件下。室内工作同样差别很大。有时，工作环境整洁明亮；而在其他时候，人们则必须在拥挤、寒冷或炎热的条件下工作。工作条件的另一个重要方面包括与同事、客户和上司的互动。在有些职业中，这些关系也许并不舒服；而在其他职业里，这些关系可能是工作一个非常积极的组成部分。在有些职业中，人们往往单独工作，或者，他们可能在其他人不工作的时候工作。例如，舞蹈演员和演员经常在晚上和周末工作，而其他许多人则比较传统地每星期工作 40 个小时。在一些服务和产业里，24 小时都必须工作，所以，有些人在一年的不同时期里要上日班、晚班或夜班。有些雇主现在已经引入的一个工作条件是定期进行体检。
- **资格**。除了要求具体的教育程度外，有些职业还有其他工作要求，如体量或身高要求和最低年龄要求。其他要求还包括诸如力量、耐力、良好的视力、听觉或颜色知觉等体能要求。由于年龄、性别、种族或无关的残障等原因而歧视人们，则是非法的。因此，雇主必须拥有一个具体的资格理由。
- **进入方式**。你可以以各种不同的方式进入某个职业。有时人们必须参加考试；有时他们必须加入工会。在某些情况下，他们必须拥有资金开创自己的事业。你可以根据具体的职业向雇主提出申请。
- **晋升**。在职业范围内，晋升存在巨大的差异。有些职业有着明确的职务级别提升方法，具有预期的教育程度和工资水平；而在其他职业里，职务级别提升方法则不太明确。有些职业在你晋升之前，需要获得具体的证书或学位。而有些职业的晋升则取决于诸如销售、工作质量或更多主观变量的表现。
- **机会不足群体的就业机会**。某些职业因积极招募女性或少数民族而著称。 69
- **其他信息**。其他免费或廉价的信息来源经常刊登在小册子和书籍上。这

① 社区学院（community college）是由社区设立的初级学院。此类社区学院为本社区具备各种能力的中学毕业生及成人提供范围广泛的课程和服务：一是终结性计划，学生毕业后直接进入就业市场，职业技术性较强；二是转学性计划，初级学院的毕业生可进入 4 年制学院的三年级继续攻读学士学位。此外，社区学院还提供普通教育、继续教育、补习性教育及社区服务。实行开放招生政策，但升级和毕业有一定的标准。

些信息来自工会、职业协会和政府机构。

- **就业前景**。美国联邦政府及其他机构根据劳动力增长、就业率、通胀率、对外贸易额、国防开支发生的变化以及其他因素的假设，做出增长和职业的预测。不可预见的政治和世界大事可能造成这些预测不准确。美国联邦政府及其他机构对离开某个职业进入另一个职业、晋升、退休或死亡人数进行了估算。随着某些产业的发展，对某些职业的需求要多于对其他职业的需求。技术进步同样可以表示某些职业发生的变化、其他职业的没落或新职业的成长。在下一节里，我将对劳动力市场及其最近出现的一些变化进行说明。

劳动力市场

劳动力市场　一个州、一个国家或世界各地的民众通过就业来满足需求的过程。

劳动力市场（labor market）实现了一个州、一个国家或世界各地民众的需求。这些需求可以包括食物、住房、衣服、健康服务、交通运输、娱乐、消防和警察保护等等。当人们对这些服务或产品需求高时，这些领域将提供较多的就业机会。当需求低时，这些领域将提供较少的就业机会。

我将对劳动力市场出现的一些比较重大的变化进行讨论。我将侧重于两个相关的变化，即服务部门的增长和技术进步的发展。劳动力市场的其他问题是临时性职位的增长、双收入夫妇和“无边界”的职业生涯数量的增加。

服务部门和技术。多年来，劳动力市场增长最大的一直是服务领域。这个领域一般包括卫生、商业、教育、社会公益服务、工程和其他服务，不包括商品生产产业，也不包括农业。在过去的75年里，美国已经发生了显著变化，对工作人员的需求逐步从制造业、农业和采矿业向服务行业转变且这种需求不断增长。这种变化大部分是由商品生产产业的技术效率造成的，商品生产产业比以往需要更少的工作人员。由于汽车产业使用机器人手臂和计算机技术，因此，汽车产业是一个技术变革可以减缓某个产业就业增长程度的事例。

问题和解决方案

当我找工作时，我应该了解职场发生了哪些重大变化？

- 更多的服务性职位。
- 新型技术职位。
- 大多数职位出现的新变化。
- 更多的临时性工作人员。
- 更多的双收入夫妇。
- 更少的边界职位描述。

70

工作场所计算机的使用已经极大地改变了劳动力市场。计算机在许多制造业的自动化工作中被广泛应用。这包括汽车产业、印刷业、家具制造业、钢铁制造业以及其他产业。计算机同样使得人们更容易地从事工作。文字处理软件、电子制表软件程序和互联网使得人们能够自动操作许多文书功能，并帮助人们更容易地彼此进行沟通。随着更多的文书工作可由计算机完成，那些只从事文书工作的秘书岗位就会有工作被自动化的风险。由于电子邮件和互联网使用方便，人们可以在许多地方进行工作：在飞机上、在饭店房间里或在他们的家中。因此，技术是一把双刃剑，使得某些人更容易地从事他们的工作，但是，也对其他从事可以被自动化或计算机化工作的人构成威胁。我们在图 3—2 中对美国未来增长的趋势进行了概括，图 3—2 表明了专业人员、技术人员和服务的增长趋势。

71

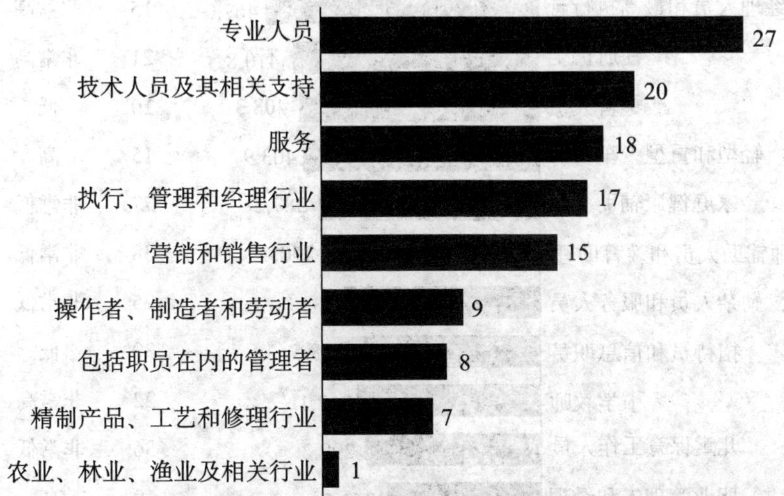

图 3—2　1996—2006 年主要职业群体预测变化的百分比

资料来源：From *Occupational Outlook Quarterly*，U. S. Department of Labor Bureau of Labor Statistics，Washington，DC，1997—1998，p. 9。

美国政府对 2005 年美国经济增长进行了预测，政府预测（美国劳工部，U. S. Department of Labor，1997—1998）表明，多数增长的职业并不需要大学教育。正如图 3—3 所示的那样，在 10 个职业中，有 8 个被预计最具增长性的职业只需要高中或高中以下的教育程度。只有注册护士（第 2 项）和系统分析师（第 10 项）通常要求一个 4 年制大学的学士学位。像大楼管理员、销售人员和收银员等工作的人员更替数较高。个人离开这些职业有多种原因：找到一个收入更好的工作、重返学校、照顾孩子等等。因此，增长反映了替换这些工作人员以及创造新的岗位的需求（“The American Workforce”①，1993）。在图 3—3 中罗列的职业表示美国一半以上职业增长预测的总就业人数。由美国劳工统计局调查的其他 475 种职业，则代表了另一半职业增长预测的总就业人数。图 3—3 罗列的职位也有低收入职位，这是一个与具有高替换需求有关的因素。请注意，几乎所有的职业都是服务业职业，而不是制造业职业。

临时性就业。许多企业正在试图重组或节省开支，从而使其能够成为具有全球竞争力的企业。随着企业消除大量永久性的工作机会，它们用临时性工作人员、临时机构或咨询公司咨询合同来取代这些永久性工作，由于兼职工作人员通常得不到诸如健康保险和养老金计划等福利，因此，公司就可以节省开支。通过较少的员工和更多的兼职工作人员或咨询者，企业就可以对世界范围市场出现的变化做出更加迅速的反应。虽然专业人员通过从事咨询或兼职工作

---

①　为 1993 年第 37 期《职业展望季刊》刊出的篇名。

72

职业	1996—2006年预测数量增长（千人）	1996—2006年预测百分比变化	1994—1996年平均收入排名	1994—1996年平均失业率排名
收银员	530.1	17	非常低	非常高
系统分析师	519.6	103	非常高	非常低
一般经理人员和最高执行者	467.0	15	非常高	非常低
注册护士	410.8	21	非常高	非常低
零售人员	408.3	10	低	高
轻型和重型卡车司机	403.9	15	高	高
家庭健康辅助人员	387.2	77	非常低	高
教师辅助人员和教育助理	370.4	38	非常低	高
护士辅助人员、勤杂人员和服务人员	333.0	25	非常低	高
招待员和信息职员	318.5	30	低	高
中学教师	312.1	22	非常高	非常低
儿童保育工作人员	299.2	36	非常低	高
职业管理人和经理	261.5	19	高	非常低
数据库管理人员、计算机专业支持人员和所有其他计算机科学家	249.2	118	非常高	非常低
营销和销售工作人员管理人	246.3	11	高	非常低
一般设备维修工	245.8	18	高	低
食品柜台、饮水机及相关工作人员	243.2	14	非常低	非常高
特殊教育教师	240.7	59	非常高	非常低
计算机工程师	235.3	109	非常高	非常低
食物配制工人	233.9	19	非常低	非常高

图 3—3　1996—2006 年预测职业数量的增长（以千人计）

资料来源：From *Occupational Outlook Quarterly*, Department of Labor, Washington, DC, 1997—1998, p. 15。

可以取得很好的收入，但是，大多数临时性工作人员却得不到高工资，而且，
73 为了创造一个令人满意的生活，临时性工作人员还必须从事多个岗位的工作。像健康和养老金计划等福利，往往不向兼职工作人员提供。有些专家认为，2000 年，临时工作人员的数量将增加到美国劳动力的 50%（Morrow，1993）。

双收入夫妇。1975 年，31%有年龄小于 3 岁孩子的女性受雇于家庭以外，但是，在 1994 年，将近 60%有年龄小于 3 岁孩子的母亲受雇于家庭以外（U. S. Bureau of the Census，1995）。随着越来越多的女性进入美国劳动力大军，对抚养孩子和性别角色均产生了影响（我们将在第 8 章进行讨论）。

"无边界"职业生涯　一种可能频繁出现的工作变动、从事临时性任务以及从公司一个部门调到另一部门的职业生涯。

"无边界"职业生涯。"无边界"职业生涯（"boundaryless" career）是一种可能频繁出现的工作变动、从事临时性任务以及从公司一个部门调动到另一部门，使得调动的经历比以往更加频繁的职业生涯（Mirvis & Hall，1994）。

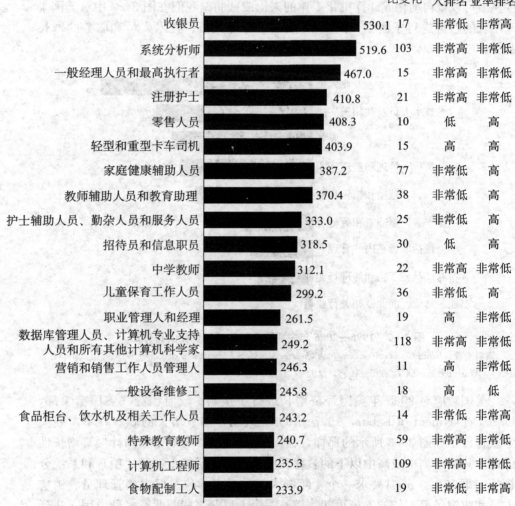

因此，当个人从一个任务被调到另一个任务时，他们不太可能有安全感。因为有些人可以在家里使用计算机工作，与办公室保持联系，因此，随着有些工作是在家里完成的，而其他一些工作则是在办公室里完成的，有形边界将发生改变。虽然家庭变得越来越像办公室，但是，在一些公司里，办公室却变得越来越像家庭，如为了吸引双收入家庭而提供的现场日托。

为了说明我们怎样可以使用这方面的信息，让我们回到凯蒂的话题，凯蒂有着一个长长的职业清单，她希望能够找到更多相关职业的信息。

> 首先，只要她想要，凯蒂就能够查看信息交互指导系统计算机程序所描述的将近 300 种职业的简要信息。因为她首先使用了自我评价部分，所以，她只需要查看大约 25 种职业的信息。虽然她使用了信息交互指导系统，但是，她也可以使用任何其他一些商业计算机化职业生涯咨询程序，如发现者（DISCOVER）等系统软件，因为它们也有类似的信息。随着她对相关职业的了解，凯蒂对卫生领域的职业越来越感兴趣。虽然她对研究岗位并不感兴趣，但是，她却对能够帮助他人的职业感兴趣，尤其对工作疗法、物理疗法、娱乐疗法、言语病理学和听力学感兴趣。她在信息交互指导系统上阅读有关这方面的信息后，又在一个职业生涯图书馆里阅读了详细描述上述各种职业的小册子。
>
> 当我们谈论职业时，我们清楚地看到，她不仅热衷于某些可能性，而且她比以往对潜在职业有了更多的了解。在我们会谈之间，她继续阅读了几本描述与健康有关的职业的书籍。然后，她与熟悉物理疗法、职业疗法 74
> 以及言语病理学的学术咨询者进行了交谈。通过这种方式，她准备对喜欢的职业生涯做出明智的选择。

整合自己和工作领域的信息

将所有职业信息整合在一起，并与各种选择进行匹配，是第三步的侧重点。既然一个人了解自己的人格、兴趣、价值观和能力，并使用该信息对与那些特质相匹配的职业进行了解，那么这个人就可以做出选择。选择的过程并不是一生只做一次。相反，这是一个持续的过程。一旦人们在二选一的职业生涯中做出了选择，那么，随着职位晋升或改变职业，他们还会经常对选择进行重新审视和评价。当人们还在上大学时，他们可以做出很多的选择，这些选择使得他们在今后对大学职业生涯做出最终决策之前，能够获得更多的信息。例如，一个人在毕业之前，她不需要在成为律师和制造商代表之间做出真正的选择。因为许多专业都将为一个人成为一名制造商代表做准备，而且许多专业也会适合申请法学院，所以，做出这个决策可能要迟于选择成为一名化学工程师，而选择成为一名化学工程师，通常在学院第 1 年也可能在第 2 年做出选择。做出二选一的选择而不是做出一种选择，经常是非常有益的做法。对于大多数人来说，不会只有一种理想的工作。在通常情况下，某个人可能对各种职业都感到满意。此外，个人还可以选择某个职业，这个职业接近他们理想的职业，然后向最初选择的方向付诸努力。因此，没有必要过于缩小这个侧重点，因为一旦你没有获得你理想的职业，你还可以接受其他选择。

人们的决策策略各不相同。有些人在决策过程中相当优柔寡断和拖泥带水，这有时是因为他们对自己和自己做出决策的能力没有把握。其他一些人习惯于按照被告知的选择做出决策，而且选择可能还符合另一些人的愿望，这些人通常是父母。例如，一个人也许想要成为一名工程师，因为他的父亲希望这样，而不是因为他的自我评价表明这个方向。还有一些人根据预感做出一种直觉的决策。这种方法作为对你的能力和兴趣理性分析后的补充，会发挥最好的效果。其他人选择冲动的决策，对他们未来职业生涯不做过多的考虑。不同的职业生涯决策方式并不是一成不变的。换言之，当人们第一次开始做出职业生涯选择时，他们经常采取一种拖泥带水的方式，但是，随着他们年龄的增长，
75 他们的方法也许就变得比较缜密，而且他们还可能利用他们的感受（一种直觉的方法）以及对自己人格、兴趣、能力和价值观的了解（Dinklage，1968）。

对未来做出选择是困难的。但是，仅仅为实践做出尝试性选择却并不困难。在下列练习中，要设法将一些有关你自己的信息与你正在考虑的职业匹配起来。有益的做法是，从前文的练习上选择一些职业（如果你愿意的话，还可以增加其他的职业），然后，注明你可能适合那些职业的特征、兴趣、能力和价值观。

职业	人格、兴趣、能力和价值观

在对自己的职业生涯进行选择过程中，凯蒂想到了许多她已经了解的职业。她对诸如职业疗法和言语病理学等职业要求的知识程度感到惊讶。她把对生物学、对从事儿童工作的兴趣以及帮助儿童的兴趣结合起来，这种想法非常具有吸引力。在完成上述三种职业职责的过程中，她能够做那些她重视的事情。她认为自己是一个有耐心的人，能够找出不太容易出现的答案。在通常情况下，当孩子出现需要治疗的问题时，他们很难描述他们怎么了。在春假期间，凯蒂回到医院，在医院里，她与从事这三种似乎吸引她的职业的人们进行交谈。她对研究生院有了更多的了解，而且更重要的是，她对这些人从事的工作有了更多的了解。事实上，其中两个人让她观察到某些与患者打交道的工作。

春假后，我们谈论她看到职业治疗师和物理治疗师的经历。凯蒂能够描绘自己在这两个岗位的表现。另外，她还访问了一名言语治疗师，并学到了很多东西，而且认为自己也会那样做。事实上，她后来设法坐下来，观察这名言语治疗师。观察其他人工作有时被称为“就业追踪”（job shadowing），而且有些学校还提供了“工作日”计划，让学生观看一个人一天的工作。

76 她通过大大缩减职业生涯选择清单的规模，取得了很大的进步，而她

仍然希望更多地了解这个清单。进入各个地区研究生院的要求都相当类似，所以，凯蒂只要选修某个符合研究生计划的生物学和其他科学课程即可。当然，她知道她的总平均成绩，尤其是物理疗法需要得到提高。凯蒂计划今年夏天作为助理主管重返夏令营，助理主管是一个她期待的新职位，但她觉得她会有时间成为医院的志愿者，在她感兴趣的领域里提供帮助。她希望得到有关她可能从事的这三个领域的问题的答案，但是她意识到，这个答案可能还尚待时日。虽然凯蒂还要对自己未来的职业生涯计划做出更多的决策，但是，她对自己努力的方向有着良好的感觉，她兴奋不已。曾经迷茫和困惑的感觉现在所存无几。

当你设法做出职业生涯决策时，许多机构提供的各种资源都可以帮助你。其中一个资源就是就业公平，在就业公平方面，雇主搭起摊位来描述提供的职位。与公司代表进行交谈，可以帮助你更多地了解有关职业以及有关这家公司的情况。虽然公司代表在对职业了解方面各不相同，但这是一个非常方便的信息来源，因为他们经常代表着20～500家公司。另一个资源是要与人们谈论他们的工作，这样你就可以对某个职业的工作情况有直接的了解。这同样具有另一种优势，你可以为自己未来的工作建立一个人际网。志愿者工作和兼职工作是了解工作职责的极好方法。就志愿者工作而言，即使你得不到报酬，你也可能对你的职责具有更多的适应性，而且，志愿者工作还要比你从事有报酬的工作具有更多的时间与全职员工谈论他们的工作。然而，无论是志愿工作还是兼职工作，都为你提供了一个观察不同工作岗位并与从事不同工作岗位的人们进行交谈的机会。有时你可以以一个特定的背景询问人们有关工作的情况，并将这种情况与另一种背景的工作情况进行比较。这些资源有助于你了解更多的职业，并可以为你提供时间，思考你（或你周围的其他人）正在从事的工作种类是否符合你的兴趣、价值观和能力的程度。

几乎每个大学校园均为你提供职业生涯帮助的资源。这些资源，如咨询中心和职业生涯服务中心，经常提供职业测试和职业信息以及就业咨询。除了帮助你做出有关职业生涯和专业的选择外，这些机构还可以在你准备寻找一份暑期工作以及在毕业后寻找一份比较持久的工作时提供帮助。

实现选择

完全获得一个职位，被认为包括获得这个职位的全过程。根据这个职位领域，许多人在上学或工作期间的许多星期里，每星期都要投入5个小时或更多时间寻找新的职位。因为找工作的过程在你接受一个职位提议之前，经常多次出现被拒绝的情况，这个过程可能是令人气馁的过程。卫生和工程领域有相对大量的工作机会，这在竞争比较激烈的商业领域、尤其是艺术领域（写作、报道、表演、歌唱以及舞蹈），则不大可能有大量的工作机会。找工作有三个重要的方面：求职策略、撰写简历和工作面试。

求职策略

当你已经选择了你理想的职业时，决定为哪个雇主工作是很重要的。如果你打算成为一名工程师，那么，你也许要考虑这家公司的规模、生产产品的种类以及其他重要因素。如果你打算成为一名教师，那么，你也许要询问你想要为哪所学校工作，什么教育理念吸引你。像上述这些问题都是你涉及职业方面的具体问题。而诸如你希望在这个国家什么地方工作、你想要居住在什么地方（农村或城市）等其他问题，都是大多数求职者面临的重要问题。

也许，在开始求职之前，你要访问的第一个地方就是大学或学院的职业生涯资源中心或就业指导办公室。在通常情况下，这些中心提供男性毕业生可以使用的各种服务，如发送成绩报告单和调查信等。这些中心也许还设有如何寻找工作、撰写简历和工作面试的工作室。

求职的一个方法，而这个方法事实上得到所有专家的赞同，就是人际网的重要性。通过与朋友、以前的雇主、朋友的朋友、父母的朋友、老师、雇主的同事等进行交谈，并让他们了解你想要从事的事情，你就可能获得不错的工作线索。通过实施一个“信息采访”（informational interview）——对已经从事某种职位的人进行采访，这个职位类似于你希望从事的工作，你可以从这个领域了解更多的信息。在通常情况下，要求这些信息提供岗位，是不太合适的，相反，你的目的应该是更多地了解这个岗位以及目前该领域从事的工作种类。这个过程经常要比报纸上的招聘广告更有帮助。招聘广告往往对于诸如计算机编程或工程领域等紧俏的工作更有帮助。求职策略的一个优秀信息来源是由理查德·伯勒斯（Richard Bolles，1999）撰写的《你的降落伞是什么颜色的？求职者和职业生涯改变者实用手册》（*What Color is Your Parachute? A Practical Manual for Job-Hunters and Career-Changers*）一书。这本书每年再版，它以一种幽默的写作风格提出许多有益的求职建议，这些建议包括了在线信息来源。

问题和解决方案

什么是找工作的基本要素？

- 提出适当的求职策略。
- 撰写一份简历。
- 了解工作面试的方式。

简历

简历的目的并不是为你找到一份工作，而是使你获得工作面试的机会。一份优秀的简历应该说明你具备某个职位的资格。对于不同的领域，简历有不同的风格。一项相对低廉的投资是购买一本如何撰写简历以及提供许多简历实例的图书。在通常情况下，你可以找到一本讲述你所在的领域里如何撰写简历的图书。

并非所有的求职专家都认为，简历有助于找工作。无论简历是纸制提供，还是在线提供，伯勒斯（Bolles，1999）均对简历的价值提出质疑。他认为，许多雇主忽视简历，并认为，人际网要比一份简历更有效。然而，大多数学生还是把制作简历作为其求职过程的组成部分。

简历的某些特征几乎都是普适的。重要的是，简历不要有拼写错误。因此，有益的做法是，让几个人检查一下你的简历——“拼写检查”并不是多余的。大多数简历都是一两页的篇幅，尤其对于刚刚大学毕业的学生来说，就更是如此，他们很可能相对缺乏经验。简历应该只包括与工作有关的信息。事实上，当人们申请几个不同类型的职位时，他们针对不同的岗位应该考虑两个或更多的简历。例如，如果一个人希望得到一份教导主任的工作、申请一个学生辅导员的岗位以及一个招生办公室的岗位，简历就需要具有不同的侧重点。在广告和商业艺术职业中，可能存在例外的情况，因此，简历并非一个有创意的机会；相反，它是在一个可能不足的篇幅里具体提出有关你自己信息的机会。79
你表达的信息量可以有助于你确定使用简历的类型和风格。风格的一致性至关重要。不要使用太多不同的类型。

与简历一同寄出的求职信，是解释你为什么适合担任这个职位的机会。在通常情况下，求职信将提出一个后续面试的建议，这样你就可以更加充分地展示你的背景经验。一般而言，你在求职信中首先要阐述写信的原因和申请的职位。然后，你要说明对该工作感兴趣的原因以及希望做这类工作的理由。还可以提及你从事此项工作具有特别成就或资格的地方。提到你的简历也是合适的。最后，说明你可以到达的面试地点以及你非常期待得到一个面试机会。

工作面试

形成有效的面试技巧需要时间。有些职业生涯中心提供摄像机让你练习面试方法，并得到专业人士的反馈意见。为工作面试做准备是必要的。你应该预先尽可能地了解这家公司和这个岗位。面试者不仅要对你的回答做出评价，而且面试者还要对你就这家公司提出的问题种类做出评价。为雇主可能提出的问题准备答案可以有助于你减少紧张感。你要表现出自信、热情和雄心勃勃，因此，对公司提前进行了解并准备好可能会被问及的问题答案，会使你放松并减少紧张感。

与雇主进行面试，为你提供了一个询问有关这家公司问题的机会。在面试过程中，你应该能够更多地了解有关要从事的工作以及你将承担的责任。公司在提供有助于发展你的兴趣和你的教育和经验的机会方面存在差异。有些公司在允许你有创造性地表达想法和方法方面，要比其他公司宽松。虽然有些雇主向新员工提供大量不同种类的工作，但是其他一些雇主却没有这样做。同样，公司在为员工参加研讨会和做出管理决策方面提供支持的数量也各不相同。

发现公司的运作模式是有帮助的。有些雇主正在扩大新型生产和服务，而其他一些雇主正在降低生产和销售。有些传统行业会拿到规模非常大的合同；如果合同没有得到或取消的话，那么临时裁员就十分严重。因此，有些公司提供的也许是临时性而不是永久性的工作。与公司运作规模有关的是晋升机会。80

参加这类工作也许不同于其他沿着职务级别晋升道路进一步发展的工作。

在工作面试中，不太可能就工资进行讨论。这个主题通常出现在得到一个职位之后。那时才比较适合讨论工资以及提高工资的方式。福利也应该被认为是工资的一部分，如是否有健康福利、牙科福利、退休金、员工投资计划以及其他服务。

为了使寻找工作具有一个组织缜密和计划翔实的方法，重要的是，要了解你希望做的事情。这样，在职业生涯寻找过程的最后阶段，实现选择就可以遵从特质—因素理论的三个步骤。

总结

美国有成千上万种不同的职业，选择职业生涯是一个既复杂又耗费时间的过程。在本章，我介绍了特质—因素理论的三个步骤，该理论为职业生涯选择过程提供了一个很好的概括。

第一步是一个对你自己的人格、兴趣、价值观和能力的评价。霍兰德对六种人格和兴趣的描述，提供了自我评价（现实型、研究型、艺术型、社会型、企业型和传统型）的一个先河。勒夫奎斯特和达维斯提出了一种广泛的分类方法，将工作价值观划分到六种类别（成就、舒适、地位、利他主义、安全感和自主权）。能力、能力倾向、成就是在评价技能中使用的不同概念。然而，对个人而言，诸如你居住在什么地方、你为教育成本支付多少金钱等外部因素同样也是至关重要的。评价你的人格、兴趣、价值观和能力，有助于你找到被划分到13种不同类别的职业。

在第二步中，这个信息被用来指导你寻找职业信息。职业信息可以在各种信息来源中提供，其中包括小册子、书籍、咨询专业人士和已经工作的人士。书面信息包括描述、教育、工资、工作条件、资格、如何开始一份职业、如何晋升、劳动力市场以及就业机会。当你完成上述两个步骤时，你就可以进入第三步了。

通过整合你的人格、兴趣、价值观和能力的职业信息，你能够做出有关职业生涯选择的决策。然后，通过规划寻找就业机会的策略、撰写简历以及获得工作面试的机会，你将处于一个开始求职过程的有利地位。

81 推荐读物

《你的降落伞是什么颜色的？求职者和职业生涯改变者实用手册》（*What Color is Your Parachute? A Practical Manual for Job-Hunters and Career-Changers*）

R. N. 伯勒斯（Bolles，R. N.）著，十速出版公司（Ten Speed Press），1999年版

这本书20多年来一直每年再版，对于求职者和职业生涯改变者来说，这也许是最有名的一本书。本书第一部分包括了有关评价自己和寻找工作的信息，第二部分是针对诸如大学生、女性、少数民族和同性恋者等具有独特兴趣的读者的内容。伯勒斯还涉及了有关开创你自己的事业以及在海外工作的内容。书中提供的图片和图表使本书成为一本生动有趣的书。本书的大量话题都涉及建立人际网、寻找工作以及如何获得聘用等内容。

《职业展望手册》（*Occupational Outlook Handbook*），美国劳工部统计局（U. S. Bureau of Labor Statistics），2000年版

这本书包括了 250 多种职业的信息，很可能是专门职业信息最知名和最受尊重的图书。本书涉及了工作说明、工作条件、教育要求、今后就业、工资以及在哪里寻找进一步信息等内容。这些信息也可以在美国劳工部统计局的网站 http：//stats. bls. gov/ocohome. htm 上找到。

推荐网站

凯达普就业网（The Catapult on JOB WEB）

http：//www. jobweb. org/catapult/catapult. htm

美国全国大学与雇主协会（National Association of Colleges and Employers）拥有的为学生和职业生涯指导专业人士提供的一套广泛的资源。该网站涉及有关求职、就业信息、教育更新以及学院和大学的资源。

华尔街日报就业网（Careers. wsj. com）

http：//careers. wsj. com/

该网站由一个使用道琼斯信息来源［《华尔街杂志》（*Wall Street Journal*）］的编辑团队汇编而成。这个网站既有就业问题的每日更新，也包括超过 1 000 篇求职和就业文章。学生可以找到有关准备简历和求职信、有效面试以及类似的实际问题等非常丰富的技巧和策略。

第4章 适应工作

当人们从事全职工作时，一天有大约一半的清醒时间都在工作。在一个人 83
选择了一份工作后，就可能产生一些有关工作本身的问题和利害关系，其中包括对工作的厌倦、与同事或上司出现的问题、困难或含混不清的任务以及令人不快的工作条件。此外，个人从事的各种活动和具有的兴趣，可能完全不同于雇主对他们提出的要求。有时就会出现意想不到的重大事件：工作场所发生一起事故、有人被解雇或某个人遭到性骚扰。虽然这些可能发生的事件听起来都是负面的，但是工作同样也是一个体验某种强烈满足感的机会，它为某种成就感、为得到奖励、为以各种方式帮助他人、为享受与受到尊重的人一起工作以及为赚钱提供了可能。适应工作是很多人人生的一个很大的组成部分，因此我们将从几个不同的方面对工作适应进行讨论。

在本章，我们将从广义上着眼于工作。工作不仅可以包括全职职业，也可以包括兼职工作、志愿者工作以及夏季工作或临时性工作。大多数人都有一定的工作经验，所以，这里讨论的问题可以与你自己的经验联系起来。通过应用这里解释的一些观点，你应该能够对在工作中遇到的各种问题有新的认识。

适应新工作

一旦对一个职业或一个职位做出了某种选择，适应问题便产生了。泰特曼和奥哈拉（Tiedeman and O'Hara，1963）描述了适应一份新职位或新工作的三个阶段。这三个阶段（诱导、修正和整合）的时间长度，取决于职业的复杂性、同事的数量和类型以及任务的多样性。这些适应某种选择的阶段，特别关注与其他人，如同事、上司和下属的互动。为了完成工作任务，人们需要与上司、同事、顾客、销售人员或其他人进行交流。我下面将对适应某种选择的各个阶段进行说明，另外，我还将对塔米如何适应她的新工作进行描述。

诱导

开始新的事情是**诱导**（induction）的基本概念。在这个阶段，一个人开始做诸如一个职位、第二份兼职工作或学习一门可以使职位晋升的成人教育课程。在新工作或课程开始的过程中，个人将根据对新的活动所做出的承诺而发生改变。如果你思考第一天的工作的话，那么你就可能适应你的职责和你遇到
的新的人们。虽然你可能不是特别紧张，但是你也许很警觉，并认真听取他人 84
给你下达新的指示。

诱导　一份新工作或一门课程的开始过程。

问题和解决方案

当你开始工作时，你如何知道什么是期待的内容？

你可以期待完成适应的三个不同阶段：诱导、修正和整合。

就在圣诞节销售旺季开始之前，为了给家人买礼物，塔米决定去工作。另外，在她完成社区学院第一学年的课程之后，她对是回社区学院继续上学、转学，还是只找到一个工作没有把握。因为她在社区学院里的数学和科学课程成绩主要是“B”，而其他大学课程成绩则都是“A”，她不知道该做什么。在一家全国大型连锁药店找到一个工作对她来说似乎是一个不错的主意。她听取了朋友的意见——你可以晋升到助理经理的位置。

在她工作的第一天，25 岁的助理经理拉尔夫向她说明了她的工作职责。她要给化妆品货架上货，并把被顾客拿乱的商品再放回到货架上。后来，有人告诉她怎样从事食物商品的工作以及如何将价签贴在退回的商品上。在她与拉尔夫交谈时，她觉得她的嗓音变得又高又尖。她对从他那里得到的所有新信息都感到焦虑。拉尔夫似乎讲话特别快。他是一个个子不高，体格健壮的男人，走路来比她想象得要快得多。事实上，他走路同他有时告诉她该怎么做、如何给商品贴价签以及如果她贴错价签会发生什么一样快，她发现自己都快哭了。当他被另一个顾客叫走后，塔米如释重负，使自己平静下来，并重新摆货架。在拉尔夫回来时，他说：“就是这样。”随即，一转身又走了，没有告诉她下次再出现这种情况该怎么做。

对于塔米来说，这是一个困难的诱导过程。在上班第一天，她很少与同事进行交谈，而是主要与拉尔夫进行接触。塔米已经开始在星期四晚上工作，并在星期六再来这里工作一整天。拉尔夫又来到她这里，向她讲述
85 如何处理为顾客分发塑料袋和怎样使用收银机。他会同她待一会儿，但是，他随即就被人叫走了。在一天下班时，塔米对她被期待做的工作感到有信心多了，但是，她发现自己已经精疲力竭，因为她为把事情做好付出了太多的注意力。

对于塔米来说，诱导过程持续了大约两个星期。她在星期二和星期四晚上以及星期六全天工作。第二个星期六在药店工作时，她感到对所做的事情更有信心了，而且，她还学会了大部分新的任务。

对于塔米而言，诱导阶段持续了几个星期；对于其他人来说，诱导阶段也许持续一个小时，抑或对于那些从事非常复杂工作的人而言，诱导阶段可以持续几个月甚至一年的时间。

修正

修正 当个人在一份新工作中与同事变得更加轻松时出现的过程。

当个人开始一份新工作时，他们几乎总是跟同事和上司一起工作。通常，与新雇员一起工作的人对他们很陌生，并需要与他们发展新的关系，这就是**修正**（reformation）。由于存在修正这一原因，个人对马上成为某个群体的一员很难感到轻松。因此，许多人都不太愿意加入某个群体，并与同事开口说话。这需要时间。

通常，当塔米晚上在商店上班时，班上还有其他三名工作人员。一个人是经理或助理经理，另一个人通常是一名高中生，第三个人是一个上了年纪的员工，通常是做第二职业。她很少看到另外两个人在药店里工作。一般来说，这两个人与她工作的时间相同。然而，因为一些学生为药店工

作，而且他们经常变换上班的时间安排，所以，她经常与不同的人一起工作。在新的情境下，塔米与其他人的交谈往往很谨慎，而且她也相当和颜悦色，虽然了解她的朋友们不会这样来描述她。

阿尔特亚是一名 37 岁的妇女，离了婚，带着三个孩子。塔米很快了解到阿尔特亚性情豪爽。当阿尔特亚在收银机旁并需要某个东西时，她精明强干，手脚麻利。而在其他时候，阿尔特亚则风趣诙谐。大约三个月后，塔米感到，与阿尔特亚在一起很轻松，而且也不怕她。塔米发现，跟自己年龄相仿的学生在一起比较轻松。尽管他们没有很多的时间相互沟通，因为助理经理让她们忙个不停，这几个学生一有机会，就会经常在一起开玩笑。因为当时正值假期，他们通常没有时间相互沟通，尤其是在星期六，商店里非常拥挤。

对于塔米来说，修正阶段非常漫长。因为她是从事兼职工作，而且她经常与新的员工一起工作，所以她用了相当长的一段时间才感到成为某个群体的一员，而不只是单独工作的一个人。假如她与那里的人都从事全职工作，这个修正阶段可能需要一个星期或不到一个星期的时间。比起她目前的情况，她可能更觉得是某个群体的一员。当假期结束时，工作对塔米来说是一种快乐，因为她与顾客交谈、摆放货物、给商品定价以及从事收银工作都没有了压力，随后，她认识了更多的同事，并开始感到工作更加轻松了。 86

整合

当一份工作变得轻松时，工作的新鲜感随之消失，并开始**整合**（integration）个人工作的这个群体。在通常情况下，工作不再令人兴奋，也缺乏挑战性。同事开始更多地相互了解和接受对方。在诸如摆放货物或清扫地板等相对简单的工作中，整合过程在一两天后就可以开始。在大型企业里，人们以许多不同的群体工作或经过长期培训后工作，整合过程可能需要一个更长的时间。

整合 一个人在熟悉一份工作时，对工作和同事都感到轻松的过程。

1 月，药店工作的节奏逐渐慢了下来，而且进来买东西的人也越来越少，尤其是在星期六。在圣诞节前，许多人来药店买丝袜和廉价的玩具，现在，人们购买的都是平常的物品——药品、牙膏、口红等等。三个月前陌生的工作任务现在已经变得轻而易举，习以为常了。操作收银机、回答顾客问题、补货上架、摆放商品、给商品贴价签等任务，似乎都很容易做到。现在，这份工作已经变得开始重复，塔米感到厌倦，尤其觉得晚班没意思。她把更多的时间都用来与在那里工作的高中生聊天并觉得很有意思。这份工作的这个组成部分很快就成为最好的部分了。

> **问题 4.1** 使用诱导、修正和整合阶段来描述你从事过的一份工作。

一个人对一份工作做出反应的方式，经常取决于这个人工作的时间长度。有些人对一份工作只有几个星期的新鲜劲儿，随后很快就失去了兴趣；还有一些人发现，他们的工作任务随着时间差异越来越大，并发现他们的工作很刺激，所以他们继续享受工作的乐趣。其他一些人发现，他们从事的工作种类令人兴奋，而且他们盼望终生从事此项工作。泰特曼和奥哈拉提出适应某种选择阶段的价值在于，它表明在选择一份新工作时，人们可以期待各种变化。虽然

> **问题 4.2** 将两份工作的诱导阶段进行比较，并解释你对它们做出的不同反应。

并不是每个人都体验到诱导、修正和整合阶段，但是这种模型确实为理解适应一份新工作提供了一种相当直接的方式。

87 自我效能和工作适应

自我效能理论 人们对自己完成任务的能力做出的判断。

个体在他们自己的潜在效能方面存在着差异。**自我效能理论**（self-efficacy theory）是由阿尔伯特·班杜拉（Albert Bandura，1986，1997）提出的，这个理论被用来预测个体做决策的方式，而这些决策能影响他们的生活。例如，一个人判断他的数学测验会考不好或工作面试会不成功，也许是具有在那种情境下的一种低自我效能意识。作为一种应用范围广泛的理论，自我效能理论也被一些研究者用在职业生涯选择和适应方面（Lent，Brown & Hackett，1994；Hackett & Betz，1981）。班杜拉研究了人们如何判断他们自己的组织能力和实际完成某项任务的技能。伦特、哈克特和其他一些人关注人们对自我效能的看法是否可能阻碍他们的职业生涯选择和职业晋升机会。伦特、哈克特及其同事对具有某种低自我效能意识的个人不会坚持一项艰巨的任务表示关注。这类人可能认为，他们不会把任务做好、不堪重负或被任务搞得灰心丧气以及不会从事这项任务。因此，他们关注认为数学不适合女性或学习数学会遇到困难、不会选择数学课程、不会进入数学或科学职业生涯的女性。

> 塔米的数学和科学成绩一直不好。在8年级，她告诉自己数学和科学不适合她。她的父亲拥有自己的管道设备公司，而她的母亲则是一名秘书。父母都没有上过大学，而且，他们格外不重视大学教育。他们都认为，如果你高中毕业，就可以找到一份好工作。塔米不学习，整天看电视。她最喜欢情景喜剧，而且看了很多这类片子。另外，她还热衷于看望朋友、购物以及在冬季滑雪。虽然塔米不是一个出色的滑雪运动员，但她滑得很好，而且她利用一切机会去滑雪。星期六工作存在的主要问题在于，这干扰了她去滑雪。
>
> 她决定在高中最后一年不选微积分课程，而是选代数课程。虽然她对数学课的这门分支课程知之甚少，因为她不喜欢这门课的老师，所以她经常觉得她学不好这门课程。在高中最后一年，她常常被所学的概念搞得灰心丧气，并在下课后感到如释重负。在一个朋友的帮助下，她这门课程设法得到了“B”。但是，她不喜欢学这门课程，并认为无论她怎么试图努力去学，她都永远不会真正掌握这门课程。
>
> 塔米的这种低自我效能感很可能影响她的职业选择和可能的工作满意
> 88 度。在从事这份工作4个月后，塔米感到，她能够完成人们要求她做的任务了。这份工作似乎既不非常困难，也不十分有趣；她对自己从事收银工作的能力、帮助顾客以及跟商品打交道都很有信心；但是，她的工作满意度却相对较低。她认为自己不擅长数学，导致她对明年要做的事情表示质疑，并降低了她的自我效能感的力度。塔米对她目前和未来的能力的质疑涉及两个重要的概念：结果预期和目标，这是职业自我效能理论的一个组

成部分。

结果预期

预期一个事件的结果，与自我效能、一个人对自己完成任务能力的看法有关。当人们估计一个结果的可能性时，这被称为**结果预期**（outcome expectations）。事例有，“如果我打篮球的话，那将会发生什么?”“如果我打得很好的话，那将会发生什么?”“如果我申请一所 4 年制大学，那将会发生什么?”以及“如果我向沙利文女士借一本参考书的话，她会给我一本很好的参考书吗?”与结果预期相对比，自我效能的信念与“我可以从事这项活动吗?”有关，事例有，“我怎样才能打好篮球呢?”“我能够进入亚拉巴马大学吗?”“有人将会有效地评价我的工作吗?”以及“为了得到一个成绩‘A’，我要写出一篇非常优秀的论文吗?”因此，结果预期是指可能发生的事情，而自我效能则与个人实现目标的能力估计有关。

结果预期 对一个结果的可能性的估计。

班杜拉（Bandura，1986，1997）讨论了几种结果预期，包括物质结果预期、社会结果预期和自我评价结果预期。一个物质结果预期的事例是为得到报酬而工作，一个社会结果预期的事例也许是你的父亲承认你在学校里很出色，一个自我评价结果预期的事例可能是你对自己在班上的表现感到满意。在做出判断后，人们把结果预期（“如果我从事这项活动，能够发生什么?”）和自我效能（“我可以从事这项活动吗?”）结合起来。根据这种情况，无论自我效能还是结果预期都可能产生更重要的影响。

当塔米考虑自己的未来时，她产生了一些问题。她想知道，她是否能够进入她喜欢的另一所大学。她想知道，她是否能够学好必修的数学课。她还想过，她可能要在大学里主修商业专业。也许她能够成为一家商店的经理，也许不是一个药店的经理，而是服装或百货公司的经理。但她想知道，她是否能够从事那种工作。“如果我在一家商店工作，我会被提拔吗?如果我作为一名经理，我将会做什么工作呢?”在通常情况下，她对这些问题的回答都是否定的。塔米并不为在这家商店里找出更多不同的人而烦恼，如地区经理、商店经理和药剂师等，她之所以在商店工作是因为她认为她不可能从事具有挑战性的工作。

塔米的结果预期相当有限。对这家商店及其运作方式的理解，也许使塔米的兼职工作更具吸引力，并改变着她的结果预期。她使用对目前工作满意度的看法去（消极地）猜测其他几个领域的工作，结果将是不会令人满意的。

目标

比起仅仅对事件和他们周围的环境做出的反应，人们做得要多。他们为自己设置**目标**（goals），以帮助他们组织自己的行动，并为他们将来做什么充当向导。例如，一名决定要成为律师的大学一年级学生，必须设置一些目标，并选择有助于实现这个目标的行为。强化成为一名律师的目标将不会在另一个七

目标 一个人设法达到的目的。

年里出现。目标是自我激励以及伴随符合目标需求而产生的满足度，如毕业就是非常重要的目标。

> 在这一点上，塔米的目标是十分有限的。她希望从一所社区学院毕业，而且她的成绩肯定足以做到这一点。虽然她没有男朋友，但她认为，她愿意结婚并拥有一个家庭，不过她没有十足的把握。她认为，她能够在这家药店里得到一份全职工作，如果不是这家药店的话，她也能够在住处附近找到一份全职工作。她的上司对她缄默不语，这看起来是消极的。实际上，从他们已经做出的一些评论看，她的工作是出色的。她想要转到一所 4 年制大学，可能学零售管理，但她没有把握。因为她的自我效能和结果预期相对较低，所以她的目标十分有限，她正在考虑日常事务性工作，但认为日常事务性工作并不能令她感到满意。

问题 4.3 与你的职业选择有关的结果预期和目标是什么？

问题 4.4 在什么工作领域里，你具有某种低自我效能感？在什么工作领域里，你具有某种强烈的、积极的自我效能感？

问题 4.5 在未来什么工作领域里，你具有某种低自我效能感？在未来什么工作领域里，你具有某种强烈的、积极的自我效能感？

目标、自我效能和结果预期彼此相关，并以各种方式相互影响。塔米的学术能力特别是数学能力存在的问题，影响着她的结果预期和目标。如果她的数学自我效能增强的话，那么塔米也许认为，她能够在一所 4 年制大学获得成功。她可能认为，如果她把更多的精力投入数学学习，并得到其他人的更多帮助的话，那么她就能够达到一个 4 年制商业学位所要求的数学程度。目前她认为，她不仅无法对一个类似于她目前职位的工作感到满意，也无法做对晋升有必要的事情。因此，自我效能意识对于她享受工作的乐趣是至关重要的，而且对她实现人生的目标也是至关重要的。

从长期来看，缺乏自我效能意识会导致人们感到没有实现人生的目标。因为这样的人具有最小的结果预期和目标，他们可能觉得无法像自己期望的那样
90
关注他们人生的大部分内容。由于许多人都缺乏自我效能，因此，他们没有接受更多的教育、没有申请新的工作、也没有就新的职责向老板提出要求。从而他们发现，他们目前的工作枯燥乏味，不具有挑战性。

满意度

一旦个人拥有了一份工作，许多利害关系都可能对其满意度或对工作的适应产生影响。这些方面的事例有与同事和上司的问题、厌倦的问题、无法满足工作需求的问题以及退休的问题。工作适应理论的倡导者在超过 35 年的时间里一直关注员工的满意度（Dawis & Lofquist，1984；Lofquist & Dawis，1991），他们认为，工作表现的一个最好的指标就是满意度。对诸如工资和工作种类等工作各个方面都感到满意的人，就会在工作上表现得更好，也更愉快。

满意度 对你目前所从事的工作感到满意；一种对完成某种活动的成就感。

满意 一个雇主在某种程度上对一个人充分完成所分配的工作的评价。

在他们的研究中，达维斯和勒夫奎斯特既关注满意度，又关注满意。**满意度**（satisfaction）是指对你目前所从事的工作感到满意。相比之下，**满意**（satisfactoriness）是指一个雇主对一名雇员表现的满意度。满意也可以改述为，在某种程度上对一个人完成工作的需求和要求。满意关注别人的评价，通常是上司在某种程度上对下属充分完成所分配的工作的评价。这两个概念显然

是相关的。如果你对工作感到满意并能享受工作的乐趣的话，那么你的工作更有可能是令人满意的。在本章，满意度是重点。

为了对你的工作感到满意，你应该找到符合你的价值观、能力和兴趣的工作。达维斯和勒夫奎斯特尤其关注价值观，因为价值观对雇员能否感到满意是至关重要的内容。这两位研究者认为，员工具有各种对他们至关重要的价值观，并认为，不同的工作岗位都有不同的、隐含在其中的价值观。在本节中，我们将剖析六种重要的价值观：成就、舒适、地位、利他主义、安全感和自主权。工作人员在他们需求的程度上存在着差异，这些需求在上述更广泛的价值类别中表现出来。有些工作满足这些价值观，它们隐含的需求要比其他工作隐含的需求多。此外，雇员还应该对他们的工作感兴趣。如果工作符合个人的大多数价值观的话，那么雇员就会对他们的工作感兴趣。为了达到雇主的满意要求，雇员也必须以足够的能力来完成工作。 91

问题和解决方案

当你对工作不满意时，你能够做什么？

评价你的价值观（成就、舒适、地位、利他主义、安全感、自主权）、兴趣和能力得到满足的程度。寻找工作能够加以改变的各个方面，以符合价值观、兴趣或能力的要求。你能够改变你的态度吗？如果对这些策略不满意的话，你就要寻找满足你的价值观、兴趣或能力要求的工作。

价值观

工作价值观代表着对需求的一种分组。达维斯和勒夫奎斯特确定了 20 种在描述工作中至关重要的需求。这 20 种需求可以被分为六种价值观。我在第 3 章和这里介绍这六种价值观，它们都与工作适应有关。

成就。一个人的价值体现在把自己的能力充分展示出来和做有成就的事情。例如，一个木匠为他的能力而感到自豪，而且他制作的产品很可能被用来评价**成就**（achievement）。他能够以各种方式来运用自己的木工技能，并对他制作的建筑物和家具感觉良好。

成就　利用一个人的能力获得的一种成就感。

舒适。这个词语是指工作对一个人可能产生较少压力影响的几种需求。从事“舒适”工作的个人可能发现，他们是不受约束的，这意味着他们的工作具有很大的独立性。他们也许希望总是从事积极和忙碌的工作，而不是无事可做。另一种需求有助于在职业上获得某种程度的**舒适**（comfort），这种需求是人们每天可以从事不同的工作。一份职业使人感到舒适的另一个方面，就是获得良好的薪水。同样，稳定的、提供安全感的工作也有助于“舒适”的价值观。此外，一份舒适的职业还具有良好的工作条件：冬暖夏凉、明亮整洁等。虽然这些是有所不同的需求，但是它们都有助于一个人在职业上感到更加舒适。

舒适　各种可以减轻一份工作对一个人造成压力的方式。

地位。成就得到承认和重视对许多人来说都是至关重要的。这可以以各种方式来实现，如出色的工作得到上司的认可、处于一个权威的岗位上或通过晋 92

升和提拔得到认可。希望社会上的其他人欣赏和认可你所做的事情同样也很重要。例如，医生的工作要比“装配线工人”享有的社会地位高。地位的价值观不同于成就的价值观。**地位**（status）强调你的贡献被认可的重要性，而成就则强调对成就的感受和能力的使用。

地位 成就得到认可和重视。

利他主义 希望通过为他人做事情或与他们和谐相处来帮助他们。

利他主义。一般而言，**利他主义**（altruism）与地位相对，因为它并不关注其他人如何看待我们，而是关注我们怎样能够帮助别人。那些重视为他人做事以及与同事和谐相处的人以及那些认为这是工作的组成部分的人，把利他主义看作一个重要的价值观。此外，与这种价值观相联的人，往往在工作中有着强烈的道德感。例如，被要求销售他们认为有害或毫无价值的产品时，他们就必须要辞去工作，因为这样做违背了他们的道德。众多的职业类别都被认为是利他主义的。显然，卫生保健职业和社会公益服务职业确实如此；然而，那些在科学和工程领域里工作的人们也可以有这样一种感觉，即他们的工作正在帮助他人。同样，旅行代理商和银行家也是帮助他人解决私人的或工作方面的需要。

安全感 在一家公司内感到安全或放心以及一个人得到公平的对待。

安全感。安全感（safety）是指在一家公司内感到安全或放心以及得到公平的对待。安全感包括关注一家公司公平地执行其政策，并在员工需要时得到支持。另外，安全感还包括关注这家公司充分培训员工的信念。因此，员工有这样一种感觉，了解这家公司是否将保持政策的一致性以及是否能够得到员工的信任。例如，一个险损估价人不可能依靠同事来做好他们的工作，而且他认为，在对火灾做出险损估价方面，管理层不会支持他的决策，他会认为，这家公司并没有分享他的安全价值观。

自主权 独立或凭自己的本事工作的机会。

自主权（autonomy）。有些人并不关心上司如何看待他们（安全感），但希望有机会独立地进行工作。这可能包括尝试一些自己的想法、创造性地工作或独立做出决策以及对他们的行动负责。例如，一名汽车装配工人为了使他的工作更轻松或更有效率，希望尝试各种新想法，他就会关注**自主权**（autonomy），而不会关注安全感。

上述价值观提供了一种了解工作满意度的方法，一个进一步理解这一概念
93 的方式，即运用等级 1～4 来评价六种价值观。其中，4 表示非常重要，3 表示重要，2 表示有点重要，1 表示不重要。然后，思考你最近从事的一个职位，并使用一个类似的评价量表来评价公司或职位如何充分满足上述各种价值观。

价值观	你从 1 到 4 的评价	你对雇主强调的评价
成就	______	______
舒适	______	______
地位	______	______
安全感	______	______
利他主义	______	______
自主权	______	______

（设法使你的评价不同——不要把所有的价值观都评价为一样的。）

问题 4.6 将你自己的工作价值观与成就、舒适、地位、利他主义、安全感和自主权联系起来描述。哪一种价值观对你最重要？为什么？

如果你评价的价值观类似于你所在公司或你的工作价值观的话，那么你就会感到满意。如果公司不重视你所重视的内容，那么你很可能不满意。除了价值观外，一个人需要对工作感兴趣，工作应该能够被完成，而且，工作要求要与雇员（能力）相匹配，这样雇主才会感到满意。

兴趣

除价值观外，你对所从事活动的**兴趣**（interest）会成为满意度的一个特别重要的方面。例如，如果一个人喜欢拥有某种成就感（成就），并希望帮助其他人解决个人问题（利他主义）的话，那么他可能会找一个非常满意的社会工作者或精神病医生的工作。其他人可能对音乐、建筑或说服别人购买产品感兴趣。这些兴趣不一定与某个特定的价值观密切相关，但它们却是很重要的。能够满足某种兴趣以及拥有一份满足你的价值观的工作，就提供了一种满意度意识。

兴趣　对一项活动的好奇心或在一项活动中享受快乐。

问题 4.7　你目前（最近）的职位在什么程度上提供了有趣的工作？描述你对这个职位的感兴趣水平。

能力

仅仅满足价值观和兴趣的需求是不够的，你还必须具有足够的**能力**（able）从事这项工作。虽然我喜欢唱歌，而且，成为一名专业歌手将满足我的自主权和成就的价值观，但是没有一个人愿意听我唱歌，因为我唱得很糟糕。结果，我作为一名歌手的工作满意度就无法满足。因此，我想让唱歌来满足我的成就和自主权需求也都得不到满足，因为我无法拥有一种成就感或以任何人都能够欣赏的方式进行富有创意的演唱。

能力　目前的表现，一个人现在正在做的事情。

94

与成为一名歌手或一名科学家不同的是，有些工作相对容易做。虽然某个人能够完成这些工作，但是这些工作可能无法满足某些价值观。我可以刷盘子，可是刷盘子可能无法满足我的成就和自主权价值观。这个职业也许满足了我的安全感价值观，但是却无法满足更多的价值观。

对你在工作中所做的事情感到满意，不仅可以影响你对你的职业生涯的满意度，也能够影响你的一般满意度。当工作不愉快时，人们经常很难转移到其他活动来终止这种不愉快。如果你不喜欢你的工作，那么你也许会感到紧张、易怒和恼火。这种紧张和恼怒在你离开工作环境后不一定消失。工作没有提供满意度的个人，经常在他们自己的人生中付出努力，以使其他方面变得重要和有意义。例如，一名不喜欢自己所从事的工作的电工或零售业销售人员，就会把更多的精力投入到诸如家庭、社区服务群体等领域，投入到诸如打猎、集邮等爱好或投入到诸如看电视或读小说等娱乐活动中。

问题 4.8　你目前（最近）的职位在什么程度上符合你的能力？这个职位怎样有助于你的工作满意度呢？

有时你可以找到各种方式使令人不满意的工作变得令人满意。咨询师可以帮助一个人找到解决方案，从而使这个人找到更多的工作满意度。有时这包括尝试改变任务或改变你对某项任务的态度。在其他时候，这意味着改变同事或改变对同事的态度。当这些尝试均失败时，个人经常会在公司内部寻找调动的机会或改变职业，这样他们就可以在不同的公司从事类似的工作。然而，问题有时就是工作性质本身，一个人也许希望改变职业。例如，一个保险销售人员或消防队员也许希望成为一名理疗师。

剖析工作怎样满足不同的价值观来理解工作满意度，可以由布赖恩所处的情境加以说明。布赖恩以平均成绩“B＋”从印第安那州一所小规模的商业学院毕业。几年来，他一直期待着从事销售和营销方面的职业。

当他大学毕业后，他很难找到理想的职位。许多销售工作都包括给潜在的顾客打冷不防的电话（从一个姓名和电话号码表上，给没有对某种产品表示兴趣的人们打电话）。他在几个夏天里曾做过电话销售工作，但是他不想继续做这样的工作。他的许多朋友都找到了各自的职位。现在他正在寻找一个岗位。最终他在一家大型信用卡公司的信贷部找到了一份工作。经过3个星期的培训，公司向他提供了一间自己的办公室，而且他被告知给在信用卡还款方面不积极的人们打电话。起初，一位主管密切监控他的电话。在做这份工作4个月后，他感到非常沮丧。他发现自己在下班时心烦易怒，因此他在下班后做的第一件事就是到健身房练举重。这似乎有所帮助，因为举重使他感到不再被束缚。他用下面的方式表达了他对他的职位的关注。

布赖恩：在我上大学时，我就想象靠自己的本事赚大钱，在一个精美宽敞的办公室里工作。现在看看我这副样子。我在一个拥挤的小房间里工作，我没有挣到大钱，而且我几乎所说所做的一切都被严密地监控。这真的快要把我逼疯了。

理查德·沙夫：对你来说，独立工作和赚钱真的是很重要的。（布赖恩重视被达维斯和勒夫奎斯特所称的舒适价值观——独立、赚钱和良好的工作条件。）

布赖恩：是的。我想我能够耐心赚钱，因为我知道我不会一走出校门就马上赚到5万美元。但是，我在狭小的办公室里工作，而且还被严密地监控，这确实是挺难的。我不知道要过多久我才可以接受这个职位。

理查德·沙夫：听起来好像你真的是一直在到处寻找其他选择。（如果布赖恩对他的工作不满意的话，那么他就会考虑在公司内部和外部有没有他能够做的工作，这是一种安全的赌注。）

布赖恩：我真的希望我能够在公司里找到其他的工作，在我能够负责的地方，获得晋升的机会，而不是一天到晚被告知该怎么做。但这真的非常困难，因为这份工作监控得太严密了，在这里几乎没有机会和其他员工说话。我甚至认为，我的上司有没有质疑他们应该做的事。这个公司太大，很难了解其他人在做什么，而且似乎也没有人会告诉你。如果我真的会调到某个地方，并能够担任一个领导职位的话，那么我就能够设法应付这种局面。

理查德·沙夫：听起来好像担任领导职位和获得工作晋升机会对你而言非常重要。似乎只要你离开这个职位，你就能够处理上司职责不清的问题。[虽然这家公司并不是一个“安全”的工作场所（使用达维斯和勒夫奎斯特的定义），但对布赖恩来说，安全感的价值观不如地位的价值观重要。他想要一个有权威性的岗位，并在他的工作中得到晋升。]

布赖恩：当我在午餐期间与其他人交谈时，这是我们唯一可以交谈的机会，他们要么感到沮丧，要么就是死脑筋。这并不是说他们很愚蠢，但他们一些人似乎已经放弃了，仅仅是在走过场。实际上，有些人并不介意，他们认为这份工作还行。这让我很难理解。

理查德·沙夫：这有时很难，尤其当你的价值观以及对你似乎是至关重要的事情不同于你的同事的时候。

布赖恩：是的。有时候，我觉得在那儿很孤独。我的意思并不是因为我单独工作，而是因为我同其他人太不一样了。其他人好像对此适应良好，而且他们似乎喜欢他们的同事，他们并不介意被告知要做的事情，不介意工资，也不介意在一个废纸篓大小的地方工作。

理查德·沙夫：他们似乎对他们的需求感到满意，显然你却不能。(对于布赖恩来说，有益的做法是，要理解一些人的价值观与这家公司相匹配，而他的价值观却没有得到满足。对一些人来说，这家公司提供了足够的“舒适”、“地位”和“成就”，但却没有向布赖恩提供足够的“舒适”、“地位”和“成就”。)

布赖恩：我同样试图寻找某种方式，通过这种方式得到对我在这家公司工作起作用的东西，而我至今却一无所获。我艰难地找到这份工作，我认为我真的不愿意再重新开始找工作。我可以跟人力资源部的人谈一谈，我想我不会失去什么的。也许他们会就公司的其他职位提供一些建议。

理查德·沙夫：听起来像是一个不错的主意。因为你好像并不信任公司的人，所以在那里工作似乎对你伤害很大。

即使布赖恩在这家公司里找不到一个“安全”的地方，他的满意度太低，但在他开始积极寻找公司外的工作之前，他也愿意在公司内寻找其他的岗位。另外，布赖恩的自我效能感似乎已经受到了 4 个月内无法找到工作的打击。他好像已经失去了一些信心。

问题 4.9　假如你得到了一份新工作，你会提出哪两个对这份工作最重要的价值观？请解释。

布赖恩正在从事没有满足他的价值观的工作。因为这份工作太按部就班，所以他不太可能改变任何工作条件或工作职责，以使自己感到更加轻松。最后，布赖恩又坚持工作了 6 个月，随后他回到学校攻读了一个工商管理硕士学位。布赖恩认为，如果他拥有一个工商管理硕士学位，他就能够找到一份可以施展自己才华的工作，可以监督别人，并且至少要比他现在挣得多。在我们一起交谈时，布赖恩对他的价值观以及为这家公司工作需要的能力变得更加清楚了。他对独立性、赚更多的钱以及担任一个能够得到晋升的岗位有一种强烈的需求。上研究生并寻找一个管理岗位能够最大限度地满足他的舒适和地位价值观。

问题 4.10　说明价值观、兴趣和能力在你感到满意的工作中所扮演的角色？每个角色在什么方式上最重要？

职业生涯危机和问题

职业危机（career crisis）是指造成创伤并具有长期影响的事件。有些危机是由意外事故或不可预料的事件造成的，而其他一些危机则是各种调动，这些调动可能是预期的，也可能是非预期的。意外事故包括各种个人无法控制的情况：员工在工作时摔伤或在操作出现故障的机器时受伤；抑或员工粗心大意造成伤害。有时诸如洪水或龙卷风等自然原因，都可能造成整个公司出现问题以及摧毁一家工厂或建筑物。对于一些公司来说，丧失一个大合同可能意味着员工要下岗。在其他情况下，当公司被收购时，有些员工将被解雇。适应上述情境可能很困难，因为通常没有时间或仅有极少的时间准备它们。

职业危机　可以造成创伤并能够具有长期影响的事件。 97

问题和解决方案

如果你经历诸如下岗、离开职场、遭到歧视或受到性骚扰等职业危机或调动的话，你会怎样做？

理解其他人如何经历这些问题，这样你就不会感到孤独。阅读各种事例，了解他人如何应对这些问题以及怎样处理震惊感或绝望感。

调动 一个人从职业生涯的一部分变动到另一部分。

预期调动 大多数人在一生中发生的事件或事情。

非预期调动 令人吃惊或意外的事件。

长期困扰 干扰工作表现或满意度的各种情境。

无效事件 一个人希望发生但从未发生的事情。

当危机发生时，个人能经历某种震惊感和绝望感（Hopson & Adams，1977）。根据意外事故或危机的不同性质，他们也许会设法把意外事故或危机减少到最低限度。有时无论能否从危机中恢复过来，人们都会经历一个自我反省的过程。渐渐地，人们就可以尝试着从危机中恢复过来，并找到问题的解决方案。

在通常情况下，过渡比危机造成的创伤要小，**调动**（transitions）是指一个人从职业生涯的一部分变动到另一部分。施勒斯伯格（Schlossberg，1984）确定了四种调动：预期调动、非预期调动、“长期困扰”调动和无发生事件（无效事件）调动。**预期调动**（anticipated events）将在大多数人一生中发生，如从高中毕业、开始工作、退休。**非预期调动**（unanticipated transitions）是可能令人吃惊或意外的事件，如被解雇或下岗等。**长期困扰**（chronic hassles）是诸如一份长期工作、一位不讲理的上司、截稿期限压力或艰苦的物质工作条件等各种情境。与工作有关的压力涉及物质、精神和情绪耗竭，这通常被称为倦怠。一般而言，倦怠是由持续的工作压力导致的（Pines，1993）。教师和社会工作者以及那些从事卫生保健和社会公益服务职业的人们尤其会受到此种压力，这是由于他们与客户的关系性质造成的（Maslach & Goldberg，1998）。**无效事件**（non-event）是一个人希望发生但从未发生的事情。对于一些人来说，这也许是晋升并不成功或无法调动到一个理想的群体。

98

问题 4.11 描述你（或你认识的一个人）对一个诸如意外事故或丢掉工作等预期职业危机的反应。这种危机对你（或这个人）的人生会产生怎样的影响？

虽然职业危机和问题可以影响任何人，但是，女性和少数民族似乎更容易遭遇此类问题。女性在她们一生的几个时点上，由于家庭责任和生育孩子而离开和重返劳动力市场要远远高于男性。此外，女性在工作中经历性骚扰也远远多于男性，性骚扰可以产生非常大的压力，并具有破坏性。另外，女性、非洲裔美国男性、拉美裔男性以及其他少数群体也可能会经历歧视，这就造成了各种危机，并对他们的职业生涯造成长期影响。我将对其分别进行讨论。

问题 4.12 列出两三个在你工作时所经历的长期困扰。

离开和重返劳动力市场

问题 4.13 给出你或你认识的某个人经历过的一个“无效事件”。

女性在进入和退出劳动力市场时，可以遵循为数众多的模式。对于许多女性而言，离开劳动力市场相对容易。有些妇女加入了生育离开计划，该计划为她们重返岗位提供了可能。其他一些妇女则希望离开岗位的时间要比岗位能够允许的时间长。这些妇女也许就要重新经历求职过程。对于有些妇女来说，职业生涯在离开劳动力市场之前是令人满意的，而在离开之后，职业生涯则可能再也无法实现。

贝茨和菲茨杰拉德（Betz and Fitzgerald，1987）讨论了女性兼顾婚姻和事业的应对机制。有些应对机制包括限制社会关系、提高家庭组织和委托能力以及其他活动，并制定了灵活的就业机会，为兼职工作和在家里工作提供了可能。有些女性，特别是那些已经形成了应对各种危机和事件能力的女性，经历的困难就会相对较少。然而，对于一些女性而言，进入或重新进入劳动力市场就可能造成创伤。尤其是对于由于离婚或丈夫死亡而重新进入劳动力市场的妇女来说，她可能发现自己为了收入、生存以及家庭，对单独负责的岗位既感到不适又感到陌生。下面的事例中，将相对平稳调动的玛丽与调动不顺的雷切尔进行了比较，说明了在女性重新就业时可能出现的各种反应。

玛丽在有孩子之前，是一位工作了7年的小学教师，不过，她为了照顾家人，决定在6年的时间里与两个年幼的孩子待在家里。当她的孩子一个4岁一个6岁时，她决定重返学校系统。在2月，她与她曾工作过的学校校长进行了联系。她面试了两个公开招聘岗位中的一个，并得到一份从9月开始的工作。她兴奋地重返工作岗位，为孩子制定了上学计划，并参加了一个下午日托计划。 99

雷切尔在照顾4个孩子之前曾做过6年的教师工作。在经过20年的婚姻后，她的丈夫突然去世了，没有给她留下什么遗产，而且两个孩子在上高中，两个孩子在上大学。她一直不喜欢教学工作，也没有计划返回工作岗位。雷切尔有两个危机要处理：一是她丈夫的去世，二是她重返工作岗位的要求。雷切尔受到丈夫去世的打击，在4个星期里，她几乎无法照顾自己和两个正在上高中的孩子。孩子们帮助她做家务，其中包括做饭。由于没有任何生活的动机，她渐渐变得更加沮丧。虽然她的妹妹在家里帮助她照顾两个孩子，但这还是很困难，因为她的妹妹自己也有3个孩子要照顾。雷切尔渐渐地缓解了一些悲伤，开始帮助她的孩子计划未来。她尝试着找工作，并最终得到了一份杂货店收银员的工作。在这一点上，她没有精力使用自己的兴趣、能力或价值观。做了一年的收银员之后，她寻求职业生涯咨询服务来帮助她决定什么是她希望做的事情。雷切尔本身的自我效能感受到丈夫去世的质疑。在丈夫去世后，她很快就对自己丧失了信心。重建信心和能够有效地树立一种意识，用了她一年半的时间。

因为女性比男性更有可能离开和重返劳动力市场，所以，女性必须经常做大量的规划。一些致力于拥有自己的职业生涯或期望能在职业中得到成长和晋升的女性经常面临困难的选择，尤其是要在工作与照顾老人、孩子的责任之间进行选择的话，这将更为艰难。有些女性设法积极参与各种职业协会或做兼职工作，这样在她们重返劳动力市场时，大体上就不会退却。

问题 4.14 假如你停止工作5年，随后又不得不回去工作，这对你的职业生涯将产生怎样的影响？在你重返劳动力市场时，你必须应对的问题是哪些？

性骚扰

多年来，**性骚扰**（sexual harassment）给女性造成了各种困境和危机，而这些困境和危机能够对她们的职业晋升及心理健康造成影响。虽然男性也可能成为性骚扰的受害者，但是女性更经常一些。因此，我们的讨论将仅限于对女性的性骚扰。性骚扰是指一种不受欢迎的行为，而这种行为在本质上是性行为。更确切地讲，界定性行为是相当困难的，因为个人对什么构成骚扰持不同

性骚扰 一种不受欢迎的行为，而这种行为在本质上与性有关。

意见。蒂尔（Till，1980）提出的性骚扰的五个级别，有助于界定女性经历性骚扰类型的严重性。

- 100 第1级：性别骚扰。这是指口头禅或非接触行为，而这些口头禅或非接触行为在本质上都是性别主义者的口头禅或行为。例如，被告知具有提示性的故事或被要求倾听粗鲁的、性别主义者的口头禅。
- 第2级：勾引行为。包括不当的性求爱。一个人可能试图讨论一个女人的性生活或表达对这个女人的性兴趣。
- 第3级：性贿赂。这是指为了某种收益而提供性行为。这通常是向上司提供的，性贿赂可以是一门课程的一个高分、一次涨工资，也可以是一次晋升。
- 第4级：性胁迫。与性贿赂相对，在这种情况下，一个人受到威胁或虐待而被迫发生性行为。例如，一个女子被告知如果她不发生性行为的话，她这门课程就会不及格、她就会丢掉工作、她就会被降职，那么她正在遭到胁迫。上述一切都可能对女性的职业生涯构成威胁。
- 第5级：性侵犯。这种行为包括具有强迫企图的行为，如接触、霸占、触摸或接吻。

这些定义提供了一种审视人们以不同的方式定义性骚扰的方法。毫不奇怪的是，男性和女性很可能以非常不同的方式看待性骚扰（Fitzgerald & Ormerod，1993）。相对于女同事或女受害者，男性以及上司（无论男女），更倾向于责备性骚扰中的受害者。然而，在性骚扰严重时，男人和女人都可能同意这种行为是骚扰行为。当这种行为表现为浪漫或勾引行为时，男人和女人都会很难确定这种行为是否是性骚扰。有些研究（Pryor，LaVite & Stoller，1993）已经发现，对性骚扰有各种倾向的男人来说，在他们的思想里，很可能把性行为与主管和权威联系起来。倘若在界定性骚扰方面出现各种问题和不同看法的话，我们很难知道这些问题和看法有怎样的共性。根据一个广泛的电话调查，古特克（Gutek，1985）指出，大约一半的女性认为在某种程度上受到性骚扰，性骚扰最常见的是第1级，并在其他四类级别中相当广泛。

性骚扰的影响可能非常强大，影响着女性的身体和心理健康。一些女性由于害怕在工作中遭到骚扰而被解雇或不得不辞职，心情沮丧而无法做任何事情。

古特克和科斯（Gutek and Koss，1993）描述了对性骚扰随着时间的推移可能发生反应的四个阶段。

- 混乱和自我责备。个人可能承担受到骚扰的责任。她们也许对没有能力制止骚扰而感到心烦意乱，并越来越严重。
- 101 害怕和焦虑。为职业生涯或安全感而担心，可能造成一个女人害怕开车回家或接听电话，而且还可能影响她的工作业绩。她的上班出勤率和工作注意力也可能受到影响。
- 沮丧和愤怒。当一个女人意识到她对性骚扰没有责任时，她也许变得不太焦虑，而是更加愤怒。如果她提出指控，她的工作状况就会变得更糟，而且她还会对她在工作中能否取得进步感到绝望。
- 觉醒。对骚扰者提出起诉可能是一个漫长而艰巨的任务，而且，结果也并不一定成功。许多组织均不支持选择骚扰指控坚持到底的女性。

女性在被骚扰时，经常感到无能为力。尤其当骚扰是来自一名上司或同事时，女性也许认为在她们的组织内得不到其他同事或上级的支持。性骚扰的公共事例对骚扰的理解产生了一定的影响。在 1991 年秋，美国最高法院法官克拉伦斯·托马斯（Clarence Thomas）的证实听证被电视转播。克拉伦斯·托马斯的前同事安尼塔·希尔（Anita Hill）公开指控他犯有性骚扰。1995 年，罗伯特·帕克伍德（Robert Packwood）由于多起性骚扰指控而辞去了他的参议院席位。1997 年，几名军官因性骚扰、强奸以及其他与性有关的起诉而受到审讯。上述案例以及其他公共事例使人们更多地了解克服和反抗性骚扰所使用的方法。然而，女性在处理性骚扰过程中可能仍然觉得缺乏支持。下面的事例说明了罗伯塔处理性骚扰的方式。

> 罗伯塔是一名 30 岁的律师，在纽约市一家法律事务所工作。出身于纽约一个贫穷的波多黎各大家庭，罗伯塔在奖学金的帮助下，努力完成了大学和法学院的学业。罗伯塔擅长税收问题，她一直对她所接受的培训感到满意，并期待着有机会在法律事务所得到晋升，她是在 6 个月前加入这家法律事务所的。在毕业后，她曾为一家小规模的法律事务所工作了 3 年，但是她觉得那里没有什么发展。于是便接受了一个丰厚的加薪，来到这家新的法律事务所。一天，在她弯腰去捡拾一支从办公桌落下的铅笔时，她的顶头上司、税收法律部负责人拍了拍她的屁股。她对发生的事情感到震惊，并继续她的工作，但在一整天里，她越想越生气。在她下班正要离开时，她的上司对她说："让我来帮你穿上外衣吧。"她还没来得及回答，上司便帮她披上了外衣，并用手撩拨了一下她的乳房。她冷冷地对他说："别碰我，把你的手从我身上拿开。"他回答道："别这样。我没有什么别的意思。"她颤抖地离开了办公室，在回到公寓后，她马上给她的一位朋友打电话，这位朋友在她所上的大学里担任反歧视行动人员（affirm- 102
> ative action[①] officer）。
>
> 在同她的朋友交谈了 45 分钟后，罗伯塔最后说："我知道我该怎么做了。"他们谈到如何面对这个上司、怎样在法律事务所里向其他人说出此事以及如何着手进行。通过这样做，罗伯塔逐渐缓解了对这种局面的紧张心情，从而使她能够处理此事。她决定向法律事务所的同事说出此事，并与她的朋友讨论到底该说些什么。罗伯塔不仅害怕丢掉工作，也担心要面对来自她所在法律事务所提出的冗长的诉讼。她知道，这起事件如果不谨慎处理的话，她作为一名律师的职业生涯就可能受到影响。她的朋友担心，如果她所在的法律事务所选择拒绝辩解的话，罗伯塔的自尊心就会受到影响。

性骚扰关注的问题需要谨慎处理。一些公司都设有可以提供帮助的人力资源工作人员。在其他情况下，社区和法律界也可以提供帮助。

---

① 又译反优先雇用行动。该政策是美国政府在 20 世纪 60 年代中期以来为了消除就业和教育等领域的种族和性别歧视而实施的政策。

雇用与工资模式以及就业歧视

歧视（就业） 根据人们的性别、种族、文化群体、年龄或其他类似的特征所做出的就业或其他决策。

在劳动力市场中，**歧视**（discrimination）妇女和少数民族可能采取几种形式。我们可以在研究失业率的过程中看到歧视，其中，少数民族的失业率比男性以及女性和少数民族共有的各种职业的失业率都高。在通常情况下，有资格的女性和少数民族求职者进入高收入和高地位的职业经常受到限制或比较困难。此外，女性和少数民族员工的工资往往比白人男性的工资低得多。当女性处于一个少数民族群体时，她们的收入往往少于与她们同民族的男性的收入。我将更加详细地介绍这些问题，然后，我将更多地讨论与这个问题有关的、人们在工作中以及在申请工作时遇到的歧视方面的个人问题。

在剖析失业数据时，你要着眼于女性在各种职业中的分布情况和女性的工资情况。正如表4—1所示的那样，女性往往与男性具有相似的失业率。请注意，美国劳工统计局的就业率只包括那些正在积极寻找工作和领取失业补助的人。这些就业率将能够工作但对工作没兴趣的人以及那些愿意工作但感到气馁的人排除在外，即使这些气馁的人认为他们将无法找到工作。按种族划分的失业率似乎比按性别划分的失业率存在较多的差异。女性失业率类似于男性的一个原因在于，女性要比男性更频繁地进出劳动力市场，而且，她们经常陷入需要她们临时放弃劳动力市场的家庭职责中。当她们确实要找工作时，她们可能接受男性不会考虑的工作。虽然女性与男性有类似的失业率，但是她们进入的职业类型，往往比那些通常以男性为主的职业类型收入低，威望也小。正如自我效能理论预言的那样，女性不太可能进入有威望的物理科学和数学职业，因为她们缺乏对学习数学和科学能力的信心。正如表4—2显示的那样，女性拥有不足30%的高收入专业职业，如工程师、医生、律师等，而且女性拥有超过75%的低收入专业职业，如注册护士和中小学教师等。在非专业职业中，女性担任秘书的比例为93%，担任女佣和家庭清洁工的比例为83%。男性控制了高收入非专业职业，如卡车司机、机械师和修理工。

表4—1　　1998年人口群体失业率的百分比

年龄（岁）	白人男性（%）	白人女性（%）	黑人男性（%）	黑人女性（%）	拉美裔男性（%）	拉美裔女性（%）	全部（%）
16～17	17.1	12.4	33.9	33.2	29.0	26.4	17.2
18～19	12.1	9.8	27.9	20.9	16.4	20.2	12.8
20～24	6.7	6.3	18.0	15.7	8.9	10.1	7.9
25～54	2.9	3.2	6.2	7.1	4.7	6.6	3.5
55～64	2.8	2.2	4.5	3.4	5.3	5.4	2.6
总计	**3.9**	**3.9**	**8.9**	**9.0**	**6.4**	**8.2**	**4.5**

资料来源：Data from U. S. Department of Labor, *Employment and Earnings* (Januuary 1999), Table 3 (pp. 168 - 171)。

表 4—2　　1998 年按职业、性别、种族和西班牙血统选择的就业人数

职业	总就业人数（千人）	总百分比（%）		
		女性	黑人	拉美裔
工程师	2 052	11.1	4.1	3.8
医生	740	26.6	4.9	4.8
注册护士	2 032	92.5	9.3	3.2
经理人员和专业人员	38 957	49.0	7.6	5.0
大学教师	91p①	42.3	5.8	3.6
非大学教师	4 962	75.3	10.0	5.4
律师	912	28.5	4.0	3.0
咨询、教育和行业人员	230	68.8	13.2	5.5
零售业人员	15 850	50.3	8.9	7.4
秘书、速记员和打字员	3 599	92.6	9.6	7.0
食物配制工	6 071	56.5	11.8	17.0
护理工和勤杂工	1 913	89.0	34.0	9.8
看门人和保洁工	2 233	34.8	21.7	19.6
女佣和家庭清洁工	653	82.8	26.7	25.0
机械师和修理工	4 527	4.0	8.0	10.5
卡车司机	3 012	5.3	14.9	12.0
公交车司机	471	50.4	20.3	11.7

资料来源：Data from U. S. Department of Labor，*Employment and Earnings*（January 1999），Table 1（pp. 68 - 78）。

总之，女性的工资介于白人男性工资的 2/3～1/2 之间（参见图 4—1）。分析基于性别的收入不平等，安德森和托马斯克维科-迪韦（Anderson and Tomaskovic-Devey，1995）发现，在制定有关收入和晋升的具体原则时，性别不平等是最低的原则。研究者发现，将女性排斥在传统男性、高技能或权威职业外，是女性不平等收入的部分原因。另一个原因是组织文化，如对女性的家长式看法、不平等晋升惯例以及按性别评价工作等。

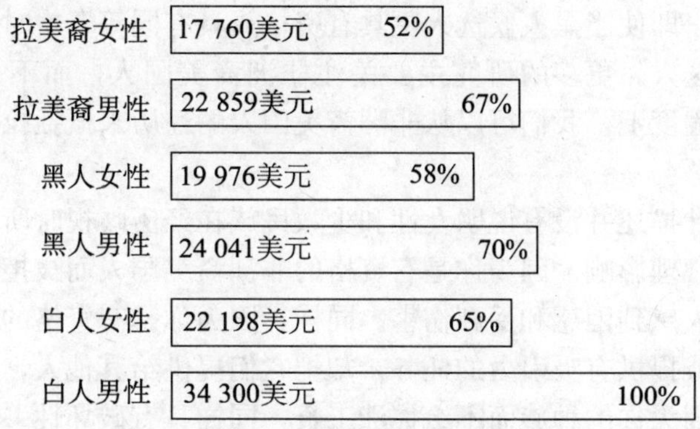

图 4—1　1990 年 18 岁以上不同人口群体全职工作人员收入占一个白人男性收入的百分比

资料来源：From U. S. Bureau of the Census，*Money Income of Households，Families，and Persons in the United States，1990*. Series P-60，No. 174. Washington，DC：U. S. Government Printing Office，1991，Table 31。

① 原著此处误为 91p。

正如女性在劳动力市场遇到困难一样，失业数据、具体职业的就业情况以及工资统计显示，非洲裔美国人和拉美裔美国人也在劳动力市场遇到困难。如
105 表4—1所示，1998年，非洲裔美国人的失业率是白人失业率的两倍。对于年龄在16岁、17岁、18岁、19岁的美国黑人青年和拉美裔青年而言，这个数字非常高，大约是失业人数的20%～35%。除了高失业率外，少数民族还从事着不同类型的职业。如表4—2所示，拉美裔美国人和非洲裔美国人往往在高技能工作岗位的员工中，占有相对较小的比例（在表4—2上方），并在半熟练和非熟练工作岗位的员工中，占有非常大的比例（在表4—2下方）。此外，在所有职业中，少数民族得到的工资往往比白人男性工资少大约1/2～1/3（图4—1）。在分析美国种族收入的影响时，阿什拉夫（Ashraf，1995）注意到在职业内部的差异，并指出，非洲裔美国人收入大约不到南方白人的54%，而比这个国家其他地区的白人少1/3。解释失业和工资的差异始终是许多社会学家和经济学家的任务。

各种因素均阻碍了少数民族实现高地位职业、高工资和低失业率（Sharf，1997）。一些证据表明，由于解雇和下岗，非洲裔美国男性比白人男性更可能失业。非洲裔美国人较低的平均受教育程度同样对他们的失业率产生影响，这是因为受教育程度较低的员工就业机会较少。另一个受教育程度较低的非洲裔美国青年人呈现较高失业率的原因在于，美国劳动力市场（美国劳动力市场的一个部分，历来雇用受教育程度较低的非洲裔美国青年人）已经从制造业向服务业转变。因为穷困潦倒的非洲裔美国人在各大城市，尤其在美国中西部和西南部各大城市已经成为孤立的群体，所以他们能够找到就业机会的种类较少。另外，非洲裔美国青少年往往比白人更快速和频繁地进出劳动力市场。而且非洲裔美国青少年得到按时间计酬的工作岗位要比白人少。证据也显示，非洲裔美国青年人获得有关就业和求职过程的信息要比白人青少年少。

两项研究（Culp & Dunson，1986；Wallace，1975）发现，当同一社区的非洲裔美国人和白人青少年寻找工作时，非洲裔美国青年在就业申请过程中经历更多的歧视。即使当黑人候选人更具有资格或具有同等资格时，白人雇主也会选择白人候选人。更多的研究主要关注非洲裔美国人，而不是拉美裔美国人，但在某种程度上，我们可以从非洲裔美国人的经历来概括拉美裔美国人的经历。

106 歧视的统计描述并没有说明女性和少数民族在经历歧视时所经历的不快和受到的伤害的心理影响。因为你是有资格的非洲裔美国人而被拒绝提供一份工作，这足以令人感到困惑和受到伤害。同样，因为你是有资格的非洲裔美国人而被拒绝晋升或提供有吸引力的任务，却把它们提供给其他人，这足以让人感到非常气馁。因为你的种族而不给你涨工资，同样具有破坏性。有些人对这些负面和有害的经历很愤怒，而其他一些人则是绝望。

作为歧视危机的事例，让我们再次讨论罗伯塔的遭遇。通过罗伯塔的事例，我可以说明“双重危险”的概念。因为罗伯塔是少数民族群体（波多黎各人）的一员，所以她可能经历**双重危险**（double jeopardy），因为她是少数民族群体和女性的一员，所以她可能遭到歧视。

双重危险 由于性别和种族或文化认同而经历的歧视。

罗伯塔能够以一种积极的方式来处理她与上司的这个局面。她与曾雇

用她的一个法律合作伙伴讨论过她的经历。在这起事件发生 3 个星期后，这位上司离开了法律事务所。罗伯塔听到传闻，类似的事件曾发生在这家法律事务所的另外两名女性身上。这家法律事务所并没有对发生的事情做出直接的解释。

罗伯塔继续为这家法律事务所工作，她不断地被赋予越来越多有责任的任务，并被安排全权负责大型企业账目以及有钱客户的税收部分。当税务部一名高级职员离去加入另一家法律事务所后，他的账目被这个部门其他成员所分担。罗伯塔被安排全权负责这家公司——Doe 公司——中一个最大账目税务方面的事务，但两周之后，她获悉这项工作将交由别人来处理。当她问她的新上司原因时，他变得很尴尬，并说到部门另一名职员拥有专门知识，而她却没有。罗伯塔知道，提到的这个人在业务方面拥有的专门知识并不比她多，而且，Doe 公司是一个声誉受损的公司。

她的瞬间反应是震惊，当时她意识到了什么事正在发生。在她的一生中，她经历过几次种族主义歧视，因为她是波多黎各人。让她感到惊讶的是，种族主义竟然会出现在人们中间，她认为，这些人都是博爱和聪明的人。与以前发生的性骚扰情况不同，罗伯塔既没有受到打击，也没有因为愤怒而失去理智。她知道，一些大型企业都有一个反歧视行动政策，而他们并不总是遵守这个政策。罗伯塔能够跟上司谈论处理这种情况的不同的策略。她想说服他不做出这种转变，把账目交由她来处理。他接受了她的建议，并回到 Doe 公司的一个代表的位置来讨论该账目。罗伯塔感到高兴的是，她能够果断而快速地处理这种局面。 107

问题 4.15 描述你经历的一个工作危机或工作变动。解释你是怎样做的并说明对你产生的影响。

问题 4.16 如果你在工作或申请工作时遭到性骚扰或歧视它对你产生了怎样的影响？如果你没有遭到性骚扰或歧视或不愿意讨论的话，那么你就描述一下你对别人遭到歧视或性骚扰的反应（你最好认识这个人，或者这个人是一个公众人物）。

处理在工作时发生的歧视可能非常复杂，也令人费解。在通常情况下，很难确定歧视真的发生了。有时与公司的一位值得信赖的同事交谈并对此事进行讨论是有益的做法。在其他时候，向公司人力资源部的同事谈及此事也可能是有帮助的。然而，情况的性质决定了有时在公司外面进行讨论是有益的，正如罗伯塔所做的那样，当时，她向一位在其他地方担任反歧视行动人员的朋友谈论此事。向一位了解就业歧视的朋友征求意见也可能是有益的做法。法律手段和社区服务机构同样可以提供援助。我们无须容忍歧视行为，但是我们也许需要对歧视行为进行剖析并非常谨慎地加以处理。

总结

由于一个人通常把一天一半清醒的时间都花在工作上，因此，了解与工作适应有关的问题是至关重要的。首先，我们对一份工作的过程以及如何熟悉工作职责和同事进行了剖析，随着你不断熟悉工作环境，这些内容可能导致不同的反应。为了理解这个过程，我描述了泰特曼提出的适应某个选择的三个阶段——诱导、修正和整合。

你可以使用职业自我效能的概念来理解工作适应。具有低自我效能的个人在学业或职业能力方面缺乏信心。这可能妨碍他们设法使工作更加满意或寻找一份更令人满意的工作。他们也许不相信他们能够完全实现（结果预期），而且他们也可能为自己设置低目标。这些人可以轻松地实现这些低目标，但是目标可能无法令人满意。

理解你自己的工作价值以及一个职位所隐含的工作价值可能是有帮助的。达维斯和勒夫奎斯特的工作适应理论解释了六种重要的价值观：成就、舒适、地位、利他主义、安全感和自主权。此外，达维斯和勒夫奎斯特还描述了能力和兴趣在体验工作满意度方面的重要性。为了做出改变而提出一些策略，这样个人就可以对他们的工作更满意。

108 有时个人在他们的工作中会经历各种危机或意外。有些非常难以应对的事情可能发生，如操作机器伤及自己等。其他一些问题包括下岗或被解雇、重返和离开劳动力市场、性骚扰以及歧视均可以影响女性的工作满意度。此外，少数民族也许比白人更难找工作（较高的失业率）。当少数民族找到工作时，他们也许比白人得到的工资和工作地位都低。

对你的工作感到满意在人生满意度方面是极其重要的。理解工作满意度以及尽可能设法使工作满意始终是本章的重点。

推荐读物

《技术压力：应对技术工作、家庭和行为》（*Technostress：Coping with Technology @ work @ home @ play*）

M. M. 韦尔和 L. D. 罗森（Well，M. M. & Rosen，L. D.）著，威利出版公司（Wiley），1997年版

技术既有益处，又存在问题。本书讨论了技术对我们的思想、情感和行为所造成的负面影响和压力。虽然电脑可以解决许多问题，但是它们也给人们带来了其他的问题。本书对技术造成的问题以及如何接受这些问题进行了说明。

《性骚扰：它是什么以及如何阻止它》（*Sexual Harassment：What It Is and How to Stop It*）

W. 佩特罗切里和 E. K. 里帕，（Petrocelli，W. & Repa，E. K.）著，诺拉出版公司（Nolo Press），1998年版

正如本书第99页所描述的那样，性骚扰可以给个人造成许多困难。越来越多的雇主和雇员需要认识到工作场所的性骚扰。如果你遭到性骚扰的话，该书不仅对怎么做以及如何阻止性骚扰给出了建议，还为雇主制定了计划，这些计划将减少性骚扰事件的发生。

推荐网站

美国劳工部（U. S. Department of Labor）

http：//www. dol. gov/

美国劳工部主要负责美国政府与职业和工作有关的事务。你可以利用这个在线网站作为一个中心，探究诸如危险的工作条件、工资、工作人员的生产力以及包括防止性骚扰在内的工作人员合法权益等话题。

压力和工作压力目录网（Stress and Work-stress Directory） 109

http：//web. inter. nl. net/hcc/P. Compernolle/strescat. htm

里奥·坎佩诺尔（Theo Compernolle）[①]提供了一整套丰富的资源链接，这些链接与一般压力特别是工作场所压力的影响有关。

① 里奥·坎佩诺尔（Theo Compernolle，1946— ），独立顾问、培训师和学者，生于比利时布鲁日。担任荷兰阿姆斯特丹自由大学（Free University of Amsterdam）和比利时鲁汶根特大学（Vlerick Leuven Gent）管理学院教授，多家跨国公司“缓解公司管理压力”的指导顾问。1987年提出压力管理和管理领导才能发展。著有畅销书《压力是朋友，还是敌人?》（*Stress：Friend and Foe——Managing Stress at Work and at Home*）。

倦怠者之路网（The Road to Burnout）

http：//helping. apa. org/stress6. html

该资源由美国心理学会提供维护，描述了倦怠者的各个阶段和警告标志，美国心理学会将倦怠者定义为“由不切实际的过高期望和虚幻以及不可能实现的目标造成的身体、情感和心理疲劳的状态。”

第2部分
关　系

第 5 章　家庭关系
第 6 章　爱和友谊
第 7 章　性和亲密行为
第 8 章　性别角色
第 9 章　文化多样性
第 10 章　生和死

在大多数人的人生中，与他人的关系是最重要和最有意义的活动。家庭观在于，它是我们首先向社会展示的内容，而且它也是我们学习与他人进行互动的所在。第5章不仅介绍了家庭关系的类型，与父母的关系和与兄弟姐妹的关系，也讲述了诸如离异及其影响等问题。第6章涉及了发展友谊、爱情关系以及造成关系困难的原因等内容。爱情关系在本质上与性有关，常常相当复杂，并导致极度的愉悦和幸福或强烈的悲伤和失望（第7章）。与我们存在差异的人们和我们的关系，无论是性别差异（第8章），还是文化差异（第9章），均可以产生误解或障碍。第10章介绍了理解死亡的各种方法，并为临终或悲伤的人们提出了帮助建议。

第5章 家庭关系

113 我们与家庭的关系是我们对世界的介绍方式。我们在家庭里学习爱和关怀，并体验全部情感——幸福、悲伤、爱、愤怒、同情、憎恨、烦恼、挫折及其诸多其他情感。与许多关系不同的是，大多数家庭关系延续到一个人一生的结束。有时与父母或兄弟姐妹的关系因愤怒或由于其他分裂而终止。我们与父母或兄弟姐妹的关系，影响我们的发展以及我们与他人的关系。也许对很多家庭来说，没有哪一个因素要比离婚产生的压力更大。我们将对离婚带给青少年和成年子女的影响以及年轻单亲家长如何抚养孩子进行探讨。孩子彼此之间的关系及其与父母有着怎样的关系以及他们如何应对离婚问题是本章的主题。

父母抚养孩子的态度

不同的抚养方式可以对孩子产生不同的影响。抚养方式同样也为剖析孩子与父母之间可能存在的问题，提供了一种有益的方式。心理学家已经全面研究了父母与孩子之间的关系。在第6章，我们将讨论依恋理论学家对了解友谊和浪漫关系发展的贡献。

罗（Roe & Lunneborg，1990）和鲍姆里德（Baumrind，1971，1978，1989，1991）等心理学家将他们30多年的职业生涯都投入到研究抚养方式及其对孩子的影响。在本章，我将侧重于戴安娜·鲍姆里德（Diana Baumrind）的工作，探讨父母抚养孩子方式对成年早期孩子的关系产生的影响。

抚养方式

鲍姆里德对父母及其孩子的观察，着眼于抚养孩子的两个维度：容忍孩子和约束孩子。她经过多年的研究，从这两个维度提出了三种抚养方式：权威型、专制型和放任型。

权威型抚养方式 父母在保持高度约束孩子的同时，高度容忍孩子。

专制型抚养方式 父母约束他们的孩子所做的事情，但不太可能接受他们孩子的个性行为。

放任型抚养方式 父母高度容忍孩子，但很少约束孩子做的事情。

- **权威型**（authoritative）抚养方式表明，在保持高度约束孩子的同时，高度容忍孩子。父母不仅讨论标准和预期，也重视服从。然而，权威型父母在向孩子解释他们所做决定的理由时，还是试图促进其独立性。
- **专制型**（authoritarian）父母很可能高度约束孩子，对他们的容忍度较低。这类父母很可能具有这样的态度："这样做是因为我告诉过你，不要提出问题。"他们的行为标准很明确，而且往往基于宗教或政治信仰。
114 在专制家庭里，父母高度重视服从。即使孩子长大成人，父母也继续为他们制定规则，通常没有任何解释。在对待孩子的态度方面，专制型父母可能在情感上有点疏远，并在孩子没有遵守规则时可能拒绝孩子。
- **放任型**（permissive）抚养与专制型抚养相对。放任型父母很可能高度容忍孩子，而且，对他们的约束较低。这些父母很可能允许孩子自由地表达自己，孩子可以对参加的活动做出自己的决定。虽然放任型父母也设法说服孩子，但是他们与专制型或权威型父母相比，不太可能限制适当的行为。

当抚养方式研究报告公布时，一个问题便产生出来：父母双方往往都有类似的方式吗？在对期望、管教的态度以及1～4岁年幼子女父母双方的养育程度进行剖析的过程中，父母在抚养方式上，相似之处往往要多于不同之处(Bentley & Fox，1991)。作为一个群体，母亲往往在养育态度方面比父亲强烈，但是，母亲和父亲在对子女的期望或管教态度上没有差异。当然，也存在父母具有不同抚养方式的事例以及随着孩子年龄增长或在父母有更多的孩子时，父母改变抚养方式的事例。抚养方式对孩子实际行为的影响尤其令人感兴趣。

抚养方式对孩子行为的影响

在这一节，我将介绍孩子的行为类型。孩子的行为类型很可能是抚养方式的结果，这种行为类型将在他们今后的人生中继续保持。我们将使用权威型、专制型和放任型抚养方式的事例，讨论父母与他们的成年早期子女之间出现的问题。

权威型父母的孩子特征。权威型父母的孩子往往友好和自信。在与其他成人的互动过程中，这些孩子往往是合作和友好的。在与同辈人在一起时，他们能够快乐和充满活力。他们对周围世界感到好奇，并以一种自我控制的方式进行探究。在与父母的互动过程中，随着孩子能力和技能的发展，他们很可能遇到各种变化的标准。权威型方法考虑到孩子不断增长的能力，为孩子拥有更多 115
的经验以及接触那些成功的经验提供了可能。在青春期，权威型父母对他们十几岁的子女提出的问题做出回应，并关注规则和条例，如午夜过后不回家或约会等问题。

在与父母打交道的过程中，巴里发现，他们是有帮助的，而且他们支持他的目标。他的父亲在艾奥瓦州养猪，他的母亲是当地一所小学的秘书。虽然巴里喜欢帮助父亲做些农场劳动，但是，他从没想过要当一个农场主。相反，他决定在长大后，要成为一名儿科医生。因为家里经济紧张，所以巴里决定，在当地一所社区学院度过他的大学第一年，并与父母住在家里。这为他用春季和秋季的业余时间以及整个夏季与父亲一起工作提供了可能。然而，巴里的大学第一学期不仅与他对自己的成绩的预期不符，也达不到上医学院所要求的成绩。他数学、化学、生物学得到的成绩是“C”，而英语得到的成绩则是“B”。

“我真的对自己很失望。我原以为，我在大学能够比我在高中做得好，因为我知道我会更加努力。我确实很努力，而努力并没有给我很多的帮助。我对我要做的事情没有把握。对我来说，把考试结果告诉父母真的很难，因为我知道，他们会失望的。我一直想成为一名医生，而且，妈妈和爸爸在这方面都支持我，现在我觉得自己失败了。他们赞同我做的事情，我也可以选择要做的事情，但是我没有做到。我希望取得成功，而且要在经济上取得成功，不用像我父亲那样总是担心天气。他担心大豆的价格、猪的价格和所有其他东西的价格。我的父母没有逼迫我学习，真的没有对我要求太多，因为他们看到我总是在学习。他们对我一直都很好，而且他们一直帮助我，我对发生的事情确实感到难堪。”

问题5.1　假设巴里的父母采取权威型抚养方式，你认为他们将对他的困境做出怎样的反应？

问题5.2　如果你处于像巴里这样的情境，你认为你的父母会做出怎样的反应？你会怎样描述他们的抚养方式？

虽然巴里将他的成绩视为一种失败，但是他的父母不可能这么看。然而，巴里却自我感觉不好。尽管巴里的父母一直开诚布公，没有把他们的愿望强加在他身上，但是他还是对学习成绩有一种挫折感。

专制型父母的孩子特征。在专制型抚养方式的家庭长大的孩子很可能感到，他们在家庭学到的价值观与他们在学校或朋友那里学到的价值观之间存在着某种冲突。因为这些孩子在没有明显理由的情况下就被告知要做的事情。他们可能性情急躁，也容易烦恼。体罚经常伴随着专制型抚养方式出现，所以，这些孩子与他们的父母和其他人在一起可能感到害怕或忧虑。因为父母很可能为他们制定目标，所以他们为自己制定的目标经常相对较少或对目标没把握。
116 当这些孩子发脾气或生气时，父母有时通过增加权威性来做出反应，这又增加了孩子的怨恨或易怒感。当孩子进入青春期时，父母拒绝向孩子提供某种约束很可能导致孩子充满敌意、叛逆或焦虑。

瓦莱丽描述了在她的家庭中来自父亲的约束。她的母亲总是顺从她的父亲，她的父亲有着强烈的宗教信仰，并对瓦莱丽应该做什么也有着强烈的责任感。在高中，当其他女孩外出时，瓦莱丽被要求一个星期只能出去一个晚上，并且要在晚上 11 点前回家。在瓦莱丽上大学一年级时，有一次，她从二楼卧室窗户悄悄跳到走廊，然后爬到悬垂的树杈上，顺着树干滑了下来。大约 1 个小时后，父亲敲她卧室的房门，看到她不在，就立即给她的朋友打电话。在第一个电话打到瓦莱丽最好的朋友时，她的父亲就找到那里。当她回家时，他解下皮带，抽了她几下。瓦莱丽极其愤怒，但是与愤怒相比，她却感到更加害怕。他脸上愤怒的样子，在她的内心留下一幅清晰的图像，而且她还记得他咆哮的声音。4 年前的那次事件改变了父亲对她的看法。当她上学或工作时，他一直怀疑她的行为，想知道她是否直接回家。当瓦莱丽在家时，家里一片沉寂，笼罩着一种紧张感。瓦莱丽觉得这种紧张感就在她的胃里。有时当她在父亲身边时，她觉得紧张。

"大约 6 个月前，我在学校遇到了这个人，我们一直是朋友，然后我们开始约会。我的父亲对此一无所知。卡尔是一个很好的人，工作踏实，而且对我很有耐心，也知道我家里的规矩。我不知道该怎么办。我害怕告诉我的母亲，因为她会告诉我的父亲。我怕他会把我从房子里扔出去，如果他这样做，我不知道这是好事还是坏事。我对此忧心忡忡，以至有时当我试图与让我快乐的卡尔在一起时，我也并不高兴。我厉声呵斥他，其实，我并不想这样，而且这只会使事情变得更糟。"

问题 5.3 假如你是瓦莱丽，你会怎样处理这种情况？

问题 5.4 你曾与父母有过如此强烈、似乎任何一方都不会做出让步的争执吗？你父母的行为方式是你期待的吗？

放任型父母的孩子特征。在鲍姆里德（Baumrind，1978）提出父母采取放任型抚养方式的孩子特征时，她强调，这类孩子很可能是积极和叛逆的。因为父母对他们的约束相对较少，所以这些孩子对自我控制鲜有了解。他们有时行为冲动，一时兴起就会采取诸如动用拳头等发泄愤怒的身体行为。因为他们一直没有受到父母或自己的约束，他们很可能在与其他人的关系中飞扬跋扈，这是因为他们并不习惯听取别人的建议或指导。在孩子青春期时，放任型父母可能会面临非常棘手的问题，如孩子彻夜不归或可能参与故意破坏或吸食毒品等非法活动。有时缺乏方向感可能导致青少年感到不安全和不确定。

莫特，25 岁，是联合包裹服务公司的一名运输业务员。他与女友生活在一起，女友是一家制造厂的组装线工人。当他们忙完工作回到家中后，就在房间里吸食大麻。房间里到处是光盘和海报。莫特已经从事运输业务员工作有 6 年之久，但他对这份工作很不满意。他在高中时的成绩都是“B”，他认为，他可以去上大学。他现在仍然考虑去上大学，但在这方面他却做得很少。

在他的成长过程中，他的母亲服用可卡因，他还记得，他要么与弟弟待在家里自己做饭，要么照顾弟弟。他讨厌照顾弟弟，经常随意摆布他。他的母亲会突然发火，冲着他大喊大叫。不过，他学会了反击她的怒火，因为她要么离家出去，要么对莫特和弟弟之间的争吵置若罔闻。在莫特 10 岁时，他的父亲离开了家。有时，莫特的父亲会设法管教他。但是，父亲已经厌倦了这种努力，而且努力通常都是被动的。他再婚后就搬到另一个州去了。自那以后，莫特只在几个夏天见到过父亲。莫特对父亲把他与弟弟和母亲单独丢在家里不管感到愤怒，他也对母亲的不闻不问感到气愤。他的母亲从来不去学校参加比赛或其他活动，这使莫特学会自己做事。然而，他的大部分活动都是为了得到刺激，如打破窗户、吸食大麻或服用其他毒品。

现在，莫特对自己的人生不满意，而他的女友甚至还不如他有上进心。他感到有些事情不大对劲，但是他发现很难停止吸食大麻，并找到一份不像现在这样使他厌倦的工作。

问题 5.5　莫特为了控制他的人生必须做什么？

问题 5.6　你可以想到莫特能够在有助于控制他自己的人生方面如何处理与父母的方式吗？

问题 5.7　你自己与父母的关系是类似于还是不同于莫特对放任型抚养方式的反应？

应对各种抚养方式

巴里、瓦莱丽和莫特都有令他们感到沮丧和不快的不同情境。所有人均以这样或那样的方式设法把他们自己与父母分离。他们正在试图进入自己的角色。这个过程被称为**分离和个性化**（separation and individuation）——一个人自己承担人生责任，而不是寻求父母的指导。虽然找出巴里父母抚养方式的毛病会比较困难，但是巴里却关注他自己的失望，也害怕令父母失望。瓦莱丽害怕她的父亲，并在父亲的期望（不去见卡尔）与自己的愿望（见卡尔）之间艰难地挣扎着。莫特没有方向感，并认为自己的行为漫无目的。所有人都面临以这样或那样的方式照顾自己。

然而，莫特面临的挑战似乎是最大的，这是因为比起巴里和瓦莱丽，他受到的限制最多。

有些心理学家认为，为了弥补抚养方式的不足，巴里、瓦莱丽和莫特必须对自己的人生负责。**对象关系理论学家**（object relations theorists）建议，青少年要在情感上与父母分离，应该成为自己的父母。个人（尤其是莫特）应该为自己提供他们没有得到的支持和抚养。他们能够通过接触支持他们的朋友和伴侣，在培养他们自己的长处和目标方面做到这一点。对象关系理论学家对父母与子女之间的关系以及这种关系如何将个人培养成他们自己的角色进行了剖析。在对象关系理论中，**对象**（object）是指与任何人或任何事的关系。一般而言，对象关系理论学家所关注的“对象”是父母。理论学家对父母影响子女的关系方式感兴趣，他们对子女与父母分离以及成长为一个成人的方式进行了剖析。当他们进行心理疗法时，对象关系治疗师寻求各种方式来帮助个人与父

分离和个性化　与父母分离，以对自己的人生负责。

对象关系理论　一种剖析父母与子女之间的关系以及个人为了发展成为独立的人的方式的观点。

对象　在对象关系理论中，“对象”是指与任何人或任何事的关系。

问题 5.8　列出各种你可以成为你自己的父母，并对你自己的人生负责的方式。 118

问题 5.9a　在你与父母的关系中，你发现自己类似于巴里、瓦莱丽，还是类似于莫特？请解释，并描述你自己的抚养方式。

母分离，并使其学会对自己的人生负责。

问题 5.9b 如果你是父母，你发现你的孩子更像巴里、瓦莱丽，还是更像莫特？

抚养技巧

鉴于养育子女和青少年面临的诸多困难，父母可以遵循哪些基本的指导方针呢？阿尔姆·吉诺（Haim Ginott，1972）和 T. 布列兹顿（T. Brazelton，1992）的著作都有许多建议。我们在这里将探讨一些基本的建议：

- 要为孩子设置很高的期望，但不要对孩子无法遵守的标准设置很高的期望。放任型父母经常没有设置明确的标准。
- 要向孩子解释你的期望。
- 提出的请求要明确合理。专制型父母经常提出要求，但对要求不做解释。
- 期望和执行要一致，这样，孩子就会知道你的标准。放任型父母经常既不明确标准，也不通过提要求来遵守标准。
- 要奖励良好的行为，以提高孩子实现你的期望的可能性。表扬经常是对孩子的充分奖励。
- 要帮助孩子看到其他人的观点。要鼓励孩子思考如果有人这样做会发生什么或有怎样的感受。

与孩子抚养有关的自助图书根据孩子的年龄和情境或事件的性质，提出了更为具体的建议。

119

问题和解决方案

当你成为父母时或如果你是父母，你应该采取哪些策略来帮助孩子？

- 设置的期望要高，但要合理。
- 要解释你的期望。
- 你们的期望要一致。
- 要奖励良好的行为。
- 要帮助孩子理解其他人的观点。
- 要适当地参与孩子们的各项活动。

兄弟姐妹关系

心理学家不仅对研究孩子与父母的关系投入了大量努力，也对兄弟姐妹之间的关系进行了研究。心理学家最经常研究的变量始终是出生次序，研究者根据孩子是否在家庭中最年长、最年幼或介于两者之间，对孩子的成就和人格进行了预测。阿尔弗雷德·阿德勒（Alfred Adler）是最早的心理治疗师之一，他认为，了解个人在家庭中的出生次序，能够帮助治疗师来理解他们的受辅者。例如，他认为，第一个出生的孩子要比他们的弟弟或妹妹在学术和专业方面获得更高的成就水平（Ansbacher & Ansbacher，1970）。扎伊翁茨和马拉利（Zajonc and Mullally，1997）以及马迪（Maddi，1989）指出，大量研究均支持阿德勒的观点。阿德勒还认为，最后出生的孩子很可能受到父母、哥哥姐姐的溺爱或过分娇惯。有些研究支持了这一假说（Longstreth，1970）。虽然研究者就出生次序对人格和智力成就的影响进行了大量的研究，但是，研究结果却是矛盾的。

在帮助个人和家庭解决问题时，阿德勒及阿德勒学派治疗师经常讨论受辅者在家庭中与兄弟姐妹的早期关系。阿德勒学派治疗师不仅关注实际出生次序，也关心兄弟姐妹彼此的关系。例如，兄弟姐妹彼此保护吗？他们相互打斗吗？他们相互捉弄吗？年长的姐姐照顾她的兄弟姐妹吗？在父母要求她照顾年幼的弟弟妹妹时，她反抗吗？

兄弟姐妹之间的关系随着个人的成熟会发生显著变化。当兄弟姐妹还都是小孩时，他们在上学之前常常花很多时间在一起。当其中一个兄弟姐妹上学时，这种分离可以为年长的兄弟姐妹提供自由，并对年幼的兄弟姐妹构成威胁。当年长的兄弟姐妹进入青春期时，年幼的兄弟姐妹也许畏惧姐姐的朋友们的强词夺理，也许感到被姐姐的朋友们所压制。当年长的兄弟姐妹离开去上大学或工作时，年幼的兄弟姐妹就要独处了。当然，孩子在他们与同辈、表兄弟姐妹和父母的关系中会体验不同的变化。在有着几个兄弟姐妹的大家庭中，其他兄弟姐妹对个人变化的影响可以变得非常复杂。当兄弟姐妹之间的关系变得紧张时，一个人遇到的挫折很可能比与朋友在一起时要多。有些友谊持续很短的时间，但是，与兄弟姐妹的关系通常持续一生。 120

胡安妮塔对妹妹德洛丽丝的耐心就要被挑战了。自从母亲工作以来，胡安妮塔总是记得母亲对她说的话："现在，要记住好好照顾你的妹妹。"从她 4 岁起，胡安妮塔就清楚地知道她的妹妹身体有毛病，如糖尿病和经常头痛。后来，德洛丽丝被查出患有阅读障碍症和多动症。对胡安妮塔来说，这意味着德洛丽丝不仅会给家庭带来烦恼，也会给学校的其他人带来麻烦。胡安妮塔记得，比她小两岁的德洛丽丝在 10 岁时，把胡安妮塔的芭比娃娃的头揪下来，并把它当做乒乓球。胡安妮塔喜欢给她的玩偶穿衣服，所以，她讨厌德洛丽丝把她的芭比娃娃的衣服撕扯下来。在胡安妮塔终于发脾气并把德洛丽丝锁在储藏室里的时候，母亲看到了。"你知道，你必须对德洛丽丝要更有耐心。你比她大，你应该要有更多的理解。"胡安妮塔的母亲对她耐心地说，因为胡安妮塔很少发脾气。现在，胡安妮塔是社区学院 2 年级的学生，而德洛丽丝在上高中。与德洛丽丝乱动胡安妮塔的东西不同的是，她喜欢嘲讽和取笑姐姐。德洛丽丝似乎知道，胡安妮塔关心外表和分数。这是胡安妮塔看待这种情境的方式。

"实际上，我无法容忍德洛丽丝。我在学院里得到的成绩都是'A'和'B'，而她在高中得到的成绩都是'C'和'D'，她既叫我'好脑瓜儿'，也称我'书呆子'或'讨厌鬼'。我无法忍受。每当我叫她闭嘴时，她就会大发脾气或又哭又闹，并向妈妈告状。然后，妈妈便说：'好啦，胡安妮塔，你知道妹妹有毛病，你要对她好一点。'我认为，那些话将被刻在我的墓碑上。多痛苦啊！德洛丽丝根本不能接受任何批评。她就要疯

问题 5.10　怎样能够使胡安妮塔与德洛丽丝和睦相处呢？

问题 5.11　胡安妮塔怎样才能不受到德洛丽丝讥讽和嘲笑的影响？

问题 5.12　假如你有兄弟姐妹，你会怎样描述你与他们之间关系的性质？

了。后来，她开始喊我肥妞儿。她知道我对此很敏感。我真的在进行锻
121 炼，并尽可能避免增加体重。当固特异飞艇（Goodyear[①] blimp[②]）出现在电视上时，她就会冲我笑，并指着飞艇。”

虽然与兄弟姐妹的关系可能是非常亲近和密切的，但是，这种关系同样也可能令人沮丧和烦恼。有时兄弟姐妹在涉及朋友、父母去世或父母方面相互帮助。面临如父母患有严重的疾病、父母离异等危机的兄弟姐妹可能对彼此是非常有帮助的。其中，兄弟姐妹遇到比较常见的事件就是父母离异，这是下一节的主题。

父母离异

应对父母离异是各年龄段孩子越来越普遍的一个经历。如图 5—1 所示，多年来离婚率在美国一直缓慢增长。然而，近年来离婚率已经呈现略有下降的趋势。1940 年，美国的年离婚率为 2‰，而在 1990 年，离婚率是这个数字的两倍多。美国几乎一半的婚姻最终以离异告终。这并不意味着婚姻都将以 50%的概率以离异告终，其中，在 50%的概率中，有结过 2 次、3 次或更多次婚的人。切林（Cherlin，1992）指出，离婚率的不断增长有几个原因。首先，女性在经济上越来越独立，这就使得她们更容易赡养自己。通过在家庭外工作，女性也许感到一种职业和经济上的独立性。另外，人们对离婚的态度也发生了变化，比起过去，人们越来越接受离婚。在本节，我们将着眼于离异对孩子的影响，特别是对处于青春期晚期的孩子的影响以及他们应对离异的方式。

由于一些原因，离异会对儿童和青少年造成消极的影响（Amato，1993）。一个原因是父母一方的缺失，通常在缺失父亲的情况下，可能迫使母亲承担起缺失的父亲的责任以及她本人的责任。另一个原因就是经济因素。1991 年，一个单亲母亲承担的家庭平均收入是父亲在经济上承担家庭平均收入的 60%，而家庭平均收入的 40%则由父母双方提供。第三个原因是冲突父母（在离婚之前、期间和之后）造成的大量压力，很可能被孩子所吸收。这些（和其他）原因通常表现在许多小事件之中，并最终导致离异（Morrison & Cherlin，1995）。

122 当离异最终被确定下来时，某些因素都能够对孩子产生或多或少的影响（Peterson，Leigh & Day，1984）。在非监护父母断绝与孩子的联系，而不是继续看望他们时，离异对孩子的影响似乎是最大的。当父母分手相对平静时，离异对孩子的负面影响较小。但是，如果在婚姻解体前，孩子把父母的婚姻看做幸福权利，那么孩子很可能遭受更多的负面后果。一直受到父母一方虐待的孩子，可能不会经受很大的压力，相反，甚至还可能对离异持欢迎态度。换句话

① 以美国发明家和制造商查尔斯·古德伊尔（Charles Goodyear，1800—1860）的姓命名的硫化橡胶。他在 1839 年发明了这种橡胶的制造方法。

② 这个词语既当“飞艇”讲，又有“胖子”的意思。

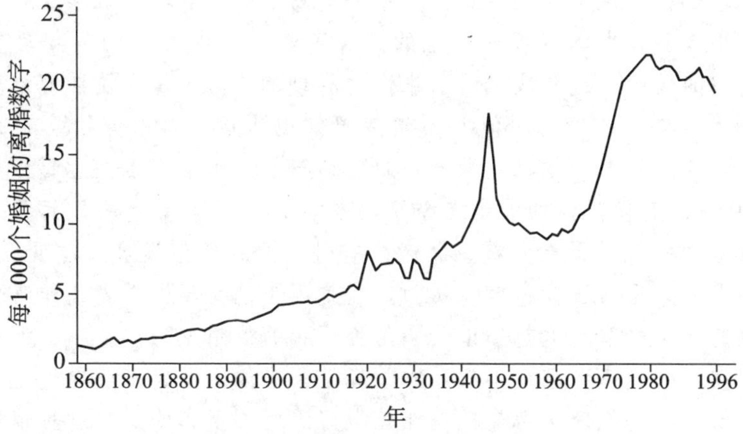

图 5—1　离婚率

资料来源：Number of Divorces Per 1，000 People from Stockard，J.，*Sociology*：*Discovering Society*，Wadsworth，1999，p. 255。

说，在父母离异之前，当父母与孩子之间有一种亲密的依恋关系时，离异可能对孩子造成较严重的影响。

离异对什么年龄组的孩子产生的负面影响最大，有着一些争论。有些研究者认为，在不同的年龄，产生的问题是不同的，而其他一些研究者如彼得森、利和戴（Peterson，Leigh，and Day，1984）则认为，离异对年龄在 3～9 岁的孩子影响最为严重。有些研究者指出，随着离婚变得越来越普遍，负面影响似乎越来越小。这种类型的研究导致了这样一个问题：当父母决定离婚时，他们怎样做才能帮助孩子？

当离异确实发生时，父母可以采取某些行动将对孩子的负面影响降低到最小（Hughes，1996）。对孩子经历的损失保持敏感态度是有益的。父母可以向孩子做出保证，他们将永远是照顾他们的父母。另外，孩子有时还认为父母离 123
异是他们的错。向孩子做出保证并不是轻松的事情，而是很重要的事情。在尽可能的情况下，继续做相同的事情、参与相同的体育活动、去相同的学校、与相同的朋友一起玩，对孩子都是有帮助的。当离婚即将来临时，孩子很可能非常伤心、愤怒以及担心。鼓励孩子谈论他们的感受是相当有益的。

父母同样应该避免采取某些行动。在父母处理离婚时，他们应该意识到他们的挫折将对孩子产生影响。向孩子抱怨父母另一方将对孩子的安全感构成威胁。把父母另一方的积极形象改变为一个更为消极的形象会吓坏孩子。同样，当孩子在场时，父母一方对另一方表现出暴力、极端愤怒或不满，也会吓坏孩子。如果父母的情感表达变得过于极端，那么孩子就可能开始为父母担心。父母需要继续承担父母的角色，而不要让孩子担当起父母的角色。

这些有关采取行动和避免行动的建议，均适用于 12 岁以下的孩子，但是它们同样也可以适用于年龄较大的青少年。父母离异对于包括处于青春期在内的任何年龄段的孩子均能造成创伤，因为它标志着一个人的人生中一次重大的分裂。离异在实际发生很久以后还能对孩子产生影响。

为了理解离异可能对某个人 10 年或 20 年后的影响，让我们对本的情境进行剖析：

本现在是佐治亚州亚特兰大市一所高中的一名毕业班学生。他的妹妹比本小3岁。当本8岁时，他的父母离婚了。本大约在7年后查明了此事，他的父亲有过几次风流韵事，他的母亲认为，她无法再容忍父亲的欺骗行为。在本8岁时，他并不清楚离婚的原因。因为他的父亲是一个友善、迷人的男人，他喜欢同本一起玩，与他开玩笑。本很生母亲的气。在本10岁的时候，他的父亲再婚了，当本13岁时，母亲也改嫁了。本在一个月里的一两个周末去看望父亲。有时，他的父亲还会约本见面，后来，就不再约本见面了。本有时认为，这是因为他在学校里表现非常不好以及与他的妹妹打架。他想知道父亲是否还真的很想见到他。

在本的父亲再婚几年后，本放弃了所有他们会其乐融融地生活在一起的希望，但是他确实希望他们相处得好一些。不幸的是，这种情况却并未发生。本的父亲派人送来几张面额比他期望要少的支票，而且支票有时要晚几个星期甚至晚几个月。他的母亲对此非常生气，因为她需要购买衣
124 服、食物以及支付房租。当本要与父亲谈一谈时，他的母亲就会大发雷霆。她要本尽可能地少与他的父亲及其家庭来往。本的母亲也生本的祖父母、叔叔、姑姑的气。她断绝了与本的父亲一家的一切联系。她告诉本，他们生活得很穷，他必须少与他们那些富人有瓜葛。本的朋友们都在期待着假期时光，然而本知道，这是发生口角的时间，是父母争论有关他该去哪里以及何时去的时间。圣诞节是最糟的。他会在哪里打开礼物呢？他会在哪里吃饭呢？他会在谁家呢？现在，他是一名高中毕业班学生，马上就要毕业了。

“我母亲说，如果我邀请父亲参加毕业典礼的话，她就不会去。如果我不邀请父亲参加毕业典礼的话，他就会很生气。如果我对整个事情不闻不问的话，他就会和他的几个兄弟出现在毕业典礼上，而我的母亲就会冲着他大喊大叫。我穿上这套黑灰色的西服就是为了参加毕业典礼，而现在，我或许就要成为站在那里的一名裁判了。这就是我所期待的一个美好时光。我在高中一直很努力，我怎样让高中有始有终呢？如果我不小心，最终就是一场尖声喊叫的比赛。”

问题 5.13 就有关他的高中毕业典礼，本应该怎样做？怎样才能让父母出现在他的高中毕业典礼上呢？

问题 5.14 就有关这种情境而言，本可以怎样应对他自己的愤怒、沮丧和悲伤的感受呢？

问题 5.15 假如你有一个类似的难题，并且不管你怎样做，父母的一方（或另一方的家庭成员）都会不高兴，你会怎样做呢？

正如你能够区别上述描述和本的评论一样，本的父母并没有做专家指出的大多数事情，这些事情将有助于他们的子女应对父母离异。他们当着本的面表达对彼此的愤怒和仇恨，他们向本抱怨对方，他们没有考虑本对他们离异的感受，而且，他们继续扰乱本的人生。本爱他的父母，而且，本也特别感激在母亲还是一个单身母亲时为他所付出的各种努力。现在，母亲要求本不要让他的父亲参加毕业典礼。

本没有太多的选择。在这种情况下，本不得不与彼此极度厌恶的父母打交道。在过去，让他的父母彼此谈一谈的努力已经失败，现在又得这样做了。因为母亲养育了本，他很可能会选择遵从母亲的要求去做。在处理自己的感受上，本正在试图尽可能远离自己，以免被发生的反应搞得心烦意乱。他处于控制相对较少的情境。认识到这一点，已经帮助他在过去应对类似的局面了。本正在试图形成自己作为一个个人的认同，而且，逐渐将自己与父母分离开来（分离和个性化）。

问题和解决方案

当父母离婚时，他们能够怎样帮助孩子？

- 不要当着孩子的面批评父母的另一方。
- 要帮助孩子处理有关父母离异的感受。
- 要设法把对孩子人生的破坏降低到最低限度。
- 不要迫使孩子决定要同父母哪方在一起，或迫使孩子以其他方式在父母之间做出选择。
- 不要把孩子当做一个听众或咨询者。

有时，个人被单亲家长抚养成人。这种情境可以产生各种问题。有时，孩子没有认同的父亲，例如，在孩子还很小的时候，一个家长就离开家，再也没有见过。梅丽的例子就是这种情况。

“在我出生之前，我的父亲就离开了我的母亲。我是在正对着洛杉矶外面的长滩长大成人的。这是一个只有三个女人的家庭：我、我的母亲和外婆。我还记得我的童年备受宠爱，我的外婆会经常带我去海滩。我喜欢 125
到沙滩上去玩，把沙子做成城堡，在上面进行雕刻。当我第二天去海滩时，我总是希望它们还在那里，那些我用沙子制作的小城堡，但我知道，它们不会在那里了。我的外婆总是很风趣，她会说：‘没什么，让我们再做一个吧。’于是，我就会再做一个。她有时还会跟我一起做，但是，随着我慢慢长大，我便自己开始做城堡了。放学后，当我回到家时，她通常都在家里。她接针线活儿在家做，而且，她有一台很大的机器，机器上的针跑动得快极了！她对我真的很好。当我靠近她时，她永远都不会冲我喊叫。她只会慢慢地离开或把手指向银针。

“也许最好的时光是周末。我们会去花园。我的母亲喜欢花，我们也会去植物园。我的母亲很喜欢玫瑰，红玫瑰、黄玫瑰，尤其喜欢小朵玫瑰。外婆、母亲和我会一起去，真好玩。我记得，她们对我很温柔，很少大喊大叫，即使当我让她们很讨厌的时候，比如，我向陌生人吐舌头的时候，她们也不会冲我喊叫。

“当我第一次开始约会的时候，我的母亲告诉我有关人、性以及所有这类事情。当我很晚还在外面时，我的母亲会向我说明她想让我早点回来的原因。她从不粗声大气地讲话。

“我现在工作了，修理复印机、电脑和其他东西，帮自己把学上完。现在，非全日制课程似乎对我很合适。当我上高中时，我一点都不喜欢上学。我不喜欢老师告诉我该做什么、按时完成作业以及类似的事情。我的母亲总是告诉我，要尽可能地把事情做好，而在我没有做好的时候，她也从不逼着我去做好。我的外婆很伟大，我做什么都是对的。

“但现在，我对自己越来越失望。我和现在的男友杰里在一起已经大 126
约两个月了，这段时间对我来说太长了，我开始变得不耐烦。我喜欢他对我很好的时候，给我带花的时候，我可以把花给我的母亲。他似乎对我很感兴趣，但我现在还不确定。”

问题 5.16 梅丽是由一个单亲家庭还是由双亲家庭抚养成人的呢？她的外婆是一个家长吗？请解释。

问题 5.17 如果梅丽是由她的母亲和父亲，而不是由她的母亲和外婆抚养成人的，你认为会有区别吗？

问题 5.18 你认为在一个单亲家庭里被抚养成人（如果你不是以这种方式被抚养成人）和被父母双亲抚养成人（如果你不是以这种方式被抚养成人）会一样吗？

在前面我们记录了阿尔弗雷德·阿德勒对年幼的孩子经常受到过分溺爱的评述。梅丽的情况也许是相似的，因为她的母亲和外婆对她付出了极大的关注。现在，当她的男友没有付出那种关注时，她就遇到了一些困难。她对学校不抱任何幻想，因为老师不会像她的母亲和外婆那样告诉她该怎么办。她正试图与其他人保持耐心，不过分要求别人。当然，并非所有由母亲和外婆抚养成人的孩子都出现与梅丽一样的问题。这个案例研究只是要指出，不同的抚养类型会以不同的方式影响孩子的人格发展。

单独抚养孩子

我们已经对单亲家长抚养孩子所存在的问题进行了剖析。现在让我们来看一看下面这个母亲的观点。在没有伴侣支持的情况下，一个年轻女子（或一名年轻男子）单独抚养孩子是怎样的？

丹妮尔在她怀孕7个月的时候参加了高中毕业典礼。在8月初，她生下了一个男婴鲍比。她不打算嫁给戴夫，而且，在鲍比4个月时，他们最终分手。3年后的今天，丹妮尔正在试图边上大学边抚养鲍比。

“当时我本该知道戴夫是一个流浪汉，但我却没有。我太蠢了。他酗酒，并因两次盗窃汽车被捕。不知何故，我认为他会收手的。我真是一个白痴啊！在我高中最后一年，我开始得知他是一个流浪汉，但当时我意识到他只是一个流浪汉，人并不坏。除此之外，他人挺可爱的，所以，我原谅了他——我是多么愚蠢啊！真正对我的打击是那次他喝醉了来到我的房间，开始对我大喊大叫，说我对他重视不够。然后，他拎起鲍比，在我的脸前晃来晃去。我冲他大吼，把他给震住了，随后，他把鲍比扔了下来，就像扔一个足球似的。我不得不抱着鲍比去了急诊室。他们[1]坚决要求我告戴夫虐待儿童。此后，我告诉戴夫不要出现在我的生活里。他已经从我的生活里消失了。

“现在，鲍比3岁了，生活真的很艰难。我同我的姐姐、姐夫以及他5岁和6岁的女儿住在一起。我还算幸运，因为我的姐姐没有去工作，而且，她还可以照顾鲍比和她年幼的两个女儿。但是，生活还是很艰难。有时，我姐姐也想摆脱出来。所以，我必须去上学、工作、抚养鲍比，有时我还要照顾我姐姐的孩子，并设法拥有一种生活。我喜欢计算机编程课程，我喜欢学习C^{++}，喜欢网络课程，总之我喜欢所有的课程。这些课程除了会为我提供工作机会外，也会使我拥有一种社交生活。有时我会担心没有哪个男人愿意跟一个有着3岁孩子的母亲约会。不管怎么说，我什么时候才有时间外出呢？这就像我一夜之间成了半老徐娘。现在，我是一个有着鲍比的母亲，必须为他买衣服、去杂货店、在他生病时照顾他、在晚上和他在一起。我要把这个责任承担好，但是，这并不是我想拥有的生活。有时我想摆脱这一切，像学校里许多其他学生一样，只需应付学习之类的事情。然而，我要为孩子的未来考虑，而且，我还得认真担当起这个角色。”

问题 5.19 对鲍比承担责任如何改变了丹妮尔的人生？

127

问题 5.20 丹妮尔所处的情境哪些方面类似于或不同于前面事例中梅丽所处的情境？

① 指社会工作者。

虽然丹妮尔似乎不断向自己提出问题并做出自己的判断，但是，在戴夫虐待鲍比后，她坚决停止与戴夫见面。戴夫对待鲍比的方式——虐待儿童的方式没有引起众多父母、教师和社会机构的关注，虐待儿童是下一节的重点。

虐待儿童

由于电视、杂志和报纸等媒体经常关注虐待儿童导致毁容或死亡的最极端案例，因此，虐待儿童已经成为众多媒体报道的一个主题。这一节将对虐待儿童的频率及其性质进行讨论。另外，我们还将对虐待儿童者的特征及其虐待他人的原因进行剖析，探讨如何防止虐待儿童以及在虐待儿童发生时该怎么办，我们也将为这个十分棘手的问题提供一些解决方案。然后，我们将在虐待儿童语境下探讨丹妮尔和戴夫的关系。

在美国，**虐待儿童**（child abuse）依然是一个棘手的问题，据估计，每年有高达 300 万的儿童在身体上遭到虐待（Emery & Lauman-Billings，1998）。据报道，在采访美国人时，7 个儿童中就有 1 个儿童在身体上曾遭到虐待，而且，另据报道，每 8 个儿童中就有 1 个儿童一直受到一个家长的攻击（Moore，1994）。攻击可能采取的形式是拳打脚踢、掐脖子、被抓住撞向物体等。身体虐待还可能采取忽视的形式，不提供营养、住所或保健服务。另外，情感虐待也可以对儿童造成伤害，包括在其他人面前嘲笑儿童、孤立儿童、诅咒儿童或对儿童吼叫以及严厉批评他们。不过，在这一节里，我们将主要关注身体虐待。

虐待儿童 对儿童造成包括身体、性、情感以及忽视在内的伤害。

几个因素可以导致虐待儿童（Emery & Lauman-Billings，1998）。虽然母亲比父亲在身体上更有可能虐待孩子，但据报道，父亲更经常在性上虐待孩子。男孩更有可能遭到身体虐待，而女孩更可能经历性虐待。被虐待的婴儿出现各种喂养问题、极度哭泣或非常急躁（Ammerman，1990）。对于蹒跚学步的儿童或年龄较大的儿童来说，极度哭泣、挑衅行为及其各种行为问题均可能会导致父母在身体上虐待他们，所以，我们很难知道这些行为类型是否是虐待的后果或根源。 128

问题和解决方案

怎样避免虐待儿童？

- 教导父母不要以体罚来管教孩子。
- 要帮助父母控制他们的脾气。
- 要让父母了解不同年龄段孩子的行为方式。
- 要劝告虐待孩子的父母理解儿童期暴力产生的问题和其他问题。

谁是儿童的施虐者？他们为什么要这样做？许多研究者认为，在身体上虐待儿童的父母更有可能是来自社会经济水平较低的阶层，而且，他们所受的教育比没有虐待儿童的孩子的父母要少。由于接受了有限的教育，虐待儿童的父母很可能对抚养孩子的方式以及除打骂以外的方式知之甚少。同样有证据表明，在身体上虐待他们的孩子的人，也许都有酗酒或药物滥用的经历（LeFrancois，1996）。其他与虐待儿童有关的因素是施虐者失业以及他们也在一个有虐待的家庭里长大成人，虐待与在一个虐待的家庭里长大成人之间的关系对父亲的影响要比对母亲大。身体虐待可能是由于照顾者紧张造成的，如一次要照顾几个孩子、财政问题或与伴侣争斗。这与孩子品行不端结合在一起可能会导致身体虐待。我们应该怎样处理虐待儿童呢？

处理虐待儿童的方法往往涉及两个领域：预防和补救。预防计划包括由社会机构或学校系统开发的教育计划，教导父母怎样不要以体罚的方式来管教孩子。它们也可以教导父母对不同年龄的孩子期望什么。有时，这些计划涉及如
129
何处理自己的情绪和愤怒。当家人、邻居或学校管理人员把施虐者告到警方时，这些施虐者可以以各种类似于预防计划的方式被指定到各种教育计划中去。然而，补救计划可能更多地侧重于自我意识和施虐者自己童年的暴力史。对于有效的计划而言，计划必须激发施虐者改变他们的行为。

> 当丹妮尔亲眼目睹戴夫伤害鲍比时，她知道，她再也无法容忍这种关系，并拒绝再见到戴夫。对于丹妮尔来说，向一位社会工作者报告虐待是有益的做法。这位社会工作者告诉她可以从法律制度方面期待获得什么样的支持。她还通过法律援助寻求帮助，律师向她建议了各种能够做出的法律选择。这位社会工作者的支持有助于她对自己的决定感到更加自信。社工帮助她不要为戴夫的所作所为而责怪自己，而是要决定如何帮助鲍比以及怎样停止与戴夫见面。
>
> 对于戴夫而言，仍然存在几个选择。首先，他能够认识到关系最终破裂的原因，并理解他的行动的严重性。得知鲍比被送进了急诊室，足以让他对自己的愤怒进行思考。尽管他很尴尬，但是，他还是找到牧师谈论发生的事情。牧师提出了几种建议，其中包括注册进入一个情绪管理班、推荐其见一名社会工作者或心理学者以及参加戒酒匿名会（Alcoholics Anonymous）[①] 群体。这最后的建议对于戴夫是最具吸引力的，因为他知道他的酗酒问题，并认为那可能是第一步。

家庭治疗 *一种旨在帮助家庭成员改善关系，并在家庭范围内把问题解决的咨询或心理治疗形式。*

问题 5.21 你认为什么将抑制戴夫再成为一个虐待儿童的家长？

问题 5.22 假如你知道一个儿童在身体上遭到他的母亲或父亲的虐待，你会怎样做？

对于丹妮尔和戴夫来说，另一种选择是**家庭治疗**（family therapy）。家庭治疗帮助家庭成员改善关系，并在家庭范围内把问题解决。许多家庭治疗师都关注各种问题，因为这些问题影响到整个家庭，而不是仅仅对个人进行治疗。家庭治疗师一般倾向于满足整个家庭的需求，而不是单独满足个人的需求。他们经常观察家庭成员之间的互动。然后，他们可能建议各种改变关系的方式。有时，他们还会对现有的问题推荐新的解决方案。假如丹妮尔决定继续维持与戴夫的关系，家庭治疗师可能会关注戴夫与鲍比之间的关系以及侧重于使戴夫更加关心鲍比并对鲍比更加负责的各种方式上。家庭治疗师可能会观察丹妮尔与戴夫之间的关系，然后，就会提出为解决戴夫的不端行为，如何强化丹妮尔与戴夫之间关系的建议。

---

① 又称戒酒无名会、戒酒互助会、嗜酒者互戒会等。

总结 130

本章涉及了各种有关家庭成员关系的问题和关注。首先，我描述了父母态度对后出生的孩子、青少年和成人发展的影响。我用事例说明了三种不同的抚养方式：权威型、专制型和放任型。在权威型抚养方式中，父母为孩子制定原则和设置期望，但是，他们对原则和期望进行解释；在专制型抚养方式中，父母提出原则和期望，但是，他们对原则和期望不作解释，而且，如果孩子违背，就会遭到严厉惩罚；在放任型抚养方式中，父母对孩子的行为很少提出指导。

在讨论了父母关系之后，我对兄弟姐妹之间的关系以及出生次序的角色进行了探讨。另外，我还对如何使兄弟姐妹和睦相处以及对这种关系中的一些复杂因素进行了介绍。

父母离异对任何年龄段的孩子，都能够造成非常大的创伤。我对离异出现的问题以及如何应付它们进行了介绍。在单亲家长抚养孩子以及作为单亲家长对影响家长和孩子独立性发展提出质疑时，问题便出现了。

最后，我提出了虐待儿童所造成的破坏性问题，其中包括这个问题发生的频率及其虐待孩子的性质。我就处理这个问题的各种方式提供了一些建议。

推荐读物

《萧瑟的童颜：揠苗助长的危机》（*The Hurried Child：Growing Up Too Fast Too Soon*）

D. 艾尔金德（Elkind，D.）著，阿狄森—维斯利出版公司（Addison-Wesley），1988 年版

在美国，目前的家庭生活完全不同于以往几代人的生活。在较早的时期，孩子被视为需要成人保护和指导的对象。父母给孩子提供的东西要比现在多。随着越来越多单亲家庭和双收入家庭的出现，父母经常花很少的时间与他们的孩子在一起。艾尔金德不仅对父母比以往给予孩子更多照顾时所发生的情况进行了讨论，也讨论了诸如电视和电影等各种媒体对儿童产生的影响。他认为，要鼓励孩子具有独立性，而且，与以往相比，孩子对父母的依赖快速地减少。本书就父母如何减少对孩子的压力以及怎样帮助他们处理社会压力提出了建议。

《婚姻成功或失败的原因……怎样使你的婚姻持久》（*Why Marriages Succeed or Fail…And How You Can Make Yours Last*）

J. 戈特曼和 M. 西布尔（Gottman，J. with Silber，M.）著，西蒙和舒斯特出版公司（Simon & Schuster），1994 年版

练习、测验和提示有助于使本书生动有趣，而且，练习、测验和提示还对希望检查他们婚姻的人们有所帮助。戈特曼在预测离婚方面做了相当多的研究。他对婚姻中的夫妇能够平静地解决 131
问题进行了介绍，并以一种开放的方式将这些夫妇与婚姻中无法面对他们的问题的夫妇进行了比较。另外，本书还对婚姻中频繁和愤怒争执的夫妇进行说明。对于各种婚姻类型而言，戈特曼强调了积极而非消极互动的重要性。此外，本书还为改善各种婚姻沟通方式提供了建议。

推荐网站

青少年在线目录网（Adolescence Directory Online）

http：//education. indiana. edu/cas/adol/adol. html

这个网站提供了有关青少年的资源，其中包括大量的健康问题、心理健康问题、安全问题、个人问题和抚养问题。这个网站由印第安那大学青少年研究中心（University of Indiana Center for Adolescent Studies）资助。

全国家长信息网（National Parent Information Network，NPIN）

http//npin. org/

由于父母都面临各种有关发展的问题，为了回答这些问题，全国家长信息网介绍了许多在线资源和其他资源的指南。

美国儿童和青少年精神病学会：家庭因素网［American Academy of Child and Adolescent Psychiatry（AACAP）：Facts for Families］

http：//www. aacap. org/web/aacap/factsFam/

父母也许需要在他们的孩子应对各种问题方面提供帮助。这个在线提供的小册子涉及了一个范围广泛的心理问题和精神病状况。此外，这个网站还以西班牙文提供素材。

全体家庭中心网（The Whole Family Center）

http：//www. wholefamily. com/

在这个网站上，人们可以找到诸如抚养孩子和应对家庭危机等家庭中出现的各种问题的建议和链接。两名注册心理学者（他们彼此结为夫妻）担任该中心的专家。

美国婚姻与家庭治疗协会网（American Association of Marriage and Family Therapy，AAMFT）

http：//www. aamft. org/

这是一个设计精美的网站，该网站由美国婚姻与家庭治疗协会提供维护。这个网站不仅向人们提供了一个理解专业治疗如何帮助夫妻和家庭解决所遇到的困难，还提供了与家庭和婚姻有关的重要链接。

离婚中心网（Divorce Central）

http：//www. divorcecentral. com/

离婚中心网是几个卓越的在线站点之一，该网站提供了有关正在考虑离婚的人们的法律、情感、财政问题的信息和建议。在这个网站上，还提供了与其他离婚有关的网站的链接。

第6章 爱和友谊

133 人类一个与众不同的特征，就是他们对友谊和爱的需求。我们注意到那些没有朋友的人——隐士和孤独的人——与众不同。本章就如何处理友谊和爱提出问题并给出建议。首先，我们将爱和友谊作为一项非常基本的人类需求进行剖析，这种需求是一个人附属于或依附于其他人的需求。然后，我们将考察爱和友谊怎样与其他基本的人类需求有关。我将介绍羞怯、如何应对羞怯以及怎样创建关系。另外，我还将提出和讨论这些关系发展所涉及的问题。上述讨论为理解为什么男性和女性选择与某些人发展关系提供了一个背景。最后，我们将剖析什么使得关系变得具有破坏性以及如何改变这种关系，从而使之能够更具有建设性和积极性。

爱的需求

什么是爱？它为什么如此重要？首先，我将介绍心理学家怎样解释爱及爱的不同方面。然后，我们将剖析婴幼儿和儿童与他们父母的关系。马斯洛（Maslow）的人类需求层次理论提供了一种审视爱和友谊的方式，因为它涉及人们具有的其他需求。有时，当爱变成令人绝望的需求时，问题便会产生出来。

对爱和被爱的需求在个人的人生中，既可以具有某种非常积极的影响，又能够具有某种消极的影响。爱和关怀的体验不仅可以非常强烈，也能够很有意义。相反，伴随一个心爱的人出现的伤害和拒绝，愤怒和沮丧就能够产生。G. 科里和 M. S. 科里（G. Corey & M. S. Corey，1997，p. 238）生动地描述了爱的需求。

> 为了作为一个人充分发展，并享受丰富的人生，我们需要关心他人，并让他们把这种关心返还给我们。一个没有爱的人生以不快乐、孤立和疏远为特征。我们对爱的需求包括需要知道至少在一个其他人的世界里，我们的存在至关重要。如果我们拒绝在身体和情感上接近他人的话，那么，我们在情感和身体缺失方面就会付出代价，从而导致孤立。（G. Corey & M. S. Corey，1997，p. 238）

电视、电影和杂志往往把爱理想化，因此，剖析爱以及了解形式迥异和种类不同的爱是有益的。例如，男女朋友、配偶、父母、祖父母、伯父母、朋友、兄弟姐妹的爱，都可以采取完全不同的形式。浪漫爱情很少是一成不变的：有时，它发展得很深；有时，它出现恶化。当爱情非常强大时，人们可能
134 给朋友和家人的时间较少。因此，强烈的浪漫爱情能够扭曲其他关系。例如，你可能有几个朋友，当他们与别人相爱时，他们就会很少花时间和你在一起，从而，改变你们的关系和友谊。

爱是主动的。《爱的艺术》（*The Art of Loving*）一书的作者弗罗姆（Fromm[①]，1956）强调了主动给予他人，而不是从他人那里索取的重要性。

---

① 埃里希·弗罗姆（Erich Fromm，1900—1980），精神分析学家和社会哲学家，生于德国法兰克福，就读于法兰克福大学、海德堡大学、慕尼黑大学和柏林精神分析学院。在 1962 年成为纽约大学精神分析学教授之前曾在几所大学任教。作为一名弗洛伊德主义者，他以对动机的研究而闻名。著有《逃离自由》（*Escape from Freedom*，1941）、《自我的追求》（*Man for Himself*，1947）、《论健全的社会》（*The Sane Society*，1955）以及本书提到的《爱的艺术》（*The Art of Loving*，1956）等作品。

我们为形成爱而为他人做事情。我们通过忽视被爱的人或对这种关系付出较少的时间和情感精力来减损一种爱的关系。爱的关系不会总是顺利和和谐的。在爱情或亲情中，沮丧和愤怒是常见的现象。设法积极克服愤怒或挫折经常有助于这种关系的继续和发展（G. Corey & M. S. Corey，1997）。

依恋

依恋　与另一个人的一种情感纽带，这种情感纽带通常是强大和持久的，最常被用来描述婴儿与母亲的关系。

除了理解爱的复杂性外，理解爱的形成方式也是有益的。许多心理学家都对个人从婴儿期到成人期形成的**依恋**（attachments）进行了研究，特别是波尔比（Bowlby，1980，1982）和安斯沃思（Ainsworth，Blehar，Waters & Wall，1978）的研究。研究者投入了 30 多年的时间研究理解不同形式的依恋。哈赞和谢弗（Hazan and Shaver，1987，1986）对婴儿与成人之间的依恋形式提出了有益的见解。这些理论家认为，如果孩子在年幼时与父母形成良好的关系的话，那么，他们就能够在今后的人生中建立牢固的关系。哈赞和谢弗介绍了三种婴儿依恋父母的方式，这三种依恋方式随着孩子长大成人、发展与他人之间的友谊和关系很可能被他们采用。这些成人依恋方式表现为安全型依恋、回避型依恋和焦虑—矛盾型依恋。

- **安全型依恋（secure）**。这类成人容易信任他人、与他人在一起轻松以及被他人所依赖。这类成人往往保持最持久的关系，离婚最少，而且，也很少担心被伙伴抛弃。在儿童期，他们享受同父母和儿童期的朋友保持密切接触的乐趣。因此，他们形成了信任和安全的依恋方式。
- **回避型依恋（avoidant）**。这类成人也许难以接近某种浪漫关系并得到其伴侣的信任。他们也许经历过一种亲密恐惧。在儿童期，他们可能感到与母亲或看护者在一起不安全，他们也可能回避或忽视他们的母亲或看护者。
- **焦虑—矛盾型依恋（anxious-ambivalent）**。这类成人经常担心他们的关系破裂。他们报告说，他们和伴侣的亲密关系与他们原本认为的不一样。嫉妒是这种关系的特征。在儿童期，他们可能经历过看护者不一致的反应，有时得到照顾，有时得不到照顾。在儿童期，当看护者某段时间没有对其进行照顾时，他们就可能会忽视或拒绝父母的照顾。

安全型依恋　一种成人依恋方式，在这种方式中，个人容易信任他人、与其他人在一起很轻松以及在长久的关系中能够得到信任。

回避型依恋　一种成人依恋方式，在这种方式中，个人可能难以发展亲密和信任的关系，特别难以与浪漫伴侣发展亲密和信任的关系。

焦虑—矛盾型依恋　一种成人依恋方式，在这种方式中，个人可能担心关系结束。 135

人们在儿童期经历的依恋模式，往往对他们整个一生的爱和友谊的关系发展产生影响。哈赞和谢弗的研究表明，人们经历的依恋可能会影响友谊、工作关系、与亲人的互动以及浪漫关系的发展。

马斯洛的需求层次理论（need hierarchy）

为了理解爱和友谊的需求符合其他人类需求的方式，我们可以对爱和友谊的需求进行剖析。亚伯拉罕·马斯洛（Abraham Maslow，1970）按照一个从人们必须首先满足的最低需求到最高需求的层次，对需求进行了分组（图 6—1）。对于我们的讨论而言，这些需求被分为五类，爱和归属需求列为第三类。

需求层次　需求层次是由亚伯拉罕·马斯洛提出的，在需求层次中，人们必须满足诸如生理和安全需求等最基本的需求之后，才可能满足爱和归属、自尊以及自我实现的需求。

- **生理需求**。这些需求是生存的基本需求，包括吃、喝、呼吸、睡觉、排

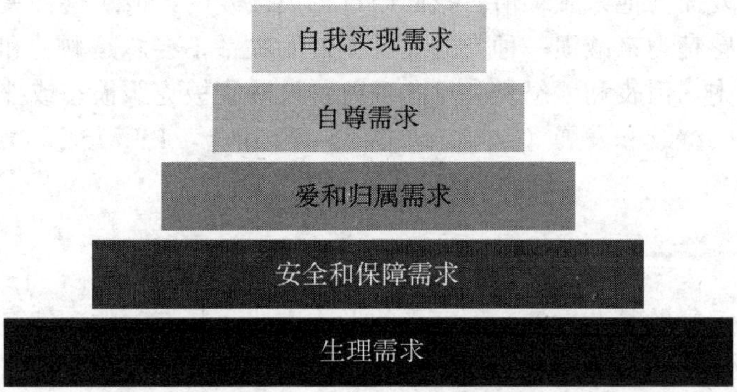

图 6—1 马斯洛的需求层次

资料来源：Maslow，1970。

泄等需求。

- **安全和保障需求**。这些需求涉及免受伤害、攻击或危险的安全需求。
- **爱和归属需求**。这些需求是本章所讨论的需求——分享感情、爱、交往。所有需求均涉及与他人的互动。
- **自尊需求**（self-esteem needs）。这是指对自己充满信心、自我感觉良好以及有一种价值意识。
- **自我实现需求**（self-actualization needs）。这是指在实现了自己的目标时的满足感。它包括具有创造意识、对能够创造性地表现自我感到满意以及感到一种满足感。这是马斯洛的需求层次的最高需求，也是人们认为最难以实现或满足的需求（Hughes，1996）。

自尊需求 对我们自己充满信心、对我们自己感觉良好以及有一种价值意识。

自我实现需求 一种来自我们实现我们自己的目标、具有创造性以及创造性地表现我们自己的满足感。

除了基本需求（生理和安全需求）外，马斯洛认为，爱与归属是人们最基本的需求。当这些需求得不到满足时，人们就可能产生孤独、悲伤和沮丧。依恋理论提供了一种理解这些需求形成以及可以加以培育或阻挠的手段。因此，根据依恋理论，我们与父母和早期看护者的关系，为我们今后的人生提供了一
136 种如何在浪漫关系和友谊中进行互动的模式。埃里卡与前男友的状况说明了爱和归属需求的力量以及当需求遇到挫折时所出现的问题。

埃里卡是一名大学三年级学生，她在一所小规模的南方学院上学。她的父亲是邮政系统的一名经理，她的母亲是一名教三年级学生的教师。埃里卡有一个哥哥和一个还在上高中的妹妹。埃里卡在大学一年级时遇到了罗恩，当时，罗恩是这所学校一名二年级的学生。他们约会了大约 18 个月，大约在一年前，他们终止了关系。虽然埃里卡在大学有一些朋友，但是她还是花大部分时间与罗恩在一起。她主要与高中时代的朋友保持着友谊，这些朋友在她放假回家时才能见到。

"我总是想着罗恩。在我早晨醒来时，当我上床睡觉时，这太可怕了。我非常想念他。我们一起做了太多的事。我们一起学习，我们会在下课时见面，我们会一起去吃午饭。现在，我无法更多地见到他，这太可怕了。可是，更糟糕的是，我们确实见到了对方。

"当他开始与邦妮去约会时，我完全惊呆了。我记得那次我经过一楼他的房间，看到那个黏人的家伙坐在他的大腿上，让他给她穿上紧身胸衣，我的脸一下子变得惨白，随即我跑开了。他试图告诉我，他仍旧爱

我，但是，他还是要去见她，我知道这一点。我能够在他身上闻到她那该死的香水味，我会立刻就想到那条围在她腰上的小红裙子。糟糕的是，我仍旧希望他回到我身边。我当然不希望他和她在一起。我希望他回来。” 137

“我怀念许多时光。我怀念我们在一起学习的时光，我怀念他帮我学习生物课的时光。他真的很耐心，而且，他对我很好。即使我遇到麻烦，他也会和我一起仔细分析问题，花时间跟我在一起。后来，有一次他和我一起回家，我把他介绍给我的父母。我对他们的想法感到担心，因为我的妈妈总是对我呵护有加，从不真的让我在高中时约会。但是，他们喜欢他；他同我的哥哥和妹妹、我的父母相处得都很融洽。我真的觉得也许这就是爱吧，我会永远和他在一起。但是，爱随后就结束了。”

“我不会对任何人感兴趣。我跟别人出去了几次，但是，他们似乎都太无聊了。我无法对他们产生兴趣。我在学校里感到很孤独，这是我的第三个年头，但是，我仍然没有很多的朋友。这太可怕了。有时，当我对一些课程感兴趣时，情况便开始出现了转机，但是，好景不长。”

显然，埃里卡需要的爱和归属是很高的。现在，对于埃里卡来说，生理或安全需求并不是问题。在分手之初，她经常不吃不睡，人也变得消瘦了。她对罗恩的依恋非常强烈。我们从她说的对罗恩依赖的话中得到了一个暗示，即这种依赖可能类似于她曾经对母亲的依赖。我们想知道埃里卡是否过于依赖母亲的支持和保障。

自从埃里卡描述这种情况时，时间已经过去一年半。她仍然有点想罗恩，在她想念罗恩时，她感到有点担心或紧张，但是，情况却并不像从前那样糟糕了，她努力发展与道恩和丽塔的友谊，她们是她在头两年偶然认识的朋友。即使在道恩有了男友时，她们的友谊也继续保持着。将她对罗恩的深厚感情与某个她刚刚认识的其他人不做比较，确实很难。当她第一次与查克外出时，她并没有给他机会。两个月后，他再次表示对她有兴趣。她设法抑制自己的情感，马上把他推开了，但是，那对于她却是艰难的。此后，他再也不给她打电话了。

问题 6.1　在罗恩离开了埃里卡以后，她为何还如此不顾一切地爱着他呢？

问题 6.2　怎样才可能帮助埃里卡走出孤独和摆脱悲伤呢？

问题 6.3　你曾有过像埃里卡那样的情况吗？你是怎样处理的？或者，你会怎样处理它呢？你能够怎么做？

个人经常发现，如果他们能够将归属需求从前男友或前女友转向其他朋友的话，那么，他们就能够逐渐抚平一个破裂的关系。通常，以一种比较有限的方式，学会接受非爱情关系提供的价值并帮助人们感到有一种归属感可能是很困难的。发展新的友谊和巩固与他人的关系，往往意味着要做出深思熟虑的努力，而这种努力最初并不总是轻松的。然而，良好的友谊经常能够满足人们应对因关系丧失所需要的归属和自尊需求。

关系的发展 138

在埃里卡的案例中，很显然，关系在她的人生中非常重要。在某种意义上，她的生活围绕着罗恩。但是，关系是如何开始的呢？它们是如何发展的呢？无论你羞怯与否，你与人们开始某种关系都可能是很困难的。然而，对于一些人来说，羞怯使这个过程变得非常困难。下一节将讨论一些人在轻松地与他人建立关系方面所遇到的困难。

羞怯

羞怯　在陌生人或不熟悉的人面前感到不安或焦虑。

状态羞怯　只在特定情境下出现的羞怯，如遇到陌生人或在一大群人中间。

特质羞怯　在许多人际交往情境下出现的焦虑或害怕，如与一小群人、陌生人或亲戚在一起、在工作或约会的情境下。

研究者发现了**羞怯**（shyness）的两种类型（Asendorpf，1989）：特定情境羞怯和特质羞怯。大多数出现羞怯的人报告说，他们的羞怯出现在特定的情境下，如约会或在一大群人中间——**状态羞怯**（state shyness）。少数出现羞怯的人自称他们在许多情境下都感到焦虑或害怕——**特质羞怯**（trait shyness）。这些情境也许还包括与一大群人、一小群人、陌生人、亲戚、朋友、孩子或父母在一起，以及被评价或约会等。羞怯可以感到焦虑、觉得脸红、感到出汗、无法讲话、不知道该说些什么以及发现很难完成交谈。

津巴多（Zimbardo，1977，1990）描述了人们形成羞怯特质的几个原因：他们可能担心其他人对他们的负面意见，有时，他们害怕遭到潜在的朋友或浪漫伴侣的拒绝。这经常与害怕亲密或缺乏自信有关。有些人也许对他们交谈的能力或成为有趣的人、有吸引力的人缺乏信心。

在其著作中，津巴多（Zimbardo，1977，1990）提出了若干建议，这些建议能够帮助你理解并克服羞怯。减少羞怯应该被逐步加以处理。津巴多建议，与其他人要以相对简单、迅速的互动开始。与销售人员、在杂货店里排队的人们或观看体育赛事的人们进行交谈可能相对容易，因为这些接触往往相对客观，而且也非常简短。观察相同性别的某个人可以作为自己发展与他人的关系的角色模式，积极倾听也是很有帮助的。当人们谈论自己时，谈论他们热心的主题要比发起一个新的话题容易。因为很多人都喜欢谈论自己，所以，鼓励他们这样做要比你设法找到你认为他们可能感兴趣的话题更容易形成交谈。用一
139
个类似的方式，谈论各种你们都掌握的知识领域，要比谈论你们不太熟悉的领域容易。如果你喜欢电影、体育或小说，谈论明星和作家要比你不太熟悉的领域容易。

问题和解决方案

在你出现羞怯的各种情境中，你可以怎样做？

- 要与别人以相对简单和简洁的互动开始。
- 要把别人作为角色模式。
- 要积极倾听别人。
- 要谈论你熟悉的话题。

创建关系

开始交谈对于某些人可能很困难。大多数人都能够与朋友或亲戚进行交谈，因为他们有许多共同之处。然而，与陌生人开始交谈则比较困难。在通常情况下，人们要与这个陌生人讨论共同了解的内容。如果是在一场体育赛事

中，也许“英雄们都尽数上场。你觉得呢?”是双方都了解的内容。如果是在一个班上，“你认为教授说的共产主义是什么?你是怎么把第二个问题解决的呢?”和“你认为昨天的天气怎样?”或“你怎么看那里的新建筑?”等一般性问题，都是各种开始交谈的方式。一般而言，提出开放性问题要比提出封闭性问题有益。

封闭性问题：“你喜欢这所学院吗?”

开放性问题：“这所学院看上去像你所在的学院吗?”

封闭性问题：“你做作业了吗?”

开放性问题：“你是怎样把照片合成问题解决的呢?”

在一般情况下，封闭性问题得到的是非常简洁的回答。封闭性问题经常需要提出一个后续问题。

封闭性问题：“你来自哪里?”

回答：“我来自旧金山。”

后续问题：“我听说这是一个令人兴奋的城市，你觉得呢?” 140

问题和解决方案

你怎样与初次见面的某个人开始谈话?

- 要讨论你们共同了解的内容。
- 要使用开放性问题，而不要使用封闭性问题。
- 要对开放性问题做出后续简洁的回答。
- 要看着对方，而不要盯着对方。
- 要用身体动作表示你正在倾听对方的讲话。
- 要面对对方讲话，如果是坐着进行交谈，就要稍稍向对方倾斜。

为了引入较长的讨论，后续问题允许简短的封闭性问题。例如，人们随后可以谈论旧金山以及他们喜欢逗留或居住的其他城市。如果发问者谈论她如何喜欢居住在洛杉矶的话，那么，她正在披露一些有关自己的信息。这并非是非常个人的信息，但是，它却足以使谈话继续下去。自我披露首先需要加以限制，并要采取谨慎的态度。如果谈话关注在不同的城市逗留和居住的话，那么，询问某个人的家庭也许就不合适了。随着人们在彼此之间形成更多的信任，关系就会慢慢地发展。

移情　理解另一人的观点，并沟通对那个人的理解。

对另一个人表示移情有助于创建一种开放性氛围，而不是建立一个防御性氛围。**移情**（empathy）是指理解另一人的观点，并沟通对那个人的理解。例如，如果一个朋友担心自己是否患有某种性传播疾病的话，那么，你对这个朋友表示支持和关注就是移情作用。移情本身是不需要做出判断的。因此，你不会对朋友的放荡或疏忽做出判断或严厉批评。你要对这个朋友平等相待，不要居高临下。罗杰斯（Rogers，1975）在他的心理治疗方法中，提出了移情疗法并将其作为一个主要的治疗方法。

至此，我们一直讨论在谈话过程中对他人的态度、问题或意见的重要性，但重要的是，要表达出非语言信息和语言信息。在任何谈话中，人们通常使用目光接触、彼此经常看着对方，但是，不要盯着对方。当彼此感兴趣时，人们 141

通常面对着对方，有时为了表示出兴趣，甚至身体稍稍前倾。人们的双臂不太可能在胸前交叉，更多的是敞开放在膝盖上或身体两侧，以表明兴趣。人们在兴奋或有兴趣时，音量、音调或语速常常不同。表示真正的有兴趣是一种与人谈话的方式。因此，人们做出了解他人或与人进行交谈的语言和非言语的努力，是为了开始发展某种关系，这种关系可以变成一种友谊或更多的东西。拉尔夫在帮助一名经理克服和一位他喜欢的女子的状态羞怯方面取得进步的事例，表明了发起和发展关系的一些方式。

拉尔夫参加了一个两年制社区学院计划，在这个计划中，他学习计算机技术。虽然拉尔夫只有19岁，但是，他的父母却比大多数有着同龄孩子的父母要年长得多。他们都是芝加哥市郊的工厂工人，快要退休了。他的两个哥哥已经去了西海岸，都已经结婚。拉尔夫和父母以及他们的狗住在家里。他在一家快餐厅担任经理助理，以解决他上学的费用。

“在我工作的时候，我似乎对羞怯并没有太多的问题。我们一直在雇用和管理高中孩子做饭、从事收银和清洁工作。在工作中，各种事情的节奏都很快，我发现，我可以对这些孩子进行指导，而且，回答他们提出的问题也相对容易。我甚至都没有时间感到害羞或害怕。自从我在三年前开始做这项工作以来，我发现，各种对我来说很难的情况都已经变少了。与顾客甚至与我的经理打交道，一直都很容易。两天前，我的经理说，他想与我见面，谈一些私人的事情。我一下子变得紧张起来。在第二天见面时，我发现，我讲起话来结结巴巴，我感到脸红，感到心窝一阵紧揪，我陷入一片混乱。原来，他想同我谈的全部内容是一些雇员的全面改组和工作日程安排，因为夏令时休假已经开始。在谈话结束之后，我一下子就放松下来，但我还是对自己一开始的表现极不满意。假如当我在柜台时，他只是谈论这件事，我可能根本就不会感到心烦意乱。”

“但是，真正让我羞怯的是维罗妮卡。我们已经认识了好几年，而且，我们一直很友好，我认为，她也许像我一样，但我没有把握。我很想邀请她出去，但是，我不知道做什么，也不知道怎么做。她看上去很友好，而且，我觉得她很有魅力——个子不高、黑黑的头发、甜甜的微笑。”

理查德·沙夫：“你想过怎样去接近她吗？”（拉尔夫也许有一些想法，但他可能对这些想法没有把握。他想邀请维罗妮卡出去已经很长时间了。）

拉尔夫：“我想过邀请她，在她下班后，我们是否能够出去喝杯咖啡。我想过很多事情，比如带她去看电影、乘船航行、开车出去兜风。”

理查德·沙夫：“对你来说，你似乎有一个最好的开端。”（拉尔夫也许感到最轻松的判断可能就是相当好的。）

拉尔夫：“是的。我想，在她下班后，我们可以在附近不错的地方喝杯咖啡。我会尽力的。”

理查德·沙夫：“这听起来很不错！”（鼓励拉尔夫并强化他的决定，似乎在这里是至关重要的。）

对于大多数像拉尔夫这样的人来说，羞怯都是特定情境的。他们与一些人如朋友和家人在一起，就会感到轻松，而与其他人一起，如和某个潜在的约会对象或老板在一起，他们则会感到焦虑。在通常情况下，人们用来与他们感到

问题 6.4 为了克服与维罗妮卡交往的羞怯，拉尔夫能够采取什么其他行动？

142

问题 6.5 列出一些你在人生中感到害羞的情境。

问题 6.6 为了克服羞怯感，你在这些情境中做了什么（或能够做什么）？列出一些具体的行动。

轻松的人在一起的各种技能，同样可以用于比较令人焦虑的情境。在提出的有关如何与维罗妮卡交往的各种想法中，拉尔夫将能够使用这些对他的家人起作用的想法。这些想法包括同维罗妮卡交谈她感兴趣的内容，倾听她的谈话，直接看着她，就像他在同学生员工和家人在一起时所做的那样。

选择和关系

当我们能够发展关系时，我们如何选择成为我们的朋友或浪漫伴侣的人呢？在一些社会，朋友或浪漫伴侣的选择要比在其他社会所做出的选择受到更多的限制。例如，在一些亚洲社会里，父母通常为其子女包办婚姻。随着西方文化对亚洲和其他文化产生的影响，包办婚姻变得越来越少了。许多美国人高度重视个人的选择和自由，这在美国人如何选择自己的朋友和浪漫伴侣方面表现得尤为真实。在这一节里，我们将剖析关系发展的必要条件、我们在其他人身上寻找的特征以及我们看待自己的特征。所有这些均对我们的朋友和伴侣的选择产生影响。我将特别侧重于浪漫伴侣的选择，并利用这个信息来理解劳拉不断做出浪漫伴侣选择的方式，这些选择已经对她造成了巨大的困难和不满。

三个因素对友谊或关系是否能够开始产生着影响。休斯（Hughes，1996）将这些因素描述为接近性、相似性和相互性。**接近性**（proximity）是指找到在附近的人。比起那些生活在遥远地方的人们，我们更有可能与家庭或学校附近的邻居发展友好的关系。我们同样也可能与那些发展道路不同于我们的人发展友好关系（Berscheid & Reis，1998）。例如，在一个宿舍里，我们更有可能与那些同我们居住在同一楼层的同学、把大门敞开的同学以及经常和不同楼层的人在一起的同学发展友好关系。类似地，我们更有可能与教室里坐在我们旁边的人成为朋友，而不会与坐在离我们很远的人成为朋友。此外，我们很可能寻找类似于我们自己的人［**相似性**（similarity）］。他们可以在吸引力方面类似于我们自己（Cash & Derlega，1978），也可以在兴趣和人格方面类似于我们自己。虽然我们可以或多或少地拥有超过我们自己或在其他特征方面不同于我们的朋友，但是，我们很可能与具有类似兴趣或价值观的人们成为朋友，无论他们的宗教、社会或政治信仰是什么。**相互性**（reciprocity）是另一个重要的因素，它是指喜欢欣赏我们的人。如果人们觉得某个人不喜欢他们，那么，他们就不太可能寻求那个人作为熟人或朋友。接近性、相似性和相互性对友谊或浪漫关系是否可能建立产生着影响。

接近性 找到在附近的人。

143

相似性 寻找类似于我们自己的人。

相互性 喜欢欣赏我们的人。

在一般情况下，男性在寻求浪漫伴侣时，要比女性更重视身体吸引力。通过剖析报纸上刊登的个人广告，冈萨雷斯和迈耶斯（Gonzales and Meyers，1993）发现，同性恋男子比异性恋男子更重视身体特征，而同性恋女性甚至还不如异性恋女性重视身体特征。一项由巴斯（Buss，1989）所做的研究显示了37 个国家的人们对于其配偶所做的特征评价（见表 6—1）。注意，身体吸引力对于男性是第 3 位，而对于女性则是第 6 位。因为男性尤其重视女性的身体吸引力，因此女性比男性更重视她们自己的身体吸引力就不足为怪了（Feingold，1990）。另外，一些研究（Weiten & Lloyd，2000）提出，大多数人认为，一个有吸引力的身体要比一个有吸引力的面孔更重要。我在第 8 章将详细讨论这个身体吸引力的侧重点，其中，我对身体形象与男性和女性角色的关系进行了介绍。

表 6—1　　男性寻求的常见特征

排名	男性偏爱的特征	女性偏爱的特征
1	仁慈和理解	仁慈和理解
2	智力	智力
3	身体吸引力	令人兴奋的人格
4	令人兴奋的人格	良好的健康
5	良好的健康	适应力
6	适应力	身体吸引力
7	创造力	创造力
8	渴望要孩子	良好的收入能力
9	大学毕业	大学毕业
10	良好的遗传	渴望要孩子
11	良好的收入能力	良好的遗传
12	良好的持家能力	良好的持家能力
13	宗教取向	宗教取向

资料来源：D. M. Buss，*Behavioral and Brain Sciences*，vol，12（1989，pp. 1 - 14），reprinted with permission of Cambridge University Press。

身体吸引力只是在选择浪漫伴侣方面至关重要的几个特征之一。例如，肯里克、格罗斯、特劳斯特和萨达拉（Kenrick，Groth，Trost and Sadalla，1993）指出，美国大学生在选择配偶方面，认为情绪稳定、脾气随和、友好、令人兴奋以及具有良好的幽默感都是重要的特征。其他重要特征（Weiten & Lloyd，2000）包括智力和信心。毫不奇怪的是，人们寻求的是他们认为老练、可以创造一个美好生活以及能够在一个类似的智力水平进行交谈的对象。在美国和许多其他国家文化中，女性喜欢嫁给比她们年龄大的人是司空见惯的事情，而对于男性而言，则要寻求稍稍年轻的女性。寻求较高的社会地位或至少
144 类似地位的人也是司空见惯的。然而，范戈尔德（Feingold，1992）发现，男性用职业地位“换取”女性的身体吸引力。换言之，如果一个女人被视为是有吸引力的话，那么，她的职业地位就不太重要了。类似地，有些研究表明，有吸引力的女性要比没有吸引力的女性更有可能寻求高地位的未来配偶。这样，诸如身体吸引力和社会地位等特征在影响男性和女性评价未来伴侣的特征方面往往以复杂的方式进行互动。

我们如何看待他人的特征至关重要，但是，我们怎样看待我们自己同样也很重要。我们的自尊——更确切地说，我们把自己看做一个人的价值观——显著地影响着我们对浪漫伴侣的选择。有些具有低自尊特征的人是令人窘迫的、自我意识强的和羞怯的（Weiten & Lloyd，2000）。例如，这类人可能具有一种得到他人认同的需求，但是，他们却不愿意寻求这种需求。低自尊的个人更可能责怪自己没有获得成功，而不是归咎于他人。由于他们对自己的能力没有信心，因此，他们很可能对诸如与伙伴见面等社会交往或像面试等工作状况均感到焦虑。具有低自尊的人也许寻求缺乏吸引力的约会或与不如他们的人分享

价值观，如没有能力的人或没有社会技能的人。他们这样做是为了避免被那些他们认为更具吸引力或更有能力的人拒绝，他们认为那些人可能会拒绝他们。

劳拉认为，其他人选择未来浪漫伴侣的方式存在着很大的差异，但是，这 145
并不与劳拉认为的方式有太大的差异，这就给她造成了许多问题。

劳拉是哈佛大学马萨诸塞州坎布里奇分校的一名三年级学生，她是一名具有很高能力的学生。她在整个高中的成绩都是“A”，她在大学得到的成绩都是“B”和“C”。尽管事实上劳拉的朋友、父母和教师都赞扬她的学术能力和其他能力，但是，劳拉从来都不同意他们的看法。劳拉的父亲是一名外科医生，他对自己和别人的要求都非常苛刻。他把时间都花在工作上，深夜才回家，随后就睡在书房里面。同样，他对劳拉和她的妹妹要求也很严格。他期待的成绩是都要得到“A”，其他成绩似乎就是一种失败。劳拉的母亲是一名会计师，在一家大型企业工作，她对自己有点挑剔。劳拉的印象是，父亲容忍母亲的工作，但并不真正尊重她的工作，因为它在学术上没有挑战性。劳拉在下面谈到了道格：

“我在地铁站遇见了道格。当时，天气非常热，大约在高峰时间，地铁里挤满了人，人们互相拥挤着进入了车厢。马萨诸塞州中转站总是一片混乱，我讨厌这个地方。我刚好错过了这趟列车，开始苦笑。道格开始跟我交谈。他确实很有趣，同我开玩笑说起人们怎样对自己太认真、其他在列车上的人应该如何为成为最佳列车追赶者进行比赛。我真的很喜欢他的魅力以及随和的风格，因此，当他建议在我到站后一起出去吃饭时，我同意了。这看上去就像一件事很容易导致另一件事似的，而且，在大约一个月后，我们定期约会了。”

“起初，我习惯于一个星期到他位于切尔西[①]的小公寓几次。他有一个室友，几乎从不住在那里。我最初不喜欢那里，因为家具太旧，墙上没有画，也没有其他任何装饰物，地毯很脏，还有斑驳的污点。当我们在他的住处时，我们会一起吃饭、喝酒、做爱。渐渐地，我们喝酒的时间变得越来越长。随着我们彼此习惯了对方，道格不再那么有趣了。他没有工作，不断抱怨他曾有过的建筑工作以及他怎样不公平地被解雇。他想过去上大学，但是，他高中都差点没有毕业，而且，他也从未想过他想要做的事情。”

问题 6.7　你认为劳拉对道格有吸引力吗？

问题 6.8　你认为怎样才能帮助劳拉摆脱这种关系呢？

“大约两个月前，他说他会在学校里见我，而且，我在图书馆里等着他，可是，他没有露面。我为此对他大发脾气，他则对我破口大骂。然后，他一笑了之，并说这种事再也不会发生了。接下来的一周，我去了他的住处。他告诉我7点到，我大约7点半到达那里，他真的很生我的气，左右开弓地抽我嘴巴。我也打他，他就更加使劲地打我。然后，他把啤酒泼向我，弄得我浑身都是，我推门而出，他追上我。在我快出走廊之前，他向我道歉，而我又回来了。他真的很关心我，我也真的很喜欢他，我只是希望他不要再伤害我。我学校的朋友们都认为我疯了。我为什么要把时
间都浪费在一个如此对待我的人身上。但是，他真的很关心我，我也真的 146

问题 6.9　你知道有人曾有过像这样的关系吗？为什么他们不断地试图把事情解决好呢？

问题 6.10　什么对摆脱这种关系起作用呢？

① 马萨诸塞州东部的一个城市。

很关心他。我确实认为，我能够帮助他解决他的问题。”

我们可以推测，劳拉在地铁里对道格的接近性导致了这种关系的开始。她对自己的负面看法非常不同于其他人看待她的方式，这似乎导致了她发现别人对她不好的结果。有时，某种关系完全不同于开始阶段的预期。没有人一开始就寻找虐待关系；这种关系随着熟悉而发展，这也是下一节的主题。

虐待关系

当关系出现各种问题时，常有缺乏倾听和忽视对方需求的现象。虐待往往是这种关系的一个极端形式，并伴有吼叫、击打（或威胁击打）、欺骗或有害的伤害性表述。本节将讨论在发生虐待情境之前和虐待情境期间的征兆。然后，我将对暴力虐待、殴打或击打进行剖析，尤其剖析人们殴打或被殴打的特征。然后，当我们回到劳拉与道格之间存在的问题时，我将描述和说明各种巩固某种关系的方式以及在某种关系中的行为方式。

即使在虐待开始之前，有些迹象也可以说明某种关系已出现恶化或变得更加不稳定。其中，一个初步迹象是在关系中使用酒或药物。这些物质改变了行为，并使人们很难注意和体谅伴侣。酒和药物滥用是导致离婚和婚姻不和谐的主要因素。另一个迹象是你对某种关系开始自我感觉不好。有时，个人开始感觉受到批评或被伴侣羞辱。有时，当个人开始觉得缺乏吸引力或没有能力时，关系就变得相当微妙了。他们也许感到被对方忽视或得不到重视。虐待的另一个迹象是来自伴侣的压力，这导致他们疏远朋友或亲属，只忠于伴侣。但实际上健康的关系很少威胁到其他健康的关系。

147

问题和解决方案

你如何避免关系变成情感或身体虐待呢？

- 不要因你的问题而责怪对方。
- 不要公开谈论各种问题。
- 不要让挫折增加愤怒。
- 在语言或非语言上表示对对方的关心。
- 要做出具体的表述，不要做出含糊的表述。
- 要做出积极的表述，不要做出批评的表述。
- 要让对方做出回应。
- 要对对方的话表示理解。

虽然吼叫、负面表述以及欺骗对于某种关系是非常有害的，但是，殴打却对一个人的安全产生影响。身体虐待在殴打中是最常见的，但是，它还包括脚踢、烧灼、使用刀枪以及强迫进行性接触——强奸。摩尔（Moore，1994）提供了一些有关虐待的频率和性质的数据。大约90%的家庭暴力的受害者是女性。1994年，谋杀案女性受害者中有28%是被丈夫或男友杀害的，而反过来的概率大约只有3%。显然，身体虐待并不罕见。

谁是虐待关系中的施虐者呢？正如数据显示的那样，他们主要是男性，他们同样也具有一些一般的特征。他们往往具有低自尊，并经常非常嫉妒他们的妻子或女友并对其有强烈的占有欲。虽然他们有可能在儿童时遭到殴打或看到他们的母亲挨打，但是，这并不意味着大多数被虐待的男子长大后都成为施虐者。其中，大约1/3的人会施虐（Weiten & Lloyd，2000）。正如前文指出的那样，酒和药物影响着个人的判断，而且，男性施虐者往往滥用酒和药物。在面对有害的身体行为时，男性施虐者通常说，他们做的事并不是真的那么严重，或因他们的行为而责怪女人或别人。被殴打的妇女的特征并不明显。在通常情况下，她们因男人的行为而责怪自己，而且，像男性一样，她们往往尽量减少被殴打的次数。有时，她们会否认虐待及其严重性，并希望事情会有所改善（Walker，1989）。毫不奇怪的是，被虐待的妇女由于持续的消极表述而很可能具有低自尊。

怎样才能防止身体受到虐待呢？在各种关系中，有防止这种极端行为发生的办法吗？在通常情况下，施虐者不愿意做一些产生良好关系并防止某种困难或虐待关系的事情。

- 一种关系需要双方付出努力，以保持充满生气和活力的关系。 148
- 在一种关系内，每个人都必须努力使对方生活幸福，而不是因不快而责怪对方。在某种虐待的关系中，施虐者通常因其个人的挫折而责怪伴侣，如饮酒、工作不满意或与孩子之间出现问题。
- 当问题确实发生时，重要的是要能够与对方开诚布公地谈论这些困难。听任挫折发展和增加经常可以导致愤怒的爆发。当愤怒确实出现时，重要的是不带讽刺或敌意地表达愤怒。解释某个人为什么生气以及生什么气都是有所帮助的。
- 要避免用虐待来表示对这个人的关心。这可以在语言或非语言上表示出来，但是，某种对对方充分表现出的兴趣以及某种看到对方快乐的愿望也是很重要的。

虽然这些建议可能会防止虐待，但是，它们不太可能引起施虐者和想要随意发泄愤怒的人们的注意。这些建议似乎有些含糊。我在下面介绍一些比较有效地与伴侣进行沟通的建议。

- 夫妇处于一种在沟通时可以进行目光接触的位置上，而且，在一个人讲话时，另一个人就处在倾听的位置上。在一个人讲话时另一个人走开，或在对方讲话时一方走开，均可以导致无效的沟通。
- 具体的表述要比含糊的表述有效。一个具体的表述是："当你提高嗓门讲话，不给我留有回答的机会时，我感到害怕。"在这里，讲话者明确表达了自己的感受，而且，听者知道她指的是什么。这比"有时，你真的把我吓坏了"的表述要好。在这种情况下，听者不知道讲话者指的情境是什么。
- 批评的评论导致各种争论，积极的表述更具有建设性。例如，最好要说："当你花时间听我讲话时，我真的很感激，"而不要说："你太自私了！你永远都不听我的。"听者能够对第一个表述做出更为全面的反应，而不会对第二个表述做出反应。

- 人们做出的表述要与其面部表情和身体表情相符。举例来说，“我真的很关心你，”当你咆哮地讲出这个表述时，可能会显得混乱，甚至很愚蠢。同样，一个人的声音语调要与这个表述相符。以一种不自然的方式说：“我真的很关心你”，就会毁掉这个表述的目的。
- 在做出表述时，讲话者需要让听者有机会做出反应。每次只做出一个表述，而不要做出几个表述。我们很难对下面这个评论做出反应：“你为什么把厨房弄得这么乱？你从不把垃圾带出去。而当我要用你的汽车时，前座椅上到处都是你的东西。让我歇会儿吧！”对这个表述做出反应是非常困难的，而且，一个面对这样表述的听者会尽量对这个表述的部分做出反应，而不会对整个表述做出反应。听者也可以承认讲话者的愤怒，并回答道：“你真的让我心烦意乱。让我们谈一谈这个厨房吧。”

149

- 对于讲话者而言，一个有益的反应是要表明自己理解讲话者说的话。例如，如果某个人刚刚说道：“我对你把时间都花在与吉姆一起工作上很生气。”这句话如果说成下面这样就可能是有所帮助的：“我理解你对于我花了太多时间在吉姆身上的担忧。”然后，继续说道：“这是因为我们一直在为贝蒂做这个项目，在15号之前必须完成。”第一句表述表明了讲话者理解对方的关心，第二句表述则反映了听者的关心。

上述所有的表述都有一个一致性问题。这个人通过仔细倾听和进行情感控制，耐心地与对方进行交涉，没有发脾气。这里既有一个尊重对方的表述，又有一个值得对方倾听的感受、想法和关心。这里还有一个开放性和直接性问题。这个人正在试图直截了当地表白自己的感受，而不是拐弯抹角或控制自己的感受。这些沟通方式促进了一种关怀与爱的感受，因此可以防止潜在的虐待情境的出现。

使用上述这些建议要比表述看上去困难。其他作者（G. Corey & M. S. Corey，1997；Hughes，1996）就如何与人沟通提出了各种有益的建议。某种关怀关系的描述和建议会有助于改善劳拉和道格之间的沟通吗？

理查德·沙夫：“你们两个人都在努力改善彼此的交谈方式吗？这样，你们就不会生对方的气，也不会对彼此感到失望。”

劳拉：“我愿意在没有愤怒和没有憎恨道格生我的气的情况下与道格进行交谈。”（劳拉对她的愤怒表示负责，也表达了对道格的关心。）

道格：“听起来对我还不错。劳拉总是冲我大喊大叫，老是批评我不工作或其他这类事情。我想让她把嘴闭上。”（道格没有获得这个信息。他能够谈论愿意看到劳拉一方的变化，但是，他也表示自己不想做出任何改变。）

> **问题 6.11** 他们还能够挽救这种关系吗？道格和劳拉恢复这种关系的优势和劣势是什么？

理查德·沙夫：“道格，你确实对劳拉的批评感到气愤，而且，这就是你现在要关注的内容。”（我正在表示我对道格的理解。）

> **问题 6.12** 用这种关怀关系的讨论和沟通技巧描述你与另一个人的关系。

道格：“当然啦。她总是对我发牢骚，嫌我酒喝得太多，嫌我没有雄心大志。她总是不停地抱怨、抱怨、抱怨。”

劳拉：“住口！你总说我抱怨……”

理查德·沙夫：“等一等，劳拉。在你批评道格之前，要花一点时间思考他说的话。”（我最好在这里赶快把她的话打断，否则，他们就会回到典型的破坏性沟通模式。）

劳拉：“他说，我总是对他不工作和饮酒牢骚满腹。”

理查德·沙夫：“好。这确实有助于缓和这种局面，并让你们两个人再次进行交谈和倾听。”

当与处于困境中的夫妇一起解决问题时，婚姻和家庭咨询师都会设法帮助他们彼此进行更有效的沟通。有时，他们需要外界的帮助，以提高与他们有关的能力。这类帮助经常在缓和潜在的虐待情境方面非常有效。然而，许多夫妇却有意或无意地使用我在这里所介绍的沟通技能，以帮助他们拥有一个更令人满意的关系。

问题 6.13 你曾经有过或见过像道格和劳拉这种关系吗？你怎样看待改进关系或使关系恶化的沟通技能？

总结

在本章，我已经要求你思考友谊和爱。首先，我们讨论了爱和归属可以成为一个人一生的强烈需求。此外，我们还着眼于在这种需求得不到满足时所遇到的困难，例如，当一种关系结束的时候。然后，我们着眼于关系发展的方式。羞怯经常干扰个人与其他人发展较亲密的关系。我们讨论了情境（状态）羞怯和普遍（特质）羞怯，并对逐渐与他人更加轻松地相处提出了各种建议。然后，我们着眼于两个人选择关系对象的方式，尤其是他们选择浪漫伴侣的方式。关系并不总是起积极作用的，所以，我们涉及了虐待关系以及人们怎样可以更有效地进行沟通和表达对彼此的关怀。

推荐读物

《只是朋友：我们在人生中的友谊角色》（*Just Friends: The Role of Friendship in our Lives*）

L. 鲁宾（Rubin, L.）著，哈珀和罗出版公司（Harper & Rowe），1985年版

这本书涉及友谊和家庭关系：友谊的角色以及男性和女性生活方式的培养；婚姻与友谊之间的关系；不同的友谊类型，如“最好的朋友”等；
151 女性、女同性恋者、异性恋男子与异性恋女子之间的差异。这本书是根据对超过300多名年龄介于25～55岁之间的男性和女性进行深入访谈写成的。

《羞怯》（*Shyness*）

P. G. 津巴多（Zimbardo, P. G.）著，阿狄森—韦斯利出版公司（Addison-Wesley），1994年版

津巴多是一位著名的社会心理学家，多年来一直从事羞怯的研究。在这本书的第一部分，津巴多介绍了羞怯的原因，随后，他给出了如何在人际交往情境下变得不太羞怯和不太焦虑的事例和若干建议。在这本书的第二部分，他就处理羞怯问题给出了练习和实际建议。

推荐网站

菲利普·R·谢弗的主页（Philip R. Shaver's home page）

http：//psychology. ucdavis. edn/Shaver/default. html

谢弗是一名研究成人依恋及其与浪漫关系之间关系的研究者，他就这个话题进行了大量研究。他在主页上介绍了他的调查结果，并对他的一些较为重要的论文提供了在线访问，还对他的成人依恋实验室提供了浏览器。

纽约州立大学布法罗分校咨询中心：关系主页（SUNY Buffalo Counseling Center：Relationship Page）

http：//ub-counseling. buffalo. edu/RELATIONSHIPS/

纽约州立大学布法罗分校咨询中心为了提高大学生之间的交流，收集了一些人际关系和方法的优秀指南。在线素材侧重于人际关系和亲密关系出现的问题和难题。

羞怯主页（The Shyness Home Page）

http：//www. shyness. com/

羞怯研究所是由菲利普·津巴多（Philip Zimbardo）和林恩·亨德森（Lynne Henderson）共同管理的机构。这个网站提供了“为羞怯寻求信息和服务的网络资源”。

第7章

性和亲密行为

152

神话 …………………………… 你认为形成有关性的神话或错误信息的原因是什么？
性爱观 ………………………… 人们在哪里学到影响他们性爱观的性信息？
亲密行为 ……………………… 强烈的性欲怎样影响爱情关系？反之，又如何呢？
激情之爱
伴侣之爱
亲密性关系的建立 ………… 亲密性关系是怎样形成的？
亲密行为的性别差异 ……… 在对待性关系方面，男女存在怎样的差异？
性生理 ………………………… 男女性模式在什么方面相同，在什么方面存在差异？
性别和性高潮
手淫
同性恋 ………………………… 个人是怎样变成同性恋的？
性关注 ………………………… 什么因素往往造成性关注或问题？
性欲问题 ………………………… 男性和女性的性关注有何不同？
男性的性关注
女性的性关注
避孕 …………………………… 哪些避孕方法最有效？
有关避孕的沟通 …………… 如果你的伴侣不希望采取措施防止怀孕或性传播疾病，你怎么办？
性传播疾病 ………………… 什么是常见的性传播疾病？它们的症状是什么？
避免性传播疾病 …………… 避免传染性传播疾病的有效方式是什么？
处理性传播疾病 …………… 如果你认为自己患有性传播疾病，你不希望做什么？

性侵犯和强奸 ………………… 强奸分为几种？为什么？
避免遭到强奸 ………………… 你怎样做可以避免或防止遭到强奸？
如果你遭到强奸，你该怎么办？
帮助遭到强奸的人

---

153 对于大多数人而言，公开谈论性是很困难的。因此，有关性的神话和错误信息便形成了。即使获得有关性和性行为的信息越来越多，也并非所有这类信息在帮助人们做出有关自己的性行为决策方面都是准确或有益的。对于许多人来说，亲密行为的发展以及性欲和性关注的沟通，既可能令人尴尬，又可能难以处理。在本章，我们将讨论包括性行为和亲密行为在内的各种关注的问题以及造成性行为难以解决的问题，如避孕、性传染疾病和强奸。首先，我们将着眼于有关性的常见错误信息。

神话

因为性被许多人认为是非常私密的话题，也被人认为是“肮脏的”问题，所以，有关性的神话和谬误就比人生的任何其他领域都要多。在通常情况下，儿童性信息的主要来源是其他儿童，因此，他们彼此之间传播不正确的信息就不足为怪了。一些比较常见的性神话都与怀孕和手淫有关。

生活中存在大量有关女性如何怀孕的错误信息。当人们完全不了解情况时，他们可能不知道性交导致怀孕。随着时间的流逝，一些神话或“城市传
154 说”（urban legends）发展起来了。有关事例如下：“第一次做爱，你不会怀孕。”“如果你站立做爱，你就不会怀孕。”“女性如果穿高跟鞋就不会怀孕。”“如果男性没有在女性体内射精，她就不会怀孕。”“女性在经期不会怀孕。”“如果男性使用避孕套，你就不会怀孕。”在做出有关关系和性决策方面，学习正确的性信息都是至关重要的。

因为手淫可以始于早期，男孩在 12 岁以前，而女孩则稍晚一些，所以，有关手淫存在大量不准确的信息就不足为怪了。例如，男孩也许听说，如果他们手淫的话，“他们的阴茎就会掉下来”，“他们可能会发疯”，“他们就会变成一个性反常的人”，“他们在很小的年龄就会掉光头发”，“他们的智力将不会发展”，“他们的成人性生活就会受到限制，因为男子射精只有一定的数量，他以后永远都无法射精了”。一些有关年轻女孩手淫的神话是：“她们将变得滥交”，“有些人能够讲述她们如何手淫”，“她们将会变得放荡”，“手淫导致女性色情狂”。上述这些神话相当糟糕和可怕。事实上，在 20 世纪初期，专家提出了有关手淫方面的信息，手淫不仅产生罪恶感，还会对一个人今后的健康造成损害。

有关性行为的种种神话并不局限于怀孕和手淫。其他的事例还有“女性不应该积极参与或寻求性关系”、“如果女性对性发生兴趣，她们就不会被视为合

意的性伴侣”、“随着人们年龄的增长，他们就会对性丧失兴趣”、“如果我告诉我的伙伴我喜欢什么，他或她就会不高兴”、“性应该不需要大量说服就会自然发生”、“性满意度来自对性技巧的理解”、“艾滋病只源于男性同性恋”以及“男性同性恋是滥交者”。此外，有关性还有许多常见的神话。

个人具有不同的性爱观以及性对于他们意味着什么的信念。对于个人而言，有关性价值观的发展存在相当大的差异。在下一节，我将介绍人们思考性的一些方式以及男女在性的态度和方法上的一些差别。

问题 7.1　列出一些这里没有提及的、有关性的神话或错误信息。

性爱观

在世界各地，不同文化背景下的人们具有不同的性爱观。有些文化对性行为或性感受的表达相当开放，而有些文化则相当封闭，甚至认为，性的表达是不妥的或违背宗教价值观的。我将对人们关于性所具有的某些普遍观点以及人们寻求性关系的一些较为具体的原因进行讨论。 155

在通常情况下，性信仰被称为**性脚本**（sexual scripts），是指个人在性方面应该如何表达自我的预期（Nass，Libby & Fisher，1981；Gagnon & Simon，1973；Simon & Gagnon，1986）。对于某些人来说，性主要作为一种繁衍后代的手段比较适宜；而快感则是相对偶然的。这个观点与某些宗教信条是一致的，这些宗教信条认为，性行为的目的是为了生孩子，如口交等性行为都是不适宜的。性是一种爱的表达也许是最常见的一个性爱观。持有这种观点的人们认为，如果人们不相爱的话，性就是不适宜的。其他人认为，性交应该只在婚后发生。有些人提出一种更加自由的观点，他们认为，如果人们打算拥有某种亲密的性关系的话，那么，他们没有必要相爱，而应该成为朋友。在这种观点中，不必限制对方的性行为。还有的人甚至提出一种更为自由的观点，即把性视为娱乐或享受。在这种观点中，如果双方有兴趣的话，性就是可以接受的。一方以前的观念或友谊在这种观点里不甚重要。因此，在美国之外的其他国家，性爱观涉及一个广泛的范围。

性脚本　有关个人在性方面应该如何表达自我的预期。

选择与另一个人发生性关系的理由同样也存在着差异（Nass，Libby & Fisher，1981）。对于某些人来说，进行性交也许主要是为了生孩子，他们可能对其他性理由具有负面观点。对性更常见的态度是作为一种情感的表达和一种身体亲密行为或亲近的体验。其他一些人则认为，发生性关系的理由包括性唤起、想要抚摸、被抚摸以及希望付诸行动、一定程度上的性幻想。然而，还有一些人发生性行为是因为他们觉得有义务这样做。他们也许会认为，其他人希望男人或女人应该那样做。抑或他们可能会认为，他们必须对伴侣的性唤起做出反应，这样，他们的伴侣就不会生气或感到失望。因此，个人认为应该怎样做出性决策以及他们本人应该在性方面如何行事，是一个有争议的主题，因为看法各式各样。

问题 7.2　你认为这一节表述的性爱观哪些不适合你？请解释你的理由。

亲密行为

谈论爱、设法给爱和亲密行为下定义，始终是人们关注的问题，这些问题
156 反映在各个时代的浪漫主义文学作品中。当人们想到爱时，他们往往想到浪漫爱情，但是，对父母、子女、祖父母或朋友的爱，同样也可以具有强烈的责任。其他爱的形式也许不是针对某个人，而是具有强烈的关怀情感和奉献精神，如对上帝的爱和对国家的热爱。我们在这一节将侧重于浪漫爱情，因为它与性的表达有关。两种具有浪漫含义的爱情，分别是激情之爱和伴侣之爱（E. Walster & G. Walster，1978；Crooks & Baur，1999）。

斯滕伯格（Sternberg，1986，1988）提出了一个爱情三角理论，这个理论为我们提供了一个可以用来审视激情之爱和伴侣之爱的视角。这个理论既包括人们思考爱情的方式，也包括人们在他们自己的关系中如何经历爱情（Aron & Westbay，1996）。斯滕伯格认为，完美的（完整的）爱情将亲密行为、激情和承诺结合起来。伴侣之爱包括亲密行为和承诺，但不包括激情（激情之爱）。对于斯滕伯格而言，浪漫爱情包括激情和亲密行为。为了侧重于我们的讨论，我们将对比激情之爱和伴侣之爱，因为它们代表了两种对待爱情和性的截然不同的态度。

激情之爱

激情之爱 对另一个人一往情深、产生爱慕之情、完全被另一个人所吸引或打动。

对别人一往情深、产生爱慕之情、完全被另一个人所吸引，都是**激情之爱**（passionate love）的事例。这类广泛的情感经常以较为具体的情感为特征，如关怀、在一起感到兴奋、担心关系可能结束以及感到兴奋或激动。激情之爱一个强有力的成分就是性欲，一种抚摸、被抚摸、拥有、靠近的愿望。通常，这些情感根本不稳定；在整个迷恋期（infatuation period）的过程中，人们很可能经历情感变化。当这种关系出现问题时，人们很可能感到非常失望，甚至感到沮丧。这种关系具有强烈的情感成分，这些情感成分经常在电影或电视剧中有所描绘，并成为小说和杂志故事的重点。

激情之爱既可以是一种短暂的关系，也可以发生在某个长期关系的初期。因为激情之爱的特点在于兴奋和强烈的感受，所以，逻辑和清晰的思维可能荡然无存。有时，双方意识到，虽然他们有很强的激情，但是，他们几乎没有建立某种持久关系的共同之处。在这种关系中，随着激情逐渐消退，一方或双方便会醒悟过来。也许，这就是婚约期在美国经常持续一年或更长时间的一个原因。这为某种激情关系的建立并具有一个坚实的基础提供了可能。因为激情关系过于强烈，它不仅具有强大的心理影响，也具有强大的生理影响。从事神经功能研究的学者已经发现，当个人经历激情时，就会分泌化学物质并发生化学
157 作用（Walsh，1991）。类似地，诸如男性激素和睾丸激素等激素的水平，都与性行为的频率以及男女的性动机有关（Everitt & Bancroft，1991；Knussmann，Christensen，& Couwenbergs，1986；Sherwin，1991）。这种强烈的激情感与一种受到压抑的友谊或依恋感形成鲜明的对照。

伴侣之爱

伴侣之爱　伴随着对另一个人的性感受、想法和关注而产生深厚的友谊和情感的感受。

与激情之爱不同的是，伴侣之爱的特点在于深切的情感和性感受，**伴侣之爱**（companionate love）代表着深厚的友谊和情感感受。智力是伴侣之爱一个较强烈的方面，伴侣不仅关注彼此的长处，也体谅他们的弱点。这种关怀和体贴往往在一个较长时期内发生。在这种关系中，人们既可以在情感上也能够在智力上感到一种被理解。他们很可能会深深地关心对方，并有一种被关怀的感受。这种关系类似于深厚和持久的友谊。

与激情关系相同的是，伴侣关系具有某种性成分；然而，性很可能是与亲密感或亲近感以及对对方的信任感联系在一起的。这种信任可以鼓励伴侣尝试性行为的不同方面，并就性欲开诚布公地进行沟通，从而提高了激情。对于许多人来说，伴侣的性关系要更有意义，也更令人满足。

由于激情的性质，电影经常表现这类关系的发展。有时，这些关系很快就会在影片中结束，有时，它们可以发展成为一种较长期的关系。然而，有些人也许要经历一年多或更长时间的朋友关系，才能变成一种激情之爱的关系。这种关系虽然重要，但却经常在电影和电视剧中看到。因为它们是许多人了解浪漫关系方式的重要组成部分，所以，电影和电视可以影响激情关系或伴侣关系的发展。

亲密性关系的建立

为什么有些人能够长期保持一种亲密的关怀关系，而其他一些人则无法保持呢？为什么有些关系看上去很持久，而在其他一些关系中，尽管双方都很努力，但还是似乎要破裂呢？有些关系的组成部分有助于发展亲密行为的感受（Crooks & Baur，1999）。也许，在发展亲密行为方面，一个最重要的因素是要从一个人自身做起。对一个人自己拥有有效和积极的感受是发展与他人关系的一个基石。如果个人具有消极的自我看法或特别讨厌自己的话，那么，他们与别人建立关系就会比较困难。如果我们讨厌自己，我们就会很难理解喜欢我们的人。如果我们发现有人喜欢我们，而我们又不喜欢自己的话，那么，我们也许就会认为，喜欢我们的这个人也并不是非常宝贵的。 158

当关系确实开始时，它们也许经历几个阶段或至少由几个成分所组成，这就导致了在彼此之间产生强烈感受的关系的发展。关系经常始于某个人的微笑、打招呼或向某个人询问某件事。当一个人向另一个人做出手势时，其他人必须做出类似的反应。这可能是一个微笑、一个友善的回答、一个问候或某个其他反应，这些反应都会鼓励某种关系的继续发展。有些关系似乎一开始就终止了。如果微笑遭到白眼的话，那么，这也许是两个人彼此之间曾有过的最后一次接触。

问题 7.3　在你观察（真实的，而不是电视播出的）或经历的浪漫关系中，什么看上去是开始这种关系的重要因素？怎样发展关怀、信任和情感呢？

随着性关系的发展，把关系维持下去有着各种重要的成分。人们希望感到对方关心他们、喜欢他们或对他们有一定的兴趣（Reis & Patrick，1996）。当关怀存在时，信任就能够发展。伴侣需要信任对方，认为他们所说的话受到重视，伴侣不要在彼此背后发表议论等等。在关心和信任下，彼此之间的戒心就会松懈下来。伴侣就可以彼此表达情感，表示他们感到的温暖和关怀并在身体方面变得亲近起来。因为他们互相信任，所以，与其他人相比，他们就会不受约束地彼此开玩笑。这种情感的表达和玩笑即使是有限的，也会使性关系的发展变得更加容易。

亲密行为的性别差异

男性和女性由于他们的生理和社会化的原因，往往在看待性和爱方面存在着相当大的差异。在生理方面，男性在青春期由于男性荷尔蒙的增加，经常出现不受控制的勃起现象。男性同样也很可能比女性开始手淫的时间早，而且，青春期的男性更有可能进行手淫（Weiten & Lloyd，2000）。

也许，由于男女之间存在上述的生理差异，因此，有关青春期男孩和女孩应该如何的社会预期，几个世纪以来不断发展。一般而言，男孩也许被教导应
159 该发起性行为，并适于在性方面进行实验。在处于青春期的男孩中，有过性行为的男孩被视为领袖或作为受尊敬的人来看待。对于青春期的男孩而言，性经常被视为一种成就或为了寻找乐趣而要做的事情。即使他们在性方面并不活跃，这种同辈压力也会造成他们谎称在性方面很主动。偶然关系被认为是比较适宜的，长期关系则被认为是令人愉悦的，但不是必要的。

与青春期的男孩相比，青春期的女孩经常认识到，在某种关系中，亲密行为和爱情是至关重要的因素，而且，如果没有这些因素，性就是不适宜的。青少年经常认识到，男性在社交方面应该采取主动，但是，女性在介入性方面应该非常谨慎。在性方面主动的女孩，就会冒着遭到流言飞语和得到一个“坏名声”的危险。其他一些妨碍女孩在性方面主动的原因，是害怕被强奸以及担心怀孕或性交。女孩意识到，如果她们怀孕并怀孕 9 个月的话，那么，她们的人生很可能会大不一样。另一方面，性的确与亲近和爱情有关。因此，青春期女孩往往就性行为获得两种截然不同的信息。

鉴于这种性爱观，男性和女性很可能具有不同的适合性行为的观点就不足为奇了。若干研究（Crooks & Baur，1999）表明，在没有感情承诺的情况下，比起男性，女性不太可能进行性交。然而，男性和女性的这些性爱观正不断变得趋同。《展示》（*Parade*）杂志刊登的两项性爱观的研究表明，在 20 世纪 80 年代初期，59%的男性报告说，在没有爱情的情况下，他们难以发生性行为，而在 20 世纪 90 年代初期，71%的男性表示，在没有爱情的情况下，他们难以发生性行为。在两项研究（Ubell，1984；Clements，1994）中，86%的女性认为，在没有爱情的情况下，她们难以发生性行为。成人的爱情观和性爱观也许在社会中变化越来越多，因为男性和女性越来越平等。然而，青少年的性爱观似乎仍然受到同辈压力的影响。

个人对性的反应和讨论可以是相当不同的。对于许多人而言，英俊的男性和漂亮的女性电影明星的照片可能非常具有暗示性。此外，还有同辈群体有关性经验或主动的隐含压力。个人经常想知道他们的魅力是否吸引别人。

> 对布拉德来说，上述压力是很强烈的。他在为是否有女孩会发现他的魅力而发愁。因为他在高中时很少约会，所以，他感到自己比起同龄的其

他男生缺乏经验。他确信，他是校园唯一的处男。他认为，女人不会认为他有男子气概。事实上，他有意识地设法以某种看上去更男子汉的方式行走。在与某个女子进行交谈之前，他会告诉自己，她不会喜欢他，她会感到他无聊，她会发现他太胖。因此，他很难得到梦寐以求的女人的青睐。160
当他开始约会时，他几乎没有注意到，某种关系正在发展。芭芭拉在化学课上坐在他旁边，她不停地向他提问题。她会开一些曾在化学课上遇到困难的玩笑，然后，她取笑布拉德整齐的字迹。当她请求他与她在图书馆见面学习化学时，布拉德感到惊讶和焦虑不安。也许正是芭芭拉的闲适、轻松的幽默感，使布拉德很容易开始享受与她在一起的时光，而且，他也不用为他认为芭芭拉怎么想他而担心。

而对贾尼斯来说，她并没有遇到任何赢得男性关注的麻烦。男孩们经常发现她的魅力，愿意与她进行交谈，并设法邀请她参加各种聚会或其他活动。贾尼斯遇到的麻烦只是某个心怀叵测的男子提出的各种建议。她的母亲曾反复警告她什么是“男人想要”的东西。特别是在贾尼斯刚满21岁，走进酒吧后，她感到她是某种战利品和奖赏品。男人们似乎都试图对她表示忠诚（但实际上却并非如此）以赢得她的芳心。因此，贾尼斯变得非常玩世不恭。即使她的女性朋友，也注意到了这一点。她发现，她越来越难相信别人。儿时的老朋友仍然是很重要的，她发现，与这些朋友在一起，要比与大学遇到的人们在一起感到舒服。差不多就在她想要创建某种关系时，她害怕被性所利用，从而使这种关系变得很困难。即便在她认为值得信任的教堂，她也仍然感到不信任。无论她遇到什么样的男人，无论这个男人是否与她同龄，她总是认为，他会向她提出某种性要求。

问题 7.4　你认为布拉德和贾尼斯经历的问题典型吗？请解释。

问题 7.5　什么因素对你了解有关性和亲密行为之间的关系产生影响？

性生理

正如男性和女性在体验亲密行为的方式上以及看待性行为的价值观上有着相似性和差异性一样，男性和女性在实际的性反应方面也有着相似性和差异性。男性和女性进行性活动时的身体反应是这一节的主题。性活动可以是性交、手淫，也可以是其他一些性行为。关于性和性反应最著名的研究，可能是马斯特斯和约翰逊（Masters and Johnson，1980）以及马斯特斯、约翰逊和科洛德内（Masters，Johnson and Kolodny，1994）等人进行的研究。在承认人们在性反应模式上有着相当大的差异性方面，马斯特斯和约翰逊描述了性反应周期的四个基本阶段：兴奋期、高原期、高潮期和消退期。

- 兴奋期（excitement phase）。当个人首先开始感到性兴奋和性唤起时，他们就会发生几个生理过程。伴随着肌肉紧张，呼吸、心率和血压就会很快增加。就男性而言，性兴奋引起血管充血，造成阴茎出现勃起，睾 161
丸肿大。在女性方面，性兴奋引起阴蒂肿大、阴唇和阴道湿润。大多数女性还体验到乳房肿胀和乳头竖起。

- 高原期[1]（plateau phase）。经过最初的性兴奋，生理唤起增强，但是，增强的速度较慢。这并不是一个真正的“高原”，因为兴奋没有停止，只是比最初阶段增加得比较缓慢而已。在男性方面，睾丸能够变大，龟头继续肿胀。随着性兴奋的增强，一些精液可能会从阴茎的顶部渗出。在女性方面，阴道上部 2/3 的部分继续张开。

  如果性兴奋中断的话，这个阶段就可能会被延迟或停止。例如，对性的内疚感，生伴侣的气或对性表现担心，都可能干扰高原期的继续发展。诸如电话铃声或敲门声等同样也可能造成在生理上出现性变化，回到一个非唤起的阶段（Weiten & Lloyd，2000）。

性高潮 性强度达到最大并出现释放的点，其中，心率、呼吸速率和血压逐渐降低。

- 高潮期（orgasm phase）。当性强度达到最大时，身体出现释放，其中，心率、呼吸速率和血压逐渐降低。对于男性而言，**性高潮**（orgasm）在大多数时候都伴有射精，但并非总是伴有射精。女性性高潮持续的时间要比男性性高潮持续的时间略长，女性性高潮包括阴道逐渐关闭和放松下来；基本上，阴道外部 1/3 的肌肉有节奏地开始收缩。
- 消退期（resolution phase）。性高潮过后，身体逐渐放松，性强度减退下来。男性也许在性高潮过后的某段时间，无法体验到另一次性高潮。有些女性可以体验到几次性高潮——有时多达 50 次，如果刺激继续的话。如果没有继续刺激，女性的生理唤起就会回到一种放松的状态。消退期的时间长度不仅取决于个人的性别，也取决于个人的其他差异。

性别和性高潮

我们在这里介绍了男女经历性高潮的两种差异：达到性高潮的时间和在性交过程中达到性高潮的概率。一般而言，男性达到性高潮所需刺激的时间数量要短暂得多——它可能从 2 分钟到 10 分钟或更长的时间。对于女性而言，与伴侣一起达到性高潮的时间数量可能需要 10～20 分钟。然而，马斯特斯和约翰逊发现，当对女性进行手淫时，性高潮需要的时间不到 5 分钟。女性很可能在性交过程中体验的性高潮比男性体验的性高潮要少。当直接刺激阴蒂时，女
162 性更可能体验到性高潮，阴蒂通常是女性最敏感的生殖区，性高潮并不是来自阴道性交，其中，阴道性交刺激是间接的。在男女最初的性关系中，大多数男性而不是女性报告说，“总是”达到性高潮（Weiten & Lloyd，2000）。

手淫

手淫 通过刺激一个人自己的生殖器来产生性快感，经常包括性高潮。

手淫（masturbation）是指通过刺激一个人自己的生殖器来产生性快感，经常包括性高潮。相互手淫是在两个人彼此刺激时使用的词语。手淫做法在女性和男性方面存在着相当大的差异。男性通常用手刺激阴茎进行手淫。当女性手淫时，她通常抚摸或摩擦她的阴蒂区。平均来说，十几岁的男孩大约每个星期手淫 5 次，而十几岁的少女手淫的次数要少得多。在青春期结束时，大约 3/4 的女性有过手淫的经历，大多数男性也有过手淫的经历。

---

① 又译作激情维持期。

在历史上，手淫一直被视为“自我虐待”而遭到谴责。有些宗教认为，手淫是不道德的，因为手淫存在着一个“种子泄漏”的行为。因此，手淫妨碍繁殖或生育，而繁殖或生育被某些宗教视为性行为的主要目的。由于存在手淫的负面观点，手淫通常与不育、潜力的丧失、失明、不道德以及其他负面行为联系起来。

既没有证据表明手淫会产生负面影响，也没有证据表明手淫是局限于青少年的行为。在早期性行为的研究中，金斯基、波默罗伊和马丁（Kinsey, Pomeroy and Martin，1948）指出，95%的男性和 60%的女性有过手淫，由于 70%的夫妻说他们在婚后继续进行手淫（Hunt，1974），因此，手淫在婚后继续存在。正如休斯（Hughes，1996）阐述的那样，婚内手淫并不表示对伴侣的性能力不满；它只不过是体验性高潮的另一种方式，而且，手淫也是获得性满足的一种方式。手淫可以成为一种练习或控制性行为的方式。在通常情况下，手淫经常是性治疗师向男性和女性开出的处方。作为一种性表达的手段，相互手淫是一种安全的性方式，因为它既可以避免人们感染性传播疾病，也能够防止怀孕。

同性恋

到目前为止，我们已经对性的感受、信仰和生理进行了讨论。大多数讨论均侧重于异性恋——对异性的吸引。然而，并不是所有的个人都被异性吸引。有些人被他们同性别的成员所吸引［**同性恋**（homosexuality）］，还有些人既被同性成员所吸引，又被异性成员所吸引［**双性恋**（bisexuality）］。性专家（Crooks & Baur，1999）指出，性不是对立的两部分，而是一个统一体。换句话说，并非所有的人要么完全排斥同性，要么完全排斥异性；在性别之间存在等级，有些人对他们同性别的成员具有某种兴趣，但是，绝大多数人对异性感兴趣。还有一些人对异性和同性的吸引力是相同的。有时，为确定异性恋和同性恋的程度，性研究者采用阿尔弗雷德·金斯基（Alfred Kinsey）提出的 7 点量表（7-point scale）。

同性恋　针对同性别的人的性欲和性爱行为。

双性恋　既被同性别成员所吸引，又被异性成员所吸引。

鉴于这个信息，我们很难估计美国人同性恋和双性恋出现的频率。早期研究表明，同性恋的人数大约为 10%。然而，21 世纪初在欧洲和美国所做的大量研究，特别是对于女性进行的研究中，估计数量却比较低（Weiten & Lloyd，2000）。对于异性恋的估计数量表明，80%的男性和 90%的女性可以归为纯粹的异性恋。其他接受调查的人们说，他们在不同程度上与两种性别的成员都有过性经历。

有时，同性恋一直被称作某种性偏好。实际上，这是不准确的，因为它表示人们可以选择他们的性取向。实际并非如此。如果个人选择某种性取向的话，他们又怎样变成同性恋呢？西格蒙德·弗洛伊德和其他一些早期心理学家认为，拥有一个过度保护的母亲和一个有敌意的父亲，是对男性为什么成为同性恋的一种解释。然而，我们却没有证据支持这一理论。其他学者认为，早期与其他性别的负面遭遇或与相同性别的同龄人的糟糕关系，可能导致同性恋，我们也没有证据支持这一理论。同样，我们也没有证据表明，同性恋父母会养育同性恋的后代。因此，我们几乎没有证据支持一直被称为同性恋的环境解释。

比较多的证据表明，生物因素与同性恋有关。研究者对遗传基因和遗传因素的角色进行了研究。有些证据支持某种生物角色，但效果尚不明显。虽然遗传因素看上去至关重要，但是，并不是所有的同卵双胞胎都具有相同的性取向（Gladue，1994）。有关遗传因素和性取向的研究极其复杂。生物因素和环境因素似乎起着一定的作用。

有些人将人格特质或失调与同性恋联系起来。事实上，在1973年之前，同性恋被认为是一种心理障碍。其后，心理学者和精神病学者一直认为同性恋是另一种性取向的形式。心理调适研究表明，在同性恋和非同性恋男女之间几
164 乎没有差异。同样，我们也没有证据表明，同性恋家庭的孩子比异性恋家庭的孩子适应能力差（Crooks & Baur，1999）。

性关注

性反应不只是一个生理过程。正如在亲密行为一节表明的那样，许多心理感受（爱、关怀、焦虑和生气）都可以对性行为产生影响。此外，性关注和性问题还能够影响所有的人，不论他们的性取向如何。虽然对性问题的治疗相当具有技巧性和复杂性，但是，性治疗师对处理适度的性关注还是提出了一些建议。我将介绍一些男女都可能有的性欲关注。另外，我们还将剖析男女在性关系方面可能经历的一些具体问题。探究人们如何应对这些问题，并说明各种处理性功能障碍的方法。

性欲问题

由于各种原因，男女双方都可能缺乏性欲。这种性欲的缺乏可以包括性幻想的缺乏以及在性活动中缺乏兴趣。有时，药物或毒品能够抑制性欲。在通常情况下，缺乏性欲反映了浪漫伴侣存在的问题。当夫妇争吵、打架或彼此怀有敌意时，双方就可能出现性欲的缺乏。性冷淡同样也可能形成于早期的儿童训练，导致个人认为性是肮脏的或错误的。由于儿童期受到的性虐待、青少年时期负面的性经历、人们对自身的性或外表的负面看法，这些都可能形成对性的恐惧。

感觉重点 一种性关注的治疗方法，指导伴侣在没有达到性高潮的情况下如何在感觉上彼此得到满足。

夫妻或个人咨询经常有助于解决这些问题。因为性是非常隐私的事情，而且，人们并不鼓励公开讨论个人在性方面的事情，所以，咨询必须在一种信任的氛围中进行。有些夫妻咨询者本身就是性治疗师，但是，并非所有的咨询者都是性治疗师。性治疗师帮助个人解决各种性关注，如达到性高潮或性唤起等性关注。在性唤起问题方面，性治疗师也许会剖析人们对手淫的态度，并对逐渐探究个人在性方面的事情提出各种方法。另一种治疗方法被称为**感觉重点**（sensate focus），感觉重点提出了夫妻在没有达到性高潮情况下，可以探察彼

此身体的各种方法。这种治疗方法是要夫妻摆脱把性高潮作为目标的压力。相反，要把重点放在愉快的抚摸上。 165

问题和解决方案

如果我对性关系存在担心或问题，应该怎么办?

- 要考虑咨询或性治疗。问题也许是儿童期训练或负面性经历的结果。性治疗包括感觉重点以及其他克服性问题的练习。
- 勃起存在问题的男性为了探察身体存在的问题，应该进行体格检查。
- 男女双方都应该在关系范围内探察可能存在的问题。

男性的性关注

有些男性会遇到勃起或保持勃起的问题。因为“阳痿”是一个相当负面的词，所以，治疗师用“勃起困难”来代替它。在通常情况下，存在勃起或保持勃起困难是由于焦虑或沮丧造成的。一名男性也许关注他的男子气概、满足伴侣的能力或具有的各种道德问题。有时，勃起困难是由于服用药物或饮酒造成的。像糖尿病等疾病造成大约一半人出现勃起功能障碍（Buvat，Buvat-Herbaut，Lemaire，& Mareolin，1990）。

体检是对勃起困难的最初检查方法之一。用这种方法，不仅可以检查男性的身体状况，也能够改变服用的药物或开始服药。当问题看上去是基于心理问题时，许多性治疗师都提出了使用感觉重点的方法。在这种治疗方法中，伴侣要相互抚摸，但要避免触摸彼此的生殖器。渐渐地，在男性成功勃起后，性治疗师就会建议伴侣抚摸对方的生殖器。即使在这种程度上，性交也是不允许的。只有在男性的信心得以恢复，而且，他反复出现性唤起的时候，夫妇才可以开始尝试性交。

在早泄情况下，当一个男性达到性高潮过快时，该男性经常可以采取一种不同的方法。达到性高潮过快是一种主观的看法。当一对伴侣的任意一方感到男性射精过快时，问题就出现了。在通常情况下，放慢性交的节奏有助于推迟射精。有时，这对于男性射精一次是有帮助的，这样，他也许就能够在下一次性交过程中推迟或延缓射精。根据问题的性质和射精的速度，性治疗师会建议使用包括感觉重点在内的其他技巧。 166

女性的性关注

有些女性报告说在性高潮方面存在困难，其他一些女性有过外阴疼痛的经历，还有一些女性说这两方面都有过。例如，**阴道痉挛**（vaginismus）使得插入时出现疼痛和困难。女性在经历性高潮方面遇到的困难，经常是由于对性、有时对伴侣的态度造成的。有时，随着关系产生问题，就会出现性高潮困难。其他妨碍达到性高潮的问题，可能是由于担心怀孕或害怕传染性传播疾病引起的。

阴道痉挛 性交前，阴道不自觉地收缩。

在处理女性存在的性问题方面，夫妻咨询者和性治疗师经常探察伴侣之间的关系。致力于伴侣之间的沟通问题，是一种常见的解决影响女性性问题的方法。此外，处理女性由于以前不当性行为（如儿童性虐待）造成的对性的态度，可以有助于女性性功能的恢复。在通常情况下，感觉重点被用做一种侧重于被抚摸和抚摸的快感的方法，因此，这个重点不是关注性高潮或性表现。

在这一节里，我只扼要地介绍了一些治疗性关注的方法。知识渊博的性治疗师和夫妻咨询者在经过培训后，可以敏锐地处理这类关注。有时，这些关注需要处理有关性的态度、伴侣之间的沟通困难或有关性的知识。此外，担心怀孕和害怕传染性传播疾病，都可能成为影响性关系中的男女体验快感的各种问题，我们在下面将对这些内容进行介绍。

避孕

性吸引导致性行为的表达，并导致异性夫妻发生性交。在性方面受到另一个人的吸引，很少是基于怀孕的愿望。为了享受性生活，而避免怀孕，个人练习了一些避孕方法：避孕套、口服避孕药以及最近的化学方法。这些方法取代了不太可靠的方法，如射精前抽出阴茎法，因为在射精前精液可以渗漏出来。盥洗法不可能预防受精，因为水的压力往往把精子深深地冲到女性的生殖器里面，而不是把精子冲走。

问题和解决方案

我怎样才能避免怀孕或预防性传播疾病呢？

在节育和性传播疾病的预防方面，新技术的发展提供了许多选择方法。

问题和解决方案

我怎样才能要求我的伴侣使用避孕套（或其他节育方法）呢？

- 你的回答要坚定，而且，你还要表示对伴侣的理解。
- 要解释你的回答。
- 要谈论你可以继续享受性快乐的方式。

接下来，我们将剖析一些常见的避孕方法，解释每种避孕方法的优缺点，同时，我们给出各种避孕方法有效性的一些证据（见表 7—1）。大部分信息均引自哈彻等人（Hatcher et al.，1994）撰写的《避孕技术》（*Contraceptive Technology*），这本书全面介绍了各种避孕措施的特征。因为要求伴侣采取避孕措施，特别是使用避孕套，可能会出现困难，所以，我将介绍一些不愿意使用避孕药具的伴侣常见的想法以及各种回答的方法。在所有这些方法中，只有避孕套和禁欲是有效避免性传播疾病的方法。人们频繁使用男性避孕套，这是因为男性避孕套使用方便。因为不采取安全措施的性行为可能会导致怀孕或性传播疾病，所以，对于与性有关的人们来说，重要的是，要能够做出保护自己，避免怀孕或传染性传播疾病的决策。

表 7—1　　节育方法

注意，括号内的数字表示近似的有效率，这些有效率是根据使用特定方法 1 年得到的。如果该方法持续和准确使用的话，当给出两个数字时，较低的百分比表示典型的效果，较高的百分比表示可能的效果。

- 复合口服避孕药（combined pill）。也被称为“口服避孕药”，是一个月连续服用 3 周每次 4 粒的药丸。口服避孕药含有合成激素，这种激素类似于女性通常分泌的激素。口服避孕药能阻止排卵过程，这样，女性就不会怀孕。这些药丸十分有效，并且不妨碍性自发性。它们还可以改善一些身体状况，如痤疮。然而，它们还会产生一些副作用，如恶心、头疼、减少性驱力以及可能增加体重。口服避孕药可服用到 35 岁以上，具有很长的安全记录（效果为 95%～99%）。
- 迷你避孕药（mini-pill）。与“口服避孕药”相比，迷你避孕药是最近研制的一种口服避孕药，这种药丸只含有黄体酮，而“口服避孕药”则含有黄体酮和雌激素。迷你避孕药丸必须每日服用。因为它不含有雌激素，所以，通常无法服用雌激素的女性可以使用它（效果为 95%～99.5%）。
- 宫内避孕器[①]（intrauterine device，IUD）。宫内避孕器是一种小型装置，由医生安插在子宫内。这种装置可以阻止精子流入。根据女性的健康状况和宫内避孕器的型号，宫内避孕器可以存入 1～8 年。比起其他方法，长期使用宫内避孕器价格低廉；然而，宫内避孕器却可以导致诸如月经问题和盆腔炎等并发症。一般而言，宫内避孕器并不向从未怀过孕的女性推荐使用（效果为 98%～99%）。
- 子宫帽避孕套和宫颈帽（diaphragm and cervical cap）。这两种避孕工具都是柔软的乳胶屏障，与杀精乳液和软膏一起使用。性交前，女性把子宫帽避孕套或宫颈帽插入阴道，挡在宫颈前。宫颈帽可以比子宫帽避孕套存放的时间长一些，而且，在一定时间内，重复性交没有必要另加杀精乳液和软膏。这些产品被认为是在医学上安全的产品，考虑到性自发性，子宫帽避孕套或宫颈帽可以提前安插在阴道内。子宫帽避孕套的效果往往根据其合适程度而不同。医生很少开宫颈帽处方，而且，并非所有的医生都接受过安装子宫帽避孕套和宫颈帽的培训。为了确定合适的型号，这两种工具都必须由医生来安装（子宫帽避孕套的效果为 80%～94%，宫颈帽的效果为 80%～91%）。
- 避孕海绵（contraceptive sponge）。一个含有杀精剂的小海绵，这种“海绵”很容易在药店里买到而且使用方便。插入后，它的有效性可达到 24 小时，但是，在性交后，它必须存留 6～8 小时。对于生过小孩的女性，避孕海绵很难取出，效果也比较差（效果为 80%～91%）。
- 杀精剂（spermicides）。这些杀精剂都是泡沫、乳液和软膏，在注入阴道后，可以杀死精子。在通常情况下，杀精剂与诸如子宫帽避孕套、宫颈帽和避孕套等其他方法一起使用。杀精剂必须在每次性交行为之前注入阴道，并能够对生殖器造成刺激。它们的效果要比大多数其他方法差（效果为 74%～94%）。
- 皮下植入避孕栓（norplant）。这种植入装置是由 6 根火柴棍大小的硅胶胶囊组成的，硅胶胶囊被植入女性的手臂。胶囊就会持续释放非常低剂量的孕酮。这种方法高效、安全，有效期长达 5 年。然而，这种方法可能出现一些副作用，如体重增加或乳房疼痛，而且，这种植入装置非常难去除。安装和去除费用非常昂贵，所以，这种方法未被人们广泛使用（效果为 99.5%）。
- 禁欲（abstinence）。这是避免怀孕唯一万无一失的方法。禁欲是指不发生性交。为了避免性传播疾病，禁欲必须包括避免所有口交和性交的行为。当然，这种方法的缺点在于，它限制了伴侣之间的性行为和性沟通（效果为 100%）。
- 绝育（sterilization）。绝育是为那些在未来不想生孩子的人们提供实施的外科手术。虽然绝育手术通常是可逆的手术，但是，这些绝育手术却被人们认为是永久性的，因为变绝育为生育的手术可能比较复杂，而且，效果也得不到保证。对于女性来说，输卵管结扎手术包括通过切断输卵管，阻止精液向卵子流入。对于男性而言，输精管切除术要切除一部分输送精子的输精管（效果几乎为 100%）。
- 自然计划生育（natural family planning）。被称为“安全期避孕法”。这个计划需要预测排卵期，并在女性排卵期间避免发生性交。这种方法的优势在于，不需要安装任何装置或服用化学药品，而且，这种方法得到了天主教会和其他一些宗教团体的认可。为了使这个计划有效，夫妻必须对生殖生理学有着充分的理解，并就排卵期间禁欲达成一致。然而，由于生殖生理学比较复杂，因此，很难对排卵期做出预测。这种方法往往不如其他方法有效，因为人们在使用这一方法的过程中存在分歧（效果为 75%～99%）。
- 女用避孕套（female condom）。这是一种完全放置在阴道里，起到屏蔽精子流入的聚氨酯套。一个环在阴道外

① 也称避孕环。

续前表

面，另一个环放在阴道里面，挡在适当的位置上。这个避孕套可以在性交前 8 个小时放置在阴道内。与其他方法相比，这种方法比较昂贵，女性安装起来会比较困难，也比较麻烦。女用避孕套往往比其他方法效果差。迄今为止，这种方法还没有得到广泛使用（效果为 80%～95%）。

- 男用避孕套（male condoms）。这种覆盖物通常由乳胶制成，但也可以由动物膜或其他材料制成。避孕套套在阴茎上，避免精子进入阴道。避孕套是目前使用最广泛的避孕用品，很容易使用，价格也便宜。伴侣有时抱怨，由于避孕套减少了敏感性，对勃起产生或保持以及完成性交造成干扰。避孕套存在着破损的风险，但是，这种风险比较小，这是因为避孕套在工厂里都经过了检验。破损往往是由于误用造成的。避孕套经常与杀精剂一起使用（效果为 86%～97%）。

168

有关避孕的沟通

然而，男性并非总是不愿意使用避孕套或其他节育方法。重要的是，要能够对不愿意使用避孕套或其他节育方法的伴侣做出回答。下面我将介绍一些常见的表示抵制使用避孕套的表述以及对这些表述的一些回答（Breitman, Knutson & Reed., 1987）。

- 表述：使用避孕套感觉不好。我失去了肌肤的接触，也无法真正地感到与你的亲密。
- 回答：第一次可能会觉得不一样，但是，我们可以多试几次呀。我会觉得比较安全，也会感到比较舒服。在习惯之后，我们就不会有太多的不同感觉了。
- 表述：我们不需要使用避孕套，艾滋病是一种同性恋者得的疾病。
- 回答：那不对。任何人都会得艾滋病，无论是异性恋者，还是同性恋者。

169
- 表述：我从来没有传染上艾滋病或任何其他性传播疾病。难道你不相信我吗？
- 回答：我确实信任你，但很难完全知道。我们也不知道我们哪一方会被感染，如果我们使用避孕套，我觉得这对我们都会更好。
- 表述：避孕套就像穿鞋上床，让人感到很不舒服。
- 回答：一旦我们开始使用并习惯避孕套的话，我们就会习以为常了。除了实际性交外，我们还可以做许多有趣的事情，经过一段时间后，我们使用避孕套就会好起来的，关键是要使用它们。

在上述表述的所有回答中，有这样一个常见的思路：所有的回答都振振有词，铿锵有力，这些回答同样也是值得同情和得到理解的。伴侣坚持保护自己避免怀孕或传染性传播疾病的同时，也给出了简短的解释性回答。通常情况
170 下，双方还可以在性方面继续享受彼此做出某种解释。你和伴侣一同选择想要孩子的时间是极具重要意义的。对于大多数人来说，规划你的人生、你的婚姻、你的教育、你的工作、你的闲暇时间以及你的家庭都是要考虑的重大事情。有些人发现，他们很难相信可以做到非常有快感地进行性交，这可以影响一个人从现在开始的 1 年、10 年甚至 30 年的人生。正如一个不期而遇的怀孕可能对人生造成重大的影响一样，性传播疾病也可以对人生造成重大的影响。

性传播疾病

性传播疾病　一种通过与他人性接触而传染的疾病，通常包括体液的交换。

尽管我们开设了**性传播疾病**（sexually transmitted diseases，STDs）的公共教育、强调避孕套的实用性以及把重申禁欲作为一种避免性传播疾病的方法，但是，被诊断出患有性传播疾病的人数却持续走高。了解性传播疾病的传染方式及症状，有助于人们避免传染性传播疾病。性传播疾病出现的症状各不相同。尽管所有的性传播疾病都是可以进行治疗的，但是，并非所有的性传播疾病都是可以治愈的。尽快寻求医护人员的帮助是唯一的解决办法。大多数性传播疾病如果不进行治疗的话，就会变得更糟，而且，它们有时甚至可能再也无法进行有效的治疗了。有些性传播疾病是非常讨厌的疾病，如阴虱病等，但是，大多数性传播疾病都要比这种疾病严重。虽然目前已发现的有 20 多种性传播疾病，但是，我们只讨论最常见的：阴虱病、衣原体疾病、淋病、梅毒、疱疹、尖锐湿疣、乙型肝炎以及艾滋病病毒或艾滋病。我们将就每种性传播疾病提供一些简要的信息，然后，我们将对避免感染性传播疾病的方法进行讨论。另外，我们还将探讨在个人感染了某种性传播疾病时出现的一些问题，然后我们将就他们如何处理某种亲密关系进行探讨。参见表 7—2。

表 7—2　性传播疾病事例　171

- 阴虱病（pubic lice）。有时被称为“虱病”（crabs），阴虱是清晰可见的微小白虱，并经常出现在阴毛或其他体毛上。阴虱病的主要症状是持续瘙痒。阴虱病容易通过身体接触或共用衣物、床单等进行传播。阴虱繁殖迅速，新的虱卵通常经过 7～9 天就可以繁殖出来。虽然阴虱病可以使用丙体六六六（kwell）① 等药物进行治疗，但是，最好还是要咨询一下医生。
- 衣原体疾病（chlamydia）。衣原体疾病对女性极其危险，有报告称，每年新增病例达 400 多万。衣原体疾病是美国最常见的性传播疾病，它非常隐蔽，因为并不是所有被感染的女性都表现出最初的症状。有些症状是造成月经期混乱、体温升高、恶心、头痛和胃痛。
  对于男性而言，症状通常包括尿痛并带有烧灼感。有时阴茎流脓，有时症状并不明显。衣原体疾病如果不进行治疗的话，尤其对于女性来说，就可能造成不育。
  当发现感染衣原体疾病时，要使用抗生素进行治疗。然而，因为症状不是特别明显，所以，感染衣原体疾病的个人在不知道的情况下，会把这种疾病传播给他们的伴侣。
- 淋病（gonorrhea）。淋病是一种细菌传染疾病，可以使用抗生素进行治疗；然而，近来的淋病变体对于传统的治疗方法已经出现了抗药性。男性淋病的症状通常被称为“花柳病”，排尿时，伴有烧灼感，并从阴茎排出混浊的脓液。这种疾病如果不进行治疗，男性就会出现阴囊表皮发炎，睾丸肿胀。在女性方面，淋病经常检查不出来，但是，有些女性会排出一些绿色或黄色的脓液。如果患有淋病的女性没有检查出来的话，那么，她们就会发展为盆腔炎，盆腔炎可导致不育。
- 梅毒（syphilis）。梅毒是在性交、口交或肛交过程中，从开放的伤口进行传播的，如果不进行治疗，梅毒就可能会导致死亡。这种疾病有四个阶段：第一阶段，无痛伤口会成为梅毒细菌进入人体的地方。第二阶段，伤口消失，出现皮疹。第三阶段是潜伏期，在这个阶段，没有任何症状。第四阶段，就可能出现像心脏坏死、失明以及精神障碍等严重症状，造成死亡。
- 疱疹（herpes）。研究者估计，有超过 4 500 万人已经感染了生殖器疱疹。美国每年大约诊断出 30 万个新增病例。疱疹的症状是在生殖器或口腔上出现红色的小肿块，非常痛苦。这些肿块可以变成水泡，水泡破裂后形成开放的伤口。在通常情况下，第一次发作是最糟糕的。在所有的感染者中，大约 50%的人将不再复发。在剩下 50%的人群中间，许多人在一年要复发几次。当人们处于压力下时，症状就会更加糟糕。这些症状可见于生殖器或口腔，是由疱疹病毒的不同变体造成的。

① 国外常见治疗阴虱病的药物，有洗剂、霜剂和香波等类型。

续前表

医生经常开出诸如舒维疗（zovirax）① 等药物处方，舒维疗通常可以减少发作的时间长度和强度。与其他病毒一样，疱疹病毒有治疗的方法，但却无法治愈。当出现伤口和发生病变时，感染疱疹病毒的人应该避免发生性行为，因为疱疹可以通过接吻或其他性接触造成传染。疱疹终生存在于人体中，因此，即使带有疱疹病毒的人没有症状，他们也可能进行疾病传播。

- 尖锐湿疣（genital warts）。也称为性病疣（venereal warts）、人类乳头状瘤病毒（human papilloma virus，HPV）。尖锐湿疣作为一种重要的性传播疾病，在年轻人中患者数量急剧增加。人类乳头状瘤病毒造成的尖锐湿疣，可见于患者干燥皮肤上坚硬的黄灰色疣。在潮湿处，它们很柔软，呈现粉红色和红色，有点像菜花状。它们长在外生殖器或直肠上，甚至长在男性的尿道或女性的阴道内。一般情况下，这些湿疣没有痛感，然而，它们可以长期影响女性健康。有些人类乳头状瘤病毒变体能够侵入宫颈，出现癌症前期状况，并最终导致宫颈癌。帕帕尼科拉乌试验（Pap smears）② 被用来检测人乳头状瘤病毒。宫颈内的尖锐湿疣可以进行治疗。当湿疣可见时，它们经常通过电烧、冷冻方法被清除掉，有时还要通过手术方法把它们清除掉。在通常情况下，疣体清除需要几个疗程，比较痛苦。由于人乳头状瘤是一种病毒，并且不定期地存活于人体内，因此，它可以复发。
- 病毒性肝炎（viral hepatitis）。病毒性肝炎要比人类免疫缺陷病毒（HIV）的传染性强得多。乙型肝炎通过血液、精液、阴道分泌物和唾液进行传播。无论是采取阴茎、口腔，还是采用手工器具性交，病毒性肝炎看上去都与肛交极为相关。

  乙型肝炎的症状相当多。有些患有乙型肝炎的人没有症状，而其他一些患有乙型肝炎的人则出现流感症状。有的患有乙型肝炎的人皮肤和眼睛发黄，有的人则感到非常恶心，几个星期、几个月都浑身没劲儿。大多数人都可以完全康复，但是，许多人成为终生带菌者，可以把这种病毒传播给其他人。

  乙肝疫苗的费用超过100美元，分三次注射，可以防止感染乙型肝炎，但不能治愈。乙型肝炎典型的治疗方法就是休息和健康的饮食。
- 人类免疫缺陷病毒/艾滋病（HIV/AIDS）。讨论人类免疫缺陷病毒/艾滋病、它的影响以及它的治疗方法是相当复杂的，所以，我们在这里将只涉及主要的观点。人类免疫缺陷病毒攻击并随后削弱人体的自然免疫系统。这种疾病的最后阶段被称为获得性免疫缺陷综合征（acquired immun-odeficiency syndrome，AIDS）。当人体免疫系统受到攻击时，人们就容易受到感染，并容易患有癌症，而人体却无法进行抵御。因此，通常不会构成健康危险的流感和其他普通疾病，却对染有人类免疫缺陷病毒/艾滋病的人构成严重的健康危险。

  美国卫生研究所（National Institute for Health）的研究人员指出，据报告，1998年1月，艾滋病病例有645 000个［美国卫生研究所（NIH），1999］。并非所有感染人类免疫缺陷病毒的个人都会发展为艾滋病。几乎每个携带人类免疫缺陷病毒的人在感染后的5～10年内，在某种程度上都会患病；大约一半的人都将发展为艾滋病。虽然研究人员了解艾滋病的传播方式，但是他们还不知道如何消灭这种病毒。

  人类免疫缺陷病毒是通过体液进行传播的，如血液、精液、阴道分泌物和母乳等。因此，没有任何保护的性交、口交、肛交，都可以把人类免疫缺陷病毒从一个人传染给另一个人。输血或静脉注射毒品，病毒也可以通过感染的血液从一个人传染给另一个人。仔细检测捐献血液的艾滋病毒抗体，有助于消除通过输血传播人类免疫缺陷病毒。这种病毒通过外界来源——阴道、阴茎、直肠、口腔或受到感染的针头——进入人体。婴儿可以通过母乳和其他体液感染人类免疫缺陷病毒。虽然并不常见，但人们还是在唾液、尿液、眼泪里发现了人类免疫缺陷病毒。然而，人类免疫缺陷病毒不会通过同喝一杯水、共进饭食而传染。人类免疫缺陷病毒既不会通过空气传染，也不会由不经意的接吻、握手以及蚊虫叮咬而传染。

  虽然任何人都可以感染人类免疫缺陷病毒，但是，这种病毒最常见于那些从事高风险行为的人中，因此，进行没有保护的性交（没有使用避孕套）的双性恋者和男同性恋者要比采取保护措施进行性交的双性恋者和男同性恋者，更有可能感染艾滋病毒。此外，共用针头进行静脉药物注射的人要比没有这样做的人，更可能感染艾滋病毒。世界卫生组织指出，截至1998年年底，全世界有3 300万成年人和儿童感染了人类免疫缺陷病毒/艾滋病［美国卫生研究所（NIH），1999］。

  因为人类免疫缺陷病毒在症状出现之前可以潜伏人体多年，所以，对于个人而言，多年没有出现症状是司空见惯的现象。有些人也许从未出现症状。然而，其他一些人会感到非常疲惫，出现盗汗或发烧，体重下降，抑或出现腹泻、颈部淋巴腺肿大。为了检测这种病毒，人类免疫缺陷病毒抗体（人体内的一种抗疾病物质）被用于抗体检测，而不是被用来检测这种病毒本身。从一个人感染了这种病毒到检测出这种病毒，需要6个月的时间。这种检测的阳性结果并不表明一个人就会患有艾滋病——检测出阳性结果的人们并没有任何症状——但是，它可以说明此人也许感染了人类免疫缺陷病毒/艾

① 由英国葛兰素-史克公司（Glaxo SmithKline）生产、销售时的商标名。又称阿昔洛维等（aciclovir）。是广谱高效的抗病毒药品。该药品抗疱疹病毒活性强，对单纯性疱疹病毒、水痘、带状疱疹病毒最为敏感，对乙型肝炎病毒、人类疱疹病毒和巨细胞病毒均有抑制作用。不仅可用于局部，还可用于全身的治疗或预防疱疹病毒性感染。

② 亦称巴氏试验、巴氏早期癌变试验等。试验的创始者为乔治·N·帕帕尼科拉乌（George N. Papanicolaou，1883—1962），美籍希腊人，医生。

续前表

滋病。虽然现在还无法治愈，但是，人们正在研制可以治疗人类免疫缺陷病毒的新方法，这样，患者就能够活更长的时间，而且，出现的症状也最小。治疗人类免疫缺陷病毒/艾滋病的重要方法是进行早期干预。被怀疑	感染人类免疫缺陷病毒或艾滋病的人应该接受检测。如果检测的结果是阳性，他们就要尽快寻求医护人员的帮助。

避免性传播疾病

正如前面讨论的那样，显然，性传播疾病不仅很严重，而且非常可怕。此外，这些疾病广泛分布在年轻人中。由于性行为可能存在的负面后果，因此，关于性的选择可能很困难。此外，有些人在他人不想发生性行为时，试图诱惑或说服对方发生性行为。酒和其他药物同样也会对性决策过程产生影响。这并不意味着所有选择都不出错，只要对性行为的决策加以慎重考虑，而不是一时冲动即可。

处理性的一个首要选择就是禁欲。禁欲并不意味不可以牵手、亲吻或抚摸。从一个科学或技术的观点来看，禁欲是指没有体液的交换。这意味着没有进行口交、性交或肛交。性亲密行为仍然可以通过抚摸、拥抱、相互手淫或其 172
他性行为来体验。不同宗教对禁欲的含义有各种不同的解说。如果个人在过去发生性交，也并不意味着他们无法禁欲。许多人都能够做到禁欲。

另一种防止或减少性传播疾病风险的方法，是只与一位没有染病的伴侣保持性关系，即**一夫一妻制**（monogamy）。这样做的难度在于，人们通常会在找到合适的人选上存在问题，他们也会在大学期间与几个人进行约会。确定你与谁建立一夫一妻制的关系是很困难的，要等到结婚后才发生性交也很困难。除非两个人都是在童贞的一夫一妻制情况下发生性关系，否则，很难保证性伴侣不染上性传播疾病。一夫一妻制减少了感染某种性传播疾病的风险。

一夫一妻制 只与一个人保持性关系。

如果个人决定在性方面采取积极的态度，那么，防止性传播疾病以及避免怀孕的最好方式就是使用避孕套。避孕套可用于肛交、性交和口交。由乳胶制成的避孕套，要比其他由“天然薄膜”制成的避孕套能够更有效地防止性传播 173
疾病，这是因为乳胶产品没有羊皮或动物纤维特有的毛孔。为了增加保护，许多人都将杀精剂与避孕套一起使用，这种做法还具有杀死多种病毒的效果。在使用杀精剂时，杀精剂要用在避孕套的顶端和外部。当使用带有润滑剂的避孕套时，最好使用水基溶液润滑剂的避孕套，而不是使用油基溶液润滑剂的避孕套，这是因为后者能够削弱避孕套的功效，并可能造成避孕套破裂。

问题和解决方案

如何才能减少感染性传播疾病的风险？

- 要避免涉及交换体液的性活动。
- 要保持一夫一妻制关系。
- 要使用避孕套。

许多男性都反对使用避孕套，因为他们觉得避孕套是一种降低性自发性的方法，而且，避孕套也减少了快感。然而，如果你打算在非一夫一妻制情况下发生性关系的话，那么，避孕套就是最好的选择，因为它不仅仅是起到保护作用。在前面避免怀孕的内容中，我们对一些在人们面对浪漫伴侣另一方抵制使用避孕套时所持的论点进行了说明。在下一节，我们将就人们在传染了性传播疾病之后，他们自己的感受，所面临的一些问题以及与伴侣如何打交道等进行探讨。

处理性传播疾病

当个人认为他们患有某种性传播疾病时，第一步就是要寻求治疗。虽然这么做也许令人为难，但是，性传播疾病如果不及时治疗，就可能发展为非常严重的疾病，甚至致命。像疱疹、人乳头状瘤、乙型肝炎、艾滋病等病毒都能够治疗，但却无法治愈。艾滋病也许必须经过几次治疗，也可能要经过很多次治疗。艾滋病治疗费用非常昂贵，而且需要接受细致的药物和饮食治疗。

性传播疾病在身体和心理上均对人们产生影响。有些人会觉得性传播疾病
174
肮脏、传染或不健康，这些看法都会影响他们的自身感受以及与其他人的关系。有时个人会因为犯错误而责备自己；而其他人则会责备伴侣在有关性传播疾病方面撒谎，抑或想到独处或远离他人。

杰夫身高约2米，是一名社区学院二年级的学生。他期待着获得工商管理学士学位。杰夫对自己的身高感到非常尴尬和难堪。在高中期间，他通常回避女孩，在她们身边的时候，他感到非常害羞。在一个朋友家里举行的周末聚会上，他遇见了克丽丝特尔。虽然杰夫害羞，但一直对杰夫感兴趣的克丽丝特尔，是一位文静、具有良好幽默感的女孩。他们约会了3个月左右。当克丽丝特尔说，她对看到其他男人感兴趣时，杰夫受到了伤害，因为他已经十分喜欢她了。他一直期待着去克丽丝特尔的家，一起看电视，而且，以一种他从未有过的方式与一个女孩在一起。这样他感到很放松。

在他们第三次一起外出后，杰夫开始与克丽丝特尔发生性交。对于杰夫来说，这是第一次，而且，询问有关节育的事情使他觉得很尴尬。克丽丝特尔向他保证，她已经采取了措施，而且，他也并不担心。

就在克丽丝特尔与他分手后，杰夫的生殖器周围出了一些水泡。由于不知道这些水泡是什么，他去看了医生，医生告诉他他被传染了疱疹病毒。当他找到克丽丝特尔谈及此事时，她说："哦，我没想到我的疱疹病毒又复发了。"当杰夫问克丽丝特尔为什么不告诉他时，她说："我以为，我把疱疹控制住了。"

问题7.6 如果人们患有某种性传播疾病，那么，他们告知未来伴侣的道德责任是什么？

杰夫忧心忡忡，他认为，疱疹病毒可能会导致艾滋病（不可能）。他想知道，如果他遇到另一个女子该怎么办。他具有的疱疹知识产生了一种前所未有的感受：好像他的人生有两个阶段，前疱疹阶段和疱疹阶段。纯真不复存在。如果疱疹出现在嘴的周围，该怎么办？如果他想要与女人性

交，该怎么办？他变得更加沉默寡言，也很少与朋友一起外出。他在下午进行体育运动，仅此而已。

最后，他同儿时起关系就最好的朋友克里斯蒂娜谈了此事。他们从来没有约会过，也不打算约会。与克里斯蒂娜谈论发生的事情是极为有益的。她再三向他保证，他会好起来的，他仍然是杰夫，而且，他不会被染上疱疹病毒。她同他谈论各种他可能跟另一个女子谈论疱疹的方法，而且，她认为他是一个有责任的人。但是，担心把疱疹传染给其他人始终重重地压在杰夫心上。当他再次去看医生时，他拿到了一张问题表。医生对他耐心有加，并向他讲述了有关疱疹的知识以及它如何与其他性传播疾病不同的信息。

问题 7.7 就婚前是否发生性交，你会怎样向一位朋友提出忠告？你认为什么问题是最重要的？

问题 7.8 为什么有些人会忽视节育和性传播疾病并进行随意的性交？

患有某种性传播疾病，就会随之产生健康问题、心理问题以及有关道德责任的问题，像杰夫涉及的，既有复杂的问题，又有隐私问题。与朋友、牧师或咨询师进行交谈，有助于你剖析问题。 175

性侵犯和强奸

专家（Browne & Williams，1993）将**强奸**（rape）视为一种敌对和侵犯行为的表达，而不是看作一种性行为的表达。大约95%的强奸受害者都是女性。男性对男性强奸相当少见，这种强奸最可能发生在监狱中，女性强奸男性的事例也极为罕见。因为强奸是一种暴力行为，人们遭到强奸所造成的创伤是严重的和持久的。接下来，我们将剖析人们可能避免遭到强奸的各种方法、假如你被强奸该怎么办、被强奸的后果以及如何帮助经历这种创伤的人。然而，我还是首先要描述三种发生在不同情境下的强奸以及发生频率不同的强奸。

强奸 不情愿地、被迫地与另一个人进行口交、肛交或性交。

- 陌生人强奸。当大多数人想到强奸时，他们就会想到被某个陌生人强奸，但是，据报告，陌生人强奸大约只占据报强奸的20%。（据估计，据报强奸只有1/10。）对于大学生而言，陌生人强奸甚至还要比通常对女性强奸的数量少，大约只有10%（Koss，Gidycz，& Wisniewski，1987；Koss，1993）。
- 熟人强奸。当女性遭到她们熟悉的、来自非浪漫情境的熟人强奸时，这种强奸就被称为**熟人强奸**（acquaintance rape）。这类人可能是同事、邻居、朋友或亲戚。大约25%～30%的大学女生有过熟人强奸经历（Koss et al，1987）。
- 约会强奸。发生于约会或浪漫关系背景下的强奸，**约会强奸**（date rape）要比熟人强奸受到更多的限制。强奸是指不情愿地进行性交或将阴茎插入阴道或肛门。在约会强奸中，女性也许会允许一些性行为，但是她不允许其他的性行为。当女性拒绝发生性交，而男性迫使其与自己发生性关系时，这就是强奸。被说服和同意性交则不是强奸。有些男性认为，在某些环境下，没有得到女性的同意就与她性交是很正常的事。

熟人强奸 强奸发生于一个人遭到她或他认识的、来自一种非浪漫情境的某个人的强奸。

约会强奸 发生于约会或浪漫关系背景下的强奸。

而事实却并非如此。在通常情况下，威胁等口头胁迫比起人身约束和人身攻击，是一种更常用的手法（Rapaport & Burkhart，1984）。

为什么男性要强奸？什么社会因素促使强奸发生？在许多社会里，男性角色与权力和攻击有关。研究人员（Sanday，1981）研究了许多在不同社会里发
176 生的强奸事件，发现有些社会比其他社会更“倾向于强奸”。强奸发生率相对较高的社会，具有容忍或重视男孩和年轻男子暴力的态度。这类社会比起那些低强奸率的社会，往往赋予男性更大的经济、政治和家庭的权力。美国就是一个“倾向于强奸”的社会，在美国，男性的进取心和竞争力得到人们的认同，而女性的被动性和容忍性则受到人们的期待。此外，色情杂志或电影，尤其是暴力色情文学已经表明，强奸被认为与男子的态度和行为有关（Crooks & Baur，1999）。在熟人强奸和约会强奸中，酒和药物的使用扮演着重要的角色，正如男性把女性视为性目标一样。

男性强奸的类型是什么？埃布尔和鲁洛（Abel and Rouleau，1990）等研究者指出，施暴的男子很可能把男性视为一种具有支配地位的角色。此外，强奸犯也许卷入诸如暴露癖、窥阴癖、虐待狂以及对儿童性虐待等各种性侵犯或伤害事件。在开始强奸之前，他们很可能具有强奸和暴力幻想。在手淫时具有强奸幻想，常见于最终施暴的男性中。强奸没有单一的原因，但是，许多动机均与权力和支配问题有关，诸如强烈的仇恨和怨恨、希望控制他人的欲望、折磨或虐待的欲望以及性满足（Crooks & Baur，1999）。强奸是一种现实事件，而且，正如前面所述，熟人强奸和约会强奸要比陌生人强奸常见。那么，如何才能避免遭到强奸呢？

避免遭到强奸

专家们（Crooks & Baur，1999；Fischhoff，1992）就避免发生陌生人强奸以及熟人或约会强奸事件提出了各种建议，大多数强奸事件均涉及人身安全。例如，安装防盗门和窗户并使用安全锁都是很有益的做法。先确认他们的身份，再为陌生人、所谓的修理工和政府人员开门是适宜的做法。当单独行走时，尤其是在单独走夜路的时候，要避免去黑暗和荒凉的地方、手里要拿着房门和汽车钥匙以及携带发出巨大声响的设备（如哨子）都是有所帮助的。通过身体语言来表明自信（走路时要昂首挺胸，不要蔫头耷脑），可以向潜在的强奸犯传达女性不会被吓倒的信息。虽然上述建议很有帮助，但是，它们也无法保证女性不会遭到陌生人强奸。

性侵犯迥然有别，而且，每个潜在的强奸犯也各不相同；然而，有些建议在一个女性可能被强奸的情境下也许是有益的（Fischhoff，1992）。如果你无法逃离这种情境，大声喊叫、造声势、反抗或其他阻止强奸犯施暴的方法就比较适宜了。有时，进行对话也可能是一种策略（“什么使你如此生气呢?”“被解雇和没有工作确实很难。”）。在进行交谈时试图摆脱这种情境，是一个不错的主意。有些女性发现，正当防卫课程为她们在身体上反抗攻击者提供了更多的信心和方法。因为情境各不相同，所以，并非所有的建议都能起作用。在许多情境下，女性均无法摆脱攻击者。当攻击者携带武器时，女性很少或根本没有办法进行反抗。一个荒诞的说法是，有些女性“期待被强奸”，并在一定程

度上对强奸负有责任。强奸的责任在于强奸犯，而不在于受害者。

在约会强奸情境中，归咎于受害者有时令人不解。强奸责任还是与性胁迫者有关，而与受害者无关。“她自找强奸”并不是一种可以接受的借口。

为了减少熟人强奸或约会强奸的风险，女性不应该在她们不熟悉的公共场所与男子见面。饮酒可以使潜在的犯罪者更有可能行为不轨，而且，饮酒能够降低女性摆脱和抵制攻击的能力。当男子不听从女性的请求，停止有害的性行为时，具有说服力的话语是有所帮助的。比如，“如果你不住手的话，我就打 911 报警”。喊叫或进行诸如推搡和踢踹等身体反抗也是有效的。无论是陌生人强奸、熟人强奸还是约会强奸，强奸都是一种会被判处几年徒刑的犯罪，这取决于犯罪的程度以及强奸事件发生所在州的法律。

如果你遭到强奸，该怎么办

当一名女性遭到强奸时，她必须决定是否向警方报案。通过提供强奸或强奸未遂方面的信息，女性可以向其他受强奸犯或潜在强奸犯伤害的女性提供帮助。当你报告一起强奸案时，你提供的有关攻击和攻击者的信息越多越好。这包括攻击者的长相、穿着打扮、气味或其他有助于警方找到他的线索。越早报案越好，并去医院采集精液、毛发和其他证据，女性可以在确认强奸犯方面提供帮助。妇女可以做的一件最重要的事情，就是不要为被强奸而责备自己。遭到强奸并不是犯罪，强奸才是犯罪。在决定该怎么办以及如何处理这种情境方面，给强奸危机中心或性侵犯热线打电话是非常有帮助的。

在遭到强暴后，女性很可能经历两个创伤期，一个是直接反应期，另一个是持续几个月或几年的长期反应期（Crooks & Baur，1999）。在受到强奸攻击的直接反应方面，女性可能会明显感到心烦意乱、哭泣或惊恐。另一方面，许多妇女将通过设法承认事实，并表现出镇定自若，来试图控制她们内心的感受——羞愧、愤怒、内疚、自责或一种无能为力感。有些女性还会因此而出现各种身体症状以及头痛、失眠和梦魇问题。 178

问题和解决方案

我怎样才能帮助一个遭到强奸的朋友

- 要向她推荐并支持她使用咨询建议。
- 要鼓励或允许你的朋友不断讲述强奸事件。
- 要在可能的情况下支持她在处理强奸事件方面所做出的判断。
- 要支持她在处理强奸事件方式上所做出的决策。

在经过几天或几个星期的直接反应期后，女性很可能继续感到害怕或不安。许多妇女报告说，在性欲和性唤起以及分享性行为乐趣方面出现困难。对于有些女性而言，遭到强奸在性心理方面产生的影响要甚于生理方面。此前伴随着爱情和亲密行为出现的性生活，现在也许会与恐惧和创伤联系在一起。咨询服务经常有助于缓解女性被强奸后所经历的创伤。在被强奸后不久寻求咨询服务，对处理恐惧、愤怒以及其他强烈情感是非常有帮助的。谈论强奸能够帮助个人应对痛苦，并有助于她们治愈心理创伤。

帮助遭到强奸的人

> **问题 7.9** 如果你的一个女性朋友告诉你她遭到强奸了，你会做出怎样的反应以及你想要说些什么？

> **问题 7.10** 为了改变一个男性朋友吹嘘威胁女人与之发生性关系，你能够说些什么？

179

当一个女性向你吐露遭到强奸的事情时，你可以做一些事情，但是，你不必承担处理这类创伤性事件的责任。鼓励她寻求咨询服务可能是你能够提供的最有帮助的事情之一。其他有帮助的行动还包括倾听。这有助于经历创伤性事件的人不断谈论这一事件。不要阻止她反复谈论强奸事件。当她谈论强奸时，不要质疑她所做出的判断。比如，“为什么你一定要和他搭讪呢？”“为什么你不逃跑呢？”这些都是没有用的话，因为这些评论会使女性因此而责备自己。在强奸发生以后，要允许女性为自己做出决策，而不是告诉她应该怎么办。一个人在遭到强奸后，获得对人生的控制感至关重要，所以，帮助她这样做就是有益的做法。关注一起强奸事件可能要持续几个星期、几个月甚至几年的时间。无论她在什么时间觉得有必要谈论强奸事件，都要允许她谈论，这是一种提供重要援助的方法。在女性设法应对这种严重的心理创伤时，浪漫伴侣或亲密朋友提供的认同和支持是非常有帮助的。

总结

因为性行为是一个极端个人和隐私的内容，所以，个人经常不愿意讨论这个问题。因此，有关性的荒诞说法往往会相当不准确地发展起来，这些说法能够约束个人或使个人惊慌失措。其中，有些说法是伴随着不同人所持有的性爱观进行讨论的。宗教、家长意见以及与他人的关系经常对性价值观产生影响。并非所有的性行为都是针对异性的。我们在这里还讨论了有关同性恋行为以及围绕同性恋行为的消极性价值观。

不论性取向是否被人所理解，性都需要在亲密关系中加以讨论。性不仅可以解释为激情之爱，也可以解释为伴侣之爱，这取决于关系的发展阶段以及偶然关系演变为爱情关系的方式。男性和女性以不同方式看待亲密和性关系也是本部分内容的一个主题。了解男性和女性对性所持的信仰和价值观，为我们提供了一个理解人类性反应的语境。本章对典型的性反应模式以及性兴奋的各个阶段进行了说明，它们适用于男女两性。尽管存在性信息以及性的社会禁忌的理由，但是，男性和女性都可能有性反应问题，本章就人们如何能够应对这些问题提出了建议。

性行为带有责任和关注，因为不负责任的性行为可能会导致意外怀孕或性传播疾病。由于医学技术已经相当先进，因此，新的避孕方法已经研制开发出来并在本章进行了介绍。避孕方法包括禁欲、口服避孕药、避孕套、杀精剂、子宫帽避孕套、安全期避孕法及其他方法。在所有避孕方法中，禁欲和避孕套是防止性传播疾病的最有效方法。 180

在本章大部分的内容中，性都是在一种双方同意的关系背景下进行描述的；然而，性侵犯和强奸却是美国和其他国家的重大问题。对于女性而言，处理陌生人强奸、熟人强奸或约会强奸是非常痛苦的事情。本章讨论了如何避免强奸、如果你被强奸该怎么办以及帮助遭到强奸的个人等内容。各种性行为、性价值观和性关注使得性成为一个极其复杂的问题。

推荐读物

《我们的性》(*Our Sexuality*)

R. 克鲁克斯和 K. 鲍尔(Crooks, R. and Baur, K.)著，布鲁克斯/科尔出版公司(Brooks/Cole)，1999年版

这本内容全面的教材对性进行了彻底而翔实地讨论，从而成为被广泛用于有关性的课程。该书内容准确，思路清晰。大部分章节采用第一人称的叙述方法，对态度、价值观以及性生理进行了讨论，范围涉及同性恋、变性、性成熟过程以及有害的性行为。

《爱和性：跨文化视角》(*Love and Sex: Cross-Cultural Perspectives*)

E. 哈特菲尔德和 R. L. 拉普森(Hatfield, E. and Rapson, R. L.)著，阿林—培根出版公司(Allyn & Bacon)，1996年版

该书从不同文化视角审视浪漫关系和性。这本书不仅对诸如激情之爱和伴侣之爱等概念进行了充分的介绍，还对不同文化群体的性价值观和态度进行了讨论。这本书中的练习和测验有助于读者评估自己的性价值观和态度。本书提供了一个范围广泛的爱和性的观点以及文化在浪漫关系中所扮演的角色。

《爱上一个同性恋》(*Loving Someone Gay*)

D. 克拉克(Clark, D.)著，天艺出版公司(Celestial Arts)，1997年版

本书是专门为那些同性恋者和了解谁是同性恋的人们撰写的。作者是一位同性恋临床心理学者，书中使用了真实事例来说明重要的问题。本书第一部分涉及了同性恋者关注的问题，如同性恋者遇到的各种无形和敌意的问题。本书还讨论了诸如各种同性恋关系的情感和性方面的问题。本书另一部分包括了对了解同性恋的人们，如儿童、朋友或邻居提出的建议。此外，本书还对诸如医生、牧师和教师等与同性恋打交道的专业人士提出了建议。

《抚平强奸创伤》(*Recovering from Rape*)

L. E. 勒德雷(Ledray, L. E.)著，霍尔特出版公司(Holt)，1994年版

该书是由强奸受害者及其家人和朋友撰写的，在处理强奸创伤方面，不仅提供了情感支持，也提供了切实可行的咨询服务。书中每一章都包括了强奸受害者的内容以及对强奸受害者具有其他重大影响的内容。本书对强奸的最初心理反应以及平复强奸创伤进行了讨论。此外，还对与警察、医务人员以及朋友和其他人打交道的方式进行了讨论。还有几章专门讨论了诸如对儿童进行性侵犯以及强奸犯的动机等问题。

推荐网站 181

爱情主页网(Love Page)

http://www.tc.umn.edu/nlhome/g296/parkx032/LBindex.html

在这个网站上，存在主义哲学家、关系自由和真实性的倡导者詹姆斯·帕克(James Park)，对传统观念的浪漫爱情提出了一个与众不同的挑战。他提供了许多专题的参考书目，诸如嫉妒、性脚本以及做出要孩子的决定等。

美国性信息和性教育委员会网(SIECUS, Sexuality Information and Education Council of the United States)

http://www.siecus.org/

这个网站是由美国专门从事公众性教育的最古老的组织创建的，包含与性有关的许多不同专题的链接。

人口研究办公室网（Office of Population Research）

http：//opr. princeton. edu/

普林斯顿大学（Princeton University）人口研究办公室从许多不同的视角研究人口问题。这个在线资源包括了广泛的链接，并就避免怀孕和生育选择专题提供了指导。

性健康网（Sexual Health Network）

http：//ww. sexualhealt. com/

这个网站提供了全面的、与人类性健康方面有关的信息。尤为值得注意是，该网站还讨论了身体受伤或残障人士的性功能等内容。

同性恋者资源名录网（Queer Resources Directory，QRD）

http：//www. qrd. org/QRD/

这是一个专门致力于性的少数群体——“在传统上被贴上‘同性恋者’（queer）① 标签并在系统上受到歧视的群体”——的电子研究图书馆。这个名录网提供了丰富的资源。

艾滋病、艾滋病病毒保护网（AIDS HIV AEGIS）

http：//www. aegis. com/

这是一个涉及人类免疫缺陷病毒（human immunodeficiency virus，HIV）以及获得性免疫缺陷综合征（acquired immune deficiency syndrome，AIDS）的最大和最重要的互联网资源。这个网站提供了大量收集到的信息来源，既有印刷信息来源，又有在线信息来源。

性侵犯信息主页网（Sexual Assault Information Page）

http：//www. cs. utk. edu/bartley/saInfoPage. html

克里斯·巴特利（Chris Bartley）提供了与性侵犯有关的一组非常有价值的资源，其中包括约会强奸和熟人强奸。这个网站对诸如有缺陷沟通等造成性侵犯的因素进行了详细的讨论。

环球性教育资源网（Sex Education Resources on the World-Wide-Web）

http：//www. jagunet. com/～ dgotlib/meanstreets. htm

这个网站由约翰·霍普金斯大学（John Hopkins University）的戴维·A·戈特利布（David A. Gotlib）和彼得·费根（Peter Fagan）编辑整理。该网站包含了一些与性有关的最好的网上资源。

① 对同性恋的贬蔑语。

第8章

性别角色

183 下列问题说明了我们在社会中履行性别角色的重要性：假如在你班上有人穿着异性的衣服来上课，你会怎样想？人们的震惊和其他感受，突出了个人所具有的强烈的性别角色预期。在大多数社会，性别角色经常被认为是理所当然的，因为孩子并没意识到他们所学习的课程是被灌输进去的。在本章中，我们将剖析性别角色的差异性以及理解它们所采取的不同方法。在讨论性、性别和性别角色之前，我们先来明确几个将在本章使用的术语（Weiten & Lloyd, 2000）。

性别 指一个人是男性还是女性。

性别角色 指有关对男性和女性适当行为的预期。

性别刻板印象 指有关人们认为男性和女性具有的技能、人格和行为的各种信念。

性 用来指性行为，如接吻或性交。

性取向 个人对一种性别、另一种性别或两种性别的偏好。

- **性别**（gender）。指一个人是男性还是女性。男性和女性的差异可通过学习或继承获得。
- **性别角色**（gender roles）。指社会对有关男性和女性适当行为的预期。人们认为，男性和女性扮演的角色根据文化背景的不同而有所不同。
- **性别刻板印象**（gender stereotypes）。指在许多文化中，人们认为男性和女性应该具有的技能、人格和行为的各种信念。比如，一个性别刻板印象的事例是认为女性应该当护士，男性应该做医生。
- **性**（sex）。在本书中，我们将用性指性行为。接吻、性交和强奸都是性行为。
- **性取向**（sexual orientation）。许多文化认为，个人都具有一种异性取向，异性取向是个人对异性的一种偏好。然而，有些人对同性的人（同性恋）或两种性别的人（双性恋）都具有某种性取向。

规范 社会活动的共同准则。

184 近年来，性别角色一直是各类文章和图书的主题。女权主义已经发展成为一门学科，女权主义者疗法也已经发展成为一种解决相应问题的方法。许多大学均开设了女性研究课程，而且，许多大学也都设有女性研究院系。对这种现象最好的解释是，男性多年来被视为**规范**（normative）。换言之，当描述一个人具有历史、科学或其他领域的贡献时，这个人往往是男性。例如，在整个历史上，女性最经常作为将军、国王、科学家或具有世界影响力的人的“妻子”或“母亲”而得到承认。从这种情况来看，女性遵循这种“规范”，但她们不能建立规范。在20世纪60年代末以前，像mankind（人类）和man（人）等词，过去经常被用来泛指人类。过去人们习惯只用一个代词he（他），但是，现在的作者为了避免它侧重指男性，通常使用“he or she”（他或她）或“they”（他们）。当男性成为规范时，女性就变成了这种规范的一个子集（Hyde，1996）。

由I. K. 布罗韦尔曼、D. M. 布罗韦尔曼、克拉克森、罗森克兰茨和沃格尔（I. K. Broverman，D. M. Broverman，Clarkson，Rosenkrantz，and Vogel，1970）进行的一项早期研究，为治疗师将男性视为规范的方式提供了证明。I. K. 布罗韦尔曼及其同事使用了一个精神病学者、临床心理学者和社会工作者的样本，他们让1/3的样本评价成熟和健康的男性，让1/3的样本评价成熟和健康的女性，让余下1/3的样本来评价成熟和健康的成年人。当研究比较了122个形容词的评定后，他们发现，男性和成年人的心理健康标准相似，但是，女性和成年人的心理健康标准却存在着差异（男性作为“规范性”群体的一个事例）。男性的特质包括客观、独立、积极、直接和不易动感情，而女性特质则包括顺从、敏感和情感表达（I. K. Broverman et al，1970）。虽然其他研究也为性别角色刻板印象提供了证据，但是，随着有关性别角色知识的不断增加以及治疗师态度的转变，还是解释了在 30 年后重复这项研究却可能不会获得类似结果的原因。通过质疑男性作为所有人规范的观点，我们可以得到有关男性和女性如何不同以及他们怎样彼此相关的有用信息。

男性和女性如何看待自己以及怎样看待对方，对他们的自身发展产生了深刻影响。每个人对性别角色的看法都存在着差异，而且，他们也存在比较广泛的文化差异。

虽然研究性别的发展至关重要，但也不要将常见的刻板印象归结到所有人身上。在个人发展方面有许多不同的因素，从而使每个人对文化性别角色作用的反应也存在差异。

性别发展 185

有关性别特征的研究比较广泛，对儿童性别特征的研究更是如此，其中包括许多生理、心理、社会以及环境因素的研究。在这类研究中，有两个相关的问题（Hare-Mustin & Marecek，1988）。一个问题是将男性和女性分为两类，然后，将他们视为单独和不平等的人，这助长了男性对女性的刻板印象。另一个相反的问题是，忽视女性生活和男性生活之间的现实差异，并将他们视为完全相似的。在这一节中，我将侧重于男性和女性发展的差异性，因此，我将按照年龄顺序剖析儿童期性别角色的发展，随后我将剖析青春期性别角色的发展，以及成年期性别角色的发展。我也会讨论文化和性别角色相互影响的问题。

儿童期

甚至在孩子出生之前，父母对他们就有着性别偏好。在许多文化中，男性尤其对儿子有明确的偏好，女性也是如此（Unger & Crawford，1996）。这在亚洲尤为普遍，流产女性胎儿的事例时有发生。如果父母一方或双方对男孩具有强烈偏好，而生下一个女孩的话，这些偏好很可能对父母抚养子女的态度产生影响。

与青春期和成人期的发展相比，在儿童期，幼儿的相似性一般要比性别角色行为的差异性多（Hyde，1996）。一般而言，男女婴儿的行为是相似的。成年人对待他们的方法，使他们产生了性别角色行为。例如，成年人经常根据他们对性别角色的期望，为幼儿选择服装和玩具。他们习惯上为女孩选择粉红色服装而为男孩选择蓝色服装。孩子通过被打扮的方式、玩耍以及通过故事和电视了解人生，开始接受不同的性别角色期望。

在父母和同龄孩子的早期关系中，孩子学习对于他们的性别来说被认为是适合的行为。通常，在 4～6 岁时，孩子开始分为相同性别的群体。在这个年龄段，孩子与同性伙伴玩耍的时间数量与异性伙伴玩耍的时间数量相比，比例从 3∶1 提高到 11∶1（Maccoby，1990）。男孩的游戏也不同于女孩的游戏：男孩往往跑到离家较远的地方去玩，并在较大的群体里玩耍，而女孩则更可能

186 在家附近玩耍（Feiring & Lewis，1987）。男孩和女孩之间的另一个区别在于，女孩更有可能表达意见，而男孩则更经常提出要求或请求（Maltz & Borker，1983）。因为可供男孩模仿的男性榜样较之女孩要少，而女孩有母亲和女教师作为榜样，所以，研究者指出，同龄孩子扮演的角色对于男孩来说更为重要（Weiten & Lloyd，2000）。男孩从他们的同龄男孩那里获得的有关男性角色的信息，比女孩从她们的同龄女孩那里获得的有关女性角色的信息要多。

在小学里，性别分离是一个常见的现象。这些年来，有一种消除异性行为的压力。换句话说，女孩因是一个“假小子”（tomboy）而可能被嘲笑或被戏弄，而男孩也许被叫做“娘娘腔”（sissy）。这在一定程度上是由于对异性刻板印象特征的不认可造成的，以前正常的男孩和女孩之间的友谊就变得越来越不正常了。父母、老师和其他成年人之间交往的性质，同样可以鼓励男孩的独立性和有效性以及女孩的养育性和无助性（Unger & Crawford，1996）。即使当父母有意识地不向他们的孩子传授性别角色期望时，孩子也会通过基于性别的玩耍、玩具和刻板印象预期来传达他们自己的性别角色观点，这些性别角色观点可能来自电视、电影和同龄孩子。

青春期

由于身体变化和同龄孩子的压力，性别角色压力在青春期往往比一生中的其他任何时期都要大。一般而言，青春期对于女孩要比男孩出现更多的冲突，这是由于社会审视女性身体的方式以及女性性特征的角色造成的（Unger & Crawford，1996）。对于女孩来说，**月经**（menstruation）出现于 11～13 岁。有时，女孩和她们的父母对此做出消极的反应。类似地，因为乳房的发育能够很容易观察到，所以，这可能会成为女孩感到尴尬和男孩戏弄的主题。女孩经常深知苗条的重要性，她们也把苗条看作在身体上具有的魅力。虽然不同的同龄群体（基督教教堂或犹太教堂的朋友、女运动员或亲密朋友）可能有不同的预期，但是，通过杂志和电视来暴露女性外貌的预期，却能够产生深远的影响。由于女孩因外貌而受到重视，而男孩则因成就而受到重视，因此，对于一些女孩而言，约会可以成为培养自尊的重要因素。女孩为了引起男孩的注意而与其他女孩进行竞争，男孩则被要求把注意力集中在更广泛的学术和运动成就上。女孩必须要学会控制性活动，以防止怀孕。对于青春期女孩来说，避孕方
187 法的使用以及十几岁女孩怀孕的后果，通常是比较严重的问题。性别角色的刻板印象影响着父母的预期，而且，随着十几岁青少年的独立性的不断提高，他们与父母之间的冲突就会产生。这些冲突通常由于母女、母子、父女以及父子之间关系的不同而不同（Unger & Crawford，1996）。虽然青少年与父母之间的关系至关重要，但还是需要发展各种关系（对于男性尤为如此），因此，女孩格外重视她们的外貌，这种重视会一直延续到成年期。关系对于男性而言至关重要，但是，对于女性来说，关系往往是一个需要格外关注的焦点（Jordan，1997）。

月经 定期从子宫流出的血液，大约每月出现一次。

成年期

因为男性和女性以各种不同的方式来处理他们在人生中遇到的教育、职业、社交和家庭问题，所以，我很难清晰地介绍女性或男性在成年期的发展。然而，有些重要的问题还是会对男性和女性产生某种特别的影响，我将在这里对如下问题进行讨论：抚养孩子、工作、中年问题以及暴力问题。

虽然分娩是只有女性能够做的事情，但是，男性和女性却可以以各种方式来分担抚养孩子的责任。对于女性而言，生理变化出现在怀孕期间，怀孕对工作、婚姻关系以及身体的自我形象产生影响。女性对分娩的反应方式取决于各种因素，如此前的孩子数量、女性的社会阶层、种族、性取向以及与孩子和丈夫或伴侣的关系。研究（Aneshensel，1986）表明，女性体验到最忧郁的经历，是一种发生在未婚女性中间的情况；而快乐的已婚女性体验到忧郁的经历则很少。决定不要孩子的已婚女性比要孩子的已婚女性，感受到相当大的社会压力，这种压力远远超过男性。控制要孩子的决策，需要处理诸如避孕和可能流产等方面的问题。在美国社会，女性被更多地赋予养育子女的责任，如果没有正确地养育孩子的话，她们就有可能受到指责（Unger & Crawford，1996）。

已婚女性比起已婚男性，经常具有不同的工作经历和工作方法。虽然有些男子分担家务劳动，但是，女性通常做大部分的家务劳动（Ferree，1987）。事实上，许多已婚女性将家务劳动视为她们的家庭角色的一个重要方面（Robinson & Milkie，1998）。其他有关任务还包括照顾丈夫、孩子以及年迈的父母。在她们被支付报酬的工作中，女性从事行政工作的可能要比男性多 6 倍，而男性从事如管道工等职业，则可能要比女性多 6 倍（Ciancanelli & Birch，1987）。此外，女性相对要比男性挣得少。虽然传统的女性职业都具有较高的社会地位，如教师、社会工作以及卫生职业等，但是，因为这些职业需要技能和奉献精神，所以，她们的工资低于传统上由男性从事的许多地位高的职业（法律、医生、企业主管）。此外，在申请工作方面以及在实际工作本身，女性比男性更有可能遭到歧视和性骚扰（Sharf，1997）。在法律方面，近期出现的变化已经难以对女性采取歧视性的政策。然而，在 20 世纪 70 年代之前，当女性试图进入非传统领域，如商业、科学或传统领域内较高的职位时，她们就会遭到很大的阻力。女性可以成为护士，但是她们要成为医生却很难。虽然法律防止了歧视现象的发生，但是歧视行为改变起来还是比较缓慢的。 188

女性和男性成熟的年龄不同。例如，女性被认为失去吸引力的年龄要早于男性。女性成熟的组成部分是**绝经期**（menopause），这经常被视为女性的身体和心理方式被动地发生变化的时期。有些女性感到被离开家庭的子女看不起或照顾孩子的角色明显减少。社会全面重视女性在关系或照顾中的角色，这种变化可能是艰难的。然而，对于有些女性而言，这却是一个实现和发挥积极作用的机会。就财政来说，老年女性的收入几乎比同龄男性少两倍（Grambs，1989）。对于那些孀居或离婚的女性来说，不足的收入可能是特别突出的问题。总之，与男性相比，老年女性很可能被人们消极看待，而且，她们也要比男性体验到更多的财政困难。与其他国家的文化相比，这种状况更常见于美国文化。然而，老年女性由于参与养育活动而具备发展友谊的能力，因此，她们很

绝经期　月经永久性终止。一般来说，这种情况出现在女性 50 岁左右的时候。

可能会有效地处理子女离开家庭、丈夫去世以及其他损失。而男性则很难处理类似的损失，因为他们可能不具备与女性相同的发展关系的技能。

男性和女性遇到的暴力问题也不相同。女性要比男性更普遍地遭到暴力，但是，也存在一些例外情况。第 10 章介绍了非洲裔男性杀害非洲裔男性的问题。尽管如此，女性遭遇暴力更为常见，而且暴力发生于各个年龄段。就儿童而言，虐待儿童和血亲相奸能够对儿童以后的心理发展产生可怕的后果。在青春期和成年期，女性可能会成为约会强奸、陌生人强奸或被丈夫殴打的受害者。虽然人们不断地记录此类犯罪的统计数字，但还是很可能低估了暴力行
189
为，因为受害者害怕通过人身威胁或被指责挑起事端而遭到进一步的攻击。正如海德（Hyde，1996）指出的那样，女性可以被视为生存和回到某种创造性人生的强者，而不是成为人生牺牲品的弱者。

我设法突出男性和女性在一生中不同时期所面临的重大发展问题。在这种总结中，许多这类评论都是具有普遍性的，适用于一些男性和女性，但并不适于其他的男性和女性。另一个对性别角色的发展方式产生重大影响的因素，是人们成长的文化环境。

文化差异

问题 8.1 给出两个你在 12 岁之前怎样经历性别限制或预期的事例。

问题 8.2 给出一个在你考虑或设法跨越性别界限（做一些被认为不是你的性别该做的事情）时的事例。

问题 8.3 给出一个你认识的某个人所经历的性别角色预期的事例。

美国和现代工业国家的性别角色任务具有独特性吗？社会学者（Stockard，1997）发现，所有社会都有性别角色区分。事实上，没有哪个社会的女性在政治或经济世界中控制着男性的人生。各种社会在男性和女性履行角色功能方面存在着差异。在有些社会里，女性在某个地区被赋予了很大的自由或权力，而在其他地区却并非如此。在前工业化社会中，女人负责照顾小动物，如喂鸡，而在其他社会里，则是男人从事这样的事情。同样地，在某个社会中，女人放牧，而在其他社会里，男人放牧。在狩猎和战争期间，男人就要去打猎或上战场，而女人则可能参与各种计划活动。几乎在每一个社会中，男人都比女人被赋予了更多受人尊敬和有价值的任务。例如，在新几内亚的一些地区，男人种植在节日盛宴上食用的山药，而山药被当地人视为一种享有声望的食物。女人则种植日常食用的甘薯。同样，在新几内亚的另一个部落里，男人和女人都从事打渔活动，但是，女人打渔被认为是其工作的一部分，而男人打渔则被看作一个令人兴奋的探险活动（Weiner，1976）。因此，男性和女性在社会中具有不同角色的问题以及女性具有的角色不如男性的问题，并不局限于美国。男性和女性经历性别角色预期的方式大相径庭。

性别观

在上一节中，我们剖析了男性和女性的一些一般成长方式。在这一节里，我将描述一些具体的性别角色问题，这些问题被研究心理学者认为是有助于理解影响男性和女性性别角色的问题。首先，我们将剖析桑德拉·贝姆（Sandra Bem，1981，1987）提出的双性同体的概念——同时拥有男性和女性心理特

征。这是“性别图式理论”(gender schema theory) 提出之后出现的概念，性别图式理论关注个人把性别归因于他们的世界观的重要性。另一种审视性别角色的方式，是着眼于男性和女性在做出道德决策时所使用的不同判断方式。这就为深入了解男性和女性具有不同的价值观提供了途径。然而，我们还有一种审视性别的方式，这种方式具有关系理论或男性和女性如何与他人发生不同关系的性质。也许，性别角色最强烈的预期领域是对同性恋的看法。在我们探讨上述各个领域的过程中，你应该能够以一种不同的方式来观察男女关系。 190

双性同体

双性同体 (androgyny) 的概念是由桑德拉·贝姆 (Sandra Bem，1981，1987) 提出的，这个概念是指每个人都拥有男性和女性人格特质的思想。因此，双性同体的人们在双性同体测验中的得分，要高于男性气质和女性气质的平均分。仅仅在男性气质量表中得到高分的男性，会被认为是传统的男性；而仅仅在女性气质量表中得到高分的女性，则会被认为是传统的女性。贝姆认为，传统的男性和传统的女性会更加严格地遵循性别角色，而且，在行为方面，他（她）们也要比双性同体的人们受到更多的限制。一些研究证据 (Weiten & Lloyd，2000) 表明，双性同体的人们要比单纯性别特征的男性或女性更加灵活。传统的男性似乎不如双性同体的男性好抚养，而传统的女性则不如双性同体的女性独立性强。据称，双性同体的人们或在女性气质量表中得到高分的女性，要比在男性气质量表中得到同样分数或高分的男性在她们的关系中有着较高的满意度。

双性同体　每个人都拥有男性和女性人格特质的思想。

一些与双性同体概念有关的问题始终困扰着性别角色的研究者和其他一些人。这些问题涉及对“男性气质”和“女性气质”的理想化或刻板印象。另一种批评意见是，个人可能感到对男性和女性特质的需求。相反，有人认为，强调性别特征可能是一个错误：与其标示为“男性”或“女性”特质，倒不如最好着眼于个人特质。

性别图式理论

性别图式理论并没有强调男性或女性特质，而是提出性别角色在个人思维中的重要程度。个人使用**图式** (schema) 进行联想，而联想有助于解释他们所看到的现象。例如，有人看到四五个孩子在泥浆里玩耍，也许会用不同的图式来描述这种情境。第一个人可能会认为：“这里有 4 个孩子玩得很快乐。”第二个人也许会认为：“最小的孩子正在指挥其他孩子玩。”第三个可能会认为：“两个女孩把泥弄得浑身都是。她们的妈妈会怎么想呢？”第一个图式可以被称为“玩耍图式”。第二个图式可以被称为“关系图式”。而第三个图式则可以被称为“性别图式”。**性别图式理论** (gender schema theory) 着眼于个人相对在多大程度上关注性别。有些人比起其他人更可能从性别视角来看待各种情境。有些情境可以表现出适合某种性别图式。海德 (Hyde，1996) 给出了下面的智力题。看看你是否能够解决这个难题。 191

图式　一种有助于个人解释所看到现象的联想方式。

性别图式理论　着眼于个人在多大程度上从性别视角来评价他人。

一个父亲和一个儿子卷入一起汽车意外事故，在这起事故中，父亲遇难，儿子身受重伤。父亲在事故现场即被宣告死亡，他的尸体也被送到当地的太平间。儿子被救护车送往医院，并立即被推进手术室。一位外科大夫被叫来实施手术。这位主治大夫在看到病人的时候，大声叫道："哦，我的上帝，这是我的儿子呀！"

你能够解释这一现象吗？（要记住的是，在这起事故中遇难的父亲，并不是这个男孩的继父，主治大夫也不是这个男孩的继父。）

对于我们大多数人来说，我们的性别图式很难意识到这位外科大夫是这个男孩的母亲。

性别图式理论可以被应用于所有的发展阶段。正如贝姆（Bem，1981）所评述的那样，儿童不仅学习社会的性别观，也学会亲自运用这种性别观。例如，他们了解到，女孩穿裙子，男孩不穿；女孩抹口红和擦指甲油，男孩不抹也不擦；男孩被称为英俊，而女孩被称为漂亮。特别是青少年，随着他们关心异性和自己的身体吸引力，他们很可能高度关注性别。关注性别的成人比起在将特征归结为联想的过程中使用其他图式的人，更有可能将联想的行为视为"娘娘腔"或"假小子"的行为。贝姆认为，性别图式理论是最强大的图式之一，也是着眼于社会的方式之一。她认为，一个强大的性别图式是看待自己和他人的一种非常有限的方式。要将儿童了解生理性别差异的必要性与性别角色行为的性别类型加以区分，贝姆建议父母帮助他们的孩子学习其他图式。一个"个人差异"的图式强调了在一个群体内个人的可变性。例如，当一个幼儿说："哈里是个娘娘腔，因为他喜欢化妆"时，父母也许会指出，男孩和女孩都可以化妆，并享受化妆的乐趣。父母可能还会指出，并非每个人都以相同的方式思考问题，而且，不同群体或文化的人们可以具有不同的信仰。童话故事通常包含许多性别角色的刻板印象，可以被人们解释为反映一种文化的信仰，而这种文化不同于我们自己的文化（如果这个孩子的岁数足以理解这个概念的话）。性别图式理论适用于抚养孩子以及我们看待自己的方式。我们可以剖析我们自己的性别图式，并在我们对他人做出判断的过程中要扪心自问性别的重要程度。

> **问题 8.4** 描述你自己使用贝姆所提出的双性同体概念（你的双性同体怎样?）及其性别图式概念（性别图式对你的重要性如何?）。

192

道德和性别

性别角色影响男性和女性做出道德选择的方式。劳伦斯·科尔伯格（Lawrence Kohlberg[①]，1981）基于正义构想出一种道德发展的阶段模型（表 8—1）。他说明了道德决策如何从以下原则发展而来，这样，个人就不会受到惩罚，而是因遵循他人的原则而受到褒奖。道德发展的另一个步骤是对原则需求的理解，并根据正义感做出判断。卡罗尔·吉利根（Carol

① 劳伦斯·科尔伯格（Lawrence Kohlberg，1927—1987），美国心理学家，芝加哥大学和哈佛大学心理学教授。专门研究道德教育、道德推理与道德发展，并以创立道德发展阶段理论而著称。他的作品反映并扩展了让·皮亚杰（Jean Piaget，1896—1980）的思想。同样，他的工作也得到了卡罗尔·吉利根（Carol Gilligan，1936— ）和明尼苏达大学心理学教授詹姆斯·雷斯特（James Rest）等学者的进一步发展与改进。进而创立了心理学的道德发展分支。著有《道德发展论文集（第一辑）：道德发展的哲学体系》（*Essays on Moral Development*，*Vol. I*：*The Philosophy of Moral Development*，1981）等作品。

Gilligan①，1982），科尔伯格的一位同事，将他的道德发展的阶段模型视为一种参照原则，并认为，这个模型是一个更符合男性观点的模型。正如科尔伯格研究儿童和青少年做出道德决策那样，吉利根也做了这方面的研究，不过，她关注的是女孩和年轻女性的道德发展，而科尔伯格则侧重于男性的道德发展研究。吉利根认为，女性采取道德的方法是强调关怀和责任。她的道德水平（表 8—1）始于关心自己，并逐步发展为对自己和他人责任的关怀，以及关注个人与他人为了相互的利益而需要彼此互动的方式。

表 8—1　　科尔伯格和吉利根的道德发展水平

科尔伯格的正义道德	吉利根的关怀道德
前习俗道德	
1. 要做你被告知避免受到惩罚的事情。 2. 要做你被告知满足需求的事情。	1. 要关心你自己和你的需求。
习俗道德	
3. 要通过遵循其他人的原则来寻求支持；要为了避免其他人的反对而服从原则。 4. 要遵循社会原则，不要质疑它们。	2. 在你碰到其他人的需求时，要使用社会标准作为指导。
后习俗道德	
5. 要了解社会原则的重要性，但是，当原则看上去不再有益于社会时，就要质疑它们。	3. 对你自己和对他人都要在人类关系中侧重于关怀。

下面的事例将有助于解释科尔伯格的正义感与吉利根的关怀和责任之间的差异。这种差异可以通过比较两名 8 岁儿童杰弗里和克伦的谈话看出，他们两个人被要求描述一个不知道什么应该是正确的方法时的情境。杰弗里使用了一个排序体系来解决愿望和责任之间的冲突，而克伦则使用了一个包括她的朋友在内的关系体系。杰弗里考虑的是先做什么，而克伦则关心谁被排除掉（Gilligan，1982，pp. 32～33；Sharf，2000，p. 463）。

杰弗里：当我真的想去找我的朋友时，我妈妈正在打扫地窖，我想到我的朋友，随后我想到妈妈，然后我想到要做的正确的事情。（但是，你又怎么知道这是要做的正确的事情呢？）因为有些事情在其他一些事情之前发生。

克伦：我有很多的朋友，而我却无法和所有人一起玩，所以，每个人都要轮一圈，因为他们都是我的朋友。如果某个人总是单独一个人玩的话，我就会和他一起玩。（当你试图做出这个决策时，你想到要做什么事吗？）嗯，某个人单独玩，很孤独。

科尔伯格在其第一次研究中，使用了由 84 名男性组成的样本，吉利根 193
（1982）对他只使用了描述男性的假设样本提出批评。在科尔伯格研究中，女性一般达到第 3 个阶段，而男性则达到第 4 个阶段。尽管可以将这种现象解释为缺少女性样本，吉利根仍将其视为科尔伯格理论的不足。一个典型的假设事

① 卡罗尔·吉利根（Carol Gilligan，1936— ），美国女权主义者、伦理学家和心理学家。她对于劳伦斯·科尔伯格的道德发展阶段理论做出了继承和批判。她注意到劳伦斯·科尔伯格研究的对象均为白人男性和男孩，认为科尔伯格的道德发展研究排除了女性的经验，特别是女性对关怀、关系和联系在道德判断中的考虑及其价值。著有《不同的声音》（*In a Different Voice*，1982）等作品。

问题 8.5 描述一种与海因茨困境类似的情境。这种情境应该存在道德选择。找出一种正义道德的解决方法和一种关怀道德的解决方法。

问题 8.6 你的性别和做出的道德决策方式是符合科尔伯格的（男性）正义道德，还是符合吉利根的（女性）关怀道德呢？科尔伯格的道德体系和吉利根的道德体系是过分狭隘，还是很适合你？请解释。

194

例是要求人们对海因茨的案件做出回答，当海因茨的妻子身患癌症濒临死亡，只有一种药物可以挽救她时，他面临着一个道德困境。虽然药剂师购进这个药品只支付了 200 美元，但是，他却要为这种小剂量的药物收取海因茨 2 000 美元。药剂师不让海因茨赊账，因此，海因茨闯入药店，偷走了药品。参与者被问及海因茨的行为是对是错，是否认为他应该偷走药品以及原因（Kohlberg，1981）。对于这个事例以及类似的事例，女性给出的回答往往反映了关怀和责任的道德，而男性给出的回答则往往反映了正义的道德（反映了科尔伯格的 6 个阶段）。例如，在海因茨的情境中，女性也许更关注对海因茨妻子的关怀，而男性则可能关注他违反法律和闯入药店。

在总结男性和女性道德方法之间的差异方面，吉利根强调，女性承担了剖析某种情境的责任，其中，某个人遇到麻烦，并寻求各种有助于这种情境的方法。而男性往往涉及尊重他人的权利和保护这些权利不受干扰。吉利根同样也注意到女性在评价某种情境方面，首先进行自我批评，而不是进行自我保护，而男性最初评价某种情境时，则注重不干涉他人的权利。当讨论男性和女性的道德观时，许多研究者指出，并非所有的女性和所有的男性都以类似的方式看待各种情境。有些男性在评价某些情境时使用关怀和责任的道德，而有些女性在评价情境时会使用正义感。根据情境，男性和女性也许都会强调正义的道德或关怀的道德，但是，性别角色显然能够对人们剖析和做出道德困境选择产生影响。

关系观

关系理论 研究女性在寻找认同感方面关系重要性的心理学理论。

与吉利根在女性道德决策模型中强调关怀和责任的重要性一样，**关系理论家**（relational theorists）剖析了关系在女性寻找认同感方面的重要性。男性经常根据他们的成就以及身体或智力技能了解自我，但是，女性的自我意识却取决于发展和维持关系的能力（Miller，1991）。米勒认为，因为女性在历史上从属于男性，她们必须提出各种方式来帮助男性，所以，她们要发展关系技能。由于女性处于从属地位，因此，她们可能感到不如男性重要，她们通过关注其他人的情感和身体需求以及通过帮助他人发展自己的实力和改善他人的幸福状况（抚养或照顾），努力改善她们与其他男性和女性的关系。米勒和萨里（Surrey）及其韦尔斯利学院斯通发展服务中心（Stone Center for Developmental Services at Wellesly College）的同事们，将女性的关系技能视为一种应该得到尊重和赞赏的力量。此外，她们未对男性关注成就和成绩提出批判。

为了帮助说明关系理论，下面这个事例是对女性因为侧重于对情感和关系做出反应，而不是关注对决定或控制做出反应，因而不同于男性的描述。

艾琳：当我走回家时，两名男子走近我，开始纠缠我，说一些下流的话。

琼：哦，你一定被吓坏了，不知道他们会干什么。

艾琳：我被吓坏了。我不知道他们是要摸我，还是要干什么。我只是不停地往前走。

琼：我也会被吓坏的。我可能会不知所措。

琼关注艾琳的情绪和她受到攻击时感到的恐惧。琼对艾琳表示关心，她们具有某种关系或正在构建某种关系。假如艾琳和一位男士谈论此事，他可能会对琼的方式做出反应，但他更有可能会侧重于采取行动或做一些有关这种情境的事情。我们可以将下面的简短交谈与前面的对话进行对比。 195

艾琳：当我走回家时，两名男子走近我，开始纠缠我，说一些下流的话。

狄克：你做了些什么？你看着他们吗？

艾琳：没有。我只是加快脚步往前走，眼睛直视前方。

狄克：很好，因为如果你看着他们，你可能不会为他们提供正在寻找的注意力。

艾琳：我只是设法尽快摆脱这种情境。

狄克：他们是长时间地跟着你，还是很快就离开了呢？

注意，狄克试图通过向艾琳建议她应如何做来帮助她，并设法帮助受到惊吓的艾琳解决问题。他提出有助于问题解决的问题，而琼则对艾琳表示同情。虽然男性和女性很可能做出像琼和狄克那样的反应，但是，米勒（Miller，1991）和萨里（Surrey，1991）认为，女性很可能做出类似琼的反应，而男性则很可能做出类似狄克的反应。女性很可能关注关系以及其他人的情感和身体需求，而男性则很可能关注成就和技能，这样，男性与男性交谈以及女性与女性交谈时的话题很可能全然不同。女性很可能与她们的男朋友、配偶或伴侣等其他人谈论有关关系的话题，抑或谈论她们与父母或熟人等其他人存在问题的话题。而男性很可能谈论他们喜欢或已经做过的事情。常见的事例是体育运动项目或吸引人的轿车。男性也许谈论他们的工作并关注项目和任务。在通常情况下，当谈论工作关系时，男性可能侧重于老板或同事帮助或妨碍完成任务的方式。女性则可能根据她们同事的家庭和健康来讨论工作关系。但需要注意的是，不能对这些区别一概而论。男性和女性都可能谈论上述任何话题。

> **问题 8.7**　回忆两个男性以及一个男性和两个女性之间的一次谈话。他们谈论了什么？他们谈论的内容适合关系理论的预期吗？

> **问题 8.8**　当你与偶然遇到的男女熟人交谈时，你认为，与女性交谈往往更多关注关系，而与男性交谈则更多关注内容和成就吗？请解释。

同性恋的性别观

也许，在美国和许多其他国家有关性别角色最强烈的观点在于，性关系应该发生在异性成员之间。这种观点不仅得到常见社会和文化的支持，也得到宗教作品的支持，而且，在某些情况下，还受到法律的支持。引起公众关注以及与同性发生性关系的个人，会有被歧视、嘲笑和被社会遗弃的风险。近年来，同性恋的可接受性始终是人们争论的话题。由于存在这种争议，因此，我们定义一些用来阐明问题的术语是有帮助的。 196

- **异性恋**（Heterosexuality）。针对异性的性欲和性爱行为。
- **异性恋主义**（Heterosexism）。与生俱来地认为异性恋要好于同性恋的观点。
- **同性恋恐怖症**（Homophobia）。对同性恋者的厌恶、恐惧或憎恨。
- **同性恋**（Homosexuality）。针对同性的性欲和性爱行为。

在青春期，个人继续学习性别角色，他们开始了解性行为并开始性行为。在青春期，各种普遍接受的行为观开始发生变化，性行为尤其可能遭到鄙视和嘲笑。当诸如“fag”（男同性恋者）、“sissy”（娘娘腔的家伙）或“butch”

异性恋　针对异性的性欲和性爱行为。

异性恋主义　与生俱来地认为异性恋要好于同性恋的观点。

同性恋恐怖症　对同性恋者的厌恶、恐惧或憎恨。

同性恋　针对同性的性欲和性爱行为。

（女同性恋者）等词语在初中或高中使用时，这些词语经常比在人生中的其他任何时期使用都具有一种消极的语气。被同性吸引的个人很可能有一种消极的感觉，他们是与众不同的人，带有一个不应被透露出去的秘密。普遍接受的性别角色是如此强烈，以至于同性恋青少年很快就知道他们不可以与人分享这个秘密，抑或他们只与绝对信任的人分享这个秘密。告知他人有关一个人的同性恋感受或行为的过程，被称为“公开同性恋的身份”（coming out 也叫“出柜”）。因为同性恋者经常害怕告诉人们有关他们的性取向的消极后果，所以，他们往往不愿意向老板或父母公开自己的同性恋身份，以免失去工作或损害重要的关系。

由于许多人都对同性恋者持有这种消极观点（同性恋恐怖症），因此，同性恋者可能不够活跃，这不仅在“公开同性恋的身份”方面，也在了解他们自己的同性恋方面（Garnets & Kimmel，1991）。人们对同性恋在就业和住房等方面的歧视以及对同性恋者的憎恨，通常导致了同性恋者自认为他们在社会中将不被接受（Herek，Gillis，Cogan & Glunt，1997）。当个人开始了解情感以及对他们的同性具有性吸引力时，他们经常会感到与众不同和孤独。渐渐地，他们可能将“男同性恋者”或“女同性恋者”这种消极的社会刻板印象，转变为一种适用于他们自己的、更加积极的社会刻板印象。然后，他们可能开始探索存在于大多数城市的男同性恋者和女同性恋者的亚文化。他们可以利用免费
197 的信息服务，并在他们的地区阅读有关同性恋亚文化的报纸和杂志。在这期间或之后，他们会经历向他人公开自己的性取向的过程。因为同性恋者认为，他们可能会受到歧视、人身攻击或遭人厌恶，所以，他们经常很小心地向他人公开这个信息。

认为与他人不同以及遭到他人排斥的痛苦和困难，常常难以启齿。马克在初中时的经历就是一个痛苦的经历，这个经历一直伴随着他。甚至在他 25 岁时也是如此，他现在对他的性取向感到比较轻松了，他还记得在 9 年级时经历的孤寂和伤害，孤寂和伤害使他感到退缩。

> 在我想到上初中的时候，我还记得那些我们曾经拥有的、灰绿色带锁的储物柜，每个人都把书、午餐等所有东西放在里面。我甚至还记得小银标签上“576”的黑色数字。这是我的储物柜，无论我什么时候走向它，它似乎就是我曾有过的小而又小的避难所，那是我在学校的全部。地板每天擦得锃光瓦亮，褐色的油地毡在晨光的照耀下熠熠发光，好像在那里欢迎除我之外的每一个人。不管怎样，每当我凝视我的储物柜的时候，我都会感到安全，而在其他时候，它却不会让我感到安全。没过多久，学校的同学们就开始嘲笑我。我认为，他们可能觉得我有少女的怪癖和特征吧。可是，我做的一切并没有表现出这些。我讨厌“男同性恋者”或“同性恋者”搬弄是非，我甚至为了足球而愤然离去，这样，我就能够尝试相反的感受了。我从不喜欢体育运动，我也从没有体育运动的感觉。但是，我设法做任何事情来适应。我只是认为，我也许能够把自己隐藏在足球服里面。但是，这丝毫没有奏效。我试着去跑步，我在高中也坚持跑步，这似乎有所帮助。至少，在跑步的过程中，我们能够谈论田径运动会，随意开着玩笑，而且，他们似乎也不太在乎我是谁。我去跳舞，我做我能够做的

一切，只是设法去适应。

我从来不向任何人披露我的同性恋身份，直到我成为大学一年级的学生。我非常努力地学习，这与原来的我判若两人。我讨厌学习，但我却努力学习。这是我在 9 年级时遇到的困难。在我第一次见到阿尼的时候，我就非常喜欢他。他似乎与众不同，因为每个同学都认为他是一个极其聪明而令人讨厌的家伙。我们俩都喜欢谈论政治和宗教以及各种在 9 年级时的陌生话题，这很好玩。虽然他并不英俊，但是，我发现自己越来越被他所吸引。这太不可思议了，我不想把他吓跑。我确信，他是个“异性恋”。事实上，我在那时认为，除了我以外，人人都是异性恋。我们在整个高中时代都保持着朋友关系，这种关系真的很有帮助。我们一起度过了美好的时光。但是，我感到，总是有着某种压力，总是有着我无法打破的某种禁忌。我无法告诉他我的感受。

问题 8.9　在你 9 年级的时候，假如某个男孩或女孩公开他们的同性恋身份，你认为，对他们后果会是什么呢？

在青春期，性别角色预期经常是非常僵硬刻板的，也是难以理解的。当个人感到他们不适应性别角色预期时，那种困惑就可能是压倒一切的。

在大多数社会里，性别观对于个人看待自己和他人的方式是极其重要的。我们已经讨论了双性同体概念，即男人和女人都在不同程度上拥有男性气质和女性气质的心理特征，而且，“过于”男性化或“过于”女性化都会限制人们对他人的体验和看法。性别图式理论解释了从某个适当的性别角色视角来看待他人的行为方式（以及一个人自我）可以是非常有限的原因。另一种看待性别角色的方式，是要剖析人们如何做出道德决策。卡罗尔·吉利根和劳伦斯·科尔伯格从一个性别视角提供了看待道德决策的方式。关系理论学家讨论了女性如何被培养成为重视关系、关怀和责任的人，而男性则关注成就和成功。最后，我们对在许多社会里同性恋者强烈的性别角色进行了剖析。在下一节中，我们将探讨处理性别刻板印象的方式。 198

对性别刻板印象的反应

个人可能会遇到其他人基于性别角色所选择的活动或偏好的各种挑战。当个人基于性别角色信仰向他人发起挑战时，他们就是在表达他们自己的价值体系，并暗示他人应该效仿。在通常情况下，性别角色表述意味着还有更多的内容，即什么是最适合他人的个人信仰。在这种表述中，另一个组成部分是具有权力性质的。如果我告诉你做什么，我就是从一个权力的立场来讲的。

正如我在本章其他地方已经指出的那样，在大多数社会里，男性是一个标准。传统上，男子做出了政治、宗教和军事决策（尽管存在一些引人注目的例外）。即使在家庭中，男性在传统上也一直是一家之主。正如我在下一节中表明的那样，这种权力经常隐含于男性和女性彼此沟通的方式中。处理能力和性别角色问题可以被划分为两个部分：将某种表述看作受到其他人的性别角色观的影响，然后，适当地做出反应。为了适当地做出反应，在做出某个性别角色表述的决策时，认识到谁更有权力是有所帮助的。例如，“妇女不该当屋顶修建工，她们太娇嫩了。”在这个表述中，讲话者表达了他（或她）非常强烈的性别角色观。这个表述隐含的内容是，如果你想成为一名屋顶修建工，而且你还是一位女性，你就不应该成为一名屋顶修建工。

个人可以用一些方式对这个表述做出反应。一种反应是忽视它，因为它并不需要做出反应。你不必接受另一个人的观点。另一种反应是，“那是你的观
199 点。我认为，有些妇女具有做屋顶修建工的技能和能力。”回应这种反应方式时，我说我的观点，你有你的观点，我们的观点同样都是可以接受的，而且，我们有着平等的权利水平。其他反应方式同样也可能是适当的。在对不适当的表述做出反应时，一个有益的概念或要求就是要保持自主。

问题和解决方案

我怎样才能够处理某种不适当的性别角色或大男子主义评论呢？

- 你可以忽视它。
- 你可以解释这个评论反映了讲话者的看法，不是你的看法。
- 你可以做出自主评论，而不是被动评论或主动评论。

自主 一种以明确表示诸如喜好等方式来表达一个人的方式，有别于被动行为或主动行为。

主动行为 坚持自己的权利，同时违背他人的权利。

被动行为 也被称为非自主行为；做别人希望的事情，即使你不想这样做。

自主（assertiveness）是一种以明确表达你的权利的方式来表达你自己。区分自主行为、被动行为或主动行为可以帮助我们更好地理解自主的概念（Jakubowski，1977）。自主是指在没有违背他人权利的情况下，支持个人自身的权利。自主行为是一种明确或直接的表述或请求，没有幽默或讽刺。**主动行为**（aggressive behavior）是指坚持自己的权利，同时违背他人的权利。取笑、支配、贬低他人或对他人大喊大叫都是主动行为。**被动行为**（passive behavior）或非自主行为意味着放弃自己的权利并做别人希望的事情。下面是一些事例：

表述：我从你办公桌的抽屉里借走了一面镜子。我希望你别介意。

自主行为：请不要从我的抽屉里拿东西。如果你想借东西，我也许能够帮助你。只是你要问我一下。

主动行为：不要翻我的抽屉。不要动我的东西！

被动行为：我不介意。

在前面的情境中，自主行为是明确和中肯的。它相当简短，没有讽刺或离题。此外，在有益和友好的氛围中，自主性话语提供了另外的解决方案。在这
200 种情境下，这个人表明了他或她的偏好，并使听众比较易于合作。另外，主动表述很可能激怒听众，并逐步升级为争论。在被动表述中，这个人基本上正在表达：“我不介意（我真的很介意，我希望我能够告诉你，我不想让你翻我的抽屉）。”性别角色发展就是如此，女性更有可能做出被动表述，而男性更有可能做出主动表述。下面是一个不同的情境：

约翰：我们结婚以后，我不想让你去工作。我认为，妇女没有工作的权利，这是男人的角色。

自主行为：我打算去工作。我不会告诉你你应该做什么工作，而且我愿意工作，除非你不这样对我。

主动行为：你敢去工作，试试看！

被动行为：嗯，我想我不会再工作了。

约翰的表述现在听来会是一种不同寻常的声音，但是，在 20 世纪 70 年代以前，这种声音却很普遍。约翰的表述要比上面的事例有更深远的影响。告诉对方在结婚之后，什么可以做什么不能做，显然比从抽屉里借用镜子要有意义得多。在做出自主表述的时候，个人也有机会决定约翰的行为是否是可以接受的。许多女性会选择不跟持有约翰观点的人结婚，除非她们本身就持有这种观点。而上述主动和被动的话语很难对约翰的表述做出一个有意义的讨论。

在这两个事例中，主动表述直接而中肯。主动表述在一个人认为某种请求或表述是不适当时效果最佳。在可能的情况下，如第一个事例中，主动表述会令人愉快，这个人对请求做出了积极反应。在这两个自主行为的事例中，话语都很明确：既没有障碍，也没有道歉。

我们有着许多不同的自主行为方式，也会遇到相当多不同的情境。例如，与父母保持自主行为经常完全不同于其他情境，这是由于我们拥有与父母长期相处的经验。父母始终是我们的教师，经常告诉我们应该做什么以及坚持的原则。因为他们处于权威地位，所以，如果表述是平等给出的，父母也许就会以不同的方式来解释自主表述。再例如，与一个老板保持自主完全不同于与一名雇员保持自主。老板是提出要求的角色。显然，雇员只要认为这个要求不合适，就可以拒绝。但实际上这样做却是很困难的，而且，这可能意味着要么遵守纪律，要么失去工作。在保持自主时，要想出一个明确的表述。有时，你会有机会与朋友练习表述或大声地把某种表述讲出来。因为在这种情境下，自主可能是非常不同的，要仔细思考该说些什么以及怎样说经常是必要的。由于个人具有的某种反应方式要么经常是主动的，要么经常是被动的，因此，在没有想出适当的反应时，你可能发现很难改变他们的方式。总之，自主表述经常是用来回应他人不适当的性别角色预期或表述的有益方式。当然，在要求和表述方面，自主表述比性别角色评论适用的范围更为广泛。

> **问题 8.10** 描述一种你被动或主动做出反应的情境。把你所说的话写出来。然后，写出自主反应。你认为，这种情境在什么方式上可能存在差异？ 201

沟通方式

黛博拉·坦嫩（Deborah Tannen，1990）撰写了一本名为《你就是不明白：男人和女人的交谈》（*You Just Don't Understand*：*Women and Men in Conversation*）的畅销书。坦嫩评论了男性和女性在彼此沟通过程中使用的方式和方法。她的许多评论都是根据研究实际谈话以及男性和女性彼此联系的方式做出的。我在前文讨论了有关性别角色的发展方式以及关系方式的重要性，这在坦嫩的有关沟通的评论中也得到了体现。在她的书中，她列举了男性和女性之间的谈话事例，并阐述了不同反应方式是如何运作的。她认为，男性和女性都会遇到挫折和问题，在亲密关系中更是如此，挫折和问题均是由男性和女性被教导做出反应的不同方式造成的。

我们使用一个小事例，如果一个男子举着一个女子的外套，这样她就可以在离开大楼之前穿上外套，那么，这个女子就可以认为这种情况完全是这个男子无意识做的。这个男子正在打算提供帮助并做到彬彬有礼，但是，从某种权利或控制立场来看，这个男子也可以被视为在演戏：他没有询问就拿着她的外套并为她举着外套。这样，她已经被视为是该男子的从属物了。有些女人会把这个男子举着外套解释为彬彬有礼，而其他一些女人则可能认为，她们处于从属地位。从不同的观点来看待男性和女性的行为，这为我们提供了灵活做出反应的机会，而不是对各种情境做出假设。

坦嫩和其他学者讨论了有关沟通的工具方式和表达方式。这些沟通方式类似于吉利根和关系理论学家们在描述男性和女性的行为时谈论的差异。在使用某种**工具方式**（instrumental style）方面，人们正在设法实现解决方案或达到目标。相反地，**表达方式**（expressive style）关注的是表达情感和对他人感受保持敏感。工具方式不是男性独有的反应方式，表达方式也非女性独有——大多数人在各种情境下都使用这两种沟通方式。

工具方式 一种旨在实现解决方案或达到目标的行为方式。

202

表达方式 一种包括表达情感和对他人感受保持敏感的行为方式。

男性的问题和解决方案

我如何理解以及怎样才能与女性更好地相处呢？

- 要做出请求而不是提出要求。
- 不要打断讲话。
- 要询问想法。
- 要谈论感受、兴趣和关系。
- 要给出具体的回答，而不只是简单的答复。

因为女性在沟通中很可能只使用一种表达方式，所以她们很可能比男性更加频繁地使用积极和消极的方式（Weiten & Lloyd，2000）。在本书前面艾琳与琼以及艾琳与迪克的对话中，我们已经看到了琼使用了表达方式，而迪克则使用了工具方式。琼在对艾琳做出反应时，她安慰艾琳，而迪克却没有这样做。通常，人们发现，女性在安慰处于情感压力下的人们时，要比男性做得好。然而，女性有时还是通过表达强烈的情感、使用诸如诱导内疚等强制策略或在口头上攻击某个人，用这种负面方式来抒发她们的表达技能。正如她们能够和解一样，她们还能够使用那种拒绝和解的技能。因为女性一般比男性更关注情感关系，所以，在涉及情感方面，她们很可能要比男性具有范围更加广泛的策略。这些都是概括性原则，对于大多数男性或女性而言，它们并不适用于所有情境或大多数情境。

在男性和女性以不同的方式来彼此建立关系方面，坦嫩提出了一些有趣的方式。我们将剖析其中的四种方式以及坦嫩提出的关于男女之间如何相待的一些建议。

人物对事物

一般而言，男性往往更多地谈论他们在人生中遇到的事件和情境，而女性则更有可能谈论人物。一方面，男性也许谈论政治、体育或时事。另一方面，

女性更有可能谈论她们在人生中遇到的人物，如朋友、孩子和父母。男性认为 203
他们需要了解世界上正在发生的事情以及需要知道如美国橄榄球超级杯赛（Super Bowl）或选举等公共事件。女性则更关注她们的朋友或孩子正在发生的事情。男性讨论公共信息，而女性则分享包括诸如朋友离婚等情感秘密或问题在内的私人信息。

女性的问题和解决方案

我如何理解以及怎样才能与男性更好地相处呢？

- 在适当的时候，要做到自主。
- 要谈论可能的解决方案和目标。
- 要谈论事件和情境。
- 不要使用附加疑问句。

假如每个人都设法采取适合对方的一些沟通方式，男性和女性就会更顺利地进行沟通。例如，在与女性进行沟通的时候，男性应该更多地谈论个人和私人事件，而在与男性进行沟通的时候，女性也要更多地讨论公共事件。坦嫩指出，有些女性能够更轻松地谈论事件，而且有些男性也可以更轻松地谈论人物。这往往使他们之间的沟通更加容易，也更加顺利。

和谐和报告

与男性往往喜欢谈论事物，女性往往喜欢谈论人物一样，男性喜欢谈论**报告**（report），而女性则更关心建立**和谐**（rapport）。一方面，女性也许更愿意谈论她们之间相似的经验，以及对朋友或家人的同情。另一方面，男性很可能谈论他们知道的事情以及他们做事情的方式。因此，一个男人很可能谈论各种活动、他的工作和爱好，而一个女人则很可能谈论个人的详细信息，如她与一位朋友的争论或与一位 10 年没有说过话的熟人的谈话内容。

报告　谈论一个人知道的事情以及做事情的方式，最经常被男性所使用。

和谐　通过分享类似的经历和同情他人而与他人建立关系，更经常被女性所使用。

坦嫩指出，这有助于男性在与他人建立和谐关系时得到关注，并有助于女
性谈论她们的活动和成就。有时，女性做出的贡献不被人们所重视，因为她们 204
只谈论她们知道的人物，而不谈论她们知道的事情。同样地，男性也可能被视为不听取他人的意见，因为他们只谈论他们知道的事情，而不谈论他们知道或很熟悉的人。学会表达情绪，尤其是学会表达消极的情绪对男性很有帮助，这能使他们变得积极而不是导致问题的发生。对于女性而言，了解男性感兴趣的事情也很有帮助。

谈话对含沙射影

一般而言，男性试图向别人证明一个观点，而女性则关心人们对她们的看法。这在学校和工作场景下尤为真实，其中，男性关注他们的成绩和成就是否受到人们尊重。女性则关心她们的老师、同学或同事对她们的看法。男性很可能向权威人士发起挑战，并关心自己在公司的职位，而女性则可能关心人们对

她们所讲的话进行的批评。一般来说，女性在提出素材方面更多采取防御方法，而男性则更多采取自主方法。

在学校和工作场景下，女性应当尽力提出自己的观点，并在讲话时引起其他人的关注，尤其是要引起男性的关注。而习惯于控制各种情境的男性，则应该努力让女性发表意见，并让她们把话讲完。

作为标准的男性沟通

双重约束 给出可以引起压力的矛盾信息或冲突要求。

正如我们在本章开篇提到的那样，男性在整个历史上一直是规范性群体。因此，他们的沟通方式往往是最主要的方式，而且也被认为是“正确的方式”。与女性的沟通方式相比，男性的沟通方式是规范，因此女性的沟通模型不被人们所重视，而且，她们的方式可能是防御性的。女性发现她们自己处于**双重约束**（double bind）之下。如果她们不表达自己的意见，她们就可能被视为胆怯或不自主。如果她们表达自己的意见，她们就会被贴上“爱出风头”、“蛮横”或“妨碍”的标签。女性还发现她们为所说的话道歉或试探性地讲话。因为男性的沟通方式是规范，所以，男性很可能更加自主，并对他们所讲述的内容很有信心。

附加疑问句 把问题附加在
205 一个句子的结尾，女性经常使用的方式。

暧昧的回答 一种试探性或不确定的看法或观点的表达。

了解作为规范的男性沟通方式，可以在几个方面对女性有帮助。有时，女性试探性地进行争论或使用**附加疑问句**（tag questions）。这些问题被附加在一个句子的结尾，例如，“那部电影很棒，不是吗?”“sort of”（有几分）和“kind of”（有点）等词语都是**暧昧的回答**（hedges），表明一个人的话是试探性的或不确定的。女性往往比男性更多地使用暧昧的回答和附加疑问句。了解了这一点，要想更自主地提出她们的想法，女性就应该设法改变自己的沟通方式。

改变沟通方式

沟通方式 与他人进行沟通的一般方式。

为了更有效地进行沟通，设法改变或扩大他们（她们）的**沟通方式**（communication style）对男性和女性都是有益的。在男性以某种方式进行沟通，而女性以另一种方式进行沟通时，就可能造成一个失谐或沮丧的结果，因为双方可能都会认为彼此没有倾听和无法理解对方。例如，如果一名女子因某事而感到心烦意乱的话，男子就可能认为应该提出忠告或找到某种解决方案，但是，这也许并不是这名女子所希望的。她可能更愿意对方表示理解和给予支持。通过了解和整合男性和女性的沟通方式，男性和女性不仅能够更容易地相互理解，也更有可能相互理解。坦嫩为男女双方均提供了一些建议。

男性。因为男性往往代表着规范，对于他们而言，意识到这一点是有所帮助的。在与女性进行交谈时，有益的做法是，提出请求而不是提出要求，而且，不要打断对方的讲话。“你愿意找一下那份报告吗?”比“给我找到那份报告。”效果要好。男性常常处于各种命令周围女性的权力地位上。例如，男性经常担当管理人员和医生，而女性则往往担任秘书和护士。仔细询问并听取女性的想法是非常有益的做法。因为女性往往讨论她们的感受、兴趣和关系，所以，男性也可以做一些这方面的讨论，并要在女性谈论她们的个人问题时表示出感兴趣。因为女性在彼此交谈时经常提出细节内容，所以，男性可能会发现回答详细比仅仅给出“是”或“否”的答案效果要好得多。

女性。因为女性与男性的关系有时是试探性或防御性的关系，所以，女性保持更多的自主是有益的。这可以通过直视男性的眼睛或降低讲话的音调等小的非语言方式来实现，这样，女性就会获得更多的关注。在语言方式上，有益的做法可以是谈论成就和事件以及分享知识。在打断讲话和避免附加疑问句时，使用完整的句子也很有用。

> **问题 8.11**　用坦嫩的沟通方式来描述你与异性进行交谈的方式。解释你的模型。你怎样严格符合坦嫩所描述的沟通方式呢？

在讨论沟通方式的过程中，我会很谨慎，不过分强调男女沟通方式之间的差异。许多男性和女性使用的沟通模型始终属于男女双方的沟通模型。然而，坦嫩对男性和女性的一些典型反应方式的评述，在剖析人们在与异性交谈时的交谈方式时仍然很有益。在浪漫关系中，沟通方式往往会得到强化，因为这种关系是亲密和深入的。理解异性遇到的困难，可以提出许多重大的问题。婚姻咨询师经常向受辅助者指出沟通方式的一些看法，我在这里已经进行了介绍。 206

由于他人对性别角色的预期，因此，这些沟通方式反映了男性和女性必须面对的更加广泛的问题。例如，人们往往认为男性在教育、财政和职业等许多方面获得成功。他们也经常被认为具有竞争力和获胜的能力。与其表达他们的情感，倒不如经常鼓励他们把情感隐藏起来，这样，他们就不会表现出软弱的一面。对于男性来说，如果他们无法满足这些期望，就会使他们感到紧张、有压力以及害怕失败。

对比而言，女性具有全然不同的压力。虽然近年来人们一直鼓励女性去实现自我价值，但是多年来，女性被认为教育程度有限，也缺乏职业抱负。直到 20 世纪 50 年代，女性才被大力鼓励从事培养性或辅助性职业，如教师、护士和秘书等。她们经常被强烈地劝阻从事负责任的职位、商业或贸易。同时，她们被鼓励担任多种角色，而男性则主要被鼓励成为工薪阶层。在通常情况下，人们认为女性要照顾家、照料孩子和工作。这些预期为女性施加了压力，但是，这些成就并没有受到人们的重视。因此，女性认为，她们处于没有受到足够重视，却希望实现大部分自我的压力之下。

相比之下，男性认为，他们的压力是必须向他人展示他们能够取得成功。因为他们自己的预期与他人的预期不相符，他们也会感到有压力。例如，在我们的社会里，男秘书不会得到人们的充分认同，而且，对于男性而言，在没有怀疑自己或受到他人批评的情况下，立志从事这样一个职位是很困难的。除了关注与异性的沟通方式外，男性和女性还经常关心异性如何看待他们。

外貌和体形

在许多文化中，尤其是在美国文化中，身体外貌和吸引力对于大多数人而言是极为重要的。在儿童期，超重或有诸如疤痕或畸形足等身体缺陷，经常会受到欺负或嘲笑。在青春期，个人受重视的程度取决于其长相，而被视为没有吸引力的个人也许不会受到重视。吸引力如此重要，以至于有“美貌是好东西”（what-is-beautiful-is-good）这样一个刻板印象（Dion，Berscheid & Wal- 207 ster，1972)。如果一个人被认为有吸引力，诸如具有较好的适应能力、比较聪明、具有较熟练的社交技能等其他特征就会与这个人联系在一起。研究(Weiten & Lloyd，2000）指出，这些假设并不准确。然而，研究确实表明，有吸引力的人在与异性进行社会交往方面往往比较轻松。这种对外貌的强调对我们文化的诸多方面产生着影响，并导致诸如厌食症和暴食症等心理失调现象。

问题和解决方案

我如何帮助饮食失常的朋友？

- 要与他们谈论饮食失常。
- 要询问你可以提供什么帮助。
- 不要用食物来困挠和纠缠他们。
- 要倾听他们关心和担心的事情。

女性尤其会感受到外貌吸引力的压力。如果男性是规范性群体或优势群体，女性就会自然地以一种有吸引力的方式打扮或展现自己，这样，男性就会欣赏她们。一般来说，服装和食品广告往往更多地针对女性。杂志封面、电视节目、电影和报纸上经常展现有吸引力的女性。这些似乎更多是男性的特权。例如，在电视上，并非传统意义上的英俊男性要比不漂亮的女性具有更多的角色。此外，对女性纤弱身材的强调也不同于对男性强壮身材的强调。电视广告上的低热量、低脂肪食品和减肥计划更多的是针对女性。在百货公司，更多的空间专门用于摆放女性的服装和服饰。在日常生活中，不同年龄的人们不断受到媒体中具有吸引力的形象的影响。

我们同样可以在女性的表演和体育运动项目中看到对吸引力的强调。花样滑冰和体操强调纤弱的身材和轻盈的体重。由于这两种运动项目都需要做出高
208 难度动作，因此，尽可能地降低额外的体重便格外重要了。对于参加上述体育项目的男性而言，他们更多强调力量和敏捷，而较少强调纤弱的身材。在传统意义上，女芭蕾舞演员始终被强烈地要求减轻体重，并保持纤弱的身材。近年来，芭蕾舞、体操和花样滑冰教练已经意识到年轻女性饮食失调与参加这些项目之间的关系。许多教练格外谨慎，不再要求参加这些项目的儿童和青少年降低体重，因为这会造成女性为了降低体重而不吃东西（厌食症）或将她们吃的食物排泄、呕吐出去（暴食症）。

厌食症

厌食症 人们为了保持最低限度的重量而拒绝吃足够的食物，从而导致危及生命的身体失调。

厌食症（anorexia）是个人为了保持最低限度的重量而忍饥挨饿，从而导致危及生命的身体失调，由于过分担心变得肥胖，因此，他们忍饥挨饿。厌食症的一个特征是体形扭曲。即使当患有厌食症的个人饿得骨瘦如柴、面如枯槁时，他们也会认为自己肥胖。患厌食症的女性数量大约是男性数量的 20 倍(Barlow & Durand，1999)。患有厌食症的个人进食过于频繁。事实上，他们也许对营养学、营养、烹饪、编制食谱以及其他与食物有关的活动感兴趣。有

些人可以承认感到饥饿，而其他人则不承认。

治疗厌食症分为两个阶段。第一个阶段是要帮助患有厌食症的人增加体重，第二个阶段是要帮助他们保持正常的体重，并解决与自我形象有关的问题。厌食症患者的体重降低到他们被推荐体重25%以下的水平时，就可能需要住院治疗。有时，医生要对他们进行静脉输液。无论如何，对进食进行严密的医疗监督是治疗的一个组成部分，这样，病人就不会死亡。在上述最初阶段之后，患有厌食症的人也许还要接受心理疗法，以帮助他们解决自尊和体形问题。比较常用的方法还包括家庭疗法。这样，患者与家人的互动就可以得到评价，而且，家庭成员也能够改变使患有厌食症的人难以形成自尊和某种适当的自我形象的做法。因为涉及食物和关系问题，有时，家庭治疗师会在吃饭时间与这个家庭会面，以帮助患有厌食症的人改变在家庭中的角色，（Rosman，Minuchin & Liebman，1975）。

你如何与一个患有厌食症的朋友打交道呢？因为患有厌食症的人相对容易识别，而与这些人相反的人们则比较贪食，所以，这有助于了解她的家庭和支持体系。如果你关心一个可能患有厌食症的人，最好要与她或与她的配偶或家 209
人进行交谈。强迫患有厌食症的人进食是于事无补的做法。在通常情况下，这种强迫被患有厌食症的人解释为来自也许无法理解的某个人附加的外部压力。有益的做法是，要与患有厌食症的人保持一种关怀的友谊，但挑剔不是友谊。向厌食症患者提出建议和鼓励其治疗都是有所帮助的做法。

暴食症

与厌食症形成对比，患有暴食症的人通常具有平均的体重水平。患有**暴食症**（bulimia）的人通常经历一个暴食—腹泻周期（binge-purge cycle），他们吃了大量的食物后，随即就设法引起呕吐或偶尔使用泻药将身体中的食物排泄出来。在通常情况下，患有暴食症的人选择吃能够快速摄入和容易呕吐的食物。吃掉2升冰淇淋和一包饼干是很寻常的现象。在这个暴食过程中，患有暴食症的人很可能反感自己、感到无助以及有一种恐慌感。腹泻通常使其产生一种缓解感。随着个人多次经历此类周期，在没有出现疼痛或不适的情况下，他们的呕吐能力就会提高。患暴食症的女性人数要远多于男性（约20：1）（Barlow & Durand，1999）。暴食—腹泻周期发生的次数，从一个月一次到一天不止一次不等。有些人暴食却不腹泻。患有暴食症的人由于无法控制自己的暴食或腹泻，而经常感到沮丧和焦虑。

暴食症 一种设法导致呕吐或偶尔使用泻药将身体中的食物排泄出去以控制体重的手段。

暴食症引起许多身体并发症，这些并发症可最终导致死亡。呕吐会引发喉咙疼痛，破坏牙齿的珐琅质，并引发肠道损伤。由于食物被排泄掉，因此，患有暴食症的人会产生很多营养问题，并有可能导致脱水。类似于厌食症，钾含量下降和电解质紊乱可能会导致严重的健康问题。有些患有厌食症和暴食症的人，由于这些病症对心血管系统造成压力而死于心力衰竭。

在整个美国文化中，有关个人长相的负面想法非常普遍。对于女性来说，这些想法尤其强烈，只有相当少的女性不对她们的外貌进行批评。患有厌食症和暴食症的人，对身体的自我批评相当普遍，也很频繁。像下面这些想法，都是常见的想法：

- 我没有吸引力了。
- 我太胖了。
- 每个人都比我有吸引力。
- 如果我只要减掉7公斤，我的人生就会发生变化。
- 我的胃太大了——我的屁股太大了。

210 对于患有暴食症的人而言，不断地关注和重视外貌对回到适度饮食（non-binge）——将食物排泄出去——造成了障碍。连同对一个人身体的负面想法，患有饮食失调的人会不断地琢磨食物。患有暴食症的人事先知道哪些食物能开启他们一个暴食—腹泻周期。因为患有暴食症的女性关注体形和食物，所以，病人和治疗师在治疗时都要保持耐心。肖恩达对食物的关注就是一个典型事例。

> “罗达想吃什么就吃什么，她的身材还保持得如此苗条，我简直无法相信。她吃两个柠檬蛋白酥跟没事人儿似的。我一想到这种馅饼，就会发胖。我要是把馅饼吃进去，就能够看到它长在我的身体上，我能够感觉得到。”
>
> “下课后，当我回到房间时，我试图集中注意力学习，但是，我却想到了饼干。四年后的今天，一切都变得如此容易了。我在便利店买饼干，然后，她们走了进来，我只是轻松地和她们交谈了几句。在安妮看到我去杂货店的时候，我发现她的眼睛滴溜乱转。她知道将要发生什么事情。我恨这事。我不想再做这事了，但是，这对我来说却是很难控制的事情。我只是憎恨那种胀胀的感觉。我没有吃太多，而我却能感到那种胀胀的感觉。它只是让人感到很厌恶，我无法忍受。”
>
> 大学三年级学生肖恩达，身高约1.7米，是一个有吸引力的年轻女子。她关注她的体重，并认为，如果她减掉5公斤的体重，她的问题就不复存在了。然而，她从经验得知，如果她减掉5公斤，她仍然还会关心她的体重。朋友们已经断然地告诉她，她看上去很不错。但这似乎对她并没有产生任何影响。
>
> 肖恩达和我一起解决她的饮食问题，她患暴食症已经一年多了。在此期间，肖恩达正在一所医院学习临床护理课程。在某种程度上，关注其他人及其问题，似乎有助于缓解肖恩达对自己外貌的关注。对肖恩达来说，最大的困难莫过于她的母亲对自己体重的关注。在肖恩达的母亲得知肖恩达患有暴食症时，她感到震惊。她的母亲多年来通过认真控制饮食，一直能够保持体重。在肖恩达体重增加或吃很多东西时，她曾批评过肖恩达。为了不让母亲评论肖恩达的体重而搅得她心神不宁，肖恩达关注除吃以外的各种活动。事实上，肖恩达发现，她对母亲用食物来帮助自己改变对食物的看法感到烦恼和愤怒，暴饮暴食从每周两次减少到每月一次。肖恩达是一个聪明、有爱心、友好的人，她根本不在乎这些有关她的身体素质的问题。随着她能够欣赏自己的身体素质，她开始以积极的方式来评价自己，而不只是根据外貌来评价自己。

问题 8.12 什么社会因素影响你对自己的长相的看法？

问题 8.13 当一个身材苗条的朋友说：“在我减了7公斤以上时，我自己感觉好些。”你会做出怎样的回应呢？

211 与其他心理失调不同的是，暴食症为与患有暴食症的人关系密切的朋友和家人提出了一些问题。对于没有患暴食症的人来说，呕吐是一件令人不快的事情，他们很难理解为什么有人要这样做。我在本章已经试图说明，吸引力的压力是如此强烈，以至于有些女性为了苗条而将胃里的食物呕吐出去。

朋友们经常想知道，他们能够做些什么来帮助一个腹泻的人。挑剔和指责无济于事。面对一个饮食失调的人，更为有益的做法是，要询问她你可以提供怎样的帮助。有时，饮食失调的人可以通过向朋友要求避免出现的某些情况来得到他们的帮助。对许多暴食症患者来说，晚上十点钟订购比萨饼就是摆在他们面前的一个难题。有时，朋友会与患有暴食症的人谈论围绕与食物有关问题的最佳行为方式。唯一有益的做法是，要对患有暴食症的个人进行检查，并询问她在卫生间里所做的事情，如果患有暴食症的个人希望得到那种帮助的话。让某个患有暴食症的人解释他们所做的事情的原因以及谈论他们的恐惧和担忧，对于他的亲密朋友来说，通常是有益的做法。

问题 8.14　你认为吸引力对如此众多的女性是一个重要目标的原因是什么？

总结

我们如何看待自己的性别角色，极大地影响着我们看待自己和他人的方式。事实上，历史原因包括男性历来在社会中要比女性具有更多权力地位。这个因素以及其他社会和生物因素在儿童期、青春期和成年期影响着性别的发展。

我们能够用一些帮助我们了解自己的方式来看待性别。双性同体是一个针对个人剖析男性和女性人格特征的概念。性别图式理论侧重于在我们如何看待周围的事件和情境方式上作为男性或女性的重要性。卡罗尔·吉利根和劳伦斯·科尔伯格指出，男性和女性根据他们（她们）对性别角色的看法，以不同的方式做出道德决策。关系理论学家说明了男性和女性学会与他们（她们）的家人和其他人发生关系的不同方式，从而对他们（她们）自己的性别角色产生影响。传统上，对同性恋的负面看法是人们审视自己和他人性别角色的一种反映。

了解你自己的性别观至关重要。这些性别观成为我们在与异性发生关系的方式中做出改变的基础。了解性别角色的动机以及人们在沟通过程中的权力角色是很有帮助的。自主方法能够帮助我们有效地提出请求以及与其他人进行交谈，特别是如果我们以前一直不愿意这样做的话。黛博拉·坦嫩对沟通方式的讨论，可以帮助我们了解男性和女性相互沟通的不同方式。其中的一些方式我们已经在本章进行了讨论。 212

体形和外貌是性别角色的一个重要方面。在本章，我讨论了一些文化因素，这些文化因素对于人们尤其是女性，是具有吸引力的一个重要目标。关注外貌和体重是诸如厌食症和暴食症等饮食失调的一个重要方面。另外，我还对上述饮食失调的症状以及如何与可能患有饮食失调的朋友打交道进行了介绍。

推荐读物

《不同的声音》（*In a Different Voice*）

C. 吉利根（C. Gilligan）著，哈佛大学出版社（Harvard University Press），1982年版

有人认为，这本书是一部杰作。这本书涉及了男性和女性可能持有的不同道德观，并与劳伦斯·科尔伯格的道德发展观进行了比较。

《对女性的误解》（*The Mismeasure of Woman*）

C. 塔夫里斯（C. Tavris）著，纽约西蒙和舒斯特出版公司（New York: Simon & Schuster），1992年版

塔夫里斯是一名社会心理学家，为非专业人士撰写了许多书籍。她有着出色的幽默感，这有

助于她对使用男性标准确定对男性和女性均认为正确的谬误进行讨论。她利用研究解释了有关男性和女性的荒诞说法导致误解和混乱的原因。

她说明了“性别图式”如何导致有关男性和女性的刻板印象。此外，她还对能够改善男性和女性关系的方式提出了建议。

《你就是不明白：男人和女人的交谈》（*You Just Don't Understand: Women and Men in Conversation*）

D. 坦嫩（D. Tannen）著，巴伦坦图书出版集团（Ballantine），1990年版

黛博拉·坦嫩是一名社会语言学家，多次出现在电视节目中，讨论男性和女性的沟通方式。这本书以一种清晰的方式介绍了她的观点，即男性和女性随着与异性及同性的交往，他们在儿童期的学习方式上存在着差异。这本书一直是沟通方式部分（Communication Styles Section）的信息来源，这部分内容在本书中进行了说明。

坦嫩提供了大量沟通方式的事例，并对男女之间的对话进行了解释。她帮助读者看到人们认为他们说的话，与异性如何理解这些话所传达的信息之间的差异。

213

推荐网站

女性研究数据网（Women's Studies Database）

http://www.inform.umd.edu/EdRes/Topic/WomensStudies/

这个数据库是由马里兰大学（University of Maryland）创建的，可以被用来查找有关与女性和性别研究有关的问题。

男性心理学研究协会网（Society for the Psychological Study of Men and Masculinity，SPSMM①）

http://web.indstate.edu:80/spsmm/

美国心理学协会的一个分支，男性心理学研究协会的网站，介绍当代男性心理学方法。信息侧重于男性及其身份。

男女同性恋伴侣特别资源网（Partners Task Force for Gay and Lesbian Couples）

http://www.buddybuddy.com/toc.html

这个网站反映了“同性夫妇应得到与所有其他夫妇相同的待遇”，这个网站的资源范围广泛，其中包括关系、父母、家庭伴侣、正式婚姻以及法律和公民权利等内容。

黛博拉·坦嫩的主页（Deborah Tannen's Home Page）

http://www.georgetown.edu/tannen/

黛博拉·坦嫩是乔治敦大学（Georgetown University）的一名教授，她创建了一个主页，上面拥有专业出版物和一般出版物的完整书目，以对她的社会语言学理论进行说明，这些内容我们在本书中进行了讨论。

① 原著此处误为SPSSMM。

第9章
文化多样性

215 种族歧视和偏见造成诸多问题，这些问题存在于世界各地的人们之间。在本章，我们将从各种视角着眼于文化多样性。通过采取这些视角，我们可以考虑我们过去的信念和行为，因为它们影响着现在和未来的信念和行为。在本章，比起其他任何章节，你的信念体系都可能受到挑战。思考有关文化多样性的信息及其怎样符合你自己的不同文化观点。首先，我定义三个经常出现于本章的词或词组：文化、种族和族群。

文化 一群人共同享有的一组态度、价值观、信念和行为。

- **文化**（culture）。一群人共同分享的一组态度、价值观、信念和行为，尽管每个人都可以在不同程度上体验文化。这些态度、价值观、信念和行为，无论是有意还是无意的，都在从一代向下一代进行着传播。注意，这个定义侧重于分享的心理方面，而不是物理属性。

种族 一个生理概念，种族与我们的血缘和遗传承袭有关。

- **种族**（race）。一个生理概念，种族与我们的血缘和遗传承袭有关。专家们（Zuckerman，1990）对有关现有的种族数量（2个、3个、4个还是5个?）持不同的意见。常见的种族群体是根据肤色进行划分的，主要有高加索人（白种人）、非洲人和非洲裔美国人（黑种人）、亚洲人和亚裔美国人（黄种人）以及美洲土著人（红种人）。在你读到此处的时候，你也许会认为，种族群体内存在的差异性要比相似性大。不同种族群体的个人可能或多或少地分享相同的文化。例如，越南人、日本人和中国人彼此间存在着巨大的文化差异。在每个国家范围内，文化也可能存在着巨大的变异。

族群 一般而言，民族起源规定了族群或种族划分。

- **族群**（ethnic group）。一般而言，民族起源规定了族群或种族划分。例如，葡萄牙人和巴西人可以享有相同的语言——葡萄牙语，但是，他们却各自具有独特的文化模式。美洲土著人可以享有某些文化模式，但是，根据他们的种族联系（tribal affiliation），他们彼此间存在着巨大的差异。

正如你所看到的那样，文化、种族和族群或种族划分的定义存在着相当大的差异。本章将侧重于人们文化的不同方面及其如何影响人们的幸福以及与其
216 他人的互动。另一个侧重点是了解缺乏文化、种族和民族理解怎样导致刻板印象的形成、偏见和歧视的体验。

文化观

文化可以从各种观点加以考虑。三种常见的考虑文化的方法，着眼于人格或心理适应怎样与文化、社会制度的结构以及文化体系的多样性有关，因为社会制度的结构与文化有关，而不同文化体系的多样性则是从具体地理地点发展起来的。这些审视文化的方式提供了一个理解文化观的背景，如以围绕一个人自己的文化所形成的价值观为中心（民族优越感）、文化相关性、文化普遍性、文化标志（Axelson，1999）。

人格与文化

我属于哪一类人，不仅取决于我思、我感、我讲和我为的方式，也取决于我长大成人过程中的特定文化对这些方式所产生的影响。你已经了解了各种适

当和不适当的具体行为方式，并知道不适当的行为方式所产生的后果。你已经了解了各种告知你什么是适当的所讲和所为的价值。在这些方式上，文化对你是哪一类人产生了影响。你对学习的态度、对本书所涉及的诸多主题的态度，都会受到你从同辈人、家庭成员和老师那里所学到东西的影响。

迄今为止，我一直在提及文化群体，就好像我们是唯一一个群体的成员似的。然而，我们还是若干文化群体的全部成员。这些群体可以包括宗教、性别和世代群体（儿童、父母和祖父母）。我们与诸如牧师（宗教）、教师（教育）、政客和警察（法律）以及其他各种不同的社会文化群体的人们进行接触。

在我们与这些文化力量的互动方式中，我们的人格得以发展。在通常情况下，我们的反应是自然产生的，而不是经过深思熟虑或精心设计的。我们对老师和家长做出反应的方式，经常是一种适应和应对压力的方法。我们根据那些我们感到轻松或选择加入的社会和文化群体的方面来发展支持体系和满足需求。当我们遇到各种不同于我们自己的文化群体（种族或其他群体）时，我们也许发现，他们的教学或方法是令人不舒服或不适当的。

问题 9.1　描述你过去处于某个群体的情境，在这个群体里，也许你是你的文化群体的唯一成员。如果你感到不轻松的话，那么，你怎么做才会在这个群体里感到轻松呢？

社会结构和文化 217

社会制度不仅在其组织方式上存在着差异，在与其自身以及来自制度外的人们的互动方式上也迥然有别。例如，关于教育、宗教和抚养孩子的做法，不同的文化具有不同的信念和态度。在通常情况下，不同的文化在过去习惯的基础上有着各种政治和经济制度。社会结构发生的变革可以在根本上对成员产生影响。

另一个影响社会结构和文化互动的因素是财富和威望。当人们获得财富或政治权力时，他们与其他人的关系就会发生变化。然而，社会和经济地位并不一定给个人带来权力和威望。例如，在美国，非洲裔美国人在成为医生或律师、获得了财富和社会地位后发现，他们并不被其他文化群体的成员所接受(Shaft，1997)。社会结构是社会价值观、态度和行为的综合产物。个人在某个社会结构范围内的行为方式，不仅取决于他们自己的个人变量（价值观、态度和行为），也受到他们所遇到的各种群体变量的制约。

种族多样性

文明随着部落成员几千年前形成的宗教、语言和风俗而得以发展。实际上，这些部落都具有相同种族的性质，来自一个很小的地理区域。气候和农业条件对人们狩猎或耕种的方式产生影响。在饥荒时期，群体有时迁徙到另一个地点。有些群体通过征服其他群体并迫使这些群体的人们成为奴隶而变得富有。因此，自愿和非自愿的移民现象便出现了。强权文化通常主导弱小文化，有时，弱小文化的成员因其宗教或职业做法而受到处罚或惩罚。我们可以在欧洲和美国找到许多宗教歧视的事例。

在历史上，人们从世界的一个地方迁移到另一个非常遥远的地方。在许多
情况下，这种迁移是自愿的行为，如 19 世纪爱尔兰佃农由于马铃薯饥荒而移 219
民美国。在其他情况下，这种迁移是非自愿的，如欧洲人在 18 世纪俘获非洲人，他们用武力把这些非洲人迁往美国。人们处理文化力量的方式取决于移民

是否自愿（Ogbu，1993）以及其他许多因素，如他们到达一个新国家的年龄、他们拥有财富的数量、从之前来自于他们文化的移民那里所接受的新文化以及大多数文化的价值观。

美国被称为一个拥有多种族群体的国家（参见表 9—1）。最初的居民，美洲土著人占美国总人口的不到 1%。大约 74%的美国人口是白人。介绍表格中罗列的种族的各种文化，超出了本书范围。我们将剖析各种影响美国人生活方式的不同文化观。这些文化观包括关注个人自己的文化、文化相对性（通过与你自身文化有关的行为方式，对行为加以判断）、普遍适用于全部文化的人生要素以及文化标志（人们根据年龄而遇到的经验类型）。

表 9—1　　美国的种族文化群体（1999 年）[a]

白人群体	黑人群体	西班牙人血统群体[b]	亚洲人群体	美洲土著人群体	总计
1980 年					
18 090 万人	2 610 万人	1 460 万人	350 万人	130 万人	22 650 万人
80.9%	11.5%	6.4%	1.5%	0.6%	100%
1990 年					
18 830 万人	2 920 万人	2 230 万人	690 万人	170 万人	2 4870 万人
75.7%	11.8%	9.0%	2.8%	0.7%	100%
1995 年					
19 350 万人	3 150 万人	2 690 万人	870 万人	190 万人	26 270 万人
73.7%	12.0%	10.3%	3.3%	0.7%	100%
白人子群体					
盎格鲁—撒克逊人	非洲裔美国人	墨西哥人	中国人	美洲印第安人[c]	
英格兰人	西印度群岛人	波多黎各人	菲律宾人	爱斯基摩人	
凯尔特人	海地人	古巴人	日本人	阿留申人	
威尔士人		其他中南美洲人	韩国人		
苏格兰人		西班牙人	越南人		
北爱尔兰人			柬埔寨人		
瑞典人			老挝人		
挪威人			太平洋群岛人		
丹麦人			夏威夷土著人		
芬兰人			关岛人		
德国人			萨摩亚人		
荷兰人			斐济人		
阿巴拉契亚人			亚洲或中东人		
白人人种			印度人		
南爱尔兰人和东爱尔兰人			阿拉伯人		
意大利人			埃塞俄比亚人		
西西里岛人			伊朗人		
波兰人			埃及人		
奥地利人			土耳其人		
匈牙利人			巴基斯坦人		
捷克人					
希腊人					
葡萄牙人					
俄罗斯人					
南斯拉夫人					
社会宗教人种					

资料来源：Axelson，1999，pp. 30，31. Data from Tables No. 19 and 51. Statistical Abstract of the United States：1996（116th edition）by U. S. Bureau of the Census. Numbers for the five ethnocultural groups are rounded and thus do not add up exactly to the total population for each census year. The totals are the population figures as reported by U. S. Census Bureau。

注：a. 1999年、1995年大约数字或百分比增长。说明人口增长的因素，除生物学因素外，还包括移民因素（几乎占人口增长的40%，其中大部分移民来自亚洲、拉丁美洲和加勒比海地区）、人口统计定义以及种族或人种自我认同的个人变化。

b. 将自己的血统或传统看作“西班牙人血统”的人，也被记录在“种族”之列（即白人、黑人、亚洲人、太平洋群岛人、美洲印第安人、爱斯基摩人、阿留申人或其他类别）。

c. 550个被联邦认同的部落实体，其中包括阿拉斯加州的226个村落群体；最大的部落实体是切罗基人（Cherokee）① 和纳瓦霍人（Navajo）② 部落，其次是苏人（Sioux）③ 和齐佩瓦族（Chippewa）④ 部落，约占包括爱斯基摩人和阿留申人在内全部美洲土著人口的22%，1990年居住在287个自然保护区和信托土地（Land Trust）⑤ 内。

民族优越感（自我文化中心论）

当个人认为他们群体的价值观和态度是评价其他群体的标准时，这被称为**民族优越感**（ethnocentrism）。具有民族优越感的个人不仅以他们自己的文化价值观来衡量其他人，而且，他们还认为，他们自己的价值观是最好的和正确的行为方式。这个概念可以适用于宗教、种族和社会经济群体。民族优越感也适用于某一个群体内年长的成员对待年轻的成员。例如，年长的成员说：“我们在你这样的岁数的时候不会那样做”，此时，他们正在表达，他们较老的价值观要比年轻人较新的价值观适宜。当从某个宗教视角来审视适用的民族优越感时，个人也许会说：“我们崇拜上帝的方式是正确的，你们必须学习我们崇拜上帝的方式。”从种族优越感的观点来看，大多数群体的价值观成为正确的处事方式，这些价值观于是就变成了凌驾于少数群体的价值观。在20世纪50年代以前，美国南方常设有供白种人和“有色人种”分开使用的卫生间，因为生活在美国南方的白人认为，他们的群体是至高无上的，非洲裔美国人应该使用单独的设施。富人认为，穷人是愚蠢或懒惰的人，而他们自己的群体是比较优越的群体。那些将自己的文化凌驾于其他人的文化的人，通常会被不同文化的人们、同等文化的人们或优越文化的人们视为无法信任或敌意的人。

民族优越感　认为一个人自己群体的价值观和态度是评价其他群体的标准。

问题9.2　给出一个你看到过的人具有民族优越感的事例，他们认为，他们自己的文化凌驾于其他人的文化。

220

文化相对性

也许，一个人自己文化的对立面就是**文化相对性**（cultural relativity）的概念。从这个视角看，相对于某种文化而言，个人的行为应该首先为人们所理解，然后，要理解个人行为的意义。这样，行为的评价者就会首先相对于个人的背景和他们的文化标准，对个人的这种行为的意义进行剖析。

文化相对性　相对于某种文化，从个人行为的意义来理解个人的行为；与民族优越感相对。

一个文化相对性的应用事例，也许是看到两名20岁出头的男子亲吻对方脸颊这样一个情境。了解欧洲一些国家的男性以这种方式互相问候，就会有助于解释这种行为的意义。而不熟悉欧洲文化的某个人，则可能以这个人自己的

---

① 美洲土著人。原居住在美国卡罗来纳州西部和田纳西州东部到佐治亚州北部的阿巴拉契亚山脉南部，现在人口分布在俄克拉何马东北部和北卡罗来纳州西部。19世纪30年代因对传统土地的所有权与美洲殖民者发生冲突后曾被迁入印第安纳州。

② 指居住在亚利桑那洲、新墨西哥州和犹他州东南部的美洲印第安人。

③ 美洲土著印第安人的一支，也被称作达科他人，居住于从明尼苏达州到蒙大拿州东部以及萨斯卡奇万南部到内布拉斯加州的大平原北部的地区。如今苏人主要集中在达科他州北部和南部。

④ 现居住在密歇根州、明尼苏达州、蒙大拿州、北达科他州、威斯康星州一带的保护区。

⑤ 指土地所有权人或委托人为了有效利用土地，提高不动产的开发与经营效益，将土地信托给受托人，由受托人利用其专业规划与管理，将开发经营的利润作为信托收益分配金交付给受益人。大部分的土地信托年限在30～50年。根据信托财产的处置方式不同，主要有租赁型信托和出售型信托两种形式。

文化（如美国文化）的观点，将这种举动解释为一种同性恋行为的展示。要从人们自己的情境和文化的视角来理解他们，即使他们的文化不同于我们的文化，这也有助于我们理解人们对他们各种行为方式做出的反应的原因。

文化普遍性

文化普遍性 几乎所有人都可能经历的情境和事件。

虽然许多不同的风俗和行为与文化彼此割裂开来，但事实上，所有人都有可能经历一些普遍性的情境和事件，即**文化普遍性**（cultural universals）。例如，家庭是所有文化的基本单位，即使在一些文化中，丈夫或妻子某个时期也可能有不止一个婚姻伴侣。在所有的文化中，都会抚养子女，尽管不总是由父亲或母亲来抚养子女——有时是由祖父母、姑姑（姨母）、叔叔（舅舅）或其他人来抚养。所有的文化都具有一些教育孩子的方法，无论教育是通过学校，还是通过其他一些手段。因为所有的文化都会经历疾病，所以，人们普遍都能够发现医学和医药学的发展。所有人都拥有诸如饮食等基本的生理需求。由于个人为了满足生理需求而需要进行工作，因此，不论文化如何，无论付酬与否，工作都是一种普遍的活动。个人不仅具有生理需求，他们也有心理和精神需求。所有的文化几乎都发展了宗教，以回答棘手的问题，解释行为和活动。

人们对文化普遍性的态度迥然有别。那些关注文化独特性的人们，很可能看到人们以不同的方式表达自己。例如，他们也许强调不同的抚养方式，并认
221 为他们的抚养方式是最好的，这取决于一个人的文化。那些认为文化具有相对性的个人，很可能看到文化普遍性表达的共同主题。例如，他们也许评论不同文化的人们抚养自己孩子的一些类似的方法，而不是不同的方法。

文化标志

文化标志 有时被称为通过礼仪；表示从一种角色向另一种角色转变的事件。

虽然儿童期、青春期、成年期和晚年期的成长和发展都是文化普遍经历的各个阶段，但个人做出转变的方式还是有相当大的文化差异。有时，这被称为通过礼仪（rites of passage）[①]，**文化标志**（cultural markers）是表示从一种角色向另一种角色转变的事件。例如，初中、高中和大学的毕业典礼都是标志人生重要转折点的仪式（Kail & Cavanaugh，1996）。在美国，这些仪式可能还包括演讲、游行以及专为此类事件佩戴的帽子和穿着的礼服。在美国，最有名和最经常精心标志的事件也许就是婚礼了。精心设计和昂贵的费用可以使此类事件获得成功。食物、花卉、音乐、邀请函以及婚礼的其他方面，经常被认为是用来表示和精心计划重大事件的手段。在美国，各种文化以不同的方式来庆祝婚礼，并非在一种文化内的所有人都采取相同的婚礼形式。此外，并非所有人都要结婚，也并不是所有人一到适婚年龄就结婚。标志这些事件的仪式各不相同，这取决于人们结婚的年龄，无论是初婚、再婚，还是晚婚，也无论父母是否同意结婚或其他因素。虽然婚姻是一种文化标志，但是，它只是大致与年龄有关。大多数人的第一次婚姻发生在18～30岁，但有些人结婚要晚一些，无论是再婚，还是初婚。另一方面，高中毕业的年龄一般是17岁、18岁和19

> **问题 9.3** 描述一个与文化有关的事件（如前面给出的脸颊亲吻事例），并对此事件给出一个民族优越感的说明和一个源自文化相关性原则的说明。

① 在一个人的一生中，表示从一个阶段进入另一个阶段转折点的仪式或庆典。

岁。少数人在高中毕业时，岁数可能比较小或比较大。理解文化标志的价值观以及用来庆祝它们的事件，可以有助于人们重视文化差异。

性别角色提供了另一种审视文化标志的方式，因为重大事件标志着男孩和女孩进入了成年期（Gilmore，1990）。例如，在许多非西方文化里，月经初潮是女孩成为女人的主要标志。而对于男孩而言，这却完全不同。他们必须表明，他们能够供养家庭、保护他人以及保证配偶怀孕。这在没有文字的文化中尤为真实，在这种文化里，男孩必须表明，他们能够做上述这些事情，才可以被视为男人。代表一个孩子向一个成年人的转变，不同的文化具有不同的标志和仪式。例如，在犹太文化中，12 岁男孩成人礼（bar mitzvah）和 12 岁女孩成人礼（bat mitzvah），是一个标志从童年向成年转变的仪式。学习各种文化标志以及用来庆祝的事件，是了解不同文化如何看待男性和女性的一种方式。 222

> 问题 9.4　描述一个文化普遍性事件和行为以及两种涉及文化普遍性的方法。（事例可以是抚养或教育孩子的不同方法。）

> 问题 9.5　除了毕业典礼和婚礼外，描述一种文化标志以及描述两种不同的文化怎样使用庆典来标志这些事件。

沃伦是一个 19 岁的非洲裔美国青年，他在费城的市中心长大成人。现在，他乘坐那趟穿越市中心的公交车去一所社区学院上学，这所学院主要以白人学生为主。沃伦一直在一所生源主要是非洲裔美国学生的高中学习，他了解高中同学与社区学院同学行为之间的差异。这所新学校的同学不太友好。只要与他谈论几句有关学校或他正在做的事情，沃伦就会有不同于原来学校的感受。在这所新的社区学院里，学生来自这座城市的不同地方，沃伦感到紧张。他发现很难交朋友，因为没有几名学生与他选修同一时间开设的课程。白人学生比较保守，当他们在课堂外的时候，他们甚至怕他。在课堂上，因为有些老师举止轻松，课上得比较有趣，同学看上去也比较放松，而且，他们也比较友好。

> 问题 9.6　从文化相对性视角来描述沃伦所处的情境。

> 问题 9.7　怎样做才能帮助像沃伦这样的学生在上述情境里变得更加轻松？

文化之间的差异

为了把一种文化群体与另一种文化群体区分开，研究者一直试图理解有意义的变量（Matsumoto，1996）。最有名的文化变异性维度，也许就是个人主义—集体主义维度。在**个人主义文化**（individualistic cultures）中，个人的需求要比朋友、家庭成员或邻居的需求重要。相反，在**集体主义文化**（collectivist culture）里，个人学会关注其他人的需求和价值观，并将他人的需求和价值观置于自己的需求和价值观之上。例如，在集体主义文化里，选择上大学也许在社会和经济上被视为一种帮助家庭的方式，而在个人主义文化中，上大学则可能被视为一种个人可以获得更多声望和收入的方式。研究者在 50 个不同的国家里进行了问卷调查，并根据这些国家公民对个人主义与集体主义的重视程度进行对比，然后将每个国家进行排名（Hofstede，1984）。公民最重视个人主义的国家是美国、澳大利亚和英国。公民最重视集体主义的国家是巴基斯坦、哥伦比亚和委内瑞拉。上述研究在指出诸如个人主义价值观不被其他文化所重视方面提供了辅证。了解我们根据这些价值观对我们自己和他人做出的判断，有助于我们更加客观地看待自己。当然，一个生活在个人主义价值观排名

个人主义文化　个人的需求要比朋友、家庭成员或邻居的需求重要的文化。

集体主义文化　个人学会关注其他人的需求和价值观，并将他人的需求和价值观置于自己的需求和价值观之上的文化。

> 问题 9.8　在个人主义与集体主义对比的变量方面，你会怎样评价自己？

223

问题 9.9 列出你认为作为一种美国文化，重视个人主义胜于重视集体主义的三个方面（或你不同意的三个理由）。

成就动机 是指对卓越的追求。

较高的文化中的人，可以在他们的观点中成为集体主义者，反之亦然。了解诸如在个人主义—集体主义等特质方面，你与你自己文化成员以及其他成员比较的方式，有助于你以一种新的方式来审视你自己以及你的文化。

研究者为了理解文化，也使用其他各种方式来审视文化变量（Matsumoto，1996）。成就动机是另一个多年来一直研究跨文化的变量（Atkinson，1964）。最初，**成就动机**（achievement motivation）是指对卓越的追求，这是从个人主义视角加以定义的。因此，假如能够说凯表现出成就动机，就说明她在学术上做得很出色或在工作上取得成功。后来，杨（Yang，1982）指出，一个人具有为自己或他人的成就动机。例如，如果你希望取得好成绩，这样，你就可以在工作中得到晋升，并获得更多的收入，那么，这就是从一个个人主义的视角阐述成就动机。然而，如果你要想做得很出色，这样你就可以改善家庭的社会地位，满足他们的成功需求，抑或满足你对家人的一种责任，那么，这就是从一个集体主义视角阐述成就动机。许多西方文化都有成就动机的个人主义观，而许多亚洲文化则更多地采取一种成就动机集体主义观。

在教导个人审视自己的方式上，文化同样存在着差异。例如，在美国，个人经常被教导要把自己看得好于他人，而在日本，个人则不会享有相同的价值观，人们在那种把其他人视为优于自己的文化中长大成人（Matsumoto，1996）。因此，日本学生比美国学生更认为，其他人要比自己聪明或有魅力。而美国学生更可能把自己看得要好于他人。这是非常普遍的信息，每种文化都会有许多例外情况。因此，也有一些美国人会比较谦虚，而不是过于看重自己。然而，上述研究线索却表明，在各种文化中，人们审视自己的方式存在着差异。

索米是一名 19 岁的大学一年级学生，刚刚从韩国来到美国，索米一直盼望着到马里兰大学学习心理学。她听说，美国大学的运作方式不同于韩国的大学，但她发现，美国同她想象的不一样。她想念她的家人和家人给予她的支持。尽管她在韩国也学习英语，但她在处理与美国同学交谈的语速方面还是有困难。另外，她讲起话来很难为情。她住在宿舍里，并很快发现，美国学生似乎很友好，但是，她又时常感到失落，因为她一直都无法这样做。

224

问题 9.10 如果你使用在高中学习的语言（如西班牙语或法语）在另一个国家里上大学，你认为，你会有怎样的感受？请解释。

她的室友是一个 18 岁的白人，来自华盛顿特区市郊，一直对索米很友好，但是，她却花费大量时间与她高中认识的朋友在一起。索米非常想念她的韩国同学。

在课堂上，她很难跟上教授的英语，有时，她理解不了他们的抽象语言。因为数学使用的符号她以前见过，所以，她认为，这门课程比较容易。她非常想知道她怎样才能在第一轮考试中取得好成绩，而且非常担心考试不及格，没有完成学业就返乡回家。她希望她的父母为她而自豪。

偏见和种族歧视

我已经介绍了社会学者和心理学者审视文化以及根据几个特征来衡量跨文

化差异的一些方法。然而，个人形成对不同文化的人们的观点，却是根据他们从周围其他人那里学到的信息。在这一节里，我将介绍刻板印象、偏见、歧视和种族歧视等概念。**刻板印象**（stereotypes）是个人对一群人所持有的信念（积极或消极的信念）。根据这些信念，**偏见**（prejudice）就能够形成，它是一种对某种文化或其他类型群体的判断、情感或态度。刻板印象是信念，而偏见则代表态度或感受。**歧视**（discrimination）是根据信念而对一个人或一群人所采取的实际行动。**种族歧视**（racism）是指一个人自己的种族在生物学上要优于某个不同的种族的信念。这些概念在世界各地人们的人生中扮演着角色，无论他们是不朽的人，还是文化观和行动的接受者。下面，我将比较详细地介绍这些概念。

刻板印象　个人对一群人所持有的积极或消极的信念。

偏见　一种对某个文化或其他类型群体的判断、情感或态度。

歧视　根据信念而对一个人或一群人所采取的实际行动，通常是偏见。

种族歧视　一个人自己的种族在生物学上要优于某个不同的种族的信念。

刻板印象

如果你或我有着刻板印象的话，那么，我们正在将我们自己的人格理论应用到某个人或某个群体。我们对某个人或某个群体有着一整套的信念，而这些信念可以在准确性上存在差异。我的信念或刻板印象既可能类似于你的信念，又可能与你的信念截然不同（Jones，1997）。我们可以对不同的种族群体，不同的职业群体，不同性取向的人们、宗教群体或民族持有各种信念。这些信念能够产生于各种信息来源。

了解我们对个人和群体持有的诸多信念，有助于我们理解我们自己的刻板印象。在通常情况下，刻板印象从民族优越感而来：人们根据原则或价值观做出判断，这些原则或价值观，可以从我们自己的文化中学到（Matsumoto，1996）。信念通常是世代相传的。例如，有些家长有非洲裔美国人不如白人勤劳的信念。这种信念或价值观就会传给他们的子女。另外，广播、电视、报纸和杂志同样也助长了重要的刻板印象。例如，假如你要根据你的信念——20岁的白人女性长得就像只用于杂志照片和广告的模特似的，而不像朋友和同学那样，那么，这种信念会与某个更为宽泛的信念有什么区别呢？ 225

我们自己直接的评论是刻板印象的一个重要来源（Matsumoto，1996）。我们可以找出一个人的某个特征，并能够将这个特征概括到那个群体的许多人身上。例如，如果我们认为我们一直被汽车推销员所操纵，我们就可以将这个特征进行概括，认为所有的汽车推销员在各种情境下都在进行操纵。诸如“律师是________”、“犹太人是________”等表述，都是根据刻板印象得出的。

刻板印象的一个特征在于，它们往往根深蒂固。人们通常抵制改变他们的刻板印象，并将做出评论来保持刻板印象，而不是改变它。例如，如果一个人持有“律师是骗子”的刻板印象，然后，与一名律师进行一个充分和有益的互动，那么，这个人也许会说“嗯，她是我的原则的一个例外。”因为刻板印象根深蒂固，所以，我们往往看到我们希望看到的东西。这也被称为“选择性知觉”（selective perception）。如果我们在看电视，看到一名年轻的非洲裔美国人因涉嫌窝藏毒品而被捕，那么，我们就会自言自语道：“看，这又是一个非洲裔美国人陷入麻烦的例子，这证明了我已经知道的事情”，这便进一步地保持了我们的刻板印象。我们也许并不关注有关一名年轻的非洲裔美国人获得奖学金或有关白人因涉嫌窝藏毒品而被捕的数量的信息。这样，我们就会侧重于支持我们的刻板印象的证据，往往驳回有悖于我们的刻板印象的证据。

刻板印象经常限制了我们了解我们的世界，并对我们的观点产生了先入之见。那么，什么能够改变我们对他人的刻板印象呢？有时，我们的评论并不准确，有时，它们并非以事实为依据（Matsumoto，1996）。如果我们试图更多地了解某种文化，那么，我们不太可能使用刻板印象。例如，如果我们看到两名日本男子相互鞠躬，我们就可能认为，这种做法很正式，也可能认为它很愚蠢。但是，如果我们对日本文化了解得比较多，也不是从我们自己的文化做出判断的话，我们就会对刻板印象有一个新的视角。有时，我们在不知道原因的情况下持有刻板印象。了解我们学习自己的刻板印象的方式，有助于我们识别
226 它们。例如，我们知道听见有关律师的粗俗玩笑影响了我们对律师的刻板印象，我们就能够设法将每个律师都视为一个人，而不是看作某个具有许多相似之处的群体成员。另外，强调我们与他人享有的相似之处而不突出存在的分歧，同样也是有益的做法。因此，我们也许会产生与一名律师分享专业成就、帮助处于困境中的人们以及赚钱需求的愿望。

找出不同于我们的刻板印象的事例，同样也可以帮助我们扩展我们审视人们的方式（Jones，1997）。举一个简单的例子，我们大都认为所有的职业篮球运动员都人高马大。然而，马格西·伯格斯（Mugsy Bogues）[1] 身高只有 1.6 米，并不符合这种刻板印象。关注我们的"原则"——职业篮球运动员都必须人高马大——的各种例外，有助于我们关注职业篮球运动员的真正素质，即他们能够做到奔跑出色、传球到位、投篮精准。通过质疑我们对人们的刻板印象或信念，我们可以改变偏见。

偏见

当我们对个人持有的态度、做出的判断或根据我们对某个群体的信念而感受某个人时，我们就是心存偏见的人。偏见可以是积极的或消极的（最常见的是消极的偏见），而且，它们通常是在没有足够知识的情况下，形成某个判断或看法（Axelson，1999；Jones，1997）。偏见的态度、判断或感受可以是我们或多或少了解的信念。偏见不同于刻板印象，因为刻板印象是信念，而偏见则传达对这些信念的态度或感受。因此，我们就会具有对某个族群成员进行操纵的一个刻板印象。由于我们感受到操纵的方式，因此，我们就会非常有可能对这个群体持有某种消极的态度或感受。在这一点上，人们就会说我们对这个群体心存偏见。

对个人具有偏见的最常见的群体，就是那些被划分为民族、种族、宗教信仰或职业的群体。在这些类别的群体中，人们的刻板印象或信念能够很容易地转变为消极的态度。美国人常见的偏见是针对非洲裔美国人、拉丁裔美洲人、亚洲人的，这被称为种族歧视。另外，有证据表明，还存在各种对不同于我们

① 马格西·伯格斯（Mugsy Bogues，1965— ），美国职业篮球运动员，前全国篮球协会（NBA）球星。NBA 历史上最矮小的球员，身高仅 1.6 米，控球后卫，职业生涯的黄金时期效力于夏洛特黄蜂队（即现在的新奥尔良黄蜂队），在 14 年职业篮球生涯中，平均每场得 7.7 分、助攻 7.6 次、抢得 2.6 个篮板。曾在电影《空中大灌篮》（*Space Jam*，1996）中饰演角色。

的社会经济阶层——下层社会或上层社会——的社会阶层偏见（classism）。① 对男性或女性群体采取消极的（有时采取积极的）态度，被称为性别歧视（sexism）。对老年人或年轻人的消极感受，被称为年龄歧视（ageism）。上述“歧视”（isms）经常不只是包括对一个人的态度，也包括一整套消极的态度或感受。这些“歧视”有时则形成或构成了一种学说，有时则形成了一套偏见。

歧视 227

当消极的态度、思想或感受（偏见）起作用时，这些行为就被称为歧视。为了控制和惩治歧视，人们制定了法律和法规，但是，刻板印象和偏见却是政府无法调控的想法、思想、感受和态度。在雇用、晋升和加薪方面，根据自己的种族、宗教偏好、性别、年龄、性取向或其他类似特征歧视人们，就是非法的行为。大学录取，房屋销售以及汽车租赁等服务业也有类似的规定。执行法律的程度，取决于人们的刻板印象和偏见违法的程度。

在美国这样一个地域辽阔的国家，某个地区个人群体具有刻板印象和偏见不同于另一地区的个人，这种情况相当普遍。例如，有证据表明，在20世纪60年代以前，白人陪审团在证据显见的情况下会无罪释放被指控犯有谋杀黑人的白人男子。但假如陪审团里有非洲裔美国人或审判在美国北方地区举行，就可能会产生不同的判决结果。

美国禁止歧视的法律大都是近些年颁布的，许多法律是在20世纪60年代民权运动之后颁布的。在此之前，美国有许多歧视不同群体的事例。例如，在20世纪60年代之前，美国南方地区的种族隔离要求非洲裔美国人乘坐公交车要坐在车的后部、洗手间要与白人分开、要在单独的餐馆就餐、要去单独的学校上学以及要住在单独的饭店。为了将非洲裔美国人与白人隔离开来，法律规定了一种在社交上控制非洲裔美国人的方式。尽管种族隔离的歧视在南方比较明目张胆，但是，歧视在北方同样也比较常见。例如，非洲裔美国人要参加他们自己的职业体育联盟，如众所周知的黑人棒球联盟。当黑人在许多北方地区试图找工作或上学时，他们同样也受到歧视。

美国也有着歧视亚洲人的历史。1882年，《排华法案》（Chinese Exclusion Act）获得通过，中国劳工移民被暂停（Axelson，1999）。那些出生在中国的人没有资格取得美国公民身份。这项政策持续了60年，反映了美国政府对中国人的消极态度。另一个于1924年颁布的移民法案，拒绝日本人、韩国人和其他亚洲人进入美国。在第二次世界大战期间，有超过10万日本血统的人在
战争期间被赶出自己的家园，被重新安置在各个营地。许多人失去了自己的家 228
园，蒙受了巨大的财产损失。

另一个相对近期出现的“合法”歧视的残酷形式，是德国纳粹政府在20世纪30年代末40年代初采取的歧视性政策。犹太人、吉卜赛人、同性恋者以及其他人都被认为是低人一等的人，对雅利安种族构成威胁。德国纳粹政府制定了规章制度（死亡集中营），屠杀那些非雅利安人。这项杀害了数百万人的谋杀案，就是由刻板印象、偏见以及严重歧视造成的。

---

① 又译社会阶层歧视。

种族歧视

种族歧视可以被描述为一种特定类型的偏见，因为种族歧视有着对他人的消极态度或感受（Jones，1997）。这种偏见的形式是基于生物的种族概念。在这种观点中，个人、机构或文化认为，他们优于某个种族的个人或人群。例如，在一段时期里，美国有些人提出了一套信念，即白人在某些方面优于非洲裔美国人和美洲土著人、亚裔美国人和其他人。无论是作为个人，还是作为机构的一个组成部分，当人们强调他们对另一个民族人们的消极属性知觉时，他们往往将这些消极属性知觉与自我感知的积极属性进行对比。这样，个人在损害他人的情况下强调了他们认为是自己长处的内容（Jones，1997）。

个人种族歧视 根据一个人优于某个人或另一个种族人们的信念而具有的思想、感受或态度。

个人种族歧视。当个人根据他们优于某个人或另一个种族人们的信念而具有的思想、感受或态度时，他们的表现就是**个人种族歧视**（individual racism）。这类人很可能寻找支持他们自己观点的证据，即他们优于另一个种族，而且，他们低估另一个种族的人们等同于或优于他们的证据。美国最显见的种族歧视的事例可能就是“白人至上主义者”的事例了，他们认为，他们在许多方面都优于其他各种族，并能够援引其他种族怎样不如他们的事例。

我们可以从人们与其他种族人们互动过程中所表达的各种思想、感受和态度，看到个人种族歧视，正如我将在下面提供的一些事例一样。有些白人认为，他们在遗传方面要优于非洲裔美国人和美洲土著人。另外，他们可能认
229 为，非洲裔美国人很脏，也很无知；美洲土著人很原始，大多数人都是酒鬼。
在通常情况下，具有种族歧视信念的个人，在行为方式上以歧视方式对待他人。他们有时使用带有种族歧视语言标签的俚语，如“拉丁佬”（dago）[1]、“意大利佬”（wop）[2]、“红皮肤人”（redskin）[3]、“犹太佬”（kike）、“黑鬼”（nigger）以及“波兰佬”（polack）。在世界许多文化中，每种文化都有几个非常具有贬损性的词或短语。讲和种族歧视有关的笑话并大笑也是个人种族歧视的事例。更为极端的事例是破坏财产，在墙上写各种种族信息、在草坪上焚烧十字架以及对人们呼喊种族歧视的话语。作为主流文化的组成部分，人们表达的这种观点和行为，经常遇到各种受到攻击的少数群体成员的抵制。例如，少数群体可能提出诸如“黑人是美丽的”积极的个人预期，并与教会群体或社区行动群体一道努力保护和表现自己。因此，他们抵消了他们所经历的机构种族歧视和个人种族歧视。

机构种族歧视 歧视不同种族的政府或组织政策。

机构种族歧视。学校、雇主、军队、教会以及其他机构，同样也可以采取各种消极的行为方式，并对其他文化的人们持消极态度。这就是**机构种族歧视**（institutional racism）。在通常情况下，政府政策对不同种族的人们都带有歧视性。在美国，非洲裔美国人多年被禁止参加投票。即使当他们具有投票权时，法律尤其是美国南方的法律，也都对非洲裔美国人的表决要求制造了非常大的困难。因此，各州和地方机构以某种种族歧视方式，找到了各种行为方

① 对意大利人、西班牙人或葡萄牙人的蔑称。
② 对意大利人及其后裔的蔑称。
③ 对美国土著人的蔑称。

式。政府通过不公正地划分立法选区，找到了各种更为微妙的、歧视不同种族群体的方式。例如，一些州都以白种美国人占各个选区多数的方式来构建选区。

人们发现，种族歧视行为同样也存在于其他机构中。多年来，许多大学拒绝录取非洲裔美国人。即使是现在，招生考试也仍然存在文化偏见的问题。在过去，基于非洲裔美国人不具有教育潜能的信念，非洲裔美国人学校经常投资不足。在就业方面，一些非洲裔美国人、拉丁裔美国人以及其他少数民族成员被排斥在工会和专业组织之外。在其他情况下，他们也许不被雇用，或者没有晋升的机会。在少数民族群体社区里，提供警方保护和垃圾收取等服务也经常是不足的。上述只是一些机构的种族歧视方式的事例。

文化种族歧视。当一个文化群体能够使用其文化价值观来规定一个国家的 230
价值体系时，其他文化价值观往往被忽视并被认为是劣等的。这就是**文化种族歧视**（cultural racism）。在美国，欧裔美国人的价值观一直是占主导地位的价值体系，而其他价值观（非洲裔美国人、亚裔美国人和美洲土著人，仅举几例）一直受到歧视。在许多国家里，多数民族的文化压制其他群体或种族的文化。在文化种族歧视方面，多数民族的文化经常被认为要优于其他群体的文化，并认为其他群体的文化是劣等的。当某个多数民族文化的种族歧视方法是“色盲”并忽视文化的差异时，问题就很可能形成，因为真正的文化差异被忽视。有些人认为，忽视差异是种族歧视的被动形式，而不是积极形式。而其他人则认为，这根本就不是种族歧视的形式。

文化种族歧视　当一个文化群体能够使用其文化价值观来规定一个国家的价值体系时，其他文化价值观往往被忽视并被认为是劣等的。

在美国，我们可以在各文化方面发现文化种族歧视现象。人们经常但并非总是认为，美国的教育体系好于所有其他国家的教育体系。许多美国人认为，他们的科学和医学实践在解决健康问题和进行研究方面具有优势。有些人认为，美国的法律、宪法和政治制度要优于所有其他国家。此外，在美国，道德是基督教的一种产物，经常被认为要好于其他国家的道德体系。我们同样也可以在最好的艺术、音乐、电影和建筑的信念方面找到心怀偏见的观点。所有上述重要的社会方面，都是多数民族文化主要价值体系的一种反映。这并不是说少数民族文化对这些生活领域的方方面面不会产生影响，但是，多数民族观点却通常占主导地位。虽然文化价值观并不构成文化种族歧视，但是，削弱或贬低其他民族的价值观的确导致文化种族歧视。

虽然我讨论的内容侧重于美国，但也可以适用于其他国家。在大多数国家里，多数民族文化为一个基本的价值体系制定了标准，这个标准是其他民族文化应该遵循的标准，然而，也存在例外：在南非，荷兰和英国白人的价值体系战胜了南非土著价值体系。在这种情况下，少数民族人口的财富、军事力量和权力明显强于多数民族人口。通过理解一个群体的一整套价值观怎样拒绝或征服其他群体的价值观来了解文化种族歧视，有助于我们理解各种文化。

对个人、机构和文化种族歧视经常造成偏见和歧视伤害的讨论似乎比较抽 231
象。被另一类人给予刻板印象的个人看到的并非是他们本来的面目，而是这类人希望看到的样子。当个人根据人们对他们群体在相互了解基础上形成的态度而经历偏见时，他们很可能在其他方面受到伤害、感到愤怒或心烦意乱。当这种偏见导致歧视另一类人的行为，并阻止他们参加教育、健康、政治、就业或其他工作时，就会形成消极的观点。在美国，这始终是种族关系的真实内容。关注个人种族歧视有助于说明一个人可能经历某种存在偏见和歧视的情境。

多米尼克在4个月前开始了大学一年级的学习生活，他对下个学期是否回到学校继续学习没有把握。多米尼克从出生就一直住在纽约布鲁克林市非洲裔美国人聚居区。他的父母都是纽约交通管理局（New York Transit Authority）的公交车司机。他的父母极力主张他的两个姐姐、多米尼克和他的弟弟去上大学。他们已经把他们的宗教价值观传递到孩子身上，多米尼克也不例外。自中学以来，上教堂、参加各种青年活动以及加入合唱团始终是他生活的一个组成部分。

一年多以前，他被几所大学录取。多米尼克在高中时是学校橄榄球队的一名优秀的防守型后卫，给许多大学橄榄球球探们留下了深刻的印象。但知名大学对他不感兴趣，因为他身高只有1.75米，而且，虽然他具有非常好的速度，但不具备他们感兴趣的阻截能力。他经常会听到熟人们说他不像一名橄榄球运动员。当他收到宾夕法尼亚州一所规模较小、主要以白人学生为主、名声较好的学院的录取通知书时，他决定去上这所学校。当他用不到3小时参观了这所学校时，他就好像走了几千公里。学校充满魅力，环境优美宜人，而且，教练、橄榄球队队员以及其他学生似乎非常友好。

当他在9月抵达校园时，学校和他的班级似乎与他习惯的学校和班级迥然不同。他非常清楚地意识到，在一些班级中，他是唯一的非洲裔美国学生。虽然他的白人室友和宿舍里的其他男同学对他很友好，但是，这种友好却是表面的，而且，这种感觉也完全不同于他与家乡朋友曾有过的感受。在新生指导活动周期间，参加非洲裔美国学生会（African American Student Union）召开的会议是很有帮助的。他遇到了其他非洲裔美国学生，但令他感到惊讶的是，参加会议的高年级同学并不多。在学校1 200名新生中，只有45人是非洲裔美国人。当他在校园时，他经常感到，他好像是唯一的非洲裔美国人。

232 橄榄球训练还算比较轻松。因为橄榄球训练很有规律，而且，他习惯于训练和争球，所以，橄榄球训练就像把他带回了高中。遇到其他非洲裔美国橄榄球运动员同样也是有帮助的。事实上，他很多次都感到他最属于那些人。

在学校的第二个星期，他刚刚开始习惯教授采取的上课和小组讨论形式后，下午他很早回到了自己的宿舍。在他和室友放在门口的留言板上，有人用黑色魔术记号笔潦草地写道："黑鬼，滚回家去。"多米尼克感到震惊。这并不是他所预料的事情，但是，他并不完全感到奇怪。他感到非常气愤和受到伤害，并将此事告诉了他的室友和宿舍主任。两人都表示关心，但是，谁也不再提起这个话题。

一个月过去了，他发现，他很难忘掉那件事。他继续去训练，继续去上课，但在校园里，他觉得自己与白人同学之间的距离越来越大。他有一种孤独感。

当他的父母在父母周末（parents' weekend）来学校时，他们告诉他，他们是如何为他和他所取得的成就而感到自豪的。多米尼克不想让他们感到失望，也不想告诉他们自己的感受，他希望忘掉这件事，这样，他今后就会感到好受一些。当他的父母在星期天下午离开学校时，他意识到，他是多么喜欢他们来学校，他是多么多么想念他们呀。当他从停车场走回宿舍时，他意识到，他是多么孤独。他回忆起在夏天来这所学校时他怀揣的美好憧憬，与现在的感觉简直天壤之别。

在准备期末考试的时候，他对自己是否会回到这所学校继续学习没有把握。对于他来说，这些课程一直很难，虽然他保持着B和C的成绩。有时，这所学校对于他来说似乎就是另一个星球，而且，刚开始时他收到的那条可恶的信息总会回到他的脑海里。每当这时，他就会考虑，他是否希望在春季学期返回这所学校。

问题9.11 假如你是多米尼克，如果你在留言板上收到同样的信息，你会做何感想？

问题9.12 在这个事例中，个人种族歧视的证据是显而易见的。有机构种族歧视的证据吗？请解释。

当偏见和种族歧视是社会历史的一个重要的组成部分时，偏见和种族歧视就难以消失殆尽。种族歧视是教育机构、企业和政治制度的一种遗产，被称为机构种族歧视。当种族歧视渗透到某种文化时，文化种族歧视就会被人们识别出来。有时，以往偏见的影响在某种文化中的大多数人中间并不容易察觉出来。我们在下一节里将更详细地描述种族歧视比较微妙的方面。

白人特权

白人特权　那些处于多数民族（西方文化）的人们中，并在他们无意识的情况下具有的特权。 233

我们已经看到，少数民族群体成员的个人在与白人多数民族相比较时，由于存在刻板印象、偏见和歧视，他们经常处于不利的地位。相反，那些多数民族的人们可以被视为具有少数群体成员所不具有的特权或优势。麦金托什（McIntosh，1989）描述了26种美国白人与生俱来的特权。我们也许对这些特权持有不同的意见，也能够补充一些特权；然而，这些特权或优势却有助于说明美国存在的文化种族歧视。

这意味着所有的白种人都是种族主义者吗？不是。这意味着白种人有意识地利用这些特权吗？不是。个人种族歧视是对另一种文化的人们的消极态度和感受的反映，而白种人也许不具有某种消极的态度和感受。文化种族歧视表现出了一种态度和信念的氛围，而这些态度和信念普遍存在，并超出了个人控制的范围。在通常情况下，人们并不会意识到他们获得了他人没有的东西。

下面我将列出一半麦金托什（McIntosh，1989）所罗列的白人特权。许多特权大都是每天、每个星期或每个月发生的小事情。

- 如果我希望在大部分时间里把和我同种族的人们安排到公司里面，我可以做到。
- 假如我需要搬家，我就可以很有把握地在某个地区租赁或购买房屋，我能够负担得起我打算居住的某个地区的费用。
- 我可以在大部分时间里单独去购物，对我不会被跟踪或遭到骚扰相当有把握。我打开电视机或翻开报纸的头版时，能够看到有关和我同种族的人们的广泛报道。

- 当我被告知有关我们国家的传统或“文明”时，人们就会向我说明，事实上是同我一样肤色的人们实现了这种传统或文明。
- 无论我使用支票、信用卡，还是使用现金，我都可以靠我的肤色而不是靠我的财政可靠性的表现来实现。
- 在没有让人们将下面这些选择归咎于我的种族的不良道德、贫困或不识字的情况下，我可以发誓，我要么穿二手衣服，要么不回信。
- 在没有对我的种族要求提交信用的情况下，我可以在一个具有挑战性的情境中做得很好。
- 我从来都没有被要求代表我的种族群体的所有人讲话。
- 如果交通警察让靠边停车或美国国税局（I. R. S.）[1] 审计纳税申报单，我可以肯定，我不会由于我的种族而被挑选出来。
- 我可以轻而易举地买到以我的种族人群为特征的招贴画、明信片、画册、贺卡、洋娃娃、玩具、儿童杂志。
- 我可以肯定，如果我需要法律或医疗援助，我的种族将不会袖手旁观。
- 234 我可以选择弄脏的伪装物或“肉”色的绷带，并使它们或多或少地与我的皮肤相匹配（Peggy McIntosh，1989，“White Privilege：Unpacking the Invisible Knapsack”，*Peace and Freedom*，July/August，pp. 10－11）。

> **问题 9.13** 你认为上述罗列的特权代表了在我们社会中白种人具有的、其他少数民族群体成员不具有的特权吗？请解释。

> **问题 9.14** 由于你认为上述罗列的特权不够准确，你会因此从中淘汰一些特权吗？你还有其他要补充的特权吗？请说明。

至此，我已经讨论了各种不同的文化观以及刻板印象、偏见、歧视和种族歧视的定义。我试图说明这些概念怎样对美国白人多数民族群体与少数民族群体之间的关系产生影响。我们在下一节里将涉及少数民族群体和多数民族群体怎样将自己视为种族以及如何才能改变这些观点。

种族认同模型

人们不会自动地获得一种对自己和其他种族认同的观点。研究者为了说明个人在理解自己和他人经验所经历的常见阶段方面提出了各种模型。在这一节里，我们将侧重于赫尔姆斯（Helms，1995）提出的模型，这种模型可以影响种族认同方式，并对与其他种族人们关系过程中的人类互动产生影响。**种族认同模型**（racial identity models）往往彼此相当相似，另外，我还将从赫尔姆斯（Helms，1995）的描述中得到一个少数民族认同发展模型和一个白人种族意识模型。此外，针对非洲裔美国人和拉丁美洲人，我也提出了其他模型。

> **种族认同模型** 在涉及文化时，说明个人在理解自己和他人经验方面所经历的常见阶段的各种解释。

乍一看，白人种族意识模型的存在似乎令人惊讶。大多数白人并不把他们自己看作一个单独的种族群体，相反，他们把自己视为一个特有的文化群体。例如，白人常常会想起他们的祖先，并给自己贴上意大利人、犹太人、波兰人、爱尔兰人、德国人、英国人、匈牙利人等标签。作为这些群体的成员，他们同样也经历偏见和歧视。然而，在美国，大量的偏见和歧视存在于不同种族的人们之间。所以，心理学者发现，这有助于关注将种族认同理论作为一种理

[1] Internal Revenue Service 的缩写。

解种族歧视的方式。此外，正如我在前文白人特权一节中已经说明的那样，白人还存在各种按照种族认同群体的行为方式，即使他们不把自己看作一个群体。

在表 9－2 中，我将描述少数民族认同发展模型和白人种族意识模型的 5 个阶段。我对每个阶段均进行简要的说明。这些阶段都不是静态的。换言之，个人可以在各个阶段之间发生波动，在某些情境下，他们也许处于某个阶段，而在其他情境下，他们可能处于另一个阶段。这种方法能够有助于我们理解人们对自己和他人的知觉。种族能够随着时间发生变化。

表 9—2　　两种模型发展的 5 个阶段

第 1 个阶段	第 2 个阶段	第 3 个阶段	第 4 个阶段	第 5 个阶段
少数民族认同发展模型				
顺从阶段 在这个早期阶段中，人们往往接受并认为，大多数群体都有其自己的种族群体的刻板印象。他们也许对他们自己及其种族群体的其他成员具有消极的态度。缺乏个人自己的种族视角和文化价值观意识。	**不一致阶段** 在有关个人的价值观和信念与主流文化的价值观和信念之间发生着冲突，混乱即存在于其中。有关种族歧视和压迫问题就会出现。令人比较感兴趣的是个人自己的种族群体的历史和文化。	**浸没—浮现阶段** 在这个阶段中，多数民族文化的有力拒绝和不信任开始出现。显然存在认同个人自己的文化，而不是认同主流文化的现象。参与诸如学习故事、吃食物以及讲这种语言等与种族历史和文化传统有关的活动。个人也许与主流文化分道扬镳，主动反抗种族歧视和压迫。	**内化阶段** 忠诚于个人自己的文化群体与主流文化价值观之间的冲突开始出现。随着个人为更强大的自我意识而奋斗，这个人也许对拒绝主流文化和价值观产生质疑。	**综合意识阶段** 个人不仅开始欣赏自己的文化群体，也开始重视其他群体和主流文化的价值观。个人在自己的文化认同方面，有着一种满足感。根据以往的经验，接受或拒绝任何文化特有的价值观。存在一种压迫他人并努力消灭他们的意识。
白人种族意识模型				
接触阶段 虽然个人在这个阶段意识到他们是少数民族群体，但是，他们往往对少数民族具有刻板印象的知识。他们自己与其他文化群体之间的差异，经常被认为是无足轻重的，而且，他们也许把所有人都只看作人。他们可能不会把自己看作白种人或有色人种。他们在与其他文化的人们的互动过程中了解他们感到的压力。	**瓦解阶段** 个人开始意识到种族歧视，并对种族歧视感到内疚和沮丧。在对于其他人似乎正确的标准与他们自己特有的文化预期之间存在冲突。有些人过于认同少数民族，而其他人则通过行为对少数民族采取家长作风，而不是与之进行互动，还有一些人则退缩到自己的文化中。	**重新融合阶段** 个人有意识地承认他们是白人的事实。他们在各种行为方式上，遵循对有色人种的刻板印象。他们可能从少数民族文化的人们中，寻找分享他们这些文化消极观点的人们。	**伪独立性阶段** 积极的白人认同开始得到形成。个人解决各种始终存在的种族歧视所造成的扭曲，并对包括他们自己在内的各种文化充满好奇心。因此，在种族群体之间的相似性和差异性方面存在着显著的兴趣。	**自主性阶段** 对种族的差异性和相似性有正确的评价，并对不同的少数民族群体持尊重的态度。个人并不把差异性视为各种缺陷，而是看作积极的价值观。个人寻求与其他不同文化的人们建立关系。

梅利莎是一名 18 岁的白人女子，在缅因州格林维尔出生并长大。格林维尔是一个位于缅因州北部林区的小镇，以森林和木材著称。她与非洲裔美国人的交往非常有限。在夏季，格林维尔是一个游览胜地，以水域辽阔而美丽的湖泊——穆斯黑德湖（Moosehead Lake）而闻名。虽然她见过非洲裔美国人，但是，她与他们只是在工作中曾有过非常肤浅的接触，因为她在高中一年级和二年级的暑假曾做过药店的店员。 236

在她去康涅狄格大学上学的第一年，她认识了许多非洲裔美国学生、亚裔学生和拉美裔学生。她主要与他们在课上以及后来的研究小组进行交往（第 1 个阶段，接触阶段）。

她对非洲裔美国人的观点主要是根据她在电视、喜剧片和剧情片上看到的内容。像纽黑文和纽约那样的大城市使她感到害怕。当她去了康涅狄格州哈特福德市时，她对这座城市某些地区的贫困感到吃惊，开始思考她怎样才能帮助那些不如她的人（第 2 个阶段，瓦解阶段）。

当她开始与一个她在法语课上认识的、名叫坎迪斯的非洲裔美国年轻女生交朋友时，她了解了坎迪斯的家庭。她提出的问题令坎迪斯感到很恼火，坎迪斯开始认为，梅利莎就像那些来教堂向贫困的孩子送圣诞礼物的白人一样。最后，坎迪斯大声呵斥梅利莎不要打扰她的生活。梅利莎感觉受到了极大的伤害，于是，她不再与坎迪斯来往，并开始把非洲裔美国人视为与她不同的、不需要照顾或关心的人（第 3 个阶段，重新融合阶段）。梅利莎在大学二年级遇到了其他非洲裔美国学生和亚裔学生。当他们谈论父母如何对待他们以及父母对约会和结婚仪式采取的态度时，梅利莎开始逐渐解除了戒心，并对这些与她类似和不同的年轻女子比较感兴趣了（第 4 个阶段，伪独立性阶段）。梅利莎把自己视为来自某种文化的人，具有保护性以及不对其他文化的人们敞开心扉。她选修了一门黑人研究课程，这门课程有助于她了解非洲裔美国人的历史，并与她自己的斯堪的纳维亚文化迥然不同。

目前，梅利莎作为康涅狄格大学低年级学生，和与她住在同一层的一些亚洲女子建立了友谊。但是，她仍然笼罩着一些在早些时候与坎迪斯交往过程中受到伤害的阴影，而且，虽然她愿意比较适当地与她所认识的非洲裔美国女子在一起，但是，她发现自己与她们在一起还是有点害羞。梅利莎尚未实现第 5 个阶段——自主性阶段。

问题 9.15[1] 种族认同模型到底向你进行了怎样的描述？请解释。

问题 9.16[2] 设法找出一个描述你的最佳阶段。

问题 9.17[3] 什么因素对确定你目前所处的阶段至关重要？

上述描述并不是典型的个人发展白人种族意识的方式。实际上，个人之间的关系是比较复杂的，而且，随着个人与各种来自不同文化和经历不同事件的人们的交往，个人之间的关系在几个阶段之间发生波动。在通常情况下，个人均无法超越接触阶段（第 1 个阶段）。

237 认同模型的一个问题在于，如果个人看到他们自己处于一种模型的早期阶段，他们很可能认为要进行自我批评。这种模型的目的是要说明个人随着时间的发展而成长和变化。承认自己在某一特定时间处于某个特定阶段，能够比因某个羞愧原因而不予承认有益。通过了解种族认同模型，学生可以对偏见、歧视和种族歧视有更为广泛的观点。

总结

随着不同文化的个人旅游、教育、商业互动的日渐增多，理解文化的多样性就变得越来越重要了。在本章，我们定义了文化、种族和种族划分。一个人的人格与其文化进行互动，反之亦然。人格和文化都不是孤立存在的实体。两者均对不同社会的人们如何彼此进行互动产生影响。

不同的文化观有助于提供各种理解个人自己和他人文化的方式。文化相对性的概念，为人们

[1][2][3] 原著此处序号有误。

能够理解他人与其文化有关的行为以及从个人自己的文化经验来理解这种行为提供了可能。有些行为具有文化普遍性，如抚养和教育方式。此外，个人还有着各种文化标志，文化标志是个人在不同阶段所形成的各种方式。例如，在某些文化中，个人往往比其他文化中的人们结婚晚。拥有一个审视诸多不同文化行为和价值观的体系，能够有助于个人形成对不同文化的尊重。

心理学者和社会学者在诸多变量的基础上，研究了各种文化彼此差异的程度。例如，有些文化要比其他文化重视个人主义，而其他文化要比这些重视个人主义的文化，更重视集体主义（作为一个团队工作）。稍稍类似的是，文化在审视人们实现自我能力（独立）与作为一个团队实现自我能力（相互依存）的观点上同样也存在着差异。在某些文化中，一个人表现为有能力和有才干的人被视为适当的行为；而其他一些文化中，这种表现则被看作吹嘘和不恰当的行为。理解不同的国家强调不同的价值观和行为，不仅能够有助于我们将自己的文化视为正确的文化，相反，也能够有助于我们把自己的文化看作适当的价值观、道德观和行为的若干方法。

这种广泛的文化观在你对其他人的行为采取刻板印象的信念方面提出了警告。这种广泛的文化观也有助于防止对一群人心存偏见、采取消极的态度或感受。当个人在心存偏见的基础上行事时，他们就会歧视他人，并对他人造成伤害和痛
苦。种族歧视具有个人种族歧视、机构种族歧视 238
和文化种族歧视等方面，是一种偏见。理解白人特权和种族认同模型的概念，能够有助于个人以一个新的视角来理解他们与不同文化人们之间的关系和交往。

推荐读物

《理解多样性：一本学习实践的初级读本》（*Understanding Diversity: A Learning-As-Practice-Primer*）

B. E. 奥肯，J. 弗里德，M. L. 奥肯（Okun, B. E., Fried, J. & Okun, M. L.）著，布鲁克斯/科尔出版公司（Brooks/Cole），1999 年版

这本书旨在提高自我意识和对他人的认识。这本书对性别、阶级、宗教、种族和种族划分的讨论，为审视不同文化背景的人们提供了一个语境。该书的大量练习有助于读者更清楚地了解自身的文化价值观和其他人的文化价值观。

《文化和心理学》（*Culture and Psychology*）

D. 松本（Matsumoto, D.）著，布鲁克斯/科尔出版公司（Brooks/Cole），1996 年版

这本简明的图书对文化在个人的人生中所扮演的角色提出了一个精彩的总体观点。这本书介绍了心理学对文化问题的研究，如成就和民族优越感等内容。这本书为心理学研究提供了参考。

《偏见和种族歧视》（*Prejudice and Racism*）

J. M. 琼斯（Jones, J. M.）著，麦格劳-希尔出版公司（McGraw-Hill），1997 年版

这是一部全面论述偏见和种族歧视的图书。本书的侧重点要比上面的两本书更全面，也更具学者风范。琼斯介绍了偏见和种族歧视的发展以及应对它们的方法。

推荐网站

媒体的性别和种族网（Gender and Race in Media）

http://www.uiowa.edu/~comnstud/resources/GenderMedia/index.html

艾奥瓦大学传播学研究计划对各种媒体表现的性别和种族差异方式，提供了一个详细的指导。

文化网络（The Web of Culture）

http：//www. webofculture. com/home/home. html

这个商业导向的网站为提高跨文化理解，提出了范围广泛的问题和方法。这个网站在世界范围的基础上关注跨文化沟通问题，具有敏感性和知识性。

第10章

生和死

240 丧失朋友、父母、配偶、兄弟、姐妹或亲属，是一个人在一生中遇到的最重大的创伤事件。对一直与我们有着亲密关系的人的离世所感到的悲伤和悲哀程度，可以由我们对这个人的关怀和爱来衡量。爱和关怀的深度，造成了我们对这个人及其死亡的不同反应。在一项对最具压力的43种生命事件的研究中，丧偶被列为第一位，其次是离婚和某个亲密家庭成员的死亡（Holmes & Rahe，1967）。在美国，应付死亡的压力特别重大，这是因为我们经常回避这个主题。讨论自己和他人的死亡的可能性，是一个非常棘手的话题，也是很少讲述的一个话题。当一个人临终时，其他人通常很难提及他。因为死亡对于许多人来说都是要应付的一个棘手的话题，另外，由于死亡可以表示一种亲密关系的结束，所以，我在本书涉及了这个内容。在继续阐述之前，我将定义本章所使用的四个词语：丧失、丧亲、悲伤和悲痛（C. A. Corr，Nabe & D. M. Corr，2000）。

丧失　被用来泛指与某个人、对象、地位、关系分开，抑或被用来泛指剥夺某个人、对象、地位、关系。

- **丧失**（loss）。丧失被用来泛指与某个人、对象、地位、关系分开，抑或被用来泛指剥夺某个人、对象、地位、关系。这可以包括与一个浪漫伴侣分手、被解雇、离开家去上大学或丢失钱包。然而，上述丧失的影响有着很大的差异，这取决于依恋的强度，本章将对丧失进行剖析，因为它与一个亲人的死亡有关。

丧亲　通常与丧失和一个亲人的死亡联系在一起，与孤独、见不到某个人以及悲伤联系在一起。

- **丧亲**（bereavement）。当我们经历某个丧失时，我们被剥夺或失去某物。虽然在我们丢失了一个钱包或丢掉了一个工作时，我们能够说我们失去了钱包或工作，但是，丧亲通常与死亡联系在一起。

悲伤　丧失对一个人产生的影响，悲伤既可以是内心的，也可以是外表的，如哭泣。

- **悲伤**（grief）。丧失对一个人所产生的悲伤影响。有时，一个人在内心上悲伤，有时，一个人在外表上悲痛，如去墓地、哭泣或谈及这个失去的人。人们可能会经历各种形式的悲伤（Worden，1991）：

  悲哀、愤怒或内疚的感受；

  身体感觉，如没精神、胃里空落落的或上气不接下气；

  认知，如不相信、混乱、对死者与众不同的想法；

  行为，如睡不好、吃不好、哭泣、行动的丧失以及梦见死者。

悲痛　以一个人自己的方式来应付和应对丧失或悲痛。

- **悲痛**（mourning）。当个人经历丧失和悲伤时，他们以不同的方式应付和应对悲伤。这个过程被称为悲痛，悲痛是我们设法忍受我们经历的丧
241 失、丧亲和悲伤的方式。我们既可以以其他人无法看到的方式悲痛（在内心里），也可以以更为公开的方式悲痛，如在葬礼上或与朋友哭泣（在外表上）。

除了这些对悲痛的心理反应外，个人也可以以社会和精神等其他方式对悲伤做出反应。他们可以在社会情境中与其他人一起经历各种困境。个人同样也可以质疑他们的宗教信仰、表达对上帝的愤怒或寻找一种被重构起来的对上帝的信仰。因此，他们因悲伤而改变他们的精神生活或宗教生活。

自世纪之交以来，特定年龄的死亡频率发生了翻天覆地的变化。1997年的整体死亡率大大低于1900年的整体死亡率。这在婴儿死亡率方面表现得尤为明显，正如我们能够从表10—1看到的那样，婴儿死亡率已经急剧下降。对于1996年死亡的个人而言，表10—2罗列了10种主要的死亡原因。注意，其中有两种主要的原因是由人类造成的，事故和不利影响（第5个原因）以及自杀（第9个原因）。在本章其余部分，我们将关注对死亡过程做出的各种反应、

朋友或亲人的死亡以及由于凶杀或自杀造成的死亡。

表 10—1 20 世纪的死亡率

	截至 1997 年 11 月末的 12 个月		
	两种性别（%）	男性（%）	女性（%）
所有的年龄段	8.6	8.8	8.4
1 岁以下	7.3	8.1	6.3
1～4 岁	0.3	0.4	0.3
5～14 岁	0.2	0.2	0.2
15～24 岁	0.9	1.3	0.5
25～34 岁	1.2	1.6	0.7
35～44 岁	2.0	2.7	1.4
45～54 岁	4.3	5.5	3.1
55～64 岁	10.6	13.4	8.1
65～74 岁	24.9	31.7	19.4
75～84 岁	57.1	70.5	48.3
85 岁以上	153.0	175.3	144.2

资料来源：National Center for Health Statistcs，1998。

表 10—2 1996 年最常见的死亡原因

	每 10 万人的死亡人数	全部死亡人数的百分比
所有原因	875.4	100.0
1. 心脏病	276.6	31.6
2. 恶性肿瘤	205.2	23.4
3. 脑血管疾病	60.5	6.9
4. 慢性梗阻性肺病和相关疾病	40.0	4.6
5. 事故和不利影响	35.4	4.0
6. 肺炎和流行性感冒	31.1	3.6
7. 糖尿病	23.2	2.7
8. 人类免疫缺陷病毒感染	12	1.4
9. 自杀	11.6	1.3
10. 慢性肝病和肝硬化	9.5	1.1

资料来源：Ventura et al，1997。

除了提供更多有关临终和悲痛过程的信息外，我还试图帮助读者更加轻松地应对临终者和丧失亲人的人。通过更多地了解你自己对悲伤和丧失的感受，你就可以对人生和生活形成各种看法。 242

临终过程

临终过程非常复杂，而且因人而异，因此研究者一直试图提出各种方法来更清晰地解释这个过程。这项研究工作的先驱是伊丽莎白·库伯勒-罗斯（Elisabeth Kübler-Ross)①，她描述了临终过程的五个阶段。其他人像柯尔（Corr，1992），则针对理解临终提出了一个任务方法。我将在下面较详细地讨论这些阶段和方法，因为现有的支持群体和收容计划将为临终者或需要应对临终者的家人或朋友提供帮助。人们在面对帮助临终者时常常感到很棘手。我在下面将提出一些有益的建议。但是，我们首先将着眼于对许多人来说使临终过程迥然不同的一些问题。

在理解和应对临终者方面，大概有三个重要变量：确定性、临终过程的长度和人的死亡意识（C. A. Corr，Nabe & D. M. Corr，2000）。预测他人的死亡的能力以及临终过程的长度有着相当大的差异。在通常情况下，人们很难预测
243 药物治疗的效果和疾病的发展。在复杂的医疗条件下，可能会发生误诊，或者，有些身体状况也许在最初的诊断过程中没有被发现。临终过程的长度可以从瞬间到几年不等。有时可能会暂时变得好一点，有时身体状况可能会转坏，有时身体状况可能又会转好等，抑或也有可能会迅速恶化。第三个因素是人的死亡意识。有时，人们既没有意识到他们正处于临终状态，他们的家庭成员也未意识到这一点。在其他情况下，人们并没意识到他们正在处于临终状态，但是其家庭成员知道并设法对他们保守这个秘密。在这种情况下，人们也许怀疑他们正处于临终状态而感到灰心丧气，这是因为他们没有获得有关自己身体状况的充足信息。有时，家庭成员认为，临终者即使有所察觉，也没有人去打消他们的疑虑。与上述情形相反的是，临终者及其家人均意识到这个人正处于临终状态。上述三个因素，即确定性、临终过程的长度和人的死亡意识，对于理解临终过程而言，很难找到一个适用于许多人的模型。然而，尽管存在这些困难，人们为了试图解释死亡阶段，还是提出了各种模型。

阶段

虽然伊丽莎白·库伯勒-罗斯包括拒绝、愤怒、交涉、沮丧、接受的临终阶段是众所周知的，但是，它却有助于解释临终阶段。为了说明库伯勒—罗斯的方法，让我们了解一下纳丁的例子，纳丁是一名 26 岁的医疗技术员，她被诊断患有癌症。

> 已经订婚的纳丁快要结婚了，她与父母住在家里。她的婚礼计划在一年半后举行。在订婚不久，她就被诊断患有癌症，这种癌症既无法接受手术治疗，也无法接受放射治疗。但是，医生还是对她进行了化学治疗，医生告诉她，患有与她一样病症的人即使经过这种治疗也很少有人康复。

拒绝　一个对丧失常见的初步反应，这是库伯勒-罗斯提出的对听到一个人被诊断身患绝症的第一个阶段的反应。

- **拒绝**（denial）。库伯勒—罗斯经常认为，人们的第一个反应不会考虑提供的医学治疗，而是对还能活多久感到震惊。震惊经常导致各种想法，如“这不可能发生在我身上”、“也许化验结果被调换了”、“我知道我将

① 伊丽莎白·库伯勒-罗斯（Elisabeth Kübler-Ross，1926—2004），精神病医生、医学博士、国际知名的生死学大师，生于瑞士苏黎世。1958 年嫁给美国人伊曼纽尔·罗斯（Emanuel Ross），同年去了美国，并在纽约继续她的研究。著有《论死亡和濒临死亡》［又译《生寄死归》（*On Death and Dying*，1969）、《生死问答》（*Questions and Answers on Death and Dying*：*A Memoir of Living and Dying*，1976）、《心的出路》（*Life Lessons*：*Two Experts on Death and Dying Teach Us about the Mysteries of Life and Living*，2001］等作品。在《论死亡和濒临死亡》一书中，她提出了著名的库伯勒—罗斯的阶段模型。《时代》杂志曾称她是“20 世纪最伟大的思想家之一”。

会好起来，我将是战胜这种可能性的人。”

纳丁不相信这种事会发生在她身上。毕竟，她才只有 26 岁，死于癌症也太年轻了。当她告诉她的未婚夫时，他也表示无法相信，认为一定是搞错了。因此，不仅纳丁否认死于癌症的可能性，她的男友也否认这种可能性。

- **愤怒**（anger）。当人们开始接受他们也许行将死去，并可能不再否认疾病的严重性和可能性时，他们很可能经历愤怒。愤怒可以是对疾病、周围的人，也可以是对他们自己。然而，愤怒却经常是对命运或上帝——对我必须要成为要死的人而感到愤怒。 244

当纳丁最终接受她的病无法治愈的事实时，在她被告知诊断结果的两个月内，她开始经历一连串的愤怒。在很短的一段时间内，她生传递信息的人的气，也就是那些告诉她实情的医生们。她认为，他们冷酷无情，而且，他们只对她从健康维护组织（Health Maintenance Organization）[①] 得到的钱感兴趣。她的未婚夫并不生气，但仍否认她患有癌症，因为在开始阶段，她似乎没有与他有任何不同。令人惊讶的是，纳丁的父亲是最有帮助的。纳丁从未与他这么亲近。他是一名推销员，经常要离开家几天。她能够与他谈论她的愤怒，并告诉他，她对上帝和使她失望的宗教是多么愤怒。与其要求她具有更多的信念，倒不如质问她的信仰，她的父亲只是倾听，有时抱着她，有时静静地坐在她的床榻对面的椅子上。通过向父亲表达她的愤怒，纳丁开始逐渐接受她正在走向死亡的事实。

- **交涉**（bargaining）。当个人开始接受即将来临的死亡时，他们可能进行交涉、请求更多的时间、请求特别豁免或要求被宽恕。在通常情况下，这个阶段涉及与上帝交涉以寻求更多的时间：“上帝，如果我做某些事情的话，请赐予我生命或更多的时间。”

交涉 向上帝请求更多的时间、请求特别豁免或要求得到死亡宽恕。这是库伯勒—罗斯提出的临终阶段的第三个阶段。

当纳丁开始接受她的死亡时，她非常想嫁给罗杰。他们已经相识五年了，纳丁期待着结婚并操持一个家庭。她非常想跟罗杰有一个孩子。当她祈祷上帝时，她保证帮助其他人，帮助其他患有癌症的人，更多地照顾其他人，只要她能够结婚，只要她能够有一个家庭。在某种程度上，她希望化学治疗可以有所帮助。这些治疗非常难受，因为它们使她感到恶心和虚弱。这或许是一种惩罚，这样，她就能够支付她得到宽恕的“费用”，并有时间开始一个家庭。

- **沮丧**。当看上去没有希望，而且交涉也失败时，沮丧就可能接踵而至。似乎除了死亡外，根本没有其他的可能性。个人现在有一种失落感，有一种失去家庭成员、朋友以及所有人的感觉。

当纳丁不再认为治疗有所帮助时，她开始经历一种深深的悲哀和沮

① 美国常见的医疗保险形式之一。它是一种在收取固定预付费用后，为特定地区主动参保人群提供全面医疗服务的体系。1973 年，在美国卫生部的推动下，美国国会通过了《健康维护组织法》，在制度上确保了这种医疗保险形式的发展。在随后几年里，美国政府相继推出了有关该项计划的许多指导性法规，从而在政策上使得这种管理型医疗保险形式得到迅速发展。

丧。她开始感到身体越来越虚弱，人也日渐消瘦。当她在镜子里看到自己
245 的样子时，她讨厌假发。她觉得自己不再有吸引力并受到放射性污染，而且，她感到孤独。她的未婚夫试图安慰她，但似乎无济于事。她和罗杰不再可能做他们习惯一起做的事情。她不得不离开工作岗位，并生活在家里。罗杰的来访感觉就像病房探视一样，不像他们曾经一起分享的亲密时光。当她在母亲周围时，她就会感到更大的悲哀，她的母亲做兼职工作，这样，她就能够有更多的时间在家里陪着纳丁。在这段时间里，纳丁感到悲哀，并开始觉得不太绝望，也变得更加安静了。

- **接受。**当个人有足够的时间努力通过前几个阶段时，他们也许到达了最后的接受阶段。除了接受外，他们不再与发生的事情抗争，不再对死亡感到深深地悲哀和沮丧。这并不意味着这个人可能感到快乐，而是有一种必死无疑之感。

纳丁变得非常虚弱，在没有帮助的情况下，她无法下床。她感激母亲为安慰她、为使她感到少受痛苦所付出的努力。她改变了与信仰做斗争。她不再痛恨上帝和对上帝感到气愤，而是把死亡接受为一个较重大的计划的组成部分。当纳丁接近死亡时，她感到一种平静感，而不是一种绝望感和惊恐感。

库伯勒-罗斯认为，并不是每个人都可以到达接受阶段。此外，有些人没有经历所有的阶段或某个阶段，又回到某个早期阶段，然后，继续这个阶段。她的工作尤为重要，这是因为她能够关注临终经历及其对个人的意义。

然而，库伯勒-罗斯的阶段理论受到人们的广泛批评。另外，试图通过采访临终的病人及其亲属来证明这些阶段的研究收效甚微（C. A. Corr，Nabe & D. M. Corr，2000）。此外，其他应对临终的个人认为，他们与临终者的经历与库伯勒-罗斯的经历并不相符，而且，他们还发现，她的阶段理论有时是不充分的或容易造成误解的。有些人认为，这些阶段非常模糊，而且，还有点硬性规定。换言之，这些是人们假设要经历的阶段，如果他们没有经历这些阶段，他们或许就有问题。如果病人没有经历交涉和沮丧阶段而到达接受阶段，那么，有些与临终者打交道的护士和其他人有时就会厌烦病人。许多人认为，这些阶段似乎是表面的。比方说，一个人已经“达到了接受阶段”，并不更多地
246 说明临终的经历。然而，有些人还是经历了库伯勒-罗斯所描述的各个阶段，而有些人则通过了解库伯勒-罗斯的理论更好地理解了他们的亲人。许多与临终病人打交道的专业人士认为，基于任务的方法在理解他们的病人方面更有帮助。

临终的任务

临终过程的另一种方法着眼于个人在应对自己的死亡时处理的各种任务。每一项任务都有许多不同的完成方式，而且，有些任务要比其他任务需要更多的关注。这些任务很宽泛，并且在死亡过程中，它们将被以不同的方式来处理。它们包括身体任务、心理任务、社会任务和精神任务。为了与阶段方法进行对比，我们还以纳丁的个案为例。

- **身体任务**（physical tasks）。在我们的人生中，所有人都有身体任务，比如，进食、呼吸和睡觉等。临终者有更多要参与的身体任务，这是因为这个人也许感到极度的痛苦或悲痛。健康的人认为是理所当然的身体任务，如吃喝，对于临终者而言，就变成有意识的任务，因为他（她）要注意营养和流食的需求。此外，在健康的人能够照顾自己的身体需求的方面，临终者也许要依靠其他人、家庭成员、医院工作人员等。

身体任务 个人在处于临终时所完成的身体任务，其中，包括营养和流食需求。

当纳丁最初获悉她患有癌症时，她的身体任务变化非常小。然而，随着她病情的恶化，她更关注她的身体感觉。她要应付化疗造成的恶心。她很清楚脱发是由于治疗造成的。这使得她比以前更留意她的面容。

- **心理任务**（psychological tasks）。个人处理的一些心理任务包括某个发生变化的安全感，一种不同程度的自主意识（对自己的控制）以及一种对人生意义的不同体验。当个人的病情变得越来越重时，他们经常要更多地依靠其他人，并可能不具有某种安全感。他们也许会问，其他人是否真的能够帮助自己，他们是否将在一家特殊医院得到充分的治疗等。当其他人更多地照顾他们时，临终者也有必要进行自我照顾，并因此保持一种自主意识。个人需要对医学治疗、财务状况以及与家人和朋友的互动做出一些重要的决策。当他们这样做时，他们希望保持一种生活意识、参与政治对话，只要这些对他们重要的话。通过拥有一种安全感、 247
做出有关人生的决策以及尽可能使人生充实起来，个人可以保持一种尊严感（C. A. Corr，Nabe & D. M. Corr，2000）。

心理任务 死亡过程造成的变化，其中包括一种与众不同的安全感、减少对自己的控制以及一种对活着的意义的不同体验。

在纳丁最初被诊断患有癌症之后，她与三个不同的医生进行过交谈。虽然他们的建议是一致的，但她发现，她对与第二个咨询的医生斯科特大夫进行交谈感到特别轻松。斯科特大夫以一种纳丁可以理解的方式，向她解释血液样本和X光片的分析意义。这为纳丁提供了一种安全感，并对这个帮助她的人产生了信任。此外，斯科特大夫还对她的治疗方案提供了一些选择，如进行治疗的时间以及帮助纳丁对在这段时间里涉及的其他活动做出选择。因此，纳丁重新获得了一种对人生的自主意识。另外，她还能够对把时间花在与谁在一起上做出选择。她发现，她倾向于把时间花在陪伴她的父母和罗杰身上，而与其他朋友和工作同事在一起的时间则较少。这并不是因为她敌视她的朋友，而是她觉得同那些与她非常亲近的人在一起更加轻松。纳丁在生病之前的一个爱好是做园艺、种花养草。在她生病之后，这甚至变成了她最重要的爱好，因为她喜欢长出小朵花卉的植物，如摆放在她卧室里的小朵玫瑰。虽然有些人会觉得这没有什么意义，但是，这对于纳丁却是非常特殊的，花朵的颜色和形状为她提供了一种享受感，尽管她正在应付棘手的医疗问题。

- **社会任务**（social tasks）。社会任务有两种基本类型，一是涉及在一个人处于临终时的人际关系的重要性，二是与社会系统有关，如医院和救护车（C. A. Corr，Nabe & D. M. Corr，2000）。当一个人正在应对死亡时，人际依恋尤为重要。对有些人来说，兴趣变化也许集中在与亲人之间的关系上，这要比与休闲活动、工作或全国性事件的关系重要得多。

社会任务 指临终过程的社会任务，这些任务涉及人际关系的重要性以及涉及诸如医院和救护车等社会系统。

社会任务可以随着他们帮助临终者而集中在对家庭成员的关注上。在能够保持一种自主意识方面，一个人选择花时间与谁在一起是至关重要的。第二种任务与那些涉及个人的健康问题有关：如住院费、医生费用以及那些涉及护士和其他医务人员的问题。随着个人的病情变得更加严重，关于自己的临终，这个人很可能越来越多地集中在与其他人打交道上。

随着纳丁病情的发展，她发现，她必须对自己的护理做出更多的决策。她经常与父母谈论医生的探视以及在医院里进行的化疗和放疗经历。她是被母亲送到医院的。

248 纳丁同样也关心探视和治疗，此外，她还担心她的母亲。她有时设法让朋友和罗杰把她送到医院，这并不是因为她想要同他们在一起，而是因为她意识到她的母亲正在经受这种治疗的压力，而且，她也希望母亲休息一下。因为她和母亲都对花卉感兴趣，所以，纳丁经常把谈话转到那个话题上，这似乎可以为她们两人缓解一些压力。更为重要的是，纳丁有时间能够与母亲、父亲以及并不关心医疗管理的罗杰在一起。去医院、到医生办公室以及跟健康维护组织打交道都给她造成了很大的压力。而且，她也喜欢参加各种其他活动，这样，她可以暂时投入进去，忘掉自己。

精神任务 对一个人的人生意义、一个人的价值观的性质以及一个人的宗教和精神信仰提出质疑，是死亡过程的一个组成部分。

- **精神任务**（spiritual tasks）。为了应对死亡而对一个人的人生意义、一个人的价值观的性质以及一个人的宗教和精神信仰提出质疑。当个人思考他们可能行将死去的事实时，他们也许对他们的人生有一种新的观点。许多人都在回顾他们的人生，并对他们取得成就与否做出评价。这为理解一个人的人生意义提供了一种方法。个人有着各种不同的希望和愿望，这些希望和愿望超出了他们目前的生活。例如，他们也许希望在临终时不要受罪，也可能希望子女生活幸福。希望经常表现为宗教关注，如希望被接受进入天堂。因为临终为审视人生提供了一种新方法，所以，临终者有时要比他们在人生的大部分时间里，变得更加富有哲理或更加信奉宗教。他（她）们对物质关注得少，而对诸如乐于助人、关怀和爱等价值观则重视得较多。

纳丁的母亲是天主教教徒，每个星期日早晨都去教堂做礼拜。纳丁还是个孩子时就会同母亲一起去。在她上初中和高中时，纳丁停止了去教堂。但是，在最近，只要身体允许，她就会同母亲一起去。起初，当纳丁去教堂或思考信仰时，她要与上帝做斗争并质问他。在她生病初期，当她去教堂时，她觉得奇怪，感觉像她这样的人不属于这里，因为她无法理解为什么上帝要这样对她。后来，她渐渐地接受了上帝，并在他那里得到了安慰。她的神父关心她，并耐心地讨论纳丁的宗教疑惑。他几次去医院和家里看望她，并为她主持了临终宗教仪式。纳丁喜欢同神父交谈，这有助于她接受自己的死亡，并感谢她曾有过的人生。

库伯勒-罗斯的阶段模型和柯尔（Corr，1992）提出的任务模型为临终过程提供了两种不同的观点。阶段模型适用于在纳丁处理临终事实时她所关注的
249 各种变化。相反，任务模型侧重于整个临终过程所发生的不同方面。因为几乎

任何行将死去的人都要应对上述讨论的四项任务，所以，这种方法看上去几乎是普适的。对比而言，许多人都没有经历库伯勒-罗斯假设的临终阶段。虽然库伯勒-罗斯的阶段模型提供了一种审视个人在应对自己死亡时各种变化的有趣方法，但是，得知个人会找到适用于他们的情境却很难。通过使用阶段或任务模型来剖析临终过程，我们更容易理解人们对待临终所做出的反应，也更容易对那些行将死去的人提供支持。许多人在他们人生的部分时期里都会发现自己要向一个临终的亲人提供支持。而其他人则发现，与临终者一起工作并向其提供支持是他们工作的一个组成部分。

临终关怀服务

临终关怀在过去 30 年里要比以往受到人们更多的关注（Marrone，1997）。其中，一个最重大的变化是**收容计划**（hospice）的发展，收容计划是为晚期病人提供的一个计划。收容计划种类繁多，我将在这里介绍几种收容计划。一些人，如医生、护士以及悲伤咨询者，也把向临终者及其家人提供支持作为他们工作的一个组成部分。我将在这里简要地讨论这些人如何完成他们的工作任务，另外，我也会简要介绍他们是如何应对紧张的工作的。

收容计划　旨在照顾临终者及其亲属和朋友的计划和设施。

在美国，超过 2 400 个收容计划正在规划或正在实施。美国有几种收容计划模式。在一些情况下，某种收容计划是一个家庭，其中，临终者及其亲属和朋友来这个家庭参观和进行咨询。其他收容计划是医院的单独病房，这种单独病房在医院里被称为**临终关怀病房**（palliative units）。临终关怀病房是为护理临终病人而建立的设施。美国最常见的模式是家庭服务的提供，这样，病人可以尽可能多地待在家里。有些模式是上述三种的组合：包括在某个收容计划中进行咨询、医院护理和家庭护理。

临终关怀病房　为护理临终病人而建立的设施，通常是医院的单人病房。

在一般情况下，收容计划有几个目标，这些目标都与应对临终病人及其家属有关。这些收容计划包括提供医生、护士、咨询者或其他卫生保健专业人员的护理服务。控制病痛和缓解症状是收容计划的一种常见功能。它们也提供各种丧亲服务，包括向已经死亡的病人家属提供帮助。

一些人与收容计划建立了联系或向临终病人提供护理。护士经常负责协调各种收容计划以及在这些计划中工作的其他专业人员。这些人意识到，医疗护理只是与临终病人和家属合作的一个组成部分。收容计划的护士通常担任家庭与其他健康专业人士的联络员。家庭健康助手经常提供少量的家庭管理职责以及对临终者及其家属提供一些人员护理。因为这种角色是非正式的，所以，家庭健康助手比起许多其他专业人员，与这个家庭建立了更为密切的关系。悲伤咨询者通常接受过心理学家或社会工作者的培训，他们帮助家庭克服各种与临终病人有关的问题。另外，咨询者还可以帮助解决各种财政、法律或保险问题。大多数收容计划的一个组成部分就是志愿者，志愿者提供家务劳动、购物、看护婴儿以及其他家庭支持。志愿者在收容计划或家庭中开始工作之前，通常都要接受20～40 小时的培训。收容计划的医生经常在医院与收容计划之间起到联络员的作用，并关心症状和疼痛处理。在收容计划中，其他扮演重要角色的人是神职人员、营养师、物理治疗师、言语治疗师和按摩治疗师。艺术和音乐治疗师一般也可以提供帮助。其他人也许可以提供非正式的支持。下一 250

节的主题是向没有参与收容计划工作的人们提出如何能够帮助临终病人及家属的建议。

如何帮助临终病人及其家属

许多人访问临终者的朋友或亲属时经常感到不舒服，也不知道该怎么做。里尼波奇（Rinpoche，1992）的著作从西藏文化的视角着笔，真正涉及了临终过程和死后生命，提出了若干有益的建议。其中，第一步是要设法营造某种轻松的氛围。如果你不期望从交谈中获得很多内容，就比较容易做到轻松，这可以为临终者表达自己对死亡、临终或其他事情的想法、感受或情绪提供可能，而且，这也可以使你更容易接受临终者不大理你的这种情境。要向人们提供你全部的关注，这样，他们就会觉得能够向你表达他们自己。一个人行将死去并不意味着不能再有幽默。在通常情况下，开玩笑和幽默都是有益的做法。这不是向临终者提出忠告或说教的时候，除非他们明确要求这样做。根据你与这个人的关系，触摸也是有所帮助的。一般来说，你越是能够应对你自己最终死亡的现实，当你与某个临终者交谈时，你就越有可能感到轻松。

251 这些评论已经提出了各种主要的心理需求——在与某个临终者交谈时该怎么做。然而，对社会需求做出反应同样也是有益的做法。临终者通常关注在他们人生的各个方面将会发生什么。例如，他们也许关心他们的家人将如何生存。他们可能对医疗费用及其对家庭的影响感到忧虑。有些人还关心他们的工作。他们的工作任务将会怎么被完成？他们的客户、员工、学生或教区居民将会发生什么变化？他们也许会问他们的孙子和孩子将会发生什么变化？其他问题可能更为具体，如他们的房子、汽车将会发生什么变化？在这个意义上，个人可以通过实现与这些问题有关的愿望来帮助回答这些问题，并为临终者提供支持，具体的帮助是非常有益的（C. A. Corr，Nabe & D. M. Corr，2000）。

> **问题和解决方案**
>
> **我怎样才能帮助某个晚期病人谈论有关他或她的疾病或行将死去呢？**
>
> - 不要期望从交谈中获得很多。
> - 要设法营造轻松的氛围。
> - 要让这个人表达自己的精神问题或其他问题。
> - 不要说教。
> - 要提供社会需求的帮助。

> **问题 10.1** 比较库伯勒-罗斯的阶段理论和柯尔的任务模型的实用性。假如你正处于临终状态，它们是有帮助，还是没有帮助？

> **问题 10.2** 你是怎样照顾临终者的？如果你没有这么做，你认为你会怎么做？

正如前文所述，精神问题可以成为临终过程尤为重要的问题。如果能够谈论诸如“为什么有这么多的痛苦？”“上帝离我而去了吗？”等问题，就可能非常有益了。这些问题为临终者表达观点提供了机会。鼓励临终者表达信念是有益的做法。而如果说“我确实知道你的感受”或“我确实知道你的想法”，就没有什么益处了。我们无法确切地知道其他人的感觉或想法。另外，提供你的精神信念用处也不大。如果有必要讨论这些问题，就要非常简明扼要，这样，临终者就能够表达信念和关注了。

在纳丁卧床时，梳妆台上摆放了一些植物，床边放了一把椅子，她发现，这有助于与父亲进行交谈。虽然她的神父以与她进行交谈和回答神学问题来安慰她，但她发现，父亲的支持尤其有意义。有时，他们会谈论父亲的业务和他的促销活动。有时，他会只让纳丁谈论她的人生以及她对这个家庭的关注。在通常情况下，他坐在她旁边，身体稍稍向她倾斜，把一只手轻轻地放在她的肩上。他非常注意她的面部表情，而且，如果这个举动使她看上去不太舒服的话，他就会把他的手拿开。有两次，纳丁非常生他的气，这是由于他对她的母亲做得不够。与其同她进行争辩，倒不如让她继续把话讲完，而且，父亲表示理解她的观点。有时，她会谈论罗杰，并对不能与他在一起以及不能与他一起组成一个家庭感到非常痛心。还有一次，她的父亲一边倾听，一边表示他理解纳丁的关注。他希望在那里支持她，并尽可能多地同她在一起。

问题10.3 当你认为人生不可避免地在某个时间终结时，你有怎样的感受？ 252

问题10.4 当你阅读纳丁应对死亡的努力时，你有怎样的感受？

亲人的死亡

伴随着与我们亲密的人的死亡所出现的表达丧失和丧亲深度的词语，好像总是软弱乏力的。亲人的死亡的影响非常巨大并让人极度痛苦，从而使得语言表达显得不足。我将讨论一些专门用来应对孩子、配偶或朋友以及父母、祖父母死亡的问题。青少年和成年人处理死亡的方式迥然有异，但是也有一些共同之处。剖析悲痛的阶段和任务有助于理解我们或那些与我们亲密的人在失去亲人时所经历的感受。在许多情况下，结束悲伤的过程是漫长和艰难的。我们在应对其他人的悲伤时，知道哪些话该说哪些话不该说是有益的。

悲伤和关系

失去亲密的人是极度痛苦的。有些问题影响某种丧失。当父母失去孩子，尤其孩子还处于童年期或青春期时，某些问题可能尤为棘手，如内疚。当失去的是浪漫伴侣或亲密朋友时，亲密和分享就此终止，在亲密的地方就会出现一种真空。类似的事件是父母或祖父母的死亡。

当父母失去处于童年期或青春期的孩子时，丧失经常是突如其来的。也许这个年轻人死于一起汽车事故、凶杀或自杀事件，又或许这个年轻人死于疾病。随着孩子生命的丧失，便出现了一方父母对孩子的希望和梦想的丧失（C. A. Corr，Nabe & D. M. Corr，2000）。在这起死亡上增加的可能是愤怒、指责或内疚。责备自己和觉得内疚是一种常见的反应。迈尔斯和黛米（Miles and Demi，1986）认为，父母觉得内疚是由于感到无助或对丧失的责任造成的。当丧失是由于疾病所致时，父母可能认为，他们为孩子做得不够，没有阻止疾病的发生，抑或以某种方式造成了这个孩子的死亡或未能保护孩子免于死亡。 253 在其他情况下，孩子的死亡与疾病没有必然的联系，父母可能认为，他们没有践行好家长的职责。父母也可能认为，他们比孩子活得长是不对的，抑或他们可能认为，孩子的死亡是对他们自己某种不道德行为的惩罚。再进一步的内疚是父母可能对他们在孩子死时以及随后的行为方式感到不满。

父母以各种方式处理孩子的死亡。例如，男人经常被教导要克制他们的悲伤，缄默不语，而女人则被认为更容易表现她们自己的悲伤。其他问题则取决于父母是结婚、未婚还是离婚。继父母的悲伤比起父亲或母亲的悲伤可能有所不同。单亲父母很可能比已婚父母有着某种不同的反应。悲伤反应可以影响父母彼此之间的关系，他们也许很难理解对方的反应。

浪漫伴侣的丧失可能是极度令人苦恼和迷失方向的。两个伴侣在彼此的人生中扮演着极其重要的角色，因此，在没有对方的情况下，人生是什么样子可能很难想象。当一个伴侣死去时，另一个伴侣失去的不仅是对方，也丧失了一种关系。当悲伤的伴侣被单独留下时，另一个提供安慰的人不能再帮助他（她）缓解悲痛了。朋友的丧失可以产生类似的反应，这取决于朋友间的亲密程度。

当个人失去父母或祖父母时，一个终身的关系便结束了。他们不再与父母或祖父母继续分享经历，无论是快乐的经历，还是悲哀的经历。由于父母的死亡，成年子女的角色发生了变化，因为他们现在是最老的一代人，而且，责任也可能发生变化。此外，人们对死亡率还有一种重新认识，这是因为人们越来越意识到自己死亡的可能性。

当青少年经历一个亲密朋友或父母的死亡时，他们能够经历一些类似于成年人的反应。弗莱明和巴尔默（Fleming and Balmer，1996）指出，当青少年面对与他们亲密的人的丧失时，他们往往具有复原能力。年龄较大的青少年更可能跟朋友谈论他们的丧失，而年龄较小的青少年则可能经历更多的痛苦。经历丧失的青少年可能在睡眠和饮食、疲惫或孤独等方面发生变化。当青少年不与其他人谈论这种丧失时，他们也许认为，没有人有如此深切的丧失或如此深爱的亲人。青少年能够与朋友、父母或专业人员谈论丧失是非常有帮助的，就像他们参与各种学校和休闲活动那样。

因为人们体验的丧失是如此不同，而且人们也在不同的发展水平上体验丧
254 失，所以，对丧失做出概括是困难的。一个关于丧失的深度的事例，是诺亚·本-阿特兹·佩洛索夫（Noa Ben-Artzi Pelossof）[①] 在以色列总理、她的外祖父伊扎克·拉宾（Yitzhak Rabin）的葬礼悼词中生动感人的表达。当伊扎克·拉宾被他的一个同胞暗杀时，许多政治家都在关心他的离世对中东和平所造成的影响。相比之下，他18岁外孙女以一种非常个性化的方式，表达了她对外祖父的哀悼之情。在葬礼上，她朗读了下面这篇悼词：

> 请原谅，我不想谈论和平。我想谈一谈我的外祖父。
>
> 你总是从噩梦中醒来，但是，自从昨天以来，我不断对噩梦有所醒悟。没有你，我不可能对生命的噩梦习以为常。电视从未停止播放你的画面，而你是那么栩栩如生，以至于我几乎都能够触摸到你——但只不过几乎而已，我再也不能触摸到你了。
>
> 外祖父，你是营地前的火柱，现在，我们被孤独地留在了黑暗的营

---

① 以色列总理拉宾的外孙女，著有回忆录《以痛苦与希望的名义》（*In the Name of Sorrow and Hope*，1996）。记述了她所经历的在以色列的生活，真实反映了一个孩子在战火中所感受到的情景，开篇便是她在祖父葬礼上所致的悼词。需要说明的是，原著在这段悼词最后遗漏了"We love you grandfather. Always."（我们爱你，祖父。永远。）一句。另据《纽约时报》报道，她的悼词"感动了世界"。

地；我们非常寒冷，也非常悲哀。

我知道，人们用一场全国性悲剧和慰藉整个民族的措辞来谈论你，但是，没有你，我们感到巨大的空虚，外祖母没有停止过哭泣。

很少有人真正了解你。现在，人们将在相当长的一段时间里谈论你，但是，我觉得他们真的不知道这个痛苦有多么巨大，这个悲剧有多么重大；一个了不起的人已经被杀害了。

外祖父，你曾经是而且现在仍然是我们的英雄。我想要你知道我每次做的一切事情，我看见你就在我的前面。

你的评价和你的爱伴随着我们沿着这条道路继续走下去的每一个脚步，而我们的人生却永远都是仿效你的价值观而形成的。你从不抛弃任何事物，而现在你却被抛弃了。可是，你就在这里，我永垂不朽的英雄，陪伴你的只有寒冷和孤独，而我却无法做任何事情来挽救你。我们非常想念你。

其他比我重要的人物都已经颂扬了你，但是，他们没有一个人曾有幸感受过你的温暖以及你温柔双手的关怀，而这种关怀，我曾感受过；他们没有一个人曾有幸得到你温暖的拥抱，而这种拥抱只被我们所珍藏；他们没有一个人曾有幸看到你淡淡的微笑，而这种微笑总是告诉我那么多，这种微笑不再与你一起被封存在这个墓穴里。

我没有复仇情绪，因为我的悲痛和丧失的感受是如此巨大，痛莫大焉。大地已经从我们脚下被席卷开来，我们现在正在四处摸索，设法在这个空空如也的空虚中徘徊，迄今，我们没有任何成功的迹象。

我无法实现这种成功，要别无选择地离去。我向你说再见，英雄，愿你得到安息，并在这块土地下面记着我们，想念我们，就像我们深深地爱你一样。我想象现在天使正在伴随着你，我请求他们照顾你，因为你值得他们的保护。

资料来源："From Goodbye to Grandfather," by M. Ben-Artzi Pelossof, *New York Times*, November 7, 1995, p. A9. Copyright (c) 1995 by The New York Times. Reprinted by permission。

感受的意识 255

这个年轻的女子必须了解自己的感受，才能如此生动感人地表达她自己。此外，她还需要找到表达这些感受的词语。对于一些人来说，这可能是一个艰难的过程。他们可能不会允许自己感到悲哀，而当他们体验到悲哀时，他们也许无法哭诉或表达他们的痛苦。在你能够感受这种痛苦之前，你必须与另一个人有着某种亲密感，并具有体验这种亲密感的能力。人们经常以他们学到的各种方式来表达他们的烦恼。对一些人来说，这也许是以一种非常清晰的方式来表达，而对于其他一些人而言，这可能是悲哀和悲伤的声音，几乎没有言语能够表达。无论他们对自己的感受有无明确的意识，个人很可能以各种不同的方式来体验悲痛的过程。

悲痛的阶段

通过剖析悲痛的阶段，个人能够理解悲伤的过程，就像许多人体验的那样。帕克斯（Parkes，1987）提出了一个有用的模型，该模型讨论了四个一般阶段：震惊与麻木、渴望与寻找、崩溃与绝望、重新组织。

- **震惊与麻木。**当丧失的影响格外突然时，个人可能感到生离死别或麻木不仁。在通常情况下，这种反应仅仅持续几个小时或几天，但是，死亡的全部影响却尚未被吸收。

3 年前，当特里 19 岁时，他已经和安吉拉约会了一年半的时间。他们非常亲密，而且，已经谈婚论嫁了。可是，随着安吉拉对彼得发生兴趣，她开始变得越来越冷淡。当安吉拉告诉特里她不再想见到他时，他一下子被搅昏了头。起初，他以为她在开玩笑，后来，他才明白所发生事情的严重性。

当特里得知安吉拉和彼得在一起交通事故中死亡，并得知在这起事故中，他们的汽车被一列火车撞毁时，他一下子被搅昏了头。虽然他当时并不知道此事，但他还是有一种难以置信的感觉。真的是安吉拉吗？也许是别人和彼得在一起，这不可能是真的。这不是一种绝望，而是一种迷茫的感觉，直到第二天，他才开始能够感到这种丧失。

- **渴望与寻找。**随着丧失会出现一种对美好和有意义内容的寻找，从而会产生一种回到过去的愿望。

虽然特里在跟安吉拉分手后有过一些约会，但是，他从未与另一个女人发展到他对安吉拉感受到的那种亲密关系。当他听到一些他们曾一起唱
256 的歌曲时，他对安吉拉的感受就会强化。现在，随着她的死亡，他经历了一种更强烈的渴望感，多次生动地回忆他们去过的游乐园、去过的海滩和在对方家里的情景。

- **崩溃与绝望。**个人在某个内容的寻找之后，经常会出现混乱现象，对做什么或向什么地方进行转变感到不知所措。由于人生已经发生了变化，因此，他们可能感到责任微不足道和不重要了。

特里无法把注意力集中在他作为一名信用分析师的工作上。他与人们交谈，却找不到交谈的线索。好几次，他遭到了老板的训斥，老板可能听过一些他与客户交谈的情况。特里从事的日常业务对他似乎不是那么重要了。他问自己，即使他们不再约会了，他为什么还会如此心烦意乱？而且，他发现自己很生彼得的气，并把这起事故归咎在彼得身上，虽然他没有任何理由这样做。他发现自己非常爱安吉拉，深深地思念着她，这些想法还对他的工作造成了影响。

- **重新组织。**个人逐渐开始重新组织自己的人生，这样，他们就能够找到某种方式继续生活下去。在通常情况下，丧失是非常巨大的，要重新组织一个人的人生，这样，新的关系才能够被建立起来，发展旧的关系也需要花费时间和精力。

特里参加了安吉拉的葬礼。他试图向老板解释所发生的事情，但他的老板并不原谅他，还继续密切监视他的工作，并把他的错误记录下来。因为特里仅仅工作了 6 个月，于是他拼命工作，不想失去这份工作。他无法

忍受另一种丧失的前景。他把全部精力都集中在他的工作上。有时，他会设法想象同他在电话中正在交谈的人们。在其他时候，他会紧紧握住电话，这只是为了提醒自己他正在进行电话交谈。这种加倍努力为他赢得了工作，老板最终不再密切监视他的工作，而且，还对他的表现做出了一些最低限度的评语。可是，这个评语却使得特里付出了巨大的努力。在下班时，他往往感到精疲力竭，经常是回家吃罢晚饭，就上床睡觉了。在周末，他花时间与几个朋友在一起。特里与两个高中时代的老朋友保持着深厚的友谊，这两份友谊比其他任何事情都重要，有助于特里应对安吉拉的死亡。

帕克斯的模型并不是一个复杂的模型，但是，它却有助于理解人们能够应对某种严重丧失的局面。虽然其他模型也讨论了不同的阶段或状态，但是，帕克斯的模型却非常清晰地提供了一种应对某种关系丧失的方式。它有助于解释特里的最初震惊、困惑以及影响他人生诸多方面的混乱。朋友的支持对于特里继续他的人生是有所帮助的。剖析悲痛阶段提供了一个悲伤的视角，而任务模型则提供了另一个悲伤的视角。 257

悲痛的任务

另一种处理悲痛的方法是关注一个人所承担的任务，而不是考虑阶段或状态。沃登（Worden，1991）认为，在个人结束他们的悲伤时，他们尝试完成四项基本任务。这些任务包括接受丧失的现实、结束悲伤的痛苦、适应缺少这个人的环境以及继续一个人的人生。

- **接受丧失的现实**。为了应对丧失，个人就必须接受丧失。一个人如果无法应对丧失，那这个人就在否认现实。严格保持一个失去的孩子在世时房间的样子，可以使接受丧失变得更加困难，并把这个失去亲人的人不断地带回到最初的丧失状态。有些人则发现，他们希望这样做，这样对他们感觉最好。人们要对应对现实的节奏做出决策，接受它，并设法改变他们的人生。

　　当特里最初听到安吉拉发生意外事故时，他简直不敢相信。起初，他拒绝接受这件事，认为这一定是别人。对他来说，接受他可能失去了安吉拉的现实，最初是因为彼得，而现在又是由于一起事故，完全没有意义。与他的朋友谈起安吉拉以及参加她的葬礼，均有助于他接受所发生的事情。

- **结束悲伤的痛苦**。试图否认悲伤并沉浸在悲痛之中将于事无补。有时，人们在感到绝望时使用酒或药物。这通常使事情变得更糟，因为人们仍然有着一种悲痛的意识，而且，他们可以在身体上或心理上感受到这种悲痛。

　　在特里得知安吉拉的死亡消息之后，他只是麻木地坐在他的房间里。然而，当他第二天下班回家后，他心烦意乱。他一整天都在想着安吉拉，无法处理与一些客户的交易。他从客厅的酒柜里拿出了第五瓶伏特加酒，两眼盯着酒杯，喝着酒，他很快就喝完了大半瓶酒，醉倒过去。当他醒来时，他的头重重的，口干舌燥，感觉就像在沙漠里一样，然后，他又想起了安吉拉的死。在几个星期后，当他跟几个朋友谈到他是多么思念安吉拉时，即使他们一年半载彼此见不上一两面，他也能够滔滔不绝地谈论他的伤痛，并开始承认痛苦。虽然他的一些同事不明白他为什么如此烦恼，但是，他的两个亲密朋友能够理解他所经历的事情，这是因为他一年多没有看到安吉拉了。

258

- **适应缺少这个人的环境**。随着一个配偶的丧失，剩下的配偶就不得不担当起许多角色。这在有孩子需要照顾、送孩子去上学、喂养孩子等方面表现得尤为真实。在通常情况下，诸如打扫房间、清理花园等其他任务也必须要做，就像一个人感觉最不喜欢这样做一样。

因为特里在过去一年半的时间里很少见到安吉拉，所以，他比较容易在这项任务上取得进步。对他来说，问题并不是他非常想从事的各项活动，但是，这项任务可以使他想起她，并回想他们过去在一起所从事的各项活动。

- **继续一个人的人生**。沃登讨论了情感重新定位（emotional relocation），情感重新定位是指发展现有的关系或新的关系，这样，一个人就可以继续发展。否则，这个人将继续生活在一种不复存在的关系中。虽然某种新的关系与旧的关系是不一样的，但是，这种新的关系将为一个人继续照顾别人或得到别人的关心提供了新的经验和机会。当一个配偶死后，各种与孩子的关系都可能发生变化，而且，关系甚至也会得到改善。而关系的改善可以在某些方面受到威胁，因为未亡配偶也许感到内疚，就好像对已故的伴侣不忠诚似的。接受这种关系有助于这个人继续他（她）的人生。

特里意识到，他在过去没有为自己与其他女人的各种关系提供机会。在安吉拉死后不久，他开始与一个女同事约会，他们约会过两次，特里非常不舒服。他告诉她，他只是想成为她的朋友，这是他当时准备结束的借口。特里正在设法继续他的人生，但是，这要比他想象得艰难。

帕克斯的阶段模型和沃登的任务方法，均有助于我们理解特里所处的情境。帕克斯的模型有助于我们理解特里对安吉拉丧失的反应的时机把握。而沃登的方法则更为主动，并有助于看到特里需要做的在他的生活中取得进展的一些事情。两种模型都提供了应对亲人死亡的不同观点。其他阶段和任务模型均提供了对这个过程的理解，但是，这些阶段和任务模型往往在一定程度上类似于上述两个我们刚刚讨论的模型。

帮助他人处理悲伤

虽然沃登的任务方法和帕克斯的阶段模型均有助于人们理解丧失过程，但是，他们并不直接与我们能够帮助他人的内容有关。C. A. 柯尔、纳比和 D. M. 柯尔（C. A. Corr，Nabe & D. M. Corr，2000）提出了各种帮助处于悲伤中的其他人的任务。这些任务是认知任务、情感任务、行为任务和评价任务。

259

问题和解决方案

我怎样才能帮助丧亲的人们应对他们的丧失呢？

- 最初，要提供适当的信息。
- 要帮助他们表达感受。
- 要让他们进行谈论，这样，他们就能够设法了解丧失。
- 要承认丧失的重要性。
- 不要害怕谈论已故的人。

- **认知任务**（cognitive tasks）。在面对某种丧失时，个人经常需要了解发生了什么。在通常情况下，他们想要了解更多细节，而不是其他人认为是必要的信息。例如，特里想知道火车以多快的速度撞上这辆汽车，火车司机是否看到了这辆汽车，彼得是否喝醉了，安吉拉是否从车中被甩了出去等等。在可能的情况下，提供信息能够对那些首先发现死亡的人以及感到震惊的人是有所帮助的。

认知任务　需要了解发生了什么事情，这样，个人就能够理解丧失的细节。

- **情感任务**（affective tasks）。可以帮助丧亲的人的一个最重要的方式，是帮助这些人表达他们对丧失亲人的感受。有时，丧亲的人并不清楚他们的感受，而且，他们也不了解发生的事情。对于特里而言，与弗雷德进行交谈是格外有益的。弗雷德帮助特里谈论在一年半后他仍然对安吉拉具有的强烈感受。弗雷德对此并没有提出质疑或怀疑。他同样也让特里谈论他对彼得的愤怒，因为彼得从他身边把安吉拉拐走，并杀死了她，即使弗雷德知道彼得并没有杀害安吉拉。他让特里表达自己的感受，而不是对他提出质疑。

情感任务　具有许多有关丧失亲人的感受，并有着一个向其他人表达这些感受的愿望。

- **行为任务**（behavioral tasks）。公众对死亡的认识是有益的，而且，对许多人来说，这也是必要的。葬礼仪式就是通过聚集在一起和承认一个人的丧失，为人们提供一种将他们的悲伤公诸于众的手段。特里发现，不仅参加安吉拉的葬礼是有益的，而且，连续一个月每个星期都去她的墓地看一看也是有帮助的。这可以让他通过眼泪来表达悲伤。

行为任务　做一些承认丧失的事情。

- **评价任务**（valuational tasks）。设法搞清死亡或丧失几乎对每一个人都是至关重要的。这么做也可能是非常困难的。特里不断地问，为什么发生了这件事？这件事怎么就发生在安吉拉身上呢？这件事怎么就真的发生在他特别关心的人身上？即使特里无法找到答案，但是，仅仅提出这些问题的行为对他也是有好处的。特里会向弗雷德提出这些问题，然而，弗雷德却无法回答这些问题，于是，特里就会自己来回答这些问题。但是，仅仅与弗雷德谈论这些问题也是有益的。

评价任务　剖析一个人自己的价值观，因为它们与亲人的丧失有关。

260

用认知任务、情感任务、行为任务和评价任务来帮助丧亲的人们是一种服务，这种服务当时经常得不到承认，但随后还是会得到人们的感激。更多有关该做什么和不该做什么的具体建议，在应对丧亲的个人方面提供了更多的组织形式。

C. A. 柯尔、纳比和 D. M. 柯尔（C. A. Corr，Nabe & D. M. Corr，2000）就有关不向人们说什么才是有益的提出了非常具体的建议：将一个人的丧失降低到最低程度于事无补。个人具有强烈的悲伤反应，弱化这种反应很可能使这个悲痛的人生气或愤怒。研究人员认为下列信息起不到帮助作用。

- “既然你的宝宝已经死了，你在天堂里就有了一个小天使。”（但我怀孕的目的并不是为了制造天使。）
- “你还年轻，你可以再婚。”（是的，但那会使我想起我的第一个配偶，还是会以任何方式来减轻我对丧偶的伤痛呢？）
- “毕竟，你的祖父已经非常高寿了。”（也许是这个原因所以我更珍视。）

正如我们从括号中看到的评论那样，讲话者看上去并不理解丧亲的人的痛苦。丧失之痛要比讲话者承认的要严重得多。另一组无助的表述往往抑制这个人所体验的感受的强度。这些评论对于一个人的丧失来说是老套的反应。

- “要坚强起来”或“要咬紧牙关”。
- “你会好起来的”、“不要总是这样心烦意乱”、“在你脸上露出微笑”。
- “你现在是这个家庭的大人了。”
- “你要做的就是忙碌起来，回到工作中去，忘掉她。”

这些关于如何应对悲伤的指示简单而无助，这是因为他们不承认这个人遭受的重大丧失。向经历丧失的人提出忠告应该非常谨慎。一个原因是，理解一个人的悲伤很困难；另一个原因是，随着他们在人生中遇到各种新的事件，人们往往可以找到自己应对悲伤的方式。

那么，什么是有帮助的呢？C. A. 柯尔、纳比和 D. M. 柯尔提出的认知任务、情感任务、行为任务和评价任务，也许是最有帮助的。更具体地说，在有人去世之后，立即做一些事情是有帮助的，如打个电话、帮助亡者家人做家务
261 或跑跑腿。看望丧亲的人以及与丧亲的人联系经常是有益的做法。与其对亡者采取谨慎的态度，倒不如行为举止自然一些更有帮助，以各种在死者去世之前的方式提及死者。当丧亲的人想要谈论他们的丧失时，就要允许他们谈论，当他们不想谈论时，就要允许他们不谈。提出你自己的宗教或精神观点很少是有帮助的，除非他们的要求非常具体。精神观点是个人的，而且，需要由丧亲的个人提出和讨论。帮助一个人表达宗教信仰是有益的做法。

特里发现弗雷德很有帮助的原因在于，弗雷德似乎总是有求必应。当特里想要交谈时，他们便进行交谈。当特里想要打台球时，他们就一起打台球。弗雷德从不把他的观点强加给特里或让特里同意，即使当特里表达对彼得非常不合逻辑的观点时，也是如此。他从来不说：“噢，你总有一天会找到一个更好的女友”或“总有一天，一个真正的好姑娘会出现的，你就会忘掉安吉拉。”相反，弗雷德一直在倾听，开车带他去参加葬礼，应特里的请求，与特里一起去安吉拉的墓地。

问题 10.5 如果你失去了一个朋友，你认为其他人所说或为你所做的什么是有帮助的？

问题 10.6 如果你失去了一个朋友或亲人，你认为什么是对你没有帮助的？

问题 10.7 你对特里说些什么，会对他的丧失有所帮助？

问题 10.8 你对特里说些什么，会对他的丧失没有帮助？

问题 10.9 在阅读了这一节后，在帮助一个因丧失亲人而悲痛的朋友方面，你会做些什么与以前不同的事情？

年轻人自杀及其死亡原因

与其他年龄段的人不同的是，年轻人（年龄在 15～24 岁之间）更可能死于人为因素，而不是死于疾病。三种主要人为因素引起的死亡是意外死亡、凶杀和自杀。在许多情况下，自杀都有各种预警信号，因此自杀要比意外死亡或

凶杀具有各种机会加以预防。在这一节里，我将主要阐述自杀。有些人具有各种有关自杀的说法，这些说法是不准确的，并干扰对那些企图自杀的人的帮助。此外，自杀还有着各种预警信号，我们可以对这些信号采取行动来防止自杀的发生。

青少年死亡

青春期与其他人生时期不同的是，三个主要死亡原因都是人为干预造成的。事实上，对于美国青少年来说，有超过 68%的死亡都是意外事故、凶杀或自杀造成的。因为这些死亡是人为因素引起的，所以，它们最有可能伴随着创伤或暴力的发生。例如，一半以上的意外死亡是由汽车意外事故造成的（参见表 10—3）（C. A. Corr，Nabe & D. M. Corr，2000）。另一个死亡原因是人类免疫缺陷病毒感染造成的，这种病毒现在是导致青少年死亡的第 6 个主要原 262
因。教育和培训可以有助于减少这些类别的死亡数量。

表 10—3　1996 年美国 10 种主要原因造成 15～24 岁人群死亡的初步数字和每千人死亡率

排名	死亡原因	数量（千人）	死亡率（‰）
⋮	所有原因	32 699	90.3
1.	意外事故和不利影响	13 872	38.3
2.	凶杀和正当防卫	6 548	18.1
3.	自杀	4 369	12.1
4.	恶性肿瘤	1 642	4.5
5.	心脏病	920	2.5
6.	人类免疫缺陷病毒感染	420	1.2
7.	先天性异常	387	1.1
8.	慢性梗阻性肺病和相关疾病	230	0.6
9.	肺炎和流行性感冒	197	0.5
10.	脑血管疾病	174	0.5
⋮	所有其他原因	3 940	10.9

资料来源：Corr，Nabe，& Corr，2000。

为了设法减少青少年的死亡数量，人们已经制定了一些新的教育计划和战略。驾驶者教育计划试图教授各种技能，这样，青少年可以更加安全地驾驶汽车。此外，“母亲反对醉酒驾车”（Mothers Against Drunk Driving，MADD）已经制定了各种关注酒和驾驶相互作用的教育计划。“朋友不让朋友酒后驾驶”是一个常见的口号，它旨在防止由酒驾引起的交通事故而造成的人员死亡。经过培训的同辈咨询者可以帮助沮丧和心烦意乱的同学。这种同辈咨询者培训经常包括识别各种自杀意图的信号以及对这些信号该做什么。健康教育课程讲授有关人类免疫缺陷病毒以及感染的方式。尽管预防计划有助于防止青少年死亡，但人为因素引起的死亡仍然是青少年死亡的主要原因。

在青少年中间，死亡率存在着巨大的差异，这取决于死者的性别和种族。表 10—4 说明了五个种族群体中每 10 万名年龄在 15～24 岁之间的男性和女性的死亡率。这个表中的统计数字触目惊心。年轻非洲裔美国男性的死亡率（234.7），远远高于年轻非洲裔美国女性（66.5）、年轻白人男性（131.8）和 263

年轻白人女性（46.3）或其他文化群体的死亡率。这在一定程度上是由于，与年轻非洲裔美国女性（19.4）、年轻白人男性（17.5）和年轻白人女性（4.1）相比，年轻非洲裔美国男性具有较高的凶杀率（15.4）（C. A. Corr，Nabe & D. M. Corr，2000）。在年轻非洲裔美国男性中出现的高凶杀率，始终是政治家和社会活动家关注的问题。这在一个年轻非洲裔美国丧葬承办人最尖锐的描述中略见一斑，他在一个高犯罪率地区工作，为那些被枪杀的、高死亡率的年轻非洲裔美国男性提供葬礼安排。

表 10—4　1996 年美国按种族和性别统计的 15～24 岁人口死亡的初步数字和每千人死亡率

	死亡人数			死亡率（‰）		
	两种性别	男性	女性	两种性别	男性	女性
全部种族	32 677	24 533	8 144	90.2	131.8	46.3
白种美国人	23 135	17 165	5 970	80.2	115.1	42.8
非洲裔美国人	8 291	6 469	1 823	150.8	234.7	66.5
拉美裔美国人	4 647	3 755	892	93.4	140.3	38.8
亚裔美国人	769	542	227	52.0	72.4	31.1
土著美国人	483	357	125	121.4	176.2	64.0

资料来源：Corr，Nabe，& Corr，2000。

两具尸体分别被安放在加利福尼亚州奥克兰市惠特德和威廉斯葬礼之家的停尸台上。从服装到肤色，每一个细节都进行了仔细检查。唐奈·威廉斯（Donnell Williams）正在准备进行另一个埋葬工作。从威廉斯身着黑色双排扣西装到他明亮诚挚的眼睛，可以看出他是一个最认真的葬礼承办者，享有很高的声望：他 25 岁，也许是美国最年轻的丧葬承办人。他是一个年轻的非洲裔美国男子，从事的工作是埋葬被警方称为“死亡地带”的奥克兰一个地区的年轻非洲裔美国男人。

“太多太多的年轻人，我不愿意看到他们进来，”威廉斯边说，边发现一具尸体眼睛附近化妆的色彩不太准确，随即把一个助手叫过来化妆。“我已经把两位母亲请进来，为他们的孩子做出‘生前’（pre-need）[①] 安排，这是她们事先提出举行葬礼时的一个安排，因为她们知道将来大概会发生什么。事情无时无刻不在发生。上个星期，我请一位女士进来，她的一个儿子不幸被射杀了，她希望为另一个儿子做出各种安排，”威廉斯说道，“这就好像她放弃了一切希望，这太让人心碎了。”

264

如同在其他市区陷入的困境一样，在奥克兰市东部，暑假和圣诞节假期是丧葬承办人生意兴隆的时期。但是，即使在不上班的几个月里，他们也从未缺少过客户。“我想说，我们每埋葬 20 名年轻男子，就大约送走 1 名女孩子……我们的大部分业务都是埋葬从 16 岁到 25 岁之间的男性。我这样年龄的人，太多了。”威廉斯的员工大多是从周围邻居中雇用的年轻男子，如果他们告诉他钦佩某个街头暴徒，威廉斯的意见很简单。“我就带他们过来，让他们看一看这些尸体，他们还可以在尸体

① 即生前契约，是指个人在生前为自己、亲朋好友做出的死亡安排计划的合约，其中包括选择殡仪馆及其布置方式、葬礼仪式、预订骨灰盒或棺材等内容，生前契约始于 20 世纪 70 年代的美国，并在许多国家盛行。

上看到被枪杀或刺死的弹孔或刀口，而且，我告诉他们，‘你可以崇拜那个人，但是，先来看看这个。记住，我们上星期刚刚埋葬的那个人就像你一样崇拜这个人’。”

资料来源：Adapted from Kevin Fagan. (1994，May 11). “So many young men，so many，” laments an Oakland mortician. *San Francisco Chronicle*，p. A8. © *San Francisco Chronicle*. Reprinted by permission。

唐奈·威廉斯的评论生动地反映了非洲裔美国人凶杀案触目惊心的统计数字。这个问题的解决方案是复杂的。一个直接的解决方案就是枪支管制。因为枪支经常是非法购买的，而且，枪支来源广泛，所以，批评家认为，这个建议将无助于改变这种状况。然而，赫金斯（Hudgens，1983）注意到，主要使用手枪自杀可以说明自杀数量的急剧攀升。各种致力于帮助年轻的非洲裔美国男性发展教育、为他们提供就业以及使他们对人生充满希望的计划表现出某种承诺。上述许多计划都是指导者计划，其中，成年人定期与居住在犯罪地区的年轻非洲裔美国男性会面，但这些成年人并不总是非洲裔美国男性。造成年轻人不必要的死亡的凶杀和自杀是一种悲剧，不仅对年轻人造成影响，也对他们的家庭和社区产生影响。

自杀

随着青少年的成长，身体成熟过程的某些部分使他们容易受到自杀的侵袭。显然，自杀对于大多数青少年来说并不是一个问题，但是，它对某些青少年来说却是一个问题。L. D. 诺普和 I. C. 诺普（L. D. Noppe and I. C. Noppe，1996）提出了一些了解青少年由于生理、认知、社会和情感变化而产生的各种问题的方法。由于身体的发育和性的成熟，青少年不仅了解了发育，也了解了身体相反的变化、逐渐衰弱或死亡。从认知角度看，青少年形成更抽象地思考问题的能力，思考死亡等问题，思考他们可能的未来，其中一些思考也许是积极的，而有些思考则可能是消极的。社会关系随着家人和同龄人的变化而变化。虽然这种关系可以产生亲近性和亲密性，但是，它也能够产生孤独 265
感。被家人或朋友拒绝可以造成疏离感，这种感觉与儿童期的感觉可能有所不同。

在青春期，青少年对一个人的成熟和衰弱（最终死亡）感受可以变得非常强烈。青少年能够有一种丧失他们的自我意识或本体感。在青春期出现的生理、思维能力，社会关系以及感受或过分表达感情的能力的变化，可以导致青少年更了解他们的死亡率，从而更清楚通过结束它来对它进行控制。这在一定程度上是由于自杀的悲剧性质造成的，自杀并不是许多人经常讨论的主题。因此，一些有关自杀的说法是不准确的。

有关自杀的误区。自杀学的主要研究者施奈德曼（Shneidman[①]，1985）

① E. S. 施奈德曼（E. S. Shneidman，1918—2009），自杀学家和死亡学家，生于美国宾夕法尼亚州约克市。他与洛杉矶自杀预防中心的同事一道进行研究，提出了一种自杀的主要刺激因素及其预防方法。他是美国自杀学会的创始人。著有《自杀线索》（*Clues to Suicide*，1957）、《求救》（*Cry for Help*，1961）、《自杀学：当代发展》（*Suicidology：Contemporary Developments*，1976）、《自杀心理》（*The Suicidal Mind*，1998）、《理解自杀：20世纪自杀学的里程碑》（*Comprehending Suicide：Landmarks in 20th-Century Suicidology*，2001）等作品。

和其他研究人员（Weiten & Lloyd，2000），描述了人们关于自杀所具有的常见误区。我将在下面阐述一些误区，并对它们提出纠正建议。

- 误区：谈论自杀的人并不会真的自杀。

  事实：有人是否将真正自杀的最佳预测者，是其在自杀之前是否谈论过自杀。当然，并不是每个谈论自杀的人都要自杀。然而，当人们谈论自杀时，他应该被认为是经过深思熟虑的。

- 误区：自杀在没有注意或警告的情况下发生。

  事实：大约80%的自杀企图此前都具有某种信号。有时，这些迹象是明显的，如分发财产等。而在其他时候，它们则比较含糊，如“好啦，我不会再听你的了。”

- 误区：当人们试图自杀时，他们想去死。

  事实：大约2/3的自杀尝试都是求救信号。其中一种自杀尝试就是不同寻常的呼救声。在通常情况下，自杀计划不是经过深思熟虑或逐渐形成的。不到15%的自杀企图以自杀者的死亡为结果。

- 误区：一旦一个人要自杀，这个人总是要自杀。

  事实：对于许多人来说，自杀念头和行为是一个危机信号或对某个事件的临时反应。自杀企图可能发生在某个关系破裂时、在学校一个紧张的学期之后或由于工作遇到各种困难。在家人、朋友或治疗师的帮助下，人们通常可以解决某个困境，不再考虑自杀。

266 一个人正在考虑自杀的各种预警信号在强度上有所不同。在通常情况下，人们很难对一个自杀企图的严重性做出判断。如果有人说：“我必须告诉你一些事情，但我要你保证，你永远都不要告诉别人。”此时，你就要非常谨慎地对此做出承诺。你也许想说：“如果真是为了你好，我可能无法保守这个秘密。”如果有人不想让你告诉任何人他打算自杀，你就处于一个非常艰难的位置上。如果你做出承诺，你也许必须考虑遵守诺言可能产生的严重后果。换言之，你可能不得不食言，尽管这样做会让你感到非常不安。与心理学者或咨询者等专业人士讨论预警信号，非常有帮助。你不要试图做出自己的判断。下面是一些预警信号，表明一个人正在考虑自杀，其中，最强烈和最强大的预警信号罗列在最前面。

- 分发财产，如珠宝、衣物或家具。
- 方法和时间的讨论。如果一个人说：“我打算明天早上出去换换空气。”那么，这就是一句极度危险的话语，因为这句话有着一个具体的意图和时间，而且方法也是致命的。方法越致命，预警信号就越严重。
- 行为的极度变化。例如，如果一个人不去上课和停止学习，这也许是一个她不再计划未来，而是正在打算结束自己生命的迹象。
- 以往的自杀企图。这些自杀企图表明，一个人以前已经认真考虑过。
- 自杀的威胁或表述。无论含糊还是明确，这些自杀的威胁或表述都应该被认真考虑。
- 沮丧。这是自杀意图的一个常见信号。个人往往对他们的活动失去兴趣，因此他们看上去非常伤心、绝望以及自我轻视。
- 一个先前沮丧的人看上去平和或安静。这有时是一个最终决定自杀的迹象。

● 自我轻视的评论，如“我是个毫无价值的人”、“我什么都做不好”。这些评论有时表明，一个人正在考虑自杀。

问题和解决方案

如果我认为一个朋友可能考虑自杀，我能够做些什么？

- 不要承诺保守秘密。
- 要询问这个朋友是否想要自杀。
- 让你的朋友告诉你他（她）的感受。
- 在可能的情况下，要通过讨论具体情况来提供一种希望感。
- 要谈论你的朋友在过去是如何应对的。
- 要推荐一个交谈的咨询者或朋友。

上述所有信号均表明，一个人需要得到帮助。有时，这些信号是人们想要得到救助；有时，它们是这个人想要自杀的信号。有些人在自杀前没有任何信号。一个人也许不会表现出忧虑或烦恼，但仍然自杀了。然而，在通常情况下，自杀意图总有各种信号。这些信号被意识到时怎么办，是下一节的 267
主题。

防止自杀。施奈德曼（Shneidman，1985）提出了若干建议，以帮助想要自杀的人。其中，第一件要做的事情，就是询问这个你怀疑正在打算自杀的人是否正在考虑自杀。谈论自杀不仅是适当的，也有助于我们注意别人并理解他们的感受方式。在本质上，要减少某种孤立感。这个想自杀的人也会被邀请分担他（她）感到的痛苦和挫折。在通常情况下，一个想自杀的人认为，除了自杀别无选择。谈论一个人的关注和各种选择，可以有助于这个人分散他（她）关注的重点。随着讨论的继续，你就有机会为一个想自杀的人提供各种选择以及事情可能会变得更好的希望感。这种希望感来自具体情况的讨论，而不是含糊其辞的声明，如“我知道，事情将会随着时间变得越来越好”。这也许没错，但是，一个感到沮丧的人将对具体的选择做出更多的反应，而不会对空泛的概括做更多反应。在谈论自杀的整个过程中，仔细倾听并允许这个人表达自己是非常重要的。在人们这样做时，要提醒他们在过去使用的各种处理方法以及将坏事变成好事的各种方法。最重要的是，要记住你自己不要对一个企图自杀者的问题感到大惊小怪。在与企图自杀的人打交道方面，经过培训的专业人士可以为你提供帮助。 268

为了阐述某人可以帮助另一个表达自杀关注的人，我们以保拉与罗蒙的对话为例。

保拉今年 24 岁，她刚刚得知父母正在闹离婚。这使她大吃一惊，而且，倒霉的事情接踵而至。两个月前，她的丈夫兰迪离开了她，与另一个女人生活在一起。她被这件事搅昏了头，并感到非常沮丧，因为她不知道兰迪一直在欺骗她。现在，她又听到父母正在闹离婚。她的母亲不希望这个消息给保拉增加负担，但最后，她的母亲认为还是有必要把这件事告诉她，这样，保拉就不会从别人那里得到这个消息。在下面，保拉与她的朋友罗蒙谈起发生的事情。她认识罗蒙已经三年了，他们在课后一起聊天，因为他们在三年的大部分时间里一直上相同课程的夜校。

保拉：事情不可能按照原有的方式继续下去。我永远都不会成功。

罗蒙：你什么意思，你不会成功吗？（罗蒙想要弄明白，因为他为保拉担心，她也可能想要自杀。）

保拉：我只是觉得太可怕了，什么事对我似乎都不再有任何意义了。我讨厌一切。我只觉得活着好像没有价值。

罗蒙：我想知道你是否一直在考虑自杀。（罗蒙单刀直入，想了解保拉自杀的意图。）

保拉：我想过很多次自杀了，但是，我没有跟任何人说过。当兰迪离开我时，我对我要做的事情感到惊讶。但后来我说："好啦，我总归还有父母。"但现在，我已经什么都没有了。我的父母正在闹离婚。

罗蒙：你父母离婚的消息真的对你打击很大。（罗蒙希望了解更多，并为保拉提供机会，让她谈论正在发生的事情。）

保拉：我一直以为我的父母亲密无间，现在，我发现他们并不是这样的。好啦，至少我过去真的希望相信我的父母亲密无间。

罗蒙：我还不太明白，你能多跟我讲讲吗？（罗蒙正在倾听，想听保拉讲述她父母的更多事情。）

保拉：我想，我知道他们有时争吵，相处也不太融洽。但是，当我看到我的堂兄弟经历他们的父母离婚时，我真没想到这种事也会发生在我身上。我真的无法接受。

269 罗蒙：你无法接受你父母离婚吗？（他已经认识保拉一段时间了，并认为她是一个足智多谋的人，她可以接受这件事。）

保拉：我想我能够接受，我的意思是说我的父母不会马上就死。我还仍然能够和他们进行交谈，而且，我的母亲还在这里。我们一直非常亲密。她总是鼓励我。比如我在一家商店里工作的时候，我认为这个工作没有出路；她却说，我可以做更多的事情。即使她无法帮助我解决学习困难，她也鼓励我。她始终如一地支持我。

罗蒙：听起来她还会支持你。

保拉：是的。我想她会支持我的，这与她死了或别的事情不一样。但在某些方面，我感到我失去了她，但我真的不想这样。

罗蒙正在倾听保拉讲话，并帮助她解决她的各种烦恼。正如保拉谈论的那样，新的选择正在形成。保拉意识到，她仍然能够与母亲保持密切的关系，她也仍然可以和母亲进行交谈。罗蒙为保拉提供了着眼于各种新的选择的机会。他并不惧怕向她询问有关她想自杀的问题。当罗蒙结束与保拉的交谈时，他感到相当自信，保拉不会去自杀。但是，她有自杀的想法却真的把他吓坏了。他给上夜校的社区学院的咨询中心打电话，并与接电话的人聊了起来。他发现，这真的有助于他安下心来，他所做的是适当的。咨询者向罗蒙提出了几个问题，这样，他就能够对这种情境做出进一步的评估。当保拉和罗蒙再次谈到此事时，保拉仍然对父母的事感到非常烦恼，但是，他开始注意到一些可能性。虽然她偶尔想到过自杀，但是，她还没有自杀的意图。

问题 10.10 你认为什么方法有助于减少交通事故造成的青少年死亡？请解释。

问题 10.11 你在朋友或亲戚中曾见过自杀预警信号吗？

问题 10.12 你认为与可能考虑自杀的某个人交谈的建议怎么样？请解释。

问题 10.13 在最近五六年里，你如何改变了你的自杀观？

总结

处理一个亲人的死亡或自己的死亡可能是棘手和可怕的。随着一个人经历亲人丧失这个悲痛过程出现的，经常是一段丧亲和悲伤时期。在本章，我首先介绍了人们可能经历的临终过程。我描述了人们在临终时处理的四项基本任务：身体任务、心理任务、社会任务和精神任务。我提出了如何帮助处于临终者的建议。

浪漫伴侣、家庭成员或朋友的丧失通常是有害的。帕克斯提出的悲痛的四个阶段，为理解悲伤过程提供了一种方法：震惊与麻木、渴望与寻找、崩溃与绝望以及重新组织。另一种有用的悲 270
痛观点是沃登的任务方法：他介绍了接受丧失的现实、结束悲伤的痛苦、适应这个人的环境以及继续人生的重要性。此外，他还为如何帮助那些正陷入痛苦的人们提供了建议。

自杀、意外死亡和凶杀是年轻人死亡的主要原因。应对他人自杀的关注以及如何帮助他们是本节的一个重点。理解有关自杀的误区有助于我们了解有人企图自杀时所表现出的预警信号。此外，我还提出了如何帮助企图自杀者的建议。

推荐读物

《必要的丧失：爱、幻想、依赖和不可能实现的期望，这些是我们所有人为了成长必须放弃的》(*Necessary Losses*: *The Loves'*, *Illusions*, *Dependencies and Impossible Expectations That All of Us Have to Give Up in Order to Grow*)

J. 维奥斯特（Viorst，J.）著，巴兰泰出版公司/福西特出版公司（Ballantine/Fawcett）金牌榜图书，1986年版

朱迪思·维奥斯特（Judith Viorst）① 是一位著名作家，她把丧失描述为一个范围广泛的经历，其中，涉及死亡和其他丧失。这些经历包括当一个人孤独地离去时、当终止浪漫的梦想时以及当我们不再感到安全或强大时出现的丧失。维奥斯特强调了在我们人生中过去的经历和下意识力量的重要性。她向读者表明，丧失以及如何处理丧失并变得日益强大是彼此相关的问题。

《死亡和临终：生命与活着》(第3版)(*Death and Dying*: *Life and Living*)(3rd ed.)

C. A. 柯尔、C. M. 纳布和D. M. 柯尔（Corr，C. A.，Nabe，C. M. & Corr，D. M.）著，布鲁克斯/科尔出版公司（Brooks/Cole），2000年版

这本书介绍了临终过程的诸多方面，并对丧失过程进行了详细说明。作者讨论了各种帮助人们应对丧失亲人的方法。他们还对诸如凶杀和自杀等其他问题进行了讨论。这本书明确而实用地提供了处理有关自杀者的信息。这本教科书经常被用于各种涉及大量死亡和临终内容的课程。

推荐网站

生命的终结，美国探索死亡网（The End of Life，Exploring Death in America）

① 朱迪思·维奥斯特（Judith Viorst，1931— ），诗人、自由撰稿人及作家，出生于美国新泽西州。她是华盛顿精神分析学院的一名研究员，从事了将近20年的儿童与成年人内心世界的写作。著有《亚历山大和可怕的、非常糟糕的一天》(*Alexander and the Terrible*, *Horrible*, *No Good*, *Very Bad Day*, 1987）等，曾获加利福尼亚州青少年读者奖，佐治亚州儿童图书奖。

http：//www. npr. org. programs/death/

自1997年年底以来，美国国家公共电台（National Public Radio，NPB）定期播出一系列与美国文化经验有关的死亡和临终节目。这个与美国国家公共电台合作的网站提供节目的文字稿件和音频记录以及大量书目和组织资源。

自杀……首先阅读本网（Suicide...Read This First）

http：//www. metanoia. org/suicide/

对于思考或处理他们本人或其他人的自杀问题的人而言，这个网站直接而有益地谈论自杀和自杀感受，其中还包括获取优秀资源和更多信息的建议和链接。

第3部分

个人选择和解决方案

在人生中，个人都不断地对他们面临的各种问题做出选择。其中，个人可以做出的一个最有意义的选择，就在于他们使用诸如烟草、酒或药物等物质。第11章介绍了由于物质滥用所产生的问题以及抵御它们的方式，无论是它们影响你，还是你接触这些物质。许多活动（上学、工作和关系）均可以导致身体上和心理上的压力。如何处理各种情境下的压力，是第12章的重点。在第13章中，我提出了应对策略。正如几个事例表明的那样，许多其他章节介绍过的策略均可以用来帮助你解决问题。

第11章

滥用物质

吸烟 274

吸烟者的特征 …………………………… 在性别和年龄方面，吸烟者和非吸烟者有哪些不同？

健康和香烟 …………………………… 香烟产生哪些健康问题？

开始吸烟 …………………………… 为什么青少年想吸烟？

防止吸烟 …………………………… 怎样防止儿童和青少年吸烟？

继续吸烟

戒烟 …………………………… 什么方法对戒烟最有效？

酒

健康问题和酒 …………………………… 什么疾病或健康问题是由酗酒造成的？

酒的健康益处 …………………………… 酒有益处吗？它们是什么？

饮酒的理由 …………………………… 为什么人们选择酗酒？

治疗酗酒的方法 …………………………… 何种治疗能够帮助酗酒者？

大麻

大麻对健康的影响 …………………………… 吸食大麻可以造成身体问题吗？会造成哪些问题？

大麻成瘾的治疗方法 …………………………… 可以采取什么方法来帮助大麻成瘾者？

可卡因 …………………………… 为什么可卡因容易成瘾，又很难戒除？

海洛因 …………………………… 为什么人们选择使用海洛因？

迷幻剂 …………………………… 像麦角酸二乙基酰胺那样的药物有什么影响？

巴比妥类药物 …………………………… 为什么有人要使用巴比妥类药物？

安非他明 …………………………… 安非他明对人体的影响是什么？

类固醇 …………………………… 类固醇对人体的影响是什么？

药物成瘾的治疗方法 …………………………… 什么对策或方法对不认为自己有问题的某个人有帮助，而你却认为对药物或酒成瘾有帮助？

275 对于相当多的美国人和世界各地的人们而言，物质使用和滥用提出了一个相当大的问题。各种问题既存在于像香烟、酒等合法的物质中，也存在于诸如大麻和海洛因等非法的物质中。在本章，我们将在一定程度上剖析每种物质存在的问题、对健康产生的积极和消极影响、使用物质的原因以及治疗策略。虽然使用和滥用物质种类繁多，形态各异，但是我们将只讨论最常见的物质。

因为吸烟和饮酒造成重大的健康问题——并在饮酒情况下产生各种心理问题，所以，在本章的大部分内容里，我将讨论上述合法的物质。在美国，最普遍的非法毒品是大麻（Doweiko，1999）。我将介绍一些明确属于大麻造成的健康问题及其治疗问题。至于其他药物，我将侧重于由于滥用这些药物所造成的身体和心理问题。因为物质滥用的治疗方法不仅重要，也可能很棘手，所以，我将介绍一些具体药物的治疗方法以及处理药物滥用的一般方法。我在这里讨论的内容涉及住院病人、门诊病人以及诸如戒酒匿名会等自助群体。

在讨论物质滥用和治疗之前，我将对用于本章不同的要点的六个词语进行定义。这些词语中的四个（成瘾、耐药量、依赖和戒断）涉及由于连续药物使用所造成的问题。其他两个词语（幻觉和精神病反应）被用来描述药物滥用的两种不良反应。

耐药量 为了体验相同的效果需要越来越多的药物。

- **耐药量**（tolerance）。当个人为了体验相同的效果需要越来越多的药物时，他们对这种药物就产生了耐药量。增加耐药量的危险性在于，一个人需要越来越多的药物，从而增加这种药物本身所导致的生理和心
276 理问题的可能性。对于像海洛因那样的毒品，高耐药量可以导致用药过量，并可能导致严重的疾病或造成死亡。

生理依赖 当物质对你的身体正常功能所产生的影响变得非常必要时，在没有这些物质的情况下，你的身体就会无法很好地运转。

- **生理依赖**（physiological dependence）。当某些物质对你的身体正常功能所产生的影响变得很重要时，在没有物质的情况下，你的身体就会无法很好地运转，你就在生理上对这种物质产生了依赖。可卡因和海洛因就是成为身体系统组成部分的两个事例，而且，在停止摄入这些物质时，许多负面影响便会产生。

戒断 当一个人对某种物质产生依赖时，如设法停止这种物质，这个人就会产生身体压力。

- **戒断**（withdrawal）。当一个人对某种物质产生依赖时，停止摄入这种物质就会对身体造成压力。停止摄入这些物质的过程被称为戒断。戒断常见的症状是不安、出汗和焦虑。可卡因、海洛因和巴比妥类药物均可以产生严重的戒断影响。

成瘾 产生依赖和戒断的物质。

- **成瘾**（addiction）。那些产生依赖和戒断的物质被称为成瘾物质。本章介绍的物质均为成瘾物质，因为它们都产生依赖和戒断。虽然戒断症状和依赖的水平迥然不同——如比较香烟和海洛因——但是，所有这些物质都有可能成瘾。如果小剂量使用，一些这类物质就可以产生有益的效果，比如酒。然而，其他物质即使使用最低剂量，也可以迅速成瘾，比如可卡因和海洛因。

幻觉 看到或听到根本不存在的事物。

- **幻觉**（hallucinations）。基本上，幻觉是指看到或听到根本不存在的事物。虽然幻觉可能在任何感官上出现，如尝到和闻到，但是，它们最经常与看到和听到有关。迷幻剂通常是使人在视觉上产生幻觉的药物。

精神病反应 各种非常重要的思维和感觉反应，使得个人无法保持与现实的联系。

- **精神病反应**（psychotic reactions）。各种非常重要的思维和感觉反应，使得个人无法保持与现实的联系。在通常情况下，正在经历精神病反应的人们做出的表述往往没有什么意义，如“旋转正在进行，红的和蓝

的。”在通常情况下，他们的表述显然是不合逻辑或不准确的，如“明年，我将成为世界之王。”当某人具有某种脱离与现实联系的心理障碍时，他就被称为精神病患者或有精神病的人。

在本章，我会尽可能地给出一个物质滥用及其治疗方法的总体看法。在这样做的过程中，我会使用一些切实可行的医学和技术词语。因为药物是对我们的生物系统（我们的身体）产生影响的化学药品，所以，这是很难做的。对于了解一个比较彻底和详细的药物使用和滥用的治疗方法而言，阅读以下两本书也许是有所帮助的，一本是由布兰农和法伊斯特（Brannon and Feist）撰写的《健康心理学》（*Health Psychology*，1997），另一本是由多维寇（Doweiko）撰写的《化学依赖的概念》（*Concepts of Chemical Dependency*，1999）。这两本书是本章的主要信息来源。 277

吸烟

自 1964 年以来，美国政府已经认识到吸烟是造成许多重大健康问题的原因。在这一节，我们将着眼于吸烟者的特征以及随着时间的推移吸烟模式的改变。香烟中含有的不同成分会导致吸烟者患各种疾病，我们在这里将解释几种疾病。人们为什么开始吸烟以及人们为什么继续吸烟？我们将回答上述问题并提出一些方法来阻止人们吸烟。另外，我们还将探讨一些在帮助人们戒烟方面取得不同程度成功的方法。这一节的信息摘自布兰农和法伊斯特（Brannon and Feist，1997）的著作《健康心理学》，在该书中，作者对吸烟提供了一个比较详细的概述。

吸烟者的特征

在美国，吸烟比较普遍，目前大约有 25%的成年人吸烟。另有 25%的成年人以前曾吸烟。自美国公共卫生部部长（U. S. Surgeon General）① 在 1964 年向美国公众描述吸烟的负面影响以来，人均消费香烟的数量已经下降。美国吸烟者的数量从 1965 年的 41%降至 1995 年的 25%。一般而言，男性吸烟者下降数量一直大于女性。女性戒烟似乎比男性要困难。女性一直戒不了烟，可能更多的原因在于人们始终将广告针对年轻的女性，女性一直担心如果她们戒烟，体重就会增加，另外，低尼古丁含量的香烟现在很容易买到。

高中学生已经改变了吸烟模式。吸烟在 1975—1987 年呈现下降趋势，但是，随后开始略有增加。1993 年，28%的欧裔美国青少年、18.5%的拉美裔美国青少年以及 9%的非洲裔美国青少年一天至少吸一支香烟。男孩和女孩吸烟的比例相似。一般来说，教育水平对吸烟者的数量产生显著的影响。高中辍学的学生可能成为吸烟者的数量，是大学毕业生可能成为吸烟者数量的 1.5～

① 指卢瑟·列奥尼达斯·特里（Luther Leonidas Terry，1911—1985），他在 1961—1965 年被任命为美国第九任公共卫生部部长。他以提出烟草对身体健康影响的警告而闻名。

278 2倍。教育对一个人是否吸烟的影响已经变得越来越大。总体而言，教育水平在预测一个人是否吸烟方面继续成为一个日益重要的因素。

健康和香烟

自20世纪60年代以来，当吸烟与健康之间的联系被公布于众时，人们对吸烟已经进行了大量的研究。每年大约400万人的死亡与吸烟有关。这个数字略少于7年前，这是由于吸烟人数下降造成的。一般而言，在美国，大约每5个人中就有1人的死亡在一定程度上是由吸烟造成的。下面几个段落描述了一些香烟的成分，这些成分使得吸烟变得很危险，另外，我们也简要地介绍由吸烟引起的各种疾病。除了疾病外，由于吸烟也会导致相当多的住宅火灾，吸烟者也比较有可能在住宅火灾中造成受伤或死亡。

致癌物质 可以导致癌症的化合物或物质。

中风 大脑血液供应量突然减少，造成身体器官受损。

虽然香烟含有超过2 550种化合物，而且，在香烟燃烧时，产生的化合物的数量会更多，但是，我们在这里只剖析三种造成有害健康影响的化合物：尼古丁、焦油和甲醛。作为一种药物，尼古丁是一种兴奋剂，对中枢和周围神经系统产生影响。焦油含有大量可以导致癌症的化合物，这些化合物被称为**致癌物质**（carcinogens）。一般来说，人们发现，与吸烟有关的疾病在吸食焦油含量较低的香烟时很少发生。对吸烟的研究相当困难，这是因为香烟的焦油含量在吸食不同香烟时有所不同，而且，除了焦油外，香烟还有大量其他化合物可以致癌。例如，甲醛已经被证明可以造成细胞损伤。虽然尼古丁对健康的影响比起焦油和其他化合物对健康的影响更难评估，但是，吸烟对健康造成的影响，已经与心脏病和**中风**（stroke）、癌症、肺病以及其他疾病联系起来。

心血管疾病 心脏和血管的疾病或不适。

- **心血管疾病**（cardiovascular disease）。心脏病和中风都是心血管疾病。在美国，这两种疾病是导致死亡的主要原因，也是与香烟有关的死亡的主要原因。在85万死于心血管疾病的人中，有大约1/5是由吸烟造成的。吸烟导致死亡的一个可能的原因是尼古丁，尼古丁对神经系统具有一种刺激作用，在收缩血管时增加心率。通过增加心率和收缩血管，额外的压力被施加在心血管系统上，并提高了血压水平。
- 279 **癌症。**在美国，癌症是导致死亡的第二个主要原因，癌症死亡也与吸烟高度相关。肺癌导致大多数与吸烟有关的死亡，另外，吸烟还可能导致由于患唇、口腔、食道、胰脏、咽喉、膀胱和肾脏等癌症的死亡。每年有超过15万人死于与吸烟有关的癌症，其中，约80%的人死于肺癌。
- **呼吸道和肺部疾病。**与呼吸有关的最常见疾病是慢性支气管炎、肺气肿和哮喘。每年大约有8 500人死于与吸烟有关的呼吸道疾病。
- **吸引力。**虽然烟草公司会让消费者相信吸烟可以使人更具吸引力和性感，但是，一些研究却表明，吸烟可以导致面部皱纹，使人们显得比实际年龄要老、脸色不健康以及缺乏性吸引力。在白种人中，“香烟皮肤”（cigarette skin）是指苍白的、略带灰色的和有皱纹的皮肤。女性形成这种皮肤的可能性略高于男性，而且，吸烟者形成有皱纹皮肤的概率，是不吸烟者的2～4倍。另外，吸烟还会造成口臭、黄牙和手指发黄。
- **阳痿。**对于男性而言，吸烟与性行动中的勃起困难有关。研究剖析了年龄介于31～49岁的男性。一些证据表明，男性吸烟者患阳痿的风险要比不吸烟者高 50%。戒烟的男性的性困难比例要比那些继续吸烟的男性低。

- **其他疾病。**吸烟与溃疡、牙龈疾病、女性卵巢囊肿、感冒次数以及骨密度有关。

显然，吸烟与健康问题有关。1993 年，美国公共卫生局（Public Health Service）估计，有 500 亿美元的直接费用与吸烟有关。据估计，吸烟还造成了 470 亿美元的间接费用。由于吸烟过于有害，因此，一个问题就产生了。它有助于戒烟吗？一般而言，研究表明，那些戒烟的人即使过去抽过很长时间的香烟，也会降低死于与香烟有关疾病的可能性。戒烟可以减少个人死于心脏疾病的可能性，但是，对于降低死于肺癌的风险却相对影响较小。通过戒烟，“就非吸烟者的心血管疾病而言，男性和女性吸烟者可以减少患心血管疾病的风险，虽然他们也许永远都无法完全消除患肺癌的危险”（Brannon & Feist，1997，p. 344）。电视和报纸不断地报道疾病和吸烟之间发生联系的证据。然而，还是有数量庞大的年轻人开始吸烟。这是为什么呢？

开始吸烟

280

由于有这么多有关吸烟危害健康的信息，但每年仍有大量的初中和高中学生开始吸烟，因此，成年人很想知道其中的原因是什么。第一个原因是青少年往往注重眼前。他们没有把吸烟视为一种直接威胁，所以，青少年可能不会担心它的危害。一些研究表明，许多青少年吸烟者认为，在五年内，他们将不再吸烟。由吸烟造成的健康问题被看作发生在别人身上的事情，而“不是我”的事情。吸烟的第二个原因是紧张支配的。青少年也许从吸烟中能够体验某种放松或认为吸烟将使他们减缓一些压力。第三个原因是叛逆。青少年通过吸烟主张他们的个性和独立性。无论父母或其他人说些什么，他们都能够对是否希望吸烟做出自己的选择。第四个原因也许是最重要的，那就是同辈压力。如果朋友吸烟，青少年就可能会认为他们也应该效仿。相反地，如果朋友不吸烟，青少年就不太可能去吸烟。一项研究（Ary & Biglan，1988）表明，每当不吸烟的青少年被提供一支香烟时，吸烟的青少年就被他们的朋友提供 26 次香烟。吸烟的第五个原因是认为吸烟可以有助于控制体重，这对于年轻女性尤其如此。上述有关吸烟的态度为希望预防吸烟的公共卫生官员和教育工作者提出了一个艰巨的问题。

防止吸烟

人们尝试了诸多努力来设法阻止年轻人吸烟，这些努力既有在国家水平上付出的努力，也有在社区范围内做出的努力。教育方法包括通过香烟包装、电视广告和杂志广告告知年轻人吸烟的危害。另一种方法是限制烟草公司可能做的广告。例如，卡通人物“骆驼老乔”（Joe Camel）① 被认为似乎是使吸烟对儿童和青少年具有较多吸引力的人物。在政府官员的强烈要求下，“骆驼老乔”被排除在

① 骆驼老乔（Joe Camel）是美国第二大烟草企业雷诺兹公司在 1988 年骆驼牌香烟（1913）创立 75 周年时创作的卡通形象。骆驼老乔的卡通形象巧妙地绕过了美国政府颁布的禁止用“活体模特”将香烟与活力、健康、性感等联系在一起的禁令。

广告商业活动之外。虽然人们在电视、海报和报刊等教育计划上做了大量的努力，但是，几乎没有证据表明这些教育计划能够有效地阻止年轻人吸烟。认为负面后果将会发生在他人身上而非自己身上的态度，使得教育计划举步维艰。

而其他方法则关注来自同辈人以及哥哥、姐姐和父母的社会压力。这些计
281 划通常有几个组成部分，其中包括帮助个人培养自尊、提高处理吸烟问题的技能、奖励青少年努力抵制社会压力以及提供有关吸烟危害的信息。埃文斯、罗泽尔、马克斯韦尔、雷恩斯、迪尔、格思里、亨德森和希尔（Evans，Rozelle，Maxwell，Raines，Dill，Guthrie，Henderson & Hill，1981）指出，青少年如何处理吸烟的社会压力和抵制吸烟的影片在减少吸烟者数量方面均是有益的尝试。使用行为建模技术已经减少了青少年的吸烟行为。然而，后续研究特别是在五六年以后进行的研究表明，上述计划的影响已经逐渐减弱。这些计划似乎具有直接效果，但效果也就持续 2～4 年。这个证据表明，针对学生的社会影响计划也许每 2～5 年就要重新制定，这样，效果就不太可能出现减弱迹象。虽然社会影响计划的成本可能比较高，但是与吸烟有关的疾病以及吸烟造成的潜在死亡成本甚至更高。

继续吸烟

我们已经讨论了开始吸烟的原因以及预防吸烟的方法，现在我们来看一看一个人继续吸烟的原因。虽然一个人继续吸烟可能有许多原因，但是，研究者将这些理由分为五类。第一类，有些人是习惯性吸烟者，他们这样做是因为，如果戒烟就意味着要体验尼古丁戒断产生的令人不快的影响。这些人基本上出于习惯而继续吸烟，即使他们从吸烟中体验的正面影响很少。第二类是成瘾的吸烟者，这些人知道他们什么时间吸烟以及什么时间不吸烟。举例来说，他们很可能知道自上次吸烟到现在已经过去了多长时间，并确保在他们外出时携带香烟。第三类是那些在吸烟时体验放松或刺激感的吸烟者。第四类是那些吸烟减少焦虑或压力的人。第五类，尤其对于女性而言，继续吸烟是担心如果戒烟，她们就会增加体重。有些吸烟者也许还会找到其他吸烟的理由或这里所给出的理由的组合。

在我向大学生提供咨询服务的过程中，我发现，学生没有戒烟的一个最大原因是吸烟可以减少焦虑或沮丧，而且，他们还希望减少在生活中的紧张状态。此外，当他们遇到问题时，戒烟将是非常困难的事情。例如，玛丽最近刚刚和男友分手，微积分考试也不及格。失去男友的焦虑以及无法与他一起共度时光而造成的挥之不去的悲伤，正在伤害着她。吸烟是一种帮助她放松下来的
282 方式。现在不是要她解决她的吸烟问题的时候，即使她知道吸烟对她很危险。对于许多人而言，当他们认为出现危机或遇到困难的时候，吸烟行为尤其难以改变。然而，当个人准备做出改变时，戒烟有许多策略。

戒烟

因为很多人都吸烟，他们也知道吸烟对健康的危害，所以，许多人都设法戒烟。有些人通过自己的努力来戒烟并不再吸烟。而其他人则多次戒烟，但又

去吸烟。沙赫特（Schachter，1982）提出，60%以上的抽样人群能够戒烟，并超过 7 年不再吸烟。科埃姆斯、李和科兹洛夫斯基（Coambs，Li & Kozlowski，1992）发现，对于小于 44 岁的吸烟者来说，轻度吸烟者要比重度吸烟者容易戒烟，然而，对于超过 45 岁的吸烟者而言，情况则正好相反。他们认为，这是因为年长的吸烟者有一些需要关注的健康问题。

虽然许多人通过自己的努力来戒烟，但是，还是有许多人要寻求帮助。戒烟方法有很多种，其中之一是药理学方法，如尼古丁口胶剂、尼古丁贴剂和尼古丁口腔吸入剂等。其他方法实际上更多的是心理学方法，其中包括催眠、快速吸烟和行为矫正方法。下面我对这些方法做进一步的介绍。

- **尼古丁口胶剂**。通过咀嚼含有尼古丁的口香糖，从前的吸烟者发现，他们体验到不太想吸烟的感觉。
- **尼古丁贴剂**（nicotine patches）。尼古丁贴剂类似于绷带，仅释放小剂量的尼古丁进入身体。
- **尼古丁口腔吸入剂**（nicotine inhalers）。一支装满尼古丁的塑料管，吸烟者一天可吸入 2～10 次。
- **快速吸烟**（rapid smoking）。一种令人厌恶的方法，快速吸烟要求吸烟者每 6 秒完成一次香烟吸入和呼出的过程，直到吸烟变得非常不快。这个原理在于通过使吸烟变得使人非常不快，从而使人不再想抽烟。
- **催眠**（hypnosis）。催眠可以以个人或集体方式来进行。催眠师给出吸烟令人不快或不可取的建议。另外，催眠师也可以用强调其他活动来代替吸烟行为。
- **行为方法**（behavioral approaches）。个人可以通过给自己机会从事其他如看电影或去旅行的愉快活动，形成强化他们不吸烟的方法。在帮助人们戒烟的群体中，群体领袖经常为他们的受辅助者提供强化和提出强化策略。一个不吸烟的保证经常是一种行为方法的组成部分。

尼古丁贴剂　一种吸烟的治疗方法，类似于绷带，仅释放小剂量的尼古丁进入身体。

尼古丁口腔吸入剂　一种治疗吸烟的方法；一支装满尼古丁的塑料管，吸烟者一天可吸入 2～10 次。

快速吸烟　一种令人厌恶的方法，快速吸烟要求吸烟者每 6 秒完成一次香烟吸入和呼出的过程，直到吸烟变得使人非常不快。

催眠　一种有点类似于睡眠可以产生极度暗示性的情形。

行为方法　被用来帮助人们改变或矫正他们与药物有关的行为。

问题 11.1　在你一生的不同时期里，你也许决定吸烟或不吸烟。你的理由是什么？

问题 11.2　为什么 14 岁开始吸烟，而 40 岁却很少开始吸烟，如果他们以前从未吸过烟的话？

283

问题 11.3　如果你是一名非吸烟者（或吸烟者），当你和吸烟者（或非吸烟者）在一起时，你会出现什么困难？

问题 11.4　如果你是一名吸烟者并希望戒烟，别人怎样才能帮助你？如果你是一名非吸烟者，如果别人希望戒烟，你怎样才能最好地帮助他们戒烟？

问题和解决方案

戒烟的一些方法是什么？
- 尼古丁口胶剂、贴剂和口腔吸入剂。
- 快速吸烟、催眠和行为方法。
- 医生的建议和针刺疗法。

一些研究剖析了上述方法以及医生的建议和针刺疗法等其他方法的有效性。结果表明，一般而言，这些方法的组合使用比单独使用其中一种效果要好。例如，某个精神药理学方法，如尼古丁口胶剂治疗方法，也许要与一个或一个以上心理学方法结合起来使用。在计划治疗吸烟的过程中，如果吸烟出现反复，咨询者和医生就要计划下一步应该怎么办。一般来说，大约 70%～80%的人有吸烟反复或重新吸烟的情况。处理可能的吸烟反复情况，有助于防止人们对自己再次吸烟而烦恼，否则，他们就会完全放弃戒烟。有些人能够一次戒烟而不反复，但是，其他许多人在永久戒烟之前可能要戒几次烟。布兰农和法伊斯特讨论了吸烟反复的复杂性，并提出“一个人永远不是一名简单的吸烟者或一名以前的吸烟者”的建议（Brannon & Feist，1997，p. 358）。吸烟对许多人来说，的确是一个复杂而普遍的健康问题。

酒

酒是美国文化的一个突出的组成部分。在所有的成年人中，40%的人把自己称为非饮酒者，38%的人把自己称为轻度饮酒者，17%的人把自己称为适度饮酒者，6%的人把自己称为重度饮酒者（Brannon and Feist，1997）。虽然自1980年以来，酒的人均消费水平一直略有下降，但是，不同的人群却表现出不同的饮酒模式。一般而言，欧裔美国人对待饮酒有着比较积极的态度，而

284 且，他们要比其他种族群体的成员饮得多。狂饮在欧裔美国女性中要比在非洲裔或拉美裔美国女性中更为常见。**狂饮**（binge drinking）是指一次喝下5杯或5杯以上的酒。年轻人和中年人往往要比老年人喝得多。大约90%的青少年从高三年级开始饮酒。年轻人的一种常见的饮酒模式就是狂饮，然而，自1980年以来，狂饮已经呈现下降趋势，从41%降至35%。这种下降趋势可能的原因是人们已经意识到饮酒和服用其他药物可能存在的危险性。

狂饮 一次喝下5杯或5杯以上的酒，被用作对过度饮酒的一种数量测量。

虽然酒已有几千年的历史，但是，酒对健康影响的信息却是近来才发现的。在这一节中，我将对由大量饮酒造成的各种疾病进行剖析。这些疾病从肝损伤到判断力失准不等。虽然大量饮酒可能产生对健康不利的影响，但研究表明，饮酒还是有一定的好处。我也将对饮酒可以对健康产生的积极影响进行讨论，不过，这一节主要关注的问题还是酗酒，我也将着眼于一些饮酒原因的理论。然后，我将对各种治疗饮酒的方法进行剖析。这一节的信息主要选自布兰农和法伊斯特（Brannon & Feist，1997）的著作。

健康问题和酒

对于一个人来说，酗酒可以造成种类繁多的身体问题，如肝损伤和脑功能障碍。对于一些人来说，在怀孕期间饮酒，可以产生各种各样的问题，这些问题将会导致孩子出现问题。对于其他人来说，判断力失准可以产生各种问题，如造成交通事故和出现其他问题。下面是一些由酒精造成的比较严重的问题。

- **肝损伤。**一天持续饮酒超过五六杯可能会导致肝脏脂肪堆积。这种情况发生时，肝脏增大、血液流动受阻以及患有某种肝炎。肝脏非功能性创伤外表会造成**肝硬化**（cirrhosis of the liver），肝硬化可能会导致酗酒者死亡。虽然其他人也可能患有肝硬化，但是，肝硬化在严重酗酒者中尤为常见。

肝硬化 慢性肝脏损伤，从而导致正常的肝脏功能丧失。

- **呼吸疾病。**医学研究表明，如果危重病患者有酗酒史，他们患有致命呼吸问题的概率很可能是不酗酒的人的两倍。
- **脑损伤。**那些长期严重酗酒的人可能患有脑功能障碍，造成记不清最近发生的事情、做事稀里糊涂以及难以学习新东西。酒精干扰大脑的复杂

285 处理活动。这种不可逆转的状况被称为韦尼克-科尔萨科夫综合征

(Wernicke-Korsakoff's Syndrome)[①]。

- **癌症。**因为许多重度饮酒者同时也是重度吸烟者，所以我们难以将酒与癌症之间的关系割裂开来。然而，一些证据表明，咽喉癌与重度饮酒有关。
- **心脏病发作和中风。**一些证据表明，心脏病发作和中风均与狂饮有关。
- **怀孕。**过量饮酒会造成维生素缺乏以及对肝脏或垂体产生影响，因此，过量饮酒可以降低生育率。另一个孕期并发症是**胎儿酒精性综合征**（fetal alcohol syndrome），可以导致新生婴儿智力迟钝、生长缺陷、面部畸形或其他问题。

胎儿酒精性综合征　母亲在怀孕期间酗酒所造成的一种不可逆转的生育异常并发症。

- **协调和判断力失准。**过量饮酒使得饮酒者难以完成复杂的任务和做出很好的决策。在这种情况发生时，饮酒者通常神志不清。

  两个重要的判断领域可以酿成悲惨性后果：汽车事故和性决策。大多数研究指出，饮酒越多，个人在车祸中造成致命伤害的可能性就越大。青少年饮酒者要比没有饮酒的青少年更可能拥有比较多的性伴侣、与人发生不正常性关系以及发生不安全的性行为（如没有使用避孕套）。
- **攻击行为。**酗酒者更有可能犯罪，而且，酗酒者比不饮酒的人更可能成为犯罪的牺牲品。

饮酒产生许多并发症。大多数身体疾病通常都是由于经过比 5 年更长时间的过量饮酒所致。可能出现大部分心理损伤，如判断力受损和攻击行为等，可以在一次狂饮 5 杯或 5 杯以上的酒时发生。酒耐量即需要产生一定影响的酒的数量，酒耐量由于一些因素而存在差异。两种比较重要的因素是饮酒者以前的饮酒数量和体重。对一个人构成酗酒的量（比如说，3 杯酒），也许对另一个人并不构成酗酒。

酒的健康益处

最近的一些研究表明，适度饮酒能够有益于健康。研究者对不饮酒者、轻度饮酒者（每天喝 1～2 杯酒）、中度饮酒者（每天喝 3～5 杯酒）以及重度饮酒者（每天喝 6 杯酒以上）进行了比较。克拉特斯基、弗里德曼和西格尔劳伯（Klatsky，Friedman & Siegelaub，1981）发现，轻度饮酒者很可能寿命较长，无论是不喝酒的人还是适度饮酒者，都可能比重度饮酒者活得长。对此，一个原因是轻度饮酒似乎可以降低患冠心病的危险，轻度饮酒对心脏病发作提供了一些保护作用，这也许是因为酒精能够预防血液凝块的形成，从而降低了心脏病发作的可能性。其他研究表明，轻度饮酒者可能要比不喝酒的人和重度饮酒者具有更好的心理健康机能。虽然研究者对与饮酒和酗酒有关的健康影响做了大量的研究，但是，研究结果往往比较复杂，并需要研究者进行更多的研究。 286

① 由韦尼克脑病和科尔萨科夫综合征组成，故名。科尔萨科夫综合征多发生于韦尼克脑病症状之后，但两种脑病划分阶段并不显著。韦尼克脑病是由德国神经学家卡尔·韦尼克（Carl Wernicke，1848—1905）于 1881 年发现的由于维生素 B1 缺乏引起的一种脑病，这种脑病是一种急性或亚急性维生素 B1 缺乏症引起的疾病，表现为眼肌麻痹、眼球震颤、共济失调、意识障碍和情感淡漠及多发性周围神经疾病，主要由于胃肠道手术、酗酒和胰腺炎等病因引起，补充维生素 B1 有助于治疗该病。科尔萨科夫综合征是由俄国神经学家谢尔盖·科尔萨科夫（Sergei Korsakoff，1854—1900）在 1887 年发现的由于酒精中毒而引发的多发性神经疾病，表现为选择性的认知功能障碍，其中包括近事遗忘、时间和空间定向障碍。

饮酒的理由

试图解释个人为什么重度饮酒、适度饮酒、少量饮酒或根本不饮酒是非常困难的。相当多的研究一直是针对酒精中毒或重度饮酒进行的。虽然科学家已经对酗酒的形成提出了几种模式，但是，任何模式目前都没有明确的根据。我们在下面列举一些模式。

- **遗传模式。**这种模式指出，饮酒是从父母遗传下来的，酗酒者的子女也可能会成为酗酒者。研究（Brannon & Feist，1997）表明，情况并非如此，遗传在预期重度饮酒方面扮演着相当小的角色。
- **疾病模式。**这个模式是在医学界提出的，并将**酒精依赖性综合征**（alcohol dependency syndrome）（酒精中毒首选的词语）视为一种疾病。这种疾病的症状在经过一段时间不饮酒后，会出现控制力减弱、无法控制饮酒、增加酒耐量、戒断症状以及对酒产生依赖。有批评者指出，这种疾病模式没有充分考虑认知、情感或环境解释。
- **自我意识模式。**赫尔（Hull，1987）关注的是酒对思维过程的直接影响，做出更多表面和负面的自我反馈。因此，当人们饮酒时，他们缺乏自我批评和自我意识。饮酒的一个理由是要避免自我意识。
- **社会学习模式。**根据学习理论家的观点，人们学习饮酒有三个主要理由：第一，酒的味道和酒的作用可能令人愉快；第二，饮酒可能符合自己的价值观体系；第三，个人通过周围其他人学习饮酒。从本质上讲，他们从模仿开始学习饮酒。

酒精依赖性综合征 一种对酒精的心理和生理依赖，会导致慢性病以及破坏人际关系和工作关系。

287

事实上，饮酒模式的不同有助于解释理解饮酒如此复杂的原因。酒本身并不一定是一种有害的物质。然而，酒却很容易被滥用，而且，对于为何有些人能够以某种有益的方式以及其他人以某种极其有害甚至致命的方式饮酒的原因，仍然是令人费解的。事实上，如此多的酗酒者已经使得许多治疗酗酒的方法得以发展。

问题和解决方案

怎样才能使人们停止酗酒？

- 停止饮酒完全取决于他们自己（戒酒）。
- 从根本上减少饮酒，但并不是完全不喝。
- 参加戒酒匿名会或类似的群体。
- 进行咨询。
- 采取厌恶治疗法。

治疗酗酒的方法

在美国，虽然饮酒出现了小幅下降趋势，但据估计，每天有 50 多万人在接受酗酒治疗（Weisner，Greenfield & Room，1995）。一般而言，寻求酗酒治疗的女性与寻求酗酒治疗的男性的比例为 1∶8。介于 25～44 岁之间寻求酗酒治疗的人往往比其他年龄群体的人数多。尽管许多人要寻求酗酒治疗，但是，其他一些人会停止或严格限制他们自己的饮酒，并在没有任何治疗计划的情况下停止饮酒。还有一些人也许会按照从问题饮酒到轻度饮酒、从轻度饮酒到问题饮酒、从问题饮酒到戒酒、从戒酒到轻度饮酒、从轻度饮酒到问题饮酒等形式发展，出现不稳定的波动。

在酗酒治疗方法的讨论中，主题是戒酒与控制饮酒。大多数参与治疗过度饮酒的人认为，最好的方法是完全戒酒。然而，其他国家的专业人士常常发现，控制饮酒是一个适宜的目标。回顾有关戒酒与控制饮酒的研究，布兰农和法伊斯特（Brannon & Feist，1997）认为，控制饮酒可能比较有效，尤其是对于没有长期酗酒史和由于饮酒造成生理损伤的人比较有效。控制饮酒似乎对 288
于 40 岁以下的已婚者以及饮酒未造成身体依赖的人最有效。有些模式如戒酒匿名会（Alcoholics Anonymous），承认戒酒是唯一适当的目标。下面列举一些饮酒治疗方法。

- **戒酒匿名会。戒酒匿名会**（Alcoholics Anonymous，AA）是所有治疗问题饮酒方法中最有名的一种方法，成立于 1935 年。戒酒匿名会的观点在于酗酒者总是处于康复过程中，并认为，无论他们是否在饮酒，他们终生都将成为酗酒者。戒酒匿名会召开的会议遍布整个美国的大多数社区。所有戒酒匿名会都坚持 12 步模式。人们对戒酒匿名会的研究相对较少，这是由于参加会议的人们都以匿名形式出席。一些研究表明，戒酒匿名会对于教育程度较低以及对权威和依赖有较高需求的男子格外有益。由于它的人道主义性质，戒酒匿名会为给予帮助和接受帮助提供了机会。这个内容在本书后面有进一步的描述。

戒酒匿名会 处于酒精中毒或酒精依赖性综合征康复过程的酗酒者的组织。

- **心理疗法。**所有类型的心理疗法和咨询都一直用来治疗酒精中毒，其中包括群体和个人疗法。心理疗法的成功率平均约为 20%，这并不是一个鼓舞人心的比例。
- **化学疗法。**有些酗酒者使用了**戒酒硫**（Antabuse）。这种物质在与酒结合时可以产生非常令人不快的影响，包括呕吐、出汗、头痛、呼吸困难和血压降低。如果个人在几天之内交替服用戒酒硫和饮酒，他们就可能会非常不舒服。由于服用戒酒硫在饮酒时产生不快的影响，因此，许多人都放弃了治疗。

戒酒硫 一种用于酒精中毒的化学治疗方法。

- **厌恶疗法。**虽然戒酒硫可以被看作厌恶疗法，但是，这个词语更多被用来描述饮酒与诸如电击作用相联系等方法。这种疗法的理由在于饮酒与某种痛苦的身体状况相关，因而，饮酒应该加以回避。研究表明，厌恶疗法的复发率相当高。

与吸烟一样，饮酒治疗的复发问题相对较高。大多数治疗计划都是建立在后续行动计划基础上的，并讨论防止受辅者复发问题。由于酗酒会对配偶和子女产生负面影响，因此，家庭经常成为治疗过程的一个组成部分。复发问题也因此成为一个家庭问题。对于青年人而言，过度饮酒很可能是由于狂饮而不是长期滥用。青年人饮酒治疗的问题通常是进行咨询或接受治疗，这些问题经常 289
与攻击行为和暴力有关。因为狂饮在许多大学和社区得到人们的广泛认同，所以，在个人要么意识到做了伤及自己或他人的事情，要么被执法人员逮捕时，饮酒就变成了一个问题。在这方面，巴里所处的情境就是一个典型的事例：

在巴里和埃伦建立关系的过程期间，他们之间发生的争执越来越多。在通常情况下，这些争执发生在巴里喝酒的时候。他发现，埃伦极具吸引力，他很嫉妒她。如果他看到她与另一名男子交谈，他就会被激怒，他的脸变得扭曲，前额的青筋突起。虽然他们的关系在最初6个月一直很好，但是，埃伦却不断质疑是否应该继续与巴里约会。在过去的5个月里，巴里的愤怒本性出现在他喝酒的时候。埃伦喜欢与许多男人进行交谈——这些人是她从一个刚刚结束的工作中认识的朋友。在这件事发生3天后，我与巴里进行了交谈。

巴里：埃伦告诉我，她对其他人并不感兴趣，但我看到她与某个人在一起。他们看上去过于亲热，我在第二天就告诉她这件事了。我们就坐在这个沙发上看电视。我告诉她，我是多么疯狂地想跟她做爱。可是，她却叫我马上离开房间。我说不。她随即从沙发上起身，离开了房间。我追上她，抓住了她的胳膊。她把我推开，我打她了一巴掌。她开始大哭起来，跑出了房间。我追上她。她在走廊上，告诉我冷静下来，随后，她说："让我们像理性的人那样进行交谈吧。"我说："行。"就靠在了墙上，她跑到房间内，把房门反锁上，并对我吼道："滚开!"我连续敲打着房门，她报了警，我看见警车就在外面，并在警察可能抓到我之前离开了那里。他们到达那里这么快，这是我始料不及的。

理查德·沙夫：你肯定因为这件事受到了伤害，仍然生她的气。

巴里：我生她的气，但我仍然想让她回来，没有什么比这更重要了。她没必要报警，没必要冲我大喊大叫。

理查德·沙夫：她似乎没有任何理由结束[1]她所做的事情。（也许有，我也可以找到答案。）

巴里：嗯，她只是对我发脾气，因为我有时发脾气，有时还喝一点酒。

理查德·沙夫：喝了一点酒？（我想查明他喝酒的真相。）

巴里：是的，只喝了一点点，不太多。

理查德·沙夫：和埃伦在一起的那个晚上你喝了多少酒？（我想更多地查明他饮酒的真相。）

巴里：不太多。我只是喝完两箱6瓶装的酒，正在开始喝第3箱酒。

290 理查德·沙夫：那么，你喝了大约十三四瓶啤酒。（巴里不太多的定义与我的定义是不同的。）

巴里：是的，14瓶，但这并不是什么问题。

理查德·沙夫：这么说喝酒没有对你上星期日的行为产生影响。（巴里否认喝酒是个问题。否认饮酒问题很常见。）

巴里：嗯，当我有时喝醉时，我就会发脾气，但是，她应该理解。

理查德·沙夫：她应该容忍你的行为，即使你喝醉了，也没有关系。（如果我没有和他对质他喝酒的事，我们也不会谈别的事情。）

问题 11.5 你看到过朋友或家人与饮酒有关的哪种问题？

[1] 指结束巴里和埃伦的关系。

我用了几个星期的时间，缓慢而耐心地尽力设法帮助巴里对他的行为负责，并要他不要责怪埃伦。因为第一次的关系并不是以这种方式来结束的，巴里很容易看到他在这个问题上扮演的角色。他说，他晚上再也不会喝两瓶以上的啤酒了。我问他是否愿意向我做出承诺，他表示同意。在 6 个月以后，我们又进行了交谈，他没有违背这个协定。我怎么知道？我不知道。我猜他没有违背这个协定，因为他很快就与另一个女人发展起另一段关系。撒谎、否认和饮酒似乎齐头并进。处理巴里的否认问题，或许是我们在咨询服务方面必须克服的最大障碍。事实上，对我来说，他对和埃伦之间的事情采取了负责的态度，并在与新女友的关系中保持小心谨慎的态度，这些都是积极的迹象。

问题 11.6 你认为饮酒在青年人中非常普遍的原因是什么？

问题 11.7 你认为有关影响健康和醉酒驾驶等负面信息会阻止饮酒吗？请解释。

大麻

大麻植物是大麻的来源。大麻类植物品种繁多，自 20 世纪 70 年代以来，在培育出新的大麻品种后，大麻的效力有所增加。在美国，大麻是最常被滥用的违禁品。据估计，有 6 800 多万人在他们一生中至少吸食过一次大麻（Doweiko，1999）。有近 900 万人被认为至少每个星期吸食大麻。大多数人经常吸食大麻，大麻的效果立竿见影，但是，效力通常在一小时后开始下降。人们认为大麻以及吸食大麻成瘾会产生健康问题，我们将在下面对此进行介绍，另外，我们还将对治疗方法进行介绍。

人们把许多影响都归因于大麻。一般而言，某个吸食大麻的人首先会经历轻度的焦虑，继而产生一种快感，随后出现一种放松和舒适感。那些吸食大麻的人经常期望大麻可以影响他们的思维能力和行为方式。许多人认为，大麻不仅有助于他们放松，也有助于他们更容易地进行社交互动和提高性功能。还有人认为，大麻改变了他们看待事物的方式，并使他们变得更富创造性。许多吸食大麻的人都希望在吸食大麻时产生饥饿感或渴望吃东西。其他人则指出，吸食大麻让他们有了许多无法言表的重大个人看法。也有些人经历了比较多的负面反应，其中包括焦虑反应或恐慌反应。上述大麻吸食者报告的反应，表现了对这种药物的一种观点，另一种则是报告各种并发症的医生看到的观点。 291

大麻对健康的影响

因为大麻包含 400 多种化学物质，所以，它对人体产生的影响比较复杂。当人们吸食大麻时，它产生的焦油大约是香烟的 4 倍。焦油已被证明含有各种致癌物质，会导致像口腔癌、咽喉癌以及肺癌等癌症。大麻吸食者往往比非大麻吸食者更频繁地患有支气管炎和感冒。吸食大麻造成的另一种健康影响与生殖系统有关——男性也许会降低精子数量，而女性则可能出现生育问题。有些研究还表明，持续吸食大麻可以对海马状突起造成损害，海马状突起是大脑内部一个影响短期记忆并对注意范围产生不利影响的区域。那些吸食大麻和服用迷幻剂的人可以体验“药效幻觉重现”（flashback），在药效幻觉重现中，他们会再次体验某种幻觉或经历一种短暂的精神病反应。随着对慢性大麻吸食者进行医学研究的进展，人们已经发现了严重的医疗问题。

然而，有些医生却指出，大麻对某些医疗问题具有积极的健康作用。大麻已经被用于治疗多发性硬化症、类风湿性关节炎以及由于各种疾病造成的疼痛。立法者认为，无论大麻是否用于医疗目的，都应该得到法律的认可。少数州允许将大麻用于某些疾病的医疗。

相对于大麻成瘾的可能性而言，大麻可以导致耐药性，个人需要吸食较多的大麻才能产生类似的作用。当人们不再吸食大麻时，他们可能会出现烦躁、焦虑、失眠、食欲不振、出汗或呕吐等负面影响。由于这些影响，许多研究者认为大麻是一种成瘾药物。

大麻成瘾的治疗方法

当个人寻求大麻吸食治疗时，一些不确定性因素也同时影响着治疗。吸食量就是一个重要的因素：这个量是每周的吸食量、一周几次的吸食量，还是每日的吸食量？如果一周吸食几次、几个月或几个月以上每天吸食，吸食者很可
292
能就会成瘾。因为大麻经常与其他药物一起被吸食，所以，治疗方法的选择经常取决于其他药物。例如，一个人在吸食大麻的同时是否也喝酒、服用迷幻剂、吸食可卡因了呢？与其他药物一样，要想使治疗方法产生疗效，通常必须停止服用所有非处方类药物。

问题和解决方案

人们怎样才能停止滥用大麻？

- 有些人靠自己停止。
- 团体疗法。
- 麻醉药物滥用者匿名会。
- 自助支持群体。
- 经常关注关系问题的个人咨询。

治疗师采取各种方法来治疗大麻成瘾。例如，布拉兹沃思（Bloodworth，1987）推荐了团体疗法（group therapy），这样，大麻吸食者就可以更好地处理同侪压力。其他治疗建议还包括采取自助支持群体、戒酒匿名会或麻醉药物滥用者匿名会（Narcotics Anonymous）[①] 的形式。詹尼克（Jenike，1991）认为，治疗的一个重点是要得到朋友、浪漫伴侣和父母的理解。在我对玛丽亚进行咨询治疗的过程中，个人关系尤其是玛丽亚与父母和继母的个人关系，证明是对她进行治疗的一个重点。

玛丽亚是一所规模较大的大学中西部大学的四年级学生，主修兽医学。玛丽亚是一名非常聪明的学生，在整个 4 年期间始终保持几乎平均全

① 又译匿名戒毒会等。

“A”的成绩。在过去的两年里，她每天都吸食大麻。朋友们对她能够在学习上保持如此好的成绩赞叹不已，虽然她在大部分时间看上去飘飘欲仙。她的答案是晚上一边抽大麻一边学习，而且，白天还要工作。玛丽亚将大麻视为一种休闲活动。然而，她意识到，随着她吸食大麻越来越多，她与其他人的关系也变得越来越糟糕，即使她的成绩一直很好。

在玛丽亚 7 岁的时候，她的父母离婚了，她的母亲搬到了旧金山。在大约 3 年的时间里，玛丽亚与她的母亲生活在一起，但在 3 年后，她被送回芝加哥，与她的父亲一起生活。因为她还是个孩子，经常饿着肚子上学，穿的衣服也很脏，破破烂烂，所以，学校工作人员就跟州政府机构进行了联系。社会公益服务机构认为，玛丽亚的母亲虽然没有在身体上对她进行虐待，但却忽视了她。因为她的母亲在上班时，把她一个人留在家里。他们建议，把玛丽亚安置在她父亲那里。虽然她与她的父亲和继母一起生活，但是，她从未与他们和睦相处。她认为，继母经常批评她，并且喜欢她同父异母的妹妹。 293

玛丽亚被他的父亲搞得十分愤怒，她把他描述为一个受挫的哲学教授。他白天在芝加哥一家大邮局分理邮件，晚上，他会就世界问题向玛丽亚提出忠告，喋喋不休，没完没了。玛丽亚通过自己的努力考入大学，并从父亲或母亲那里得到很少的钱。

当她去西海岸看望母亲时，她觉得，她在跟一个不负责任的妹妹进行交谈。玛丽亚的母亲一直没有再婚，但有许多男友。母亲见到她时总是兴高采烈，她会提前下班，与玛丽亚待上几个小时，然后再回到男友身边。从她的父母那里，玛丽亚觉得得不到方向。当她与父亲和继母在一起时，她迫不及待地要离开，回到学校的公寓。当她与母亲在一起时，她也有类似的感受。由于生父亲、继母和母亲的气，玛利亚变得非常玩世不恭。她认为，社会和父母对她都没有帮助。当她没有学习和具有某种成就感时，她感到沮丧，几乎对所有人都感到厌烦。有时，她发现自己脾气暴躁，对朋友恶声恶气，就像她与家人发脾气一样。

大约两年前，玛丽亚开始吸食大麻。她喜欢这种无忧无虑、放松的感觉，并开始对她的家人有了某些看法。虽然她欣赏这些看法，但是，她却无法准确地把它们讲述出来，而且这些见解对她处理与家人的关系也于事无补。

当我第一次见到玛丽亚时，她得肺炎已经大约三个星期了。在这期间，她没有抽大麻。她不仅感到身体虚弱，也几乎对所有见到的人大发脾气。在此期间，她感到各种她以前从未感到的孤独感。她只有几个购买大麻或一起吸食大麻的朋友。她同样也关心什么时候回到兽医学院，她将不再能够有时间去抽大麻。她的烟壶使她感到恐惧，她想对它做点什么。

玛丽亚和我每周进行交谈，一直持续了 6 个月。我们谈论的大部分内容都是她对父母的愤怒和失望，因为她在他们那里得不到帮助。她生父亲的气，因为他只知道没完没了地说教，却从不做任何有助于他自己或她的事情。她生母亲的气，因为她的母亲只给她最低限度的帮助。玛丽亚很快意识到，为了自我感觉良好和改善关系，她必须停止抽大麻，至少在一段时间里不吸。

294 我们一致认为，她在四年级春季学期没有抽大麻，在这段时间里，我见过她。对于她来说，这需要勇气和坚定不移的精神，因为吸食大麻已经为她解决了不少问题，然而，却也产生了其他问题，如焦躁不安以及与人疏远，和她一起吸食大麻的人除外。当她受到诱惑想去抽大麻时，我们谈论此事。不过我们主要谈论她与家人受到的挫折以及她对其他人的不信任，她认为，她从不会从他们那里得到支持。其实，她知道，选择兽医专业与她偏好帮助动物有关。她一直将她的一只宠物狗视为一个孩子，并感到与她的狗在一起要比跟父母在一起亲密。在此期间，对玛丽亚最有帮助的，也许就是她享受学习的乐趣。她非常喜欢生物学和动物科学课程。她能够跟实验室里的伙伴以及在生物课上认识的同学进行交谈。她与其中三人的友谊得到了充分发展，这样，她就可以与他们在课外见面，并进行交往。此前，她会把他们形容为“讨厌的人”，并避而远之。她能与我合作实属不易，因为她怀疑她为什么会信任我或其他任何人。我们经常讨论这个话题以及她的家庭和职业计划。

就玛丽亚停止吸食大麻而言，她对她感到的不信任和愤怒以及大麻使她生活更加悲惨的程度，有了一定的了解。她能够停止抽大麻，并进入研究生院。她当时认为，我们停止治疗后，她就不会再抽大麻了。然而，我们还是谈论了如果她复吸大麻可能会发生的事情，并提出了应对这种可能性的策略。因为玛丽亚和我一周见一次面，所以，我无法监控她抽大麻。玛丽亚的康复意味着她必须对自己担负起大量的责任，她做到了。

当人们不是处于一种治疗计划而寻求对药物滥用的治疗时，他们必须对他们自己的人生负责。治疗师不大可能监测病人的尿液或询问他们药物使用的情况，治疗师以某种对待住院病人或门诊病人的方式帮助他们戒除药物和制订饮酒计划。如果他们无法信任自己及其治疗师，采取住院病人或敏感的门诊病人的戒除药物计划的治疗就是可取的。这对于我们在下面剖析的各种药物更为真实。

可卡因

可卡因取自古柯灌木。古柯灌木生长在南美洲高海拔地区，可卡因以粉末状的形式被非法出口到其他国家。虽然可卡因在美国以“粉状”（free base）
295 可卡因或“快克”（crack）可卡因形式出售，但是，生活在高山地区的南美土著人却一直咀嚼古柯叶。在咀嚼时，古柯叶没有出现像美国人使用各种形式的可卡因所产生的那种强烈效果。在美国，可卡因粉末有时通过鼻子吸入。其他使用可卡因的方式还有注射和吸食。与粉状可卡因不同的是，“快克”可卡因被提炼成固体的晶体块。

可卡因产生的心理影响经常是非常强烈的。一阵直接“快感”之后是一段兴奋期。随着这种感觉的出现，能力、精力和自信相应得到增加。这种欣快症可能持续几分钟到大约 20 分钟。由于强烈的愉快效果，因此，人们很可能重复这种体验。

然而，长期吸食可卡因，许多问题就会随之出现。可能体验到某种幻觉，感觉虫子在皮肤下面蠕动。其他反应是焦虑和恐慌，这些反应或多或少在不再使用这种药物后停止。此外，有些人还染上一种药物感应性精神病，有时还变得极其怀疑别人。

因为可卡因的最初影响是令人非常愉快的，所以，它很容易成瘾。这种对大脑的化学反应性质很容易产生依赖和成瘾模式。除了前文介绍的负面心理影响外，还有许多严重的健康问题是伴随着可卡因成瘾出现的。当吸食可卡因时，可能感到胸痛、咳嗽、支气管发炎以及出现各种喉咙问题。经常吸食可卡因也会出现心脏问题。事实上，有些初次吸食可卡因的人以及那些长期吸食可卡因的人都可能心脏病发作。其他对长期吸食可卡因的研究显示，脑损伤可能以各种方式出现。其他由于吸食可卡因可能造成的疾病有中风和肝损害。可卡因滥用的康复是很困难的。治疗方法包括完全戒除可卡因、密切医疗监督、进行咨询以及利用麻醉药物滥用者匿名会或戒除可卡因匿名会（Cocaine Anonymous）等自助群体。

海洛因

从技术上讲，海洛因是一种麻醉性镇痛剂。镇痛剂是一个人在仍然有意识时使疼痛减轻的化学药品。大多数镇痛剂取自鸦片，如海洛因。鸦片是一种从罂粟的乳白色汁液中提取的一种粉末。一种源自鸦片的治疗药物是吗啡，吗啡最初是被用作战场上的止痛药，后来是在医院里使用的止痛药物。在1900 年前后，估计有 1%的美国人对与鸦片有关的麻醉药品成瘾（Restak，1994）。

在美国，海洛因是首选麻醉品，部分原因是它比吗啡更强烈。海洛因成瘾者从这种药物中体验到欣快症的程度要比吗啡强烈。 296

海洛因成瘾继续成为一个重大的问题。据估计，美国有大约 100 万长期滥用海洛因的人。相当多的人可能主要体验鸦片制剂（Doweiko，1999）。在美国，大约有一半的海洛因成瘾者居住在纽约市。男女成瘾者比率约为 3∶1。近年来，海洛因的供应量更加充足，其纯度也已经提高。这种大供应量也使得价格下跌。

与可卡因一样，海洛因可以减少焦虑和提高自尊。伴随吸食海洛因出现的是一种短暂的愉快感。然而，那些对海洛因成瘾的人很快对欣快症的感觉产生耐药性，需要越来越大的剂量以达到这种效果。经过一个相当短暂的时间后，成瘾者摄入足够的海洛因来防止出现戒断症状，但还不足以与海洛因的“麻醉状态”相适应（Doweiko，1999）。

吸食海洛因会引起一些身体并发症。有时，很难判断这些问题是起因于海洛因本身，还是把街头毒品当作海洛因购买的其他化合物。当人们摄入大剂量海洛因时，他们可能出现各种发作症状。海洛因摄入者还可能从未经消毒的注问题 11.8 你认为个人希望体验可卡因或海洛因的原因是什么？后来变得成瘾的药物是可卡因，还是海洛因？

射器感染人类免疫缺陷病毒或其他疾病。吸食海洛因还可能导致中风。但源自毒品最常见的死亡原因是过量摄入。治疗鸦片制剂摄入过量是非常复杂的，并应该在配备了处理这类问题的设备的医院进行治疗。治疗海洛因成瘾是极其困难的。目前的研究表明，实现戒毒的成瘾者在 6 个月内会重新使用化学药品 (Schuckit，1989)。一些研究表明，大约 1/3 的海洛因成瘾者最终将戒除海洛因（Doweiko，1999)。治疗海洛因成瘾者的计划通常是住院进行医学治疗、团体咨询以及在某些情况下进行的个别咨询。

迷幻剂

100 多种导致幻觉的化合物可以在各种植物和蘑菇中发现。最有名的迷幻剂是麦角酸二乙基酰胺（lysergic acid diethylamide-25，LSD）[①]、苯环利定 (phencyclidine，PCP)[②] 和亚甲二氧基甲基苯丙胺（Nalpha-dimethyl-1，3 Benzodioxole-t-ethanamine，MDMA）或“摇头丸”（ecstasy)。大约 5%～10%的高中学生承认，他们每年至少服用一次致幻剂（Doweiko，1999)。

297 致幻剂和其他迷幻剂的主观影响都具有某些一般特征。首先，在欣快症后会出现一种放松感，有时出现嚎哭或大笑。在此之后，个人经常经历视觉幻想或幻觉的知觉扭曲。随后，通常进入另一个阶段，个人会体验到某种扭曲的时间感。他们可能会体验情绪波动、恐慌感或沮丧感。有时会出现一种与现实失去联系的现象，比如，他们认为自己可以飞翔或能够以某种他们不正常的状态来思考事物。摆脱迷幻剂的影响需要 4～6 小时，之后个人才能慢慢恢复正常。经过大约 12 小时后，可能出现一种情感麻木。天使粉的反应有点类似于适度陶醉的身体意象障碍。高浓度的天使粉可能导致昏迷、精神病反应或其他严重的并发症。服用摇头丸的人会出现视觉幻觉和各种并发症。

有些人服用致幻剂（和其他迷幻剂）后会产生一定的消极体验，这被称为“不适感”（bad trips)。有关致幻剂的不适感是指感到非常焦虑，而且，通常出现一种恐慌感。当这种感受出现时，服用者通常可以以平静温和的话语把这种恐慌讲出来。致幻剂的另一个负面影响是“药效幻觉重现”，药效幻觉重现可能持续几秒钟、几分钟，不太可能持续数小时。药效幻觉重现是指出现某种非常类似于在服用致幻剂时的感受和体验，但此时药效已经渐渐消失。有时，药效幻觉重现还会在服用迷幻剂后几天、几个星期甚至几个月内出现。药效幻觉重现事件通常会随着时间的推移逐渐减少，但在 5 年内，这种现象还可能再次出现（Doweiko，1999)。天使粉产生的负面影响包括药物感应性精神病和异乎寻常的高血压，这种高血压可能导致中风。摇头丸的摄入者同样也可能患有药物感应性精神病以及焦虑、愤怒和失眠。上述任何药物的过量摄入，都可以导致非常严重的健康问题，其中包括肾功能衰竭、心脏问题和视觉幻觉。

由于上述药物的强烈反应，因此有人往往尝试着使用它们，而且，人们对

① 亦称致幻剂。
② 亦称天使粉。

它们成瘾可能远远低于对可卡因以及诸如海洛因等鸦片制剂的成瘾。

巴比妥类药物

巴比妥类药物是医生为帮助患者改善睡眠而开出的处方药，巴比妥类药物是中枢神经系统的镇静剂，就像饮酒一样，在小剂量服用时，可以产生放松和陶醉的感受。与其他成瘾药物一样，人能够形成耐药性和依赖。许多人都把巴比妥类药物当作安眠药。巴比妥类药物根据服用的时间已经被分为几个等级。298
如果人们发现自己定期服用巴比妥类药物，他们就可能出现戒断影响，这种影响类似于酒精的戒断影响，会出现包括震颤、呕吐、睡眠问题以及可能出现幻觉。戒断和戒除可能是非常困难的，因为可能导致癫痫发作和脑损伤。与短期起作用的巴比妥类药物相比，药效持续时间较长的巴比妥类药物需要较长时间的戒断期（Doweiko，1999）。

安非他明

巴比妥类药物是镇静剂，而安非他明却是兴奋剂。那些服用此类药物的人很可能感到思维比较敏捷、能够更好地集中精力以及能够长时间地工作。他们同样也能够感到焦虑和紧张不安。安非他明往往使血压升高、减缓心率以及增加呼吸次数。有时，安非他明可以产生幻觉。安非他明的影响往往持续几个小时。安非他明的其他负面影响包括失眠、焦虑和敌意。一些证据表明，安非他明可以造成对脑细胞的损伤，并能够产生精神病反应。其他负面影响还包括心脏问题。虽然大多数安非他明摄入者不会成瘾，但是，有些人还是会成瘾的，这是因为安非他明潜在地对身心产生影响（Doweiko，1999）。其他安非他明药物有时被用作抑制食欲，这使得一些摄入者患上厌食症。治疗安非他明滥用类似于治疗可卡因滥用。

类固醇

运动员为了增大肌肉和减少脂肪，会服用合成代谢类固醇。合成代谢类固醇同样也具有一定的医疗用途，如减轻炎症、控制过敏性反应以及治疗某些类型的贫血症。然而，当滥用类固醇和超出推荐的剂量水平时，合成代谢类固醇还是有一些消极的副作用。对于男性而言，可能会导致乳腺增大、增加勃起频率或持续性勃起。女性可能出现月经周期不调、乳房变小或声音低沉。类固醇滥用同样也能够干扰肝脏和肾脏功能。类固醇也可能引发心脏病和中风。某些精神病的症状和攻击或暴力行为的经历始终是与类固醇的滥用联系在一起的。

299 **脱毒计划** 旨在帮助人们摆脱药物戒断、侧重于医学治疗的计划。

治疗滥用类固醇需要密切的医疗监督，以帮助滥用者采取一种循序渐进的**脱毒计划**（detoxification program）。戒除类固醇毒瘾有点类似于戒除可卡因毒瘾，个人可能感到沮丧、嗜睡和食欲紊乱，并感到疲劳和食欲不振。

药物成瘾的治疗方法

干预 接近某个需要接受酒或药物治疗的病人，向其解释治疗是必要的方法。

许多对药物成瘾的人不会亲自寻求治疗。常见的一个过程称为**干预**（intervention），在干预过程中，接近需要接受酒或药物治疗的病人，向其解释治疗是必要的方法。这样做的目的是要面对成瘾者的拒绝并使治疗合理化，从而，使成瘾的人可以寻求直接的治疗。通常，这种干预受到一名从事化学依赖患者治疗的专业人士的监督。参与干预的人员有家庭成员、朋友以及同事，他们能够帮助成瘾者接受治疗。干预过程要加以策划和排练，这样，干预时就可以讲述一些具体的事件，在这些事件中，成瘾者的行为就会受到干预。这样做的目的不是批评或操纵成瘾者，而是告知成瘾者治疗是必要的，并使成瘾者开始接受治疗方法。让许多人而不是只有一个人参与干预，是非常有帮助的。有时，上述干预是不可能的，因此就是采取另一种形式的干预，即采取“要么/否则”（either/or）方法。比如，“你要么停止抽大麻，要么我解雇你。”在这样做时，为了使干预产生影响，雇主必须对威胁坚持到底。

化学依赖的治疗方法——其中包括对酒、大麻、可卡因、海洛因以及其他药物或各种组合使用的药物的治疗方法——可能是非常复杂的。一个问题在于，个人是应该住进医院接受治疗（住院治疗），还是在一家诊所接受治疗（门诊治疗）。住院治疗的一个重要问题就是治疗费用。治疗费用经常由健康计划或保险支付，一天可以超过 1 000 美元。虽然门诊病人的治疗费用不太贵，但是，它无法提供相同的病房和支持，尤其是当需要医疗干预时，也就是说，要采取住院药物计划的时候。

问题和解决方案

为了帮助药物成瘾的朋友或家人，可提供什么治疗方法呢？

密切接近这个成瘾者的周围人的干预要经过周密计划，以面对这个人的药物滥用或拒绝的态度。

可提供的治疗计划有：

- 住院就医（脱毒）。
- 门诊治疗。
- 过渡疗养地。
- 戒酒匿名会。
- 理性康复组织。
- 长期清醒组织。
- 女性清醒组织。

试图选择住院治疗可能是相当困难的，这是因为存在几个治疗计划。脱毒计划一般是旨在帮助人们摆脱药物戒断，而不是为人们的其他成瘾问题提供帮助。**治疗社区**（therapeutic community）是一个旨在帮助人们改变其生活方式、戒除药物、开始工作以及对社会采取积极态度的计划。在通常情况下，这些计划持续 1～3 年（DeLeon，1994）。随着一些医院完全致力于酒和药物治疗以及其他医院专门为这一目的投入各种设备，住院治疗成为另一种办法。一个在住院与门诊之间的折中机构是过渡疗养地（halfway house），人们经过住院治疗后会在这里居住一段时间，同时在这个社区工作或上学。有关何种计划最有效的研究尚不清楚。有些研究支持个人进行门诊治疗，这些人可能不需要医疗监督和非常密切的监测。

治疗社区 一个旨在帮助人们改变其生活方式、戒除毒品、开始工作以及对社会采取积极态度的计划。 300

许多人发现，自助群体在酒或药物滥用持续康复方面一直是非常重要的。到目前为止，最有名和最受人们欢迎的自助群体是戒酒匿名会。戒酒匿名会的特点在于，它是一个教育群体，而不是一个治疗群体。加入这个群体的人对他们自己的行为承担责任。这个群体在分享酗酒经历或无法控制饮酒方面侧重于匿名和保密。成员致力于帮助他们自己以及对方戒酒。12 步戒酒匿名会计划侧重于参加者承认无法管理自己的生活，并对酒无能为力。这个计划具有一个精神侧重点，强调依靠祈祷、冥想，这样，上帝就会帮助他们把酒戒掉。那些参加戒酒匿名会的人都有担保人，担保人将为他们保持清醒提供帮助。当他们感到迫切要喝酒时，他们可以请求其他戒酒匿名会成员提供支持和帮助。另一个有着类似目标的群体是**麻醉药物滥用者匿名会**（Narcotics Anonymous），该群体公开个人可能滥用包括酒在内的任何物质。

麻醉药物滥用者匿名会 一个类似于戒酒匿名会的群体，该群体公开个人滥用包括酒在内的任何物质。 301

问题 11.9 就大多数人的问题而言，被别人进行某种干预经常是不必要的方法，但是，对于酒和药物滥用而言，它却经常是必要的方法。为什么你认为这是必要的方法呢？

人们还成立了其他群体，这在一定程度上是因为有些人反对戒酒匿名会把侧重点强加在精神产品和上帝身上。两个属于此类的群体分别是理性康复组织（Rational Recovery）和长期戒酒组织（Secular Organizations of Sobriety）。另外，人们还成立了女性戒酒组织（Women for Sobriety），这是因为一些女性认为，戒酒匿名会没有强调女性成瘾者康复的具体问题。各种住院、门诊以及支持群体治疗方法的提供，不仅证实了药物滥用的重大问题，也为用这些重大问题帮助其他人的各种创新性方式提供了证据。

问题 11.10 假如你是一个面对朋友或家庭成员滥用酒或药物的干预群体成员，你会有怎样的看法？

因为酗酒（和滥用药物）影响家庭以及个人，所以，人们还为家庭成员提出了其他计划。夫妻戒酒者会（Al-Anon）是为与酗酒者配偶打交道的丈夫（妻子）所提出的计划。青少年戒酒者会（Al-A-Teen）是专为青少年酗酒提出的计划。这些计划为人们分享他们的经验和问题以及学习如何应对这些问题提供了机会。在这些群体中，人们彼此鼓励，并相互支持。

总结

在美国，物质滥用对于一个相当大的成员群体是一个重大的问题。在本章，我在某些细节上介绍了吸烟和酗酒。因为这两种得到法律认可的物质对大量美国人造成了问题，而且，因为这两种物质很容易得到，所以，我始终关注它们对于人们产生的问题种类以及解决方案。香烟和酒都会引起相当多的问题，它们都对呼吸系统和心脏产生影响。饮酒导致行为发生改变，给饮酒者及其家人和同事造成各种问题。吸烟和饮酒可以对个人造成各种困难，所以，我介绍了针对这些物质的治疗问题。

尽管大麻、可卡因、海洛因、致幻剂、巴比妥类药物、安非他明和类固醇并不像香烟和酒一样被滥用，然而，它们对于滥用这些药物的人可以造成非常严重的问题。在所有的非法药物中，大麻是最被频繁使用的药物。虽然大麻的负面影响可能不如可卡因和海洛因那样严重，但是，大麻还是能够造成一些心理和生理问题。因为在吸食可卡因和海洛因的时候都会产生一种初期冲动和愉快的感受，所以，这些极其容易成瘾的药物往往难以治疗，而且，滥用者还可能多次复吸。其他较少使用的药物——迷幻剂、巴比妥类药物、安非他明和类固醇——也会导致由药物本身造成的具体健康问题和治疗问题。

药物成瘾治疗提出了其他心理障碍没有提出的问题。在通常情况下，人们有必要对某个物质滥用者提供一种“干预”，以使这个滥用者能够面对物质滥用问题。经过干预，这个人可以被作为住院病人或门诊病人接受治疗。另一种协助解决酒和药物成瘾问题的信息来源是自助群体，如戒酒匿名会等。

302

推荐读物

《药物依赖的概念》（第 4 版）（*Concepts of Chemical Dependency*，4th ed）

H. E. 多维寇（Doweiko，H. E.）著，布鲁克斯/科尔出版公司（Brooks/Cole），1999 年版

这本书是一本最新的、非常透彻地介绍药物使用和滥用的图书，书中提供了大量事实，包括有关药物的详细介绍及其对身心造成的影响。另外，这本书还描述了不同类型化学依赖的治疗建议。

推荐网站

“去问爱丽丝！”网（Go Ask Alice!）

http：//www. alice. columbia. edu/

这是一个深受欢迎的信息资源，是由哥伦比亚大学健康教育计划（Columbia University Health Education Program）研制并为大学本科生设计的网站。

“爱丽丝！”浏览器将直接提供有关关系、性和性健康、健身和营养、酒和药物消费以及其他话题的问题答案。

戒烟社区网（The QuitNet Community）

http：//www. quitnet. org/

这个网站由波士顿大学公共卫生学院（Boston University School of Public Health）资助，旨在为希望戒烟和停止使用烟草的个人提供帮助。这个网站提供了在线支持社区等一系列卓越的资源，可以有助于你戒烟。

全国酗酒与酒精中毒研究所网（National Institute of Alcohol Abuse and Alcoholism）

http：//www. niaaa. nih. gov/

全国酗酒与酒精中毒研究所（NIAAA①）制作了一份名为《饮酒警报》（Alcohol Alert）的公告，这份公告包括酒精中毒等各种话题。该网站提供了有关酒精中毒的一个庞大的数据库。

① National Institute of Alcohol Abuse and Alcoholism 的缩写。

第12章

控制压力

304 **压力** 情感或身体紧张，可以干扰人们对各种局面的应对。

压力（stress）是由某个或某几个事件产生的紧张知觉。有时，压力的影响是生理上的，有时，压力的影响是情感或心理上的。“我受到的压力太大”，是一种对不同的事件、个人或情境产生的常见反应。虽然本章将侧重于控制对个人造成问题和困难的压力，但是，压力却不一定都是消极的。我们在人生中如果没有任何压力，我们的人生就没有挑战，只有厌倦了。有关压力的一个积极的事例就是体育运动。在跑 100 米短跑之前，一个人也许会经历内心的紧张、肩部的压迫感以及对能否跑出最快速度的能力的担心。这种压力常见于各种体育赛事，运动员享受参与的乐趣、期待体育赛事以及投入长期的艰苦训练来提高他们的技能。另一个事例是演奏音乐。音乐家在演出之前，经常“紧张不安”，感到身体局部的颤抖、焦躁、紧张。然而，他们对音乐的热爱却非常强烈，他们还享受演奏、表演和听音乐的乐趣。

压力影响我们对事件做出反应的方式有三个组成部分：想法（认知）、行为和感受。压力可以影响个人，这样，他们表达的想法、行为和感受可以被分为沮丧、焦虑和愤怒。心理学家提出了有助于个人改变的各种方法。我将用事例来说明治疗师如何使用这些方法来帮助受辅者以及当你感到沮丧、焦虑和愤怒时能够怎样使用这些方法。

压力及其效应

无论是积极的还是消极的潜在紧张性刺激，都存在于我们的周围，而且，我们可以以许多不同的方式感受到压力的影响。首先，我将讨论外在压力，外在压力是我们经历的各种事件；然后，我将讨论内在压力——我们对感受到的紧张和挫败做出怎样的反应。在通常情况下，这种挫败是由于我们出现选择冲突造成的。精神和身体并不是两个独立的实体：当我们做出心理反应时，我们可能没有注意到常常出现的生理影响。

外在压力

在我们的人生中，有许多紧张性刺激——日常紧张性刺激发生在学校、工作和各种关系中。许多日常紧张性刺激都是可以预见的，但是，也有一些日常紧张性刺激是不可预见的。学校紧张性刺激包括注册课程、参加考试、找车位、撰写论文、在图书馆里找书等。工作紧张性刺激根据工作的不同而各异，但是，它经常包括迫切需要完成的任务、与同事或上司之间的冲突以及完成高
305 质量工作所产生的压力。我们在第 5 章和第 6 章讨论了各种关系压力：在第 5 章，压力涉及与父母和家庭成员的关系；在第 6 章，压力与朋友和浪漫伴侣有关。环境紧张性刺激经常是不可避免的，如空气污染、高温或低温、雪、雨、洪水、飓风等。

人生事件——一些我们可预见的人生事件和一些我们无法预见的人生事件——同样也会造成压力和产生快乐。人生事件都是我们计划要做的，如毕业、洗礼仪式、男孩成人礼和婚姻。难以预见的创伤性事件包括意外交通事

故、突发性身体疾病、亲人的死亡、失业或搬到另一个城市。这类没有计划的变动和危机，都能够导致相当大的压力。一般而言，可预见的人生事件要比不可预见的人生事件产生的负面影响小。

内在压力

当事件发生在我们身上时，我们以不同的方式感受或体验它们。一些对压力常见的反应，包括感到一种挫折感、处于冲突中以及对我们自己产生怀疑（Weiten & Lloyd，2000）。内在压力的形式之一是**挫折**（frustration）。当个人所追求的某个目标遇到干扰时，挫折就会出现。例如，如果你赶时间去上班却遇到了交通堵塞，你去上班的目标就被挫败了，因此，你很可能会感到受挫。如果你希望某门课程得到“A”，而你却得到一个“C”，那么，你很可能会感受到很大的挫折。当个人没有得到他们希望的职位或奖金时，他们就可能会感受到极度挫折。

挫折 一种内在压力的形式；发生在个人所追求的目标遇到干扰的时候。

在个人具有选择的时候，冲突便会发生。这些选择可能是微不足道的，也可能是非常重大的。在通常情况下，选择将介于两种以上的可能性。例如，你下学期应该选修什么课程？检验选择的实用方法，最初是由库尔特·勒温（Kurt Lewin[①]，1935）设计的，他描述了三种类型的选择：双趋冲突[②]、双避冲突[③]和趋避冲突[④]。

- **双趋冲突**（approach-approach conflict）。在两个具有吸引力的目标之间做出的一种选择。我是去山区度假，还是去海边度假呢？我是吃香草冰淇淋，还是吃巧克力冰淇淋呢？是吃比萨，还是吃牛排呢？是穿红色衣服，还是穿蓝白色衣服呢？是观看足球比赛，还是观看棒球比赛呢？这些都只是你在喜欢两种活动的情况下出现的冲突。如果你喜欢棒球和足球的话，那么，你在它们之间做出的选择，就是一种双趋冲突。如果你只喜欢棒球，而不喜欢足球，就没有任何冲突。

双趋冲突 在两个具有吸引力的目标之间做出的一种选择。

- **双避冲突**（avoidance-avoidance conflict）。有时，你必须在两个不具吸引力的目标之间做出选择。我是应该继续从事我不喜欢的工作，还是冒着失业的危险离去呢？我是应该吃蜗牛，还是吃动物肝脏呢？我是应该忍受受伤膝盖的疼痛，还是忍受接受膝盖手术所带来的痛苦和不便呢？显然，这些决策类型比起设法解决一个双趋冲突具有使人不快的性质。

双避冲突 在两个不具吸引力的目标之间做出的一种选择。 306

- **趋避冲突**（approach-avoidance conflict）。在通常情况下，一个目标都有具有吸引力和不具吸引力的方面。我是应该邀请弗兰基外出，还是冒着被拒绝的风险呢？我是应该购买那部新的电视机，还是使我的信用卡债

趋避冲突 与一个目标有关，在具有吸引力和不具吸引力之间做出的选择。

---

① 库尔特·勒温（Kurt Lewin，1890—1947），德裔美国心理学家，生于普鲁士波森省的莫吉尔诺。他不仅是传播学的奠基人之一、社会心理学的先驱，也是首先将格式塔心理学原理用于研究动机、人格及团体社会历程的心理学家。著有《人格的动力理论》（*A Dynamic Theory of Personality*，1935）、《拓扑心理学原理》（*Principles of Topological Psychology*，1936）、《心理力量的概念表征和测量》（*The Conceptual Representation and the Measurement of Psychological Forces*，1938）、《解决社会冲突》（*Resolving Social Conflicts*，1948）等作品。

② 又译正正冲突。

③ 又译负负冲突。

④ 又译正负冲突。

务增大呢？我应该选择收入非常好，但必须一直工作到凌晨 2 点的岗位吗？就趋避冲突而言，犹豫不决是正常的。可能很难做出决策，而且，在追求一个目标的不同方式之间，人们可能拖延和推迟做出选择。

问题 12.1 在你的人生中，你可以找出的重要的外在紧张性刺激是什么？

问题 12.2 给出一个事例，说明在你的人生中体验到怎样的内在紧张性刺激、挫折、冲突或压力。

问题 12.3 你体验过怎样的生理压力？什么类型的外在紧张性刺激导致你出现某种生理反应？

当你受到挫折或遇到冲突时，你可能也会感到压力。有时，压力来自其他人，比如说："你真的应该去干这个或去干那个，"或者，"你真的应该去工作而不是去上学，这样，你就可以还清你的债务了。"有时，压力来自我们自己，为了在学校做得更好，为了赚更多的钱而工作更长的时间，抑或开车带朋友去医院，从而使我们感到我们正在提供帮助。其他压力包括可以伴随对压力做出决策的自我批评。"我应该比我在学校更加努力地工作。""我真的不如其他同学那样努力工作。""我这个月必须销售更多的汽车。"这些都是来自我们自己的压力，它们经常强化了已经存在的、源于外部的压力。

生理效应

当人们遇到挫折、冲突或其他情感时，他们很可能也会体验到生理反应。由压力导致的常见的身体病症有紧张和偏头痛。呼吸也经常受到影响，因为只要人们受到严重的压力，他们就会呼吸急促或过度呼吸。睡眠也可能受到影响：夜间经常醒来、难以入睡或可能睡得太多。压力还可能导致胃痛，包括反胃、胃部发胀或恶心。压力也可能导致排泄系统出现问题，包括尿频、便秘或腹泻。由事件产生的各种压力可能包括心悸——感到心跳加快。压力也可能引起心脏疾病，如不规则心跳或心脏病。压力常造成身体发紧，包括背痛、下颚紧张、肌肉抽筋以及脖子和肩膀疼痛。其他对压力的反应包括出现皮肤问题、
307 传染病、食欲不振、暴饮暴食、过敏、高血压、经常感冒以及各种性问题。几乎身体的每一部分都可能受到压力的影响。

我们不仅能在身体上体验到压力，也会在想法上、行为上和感受上体验到压力。我将在下一节详细剖析这些内容。

压力的体验

个人以非常不同的方式来体验压力。在通常情况下，他们具有要表达的想法，有时甚至像这样加剧压力："我必须要做的比那更好"、"我不能失败"以及"如果我退学，我的父母将永远不会原谅我。"在通常情况下，个人在行为上体验压力，如厉声对某个人讲话、呼吸加快或绷紧脖子和肩膀的肌肉。另一种类似非行为的行为，是放弃或不做反应。例如，没有参加某次考试或没有在工作中露面，就是一种行为。人们也可以在情绪上体验压力。其中，对压力比较常见的情绪反应是恐惧或焦虑、沮丧以及愤怒。我将在这里较为详细地讨论这些内容。

想法和压力

阿龙·贝克（Aaron Beck①，1976，1991）对我们理解消极想法怎样产生压力等人类问题，是一个主要的贡献者。贝克将个人在他们人生中产生的压力所表现出的思维类型称为**认知扭曲**（cognitive distortions）。弗里曼（Freeman，1993）描述了导致了一个人表现出更多的担心、恐惧、焦虑和心烦的思维过失的几种认知扭曲。我们将剖析五种认知扭曲：灾难化、两极化思维、心灵感应、过分类化（overgeneralizing）② 和标记。在产生压力方面，阿尔伯特·埃利斯（Albert Ellis③，1962，1993）提出了另外一种理解思维重要性的方法，他强调，非理性思维不仅可以成为压力的一种反应，也可以被组合起来，戏剧性地增大压力。我会在这里更加详细地描述这些概念。

认知扭曲　在推理方面出现的系统误差，经常产生于儿童早期的推理错误；一种推理的不准确或无效使用的说明。

- **灾难化**（catastrophizing）。事件被夸大，从而使人体验更多的恐惧或压力。例如，"我知道，当我遇到这名销售经理时，我不打算说一些对我的工作有影响的话。我知道，我将说一些使她不会考虑我晋升的话。"因此，这个人使自己与这名销售经理的会面陷入了一种令人担心的局面，而不只是一种他可以应付的会面。

灾难化　夸大事件，从而使人体验更多的恐惧或压力。

308

问题和解决方案

我怎样知道我思考事情的方式是否正在导致我出现问题呢？

- 你灾难化吗？
- 你有两极化思维吗（是全部，还是没有）？
- 你会与别人产生心灵感应吗？
- 你会过分类化吗？
- 你会使用负面标记吗？
- 你会使用"必须"吗？

- **两极化思维**（dichotomous thinking）。如果我们认为事情要么完全正如我们所希望的样子，要么就是一种失败，那么，我们正在使用极端或两极化思维。这种思维将事情分为两类：要么全好，要么全坏；要么黑，要么白。例如，如果你说："除非我在这次考试中得到 A-，否则，我就失败了。"那么，你就正在使用两极化思维。从某种意义上讲，你在说

两极化思维　认为事情要么完全是我们所希望的结果，要么就是一种失败；有时被称为黑白思维或极端思维。

① 阿龙·特姆金·贝克（Aaron Temkin Beck，1921—　），美国精神病学家，生于罗得岛州普罗维登斯。他是宾夕法尼亚大学精神病学系名誉教授，被认为是认知治疗学派的创始人。他创立的各种理论被广泛用于临床治疗抑郁症。他也以编制贝克抑郁自评量表、贝克绝望量表、贝克焦虑量表著称。著有《抑郁症：原因与治疗》（*Depression：Causes and Treatment*，1972）、《人格障碍的认知治疗》（*Cognitive Therapy and the Emotional Disorders*，1975）、《爱是永远不够的》（*Love Is Never Enough*，1988）、《焦虑症和恐惧症：一种认知视角》（*Anxiety Disorders and Phobias：A Cognitive Perspective*，2005）等作品。

② 又译过分类化。

③ 阿尔伯特·埃利斯（Albert Ellis，1913—2007），美国临床心理学家，合理情绪行为疗法的创始人，出生于宾夕法尼亚州匹兹堡。他是 20 世纪 60 年代美国性解放运动的先驱者，也是咨询与心理治疗领域内著作最丰富的作者之一。著有《美国的性悲剧》（*The American Sexual Tragedy*，1954）、《无罪的性》（*Sex Without Guilt*，1958）、《如何应对致命疾病》（*How to Cope with a Fatal Illness*，1994）、《别和自己过不去》（*How to Make Yourself Happy and Remarkably Less Disturbable*，1999）、《理性行为治疗》（*Rational Emotive Behavior Therapy：A Therapist's Guide*，2005）等作品。

A_-、B_+和B的分数都是失败。侧重于了解这个信息和出色表现，就会比你说："我必须在这次考试中得A，否则，我就是一个失败者。"将会产生较小的压力。

心灵感应 认为我们知道另一个人的想法。

- **心灵感应**（mind reading）。当我说："我知道她不喜欢我"时，我最有可能使用心灵感应，因为知道另一个人的想法几乎是不可能的。另一个事例是："我知道，教授给我这篇论文打了一个D。"这种想法就会产生压力，因为心灵感应几乎总是反方向的——我们会认为，人们将对我们有负面想法。

过分类化 选择一两个负面事件，并据此制定规则。

- **过分类化**（overgeneralizing）。当人们选择一两个负面事件并据此制定规则时，他们就是在过分类化。例如，一名高中学生也许得出结论："因为我在第一次代数考试中表现不佳，所以，我学不了数学。"另一个事例是，这个人认为，因为"乔伊和约翰生我的气，所以，我所有的朋友都不会喜欢我。"这样，一个负面体验就会变成一个一般规则，影响未来的行为，并将压力强加给自己。

标记 根据一些失误或错误，将负面素质归咎于自己。

309

- **标记**（Labeling）。有点类似过分类化，标记是指根据一些失误或错误，将负面素质归咎于自己。如果我们与熟人发生了一些尴尬的事情，我们就可能会得出结论："我是不受欢迎的人。我是一个失败者。"而不会说："当我和玛姬交谈时，我觉得很尴尬。"将自己标记成一个失败者，是一种非常宽泛、笼统的表述，这种表述可能使我们感到，我无法做许多其他的事情。这种无助感的一个结果是，我们也许会感到压力。

阿尔伯特·埃利斯根据他所看到的人们对某个不愉快事件做出的反应，提出他的大部分方法。他给出了许多事例，说明人们体验某个事件并对事件结果产生的消极看法，及因此体验压力的方式。当有人说："我必须被每个知道我的人爱戴，我必须有能力做一切事情，""事情必须按照我所希望的方式发展，"他就正在使用**必须**（musturbation）。通过使用"必须"和"不得不"等措辞，人们正在增加他们体验的压力。埃利斯表明，他的受辅者怎样可以改变他们的人生哲学，并通过改变"必须"，以减少像"如果……那就会很好"来降低压力水平。

必须 一个由阿尔伯特·埃利斯杜撰的词语，这个词语是指人们通过说他们"必须"或"不得不"做某事，把压力强加到自己身上。

贝克和弗里曼同样也找出了其他几种认知扭曲，阿尔伯特·埃利斯还对非理性想法进行了非常详细的讨论。这些治疗师认为，帮助人们解决问题的一个主要方法，是帮助他们首先了解他们的负面思维。这些研究者使用的一些方法，我们将在稍后的一节中进行讨论。现在，我们来讨论压力的行为指标。

问题12.4 设法评价你是否使用认知扭曲或非理性想法来把压力增加到自己身上的情况。回想一些最近发生的事件，看你是否可以找出我们已经描述的一些问题。

行为和压力

压力可以对一个人的行为产生某种消极影响，即人们采取或无法采取的行动。例如，鲍迈斯特（Baumeister，1984）发现，当人们对他们所做的事情想得太多时，就有可能对自己的表现产生负面影响。鲍迈斯特及其同事研究了一些情境，比如，运动员也许对他们正在做的动作想得太多，并有可能"在压力下造成呼吸困难"，这就会对他们的表现产生不利影响。当人们需要在压力下做出判断时，他们的判断不仅可能是草率的，也可能是优柔寡断的。冲突（双趋冲突、双避冲突和趋避冲突）可以对人们造成压力，从而使他们过早地做出判断或长时间犹豫不决，使得做出的决策可能为时已晚。压力行为的一个事例是拖延。如果你为一次考试感到担心而不断拖延学习的话，那么压力就会以某种负面方式影响你的学习行为。

人们由于压力而产生的各种生理反应，同样也是一种对压力的行为反应的事例。常见的反应是呼吸急促、心跳加快、恶心或紧张、出汗以及头痛。非常害怕参加考试的个人，很可能会对某种压力事件（考试）体验这些行为反应。

问题 12.5 当你处于某个压力情境时，你可能体验什么压力行为？给出一两个事件以及你体验压力行为的事例。 310

感受和压力

当人们体验压力时，他们很可能同时产生各种情绪。拉扎勒斯（Lazarus，1991，1993）找出了一些与压力有关的情绪，其中包括厌恶、羡慕、内疚和嫉妒。但是，最常见的情绪也许是焦虑、沮丧和愤怒。

- **焦虑**（anxiety）。这也许是对一个压力事件最常见的反应。例如，如果你在旷野中遇到一次电闪雷鸣的暴风雨（一个压力事件），你可能会体验到相当大的焦虑。如果一个醉酒的司机鸣喇叭，而且，他驾驶的汽车很近地尾随着你，你的恐惧或焦虑情绪很可能就很强烈。如果教导主任或一个雇主发出一条信息说要见你，你也许就会体验焦虑或恐惧。当我们遇到一个冲突，尤其是遇到一个趋避冲突时，我们也许会体验焦虑。例如，“我是应该接受背部手术，还是不该接受背部手术呢？”它很可能造成焦虑，因为要考虑方法选择——接受背部手术，产生了巨大的压力，避免选择——推迟选择，并等待病情是否好转。

焦虑 通常由于压力或冲突所产生的某种不愉快的情绪状态。

- **沮丧**（depression）。沮丧或类似的情绪，如垂头丧气、忧伤或悲伤，很可能是由于压力事件造成的挫折。当一位潜在的浪漫伴侣说，他或她不再对你感兴趣时，这当然可能使你感到悲伤。某次测验得到的一个糟糕的分数也许会让你垂头丧气。丢掉一份工作是一种比较严重的情境，可能会造成沮丧。显然，诸如兄弟或母亲去世等各种情境均可以导致非常持久的悲伤和沮丧的感受。

沮丧 在通常情况下，以焦虑、垂头丧气以及较少的身体活动为特征，沮丧是对压力的一种常见反应。

- **愤怒**（anger）。有些压力事件很可能造成烦恼或更为强烈的感受，如愤怒或恼怒。在一个拥挤不堪的商店里，有人碰到你，这也许会导致某种烦躁的感受。老板冲你大吼大叫，这显然是一个压力事件并可能导致愤怒。由于交通事故和交通堵塞造成的耽误，能够带来愤怒和恼怒等强烈的反应，这些反应被称为“公路暴力”（road rage）[①]。在通常情况下，当我们遇到挫折时，愤怒会随之产生。

愤怒 愤怒、烦躁以及恼火的感受。

问题 12.6 你对压力的情绪反应是什么？描述两种压力事件及其在情绪上对你产生怎样的影响。

某些压力事件很可能在人们中间产生不同的情绪。人们也许感受到一些事件所产生的许多情绪，而对其他事件却只产生一种情绪。例如，一位亲人的死亡可能产生愤怒、焦虑、悲伤以及内疚的感受。在相同的情境下，人们在可能感受的情绪种类方面存在着巨大的差异，有些人往往就某个事件责备自己，如某次考试表现不佳，并有可能感到悲哀或沮丧；而其他一些人则会归咎于他们自己之外的人，例如，组织这次糟糕考试的老师。因此，他们很有可能体验到大量的愤怒。此外，如果你最近体验了一系列紧张的事件，你就更有可能感受

问题 12.7 这些情绪通常是你对压力的反应吗？请解释。 311

① 英语新近增加的一个词语。用来描述郁闷压抑和怒不可遏的驾车者所犯下的暴力行为，经常用做站不住脚的托辞。

到高亢的情绪。

处理与压力有关的常见问题

在这一节里，我将剖析一些不同的技术方法，这些是心理治疗师为人们处理焦虑、沮丧和愤怒等问题而提出的方法。当我们着眼于各种应对焦虑的方法时，我们将格外关注行为治疗师所使用的方法。在剖析应对沮丧的感受时，我们将侧重于由阿龙·贝克和阿尔伯特·埃利斯提出的认知技术。在剖析应对愤怒的方式时，我们将着眼于处理各种感受以及认知和行为的方法。许多人使用各种对他们有用的方法，包括行为、认知和情感（感受）等方面。我们将探讨一些常见的行为、认知、情感技术，这些技术对处于各种情境的个人提供帮助。然后，你将看到上述这些方法是否会有助于你应对各种压力情境。

缓解压力的行为方法

一种有助于个人缓解压力的行为方式，侧重于改变人们所采取的行动。多年来，那些实践行为疗法的人们，同样也将认知和情感治疗方法结合起来。但在这一节里，我们将侧重于源自缓解压力行为疗法的三个重要的建议。它们包括正强化、锻炼和松弛法。

正强化 通过奖励来加强某种特定行为再次发生的可能性。

在整个行为心理学的研究中，**正强化**（positive reinforcement）一直都是一个重要的概念。这是由斯金纳（Skinner，1953）提出并得到广泛接受的概念，正强化提高了某种行为的发生次数。如果你希望某个人继续做出某种行为，你就要做使这种行为继续出现的事情。例如，如果你希望一个9岁的女孩把家中各个房间的垃圾倒到后院的垃圾箱里，你也许为此就要给她一块糖、给她一点钱或以某种使她愉快的方式来感谢她。有些强化刺激对于某些人要比其他人更有效。你同样也可以使用自我强化刺激。你也许自言自语：“如果我成功完成第12章的学习，我就可以看半小时《辛普森一家》（*The Simpsons*）。另一个事例是，“在我给可能的雇主打三个电话后，我整个下午就没事了，我可以去拜访朋友。”

312

问题和解决方案

我怎样才能通过松弛法来缓解压力？

- 奖励你自己（强化）。
- 锻炼。
- 冥想。
- 使用渐进松弛法。

类化 如果一个人的某种行为被强化，这种行为可以被扩大到其他行为。

与强化概念有关的是**类化**（generalization）概念。如果一个人的某种行为被强化，这种强化就可以推广到（被扩大到）其他行为。例如，当你感谢那个

9岁的女孩倒了垃圾时，感谢（正强化）也许会推广到她的其他行为，如整理她房间里的书籍。同样，如果你强化自己阅读第5章，就有可能使你更容易地阅读第6章以及其他课程的资料。强化效应就会逐渐发生，从而，一种强化将不够充足。随着时间的推移，如果你要强化你的学习行为，那么你需要的强化就应该越来越少。这样，你就能具有一种成就感。压力和焦虑会被强化的成就所减缓。对所做的事情感到满意，往往伴随着一种松弛感。

锻炼可以具有很多好处，其中包括减少压力和焦虑（Sacks，1993）。研究表明，各种体能训练可以积极地改变情绪和自我概念以及减少紧张。在身体方面，锻炼可以改善睡眠和消化，从而减缓压力。体能，如肌肉力量、耐力和控制体重，同样可以间接地减缓压力。锻炼可以包括体育运动项目，如跑步、游泳、自行车、网球、篮球和滑雪等。锻炼还包括耗费体力较少的各种活动，如步行和高尔夫，它们也可以减缓压力。一个典型的锻炼计划包括一个星期进行三四次运动，每次运动至少30分钟。在没有对一个人的身体造成过分压力的情况下，运动通常是逐渐增加的。因为锻炼可能带来不便或造成痛苦，所以，对参加锻炼进行自我强化是有益的做法。

一个最重要的、被广泛应用于多数人的行为疗法就是松弛法。**松弛法**（relaxation techniques）旨在放慢呼吸速率和心率等各种身体过程。此外，松弛法还可以减缓肌肉的紧张程度，不会引起肌肉痉挛，并感觉比较舒服。某些活动有助于你放松肌肉，并减缓你的呼吸和心率。聆听舒缓的音乐经常对人们产生一种松弛的效果。通过阅读杂志或小说来分散紧张性刺激，同样也可以达到类似的目的。休假的目的旨在通过消除紧张性刺激并提供不太紧张的刺激活动，使人们放松下来。另外，人们还可以使用比较正式的松弛方法来缓解压力。

松弛法 旨在放慢呼吸速率和心率等各种身体过程的方法。 313

冥想（meditation）有助于个人放松。这种方法是在亚洲逐步形成的，作为一种寻求较高层次心理或宗教自我发展的手段，冥想已被证明有益于那些希望减缓压力的人。雷诺兹（Reynolds，1980）已经有效地从东方选取一些步骤，并将这些步骤西化。他指出，**坐禅**（bonpu zazen）对于从未开始冥想的人是一种极好的方法。坐禅源于古老的禅宗佛教，是禅宗冥想的第一个层次。雷诺兹建议，可以在一把直背椅上按照下列指导练习冥想10～30分钟，最好一天练习两次。

冥想 一种在亚洲广泛采用的寻求较高层次心理或宗教自我发展的手段。

坐禅 一种根据禅宗佛教冥想的基本方法。

> 在打坐过程中，全神贯注在自己的呼吸上，在内心默数每一次呼吸。打坐形式多种多样，而且不同的大师也有不同的偏好。一个人可以默数吸气和呼气的次数，直到10次，然后，从头开始计数；也可以只默数呼气的次数；还可以延长呼气的次数，在内心算作一……次，然后，二……次，三……次，等等。（Reynolds，1980，p. 97）

这种冥想的方法以及其他类似的方法，往往有助于个人清除头脑中的杂念，只把注意力集中在呼吸上。沃尔什（Walsh，1981）提供的证据表明，反复冥想可以为人们提供一种平和、安宁和平静的感觉。另外，冥想也被证明可以减缓心率、呼吸率以及其他生理压力。

另一种方法被称为**渐进松弛**（progressive relaxation），由雅各布森（Jacobson，1938）首先提出。这种方法基本上涉及绷紧和放松上肢、面部、颈

渐进松弛 一种让人绷紧和放松上肢、面部、颈部、肩部、胸部、腹部和腿部等肌肉群，以实现更深层次放松的方法。

部、肩部、胸部、腹部和腿部等肌肉群，以实现更深层次的放松。沃尔普（Wolpe，1990）等行为治疗师经常用五六节课的时间向受辅者讲授放松。为了达到更好的放松，找到一个安静舒适的地点是至关重要的。人们应该有一个恬静的态度，将注意力集中在放松上，并在注意力偏离练习时，把注意力重新
314 集中在放松上。松弛方法可以一次全部集中在整个身体上面，但是，大部分方法一次选择一块肌肉放松，正如下面所示：

> 你尽可能舒服地休息一下。在你放松的时候，你要紧握你的右拳，感受你的拳头、手腕和前臂的紧张状态，只感受你的拳头的紧张状态。现在，放开你的拳头。放松你的右拳。伸直你的手指，并让你的拳头、手腕和前臂放松下来。感受这种伴随放松你的右拳所带来的舒服的沉重感。只让你的拳头放松。现在，再重复一遍。紧握你的右拳，感受你的拳头、前臂的紧张状态，感受这种紧张状态……现在，让你的拳头、手腕、前臂放松下来。

冥想和松弛方法往往产生类似的效果。它们产生一个和平感和平静感以及各种生理变化，如心率和呼吸速率的减缓。为了成功地使用这些方法，你必须每天都用一段时间来练习。市场上出售各种这类录音带。倾听这些带有安静音乐背景的录音带，还可能提供一种可以推广到其他日常活动的松弛感。

各种行为方法都可以被用于种类广泛的情绪问题和障碍。这些方法以帮助那些体验很多焦虑的人最为知名。强化、类化、效仿以及各种松弛方法均成功地被用于帮助在日常生活中焦虑的人。

在下面克伦的个案中，我将使用几种能够有助于她减轻焦虑的方法。

> 克伦是一名19岁的学生，她在当地的一所社区学院上二年级。克伦非常关心她的课程和分数，因为她非常希望转到一所四年制的大学去上学，在那里，她能够学习市场营销。克伦的父母拥有一家小型印刷企业，他们已经拥有这个小企业25年多了。克伦一直与他们一同工作，并愿意最终全职与他们一起工作或创办她自己的企业。她非常希望在工作中获得成功。
>
> 克伦是一个身材矮小、纤弱的女子，大约1.5米高，体重不足45公斤。她有着一头黑色长发，她的面部表情诚恳而忧郁。当她讲话时，她俯身向前，尖声尖气，快如蹦豆。
>
> 克伦：我对明年进入什么学院真的很担心。这不只是一个发出申请的问题，而是一切。当我到达这里的停车场时，我就觉得自己开始紧张起来。这很糟糕。当我去上课时，更糟糕，尤其是上数学课。当我学习时，紧张又突然出现了。上课时我很紧张，数学是最糟糕的。无论我是在家还
> 315 是在学校学习，都一样紧张。可是，我真的一直在设法学习。我的父母总是说："快来休息一下吧，""克伦，你为什么不放松一下呢？"他们说起来容易，但我做起来却很难，我非常非常烦恼。
>
> 理查德·沙夫：你的数学似乎真的很糟糕。（我希望更多地了解当压力特别大时她所感到的焦虑。）
>
> 克伦：我一往教室走就会感到烦恼。这是一个新教室，在一个新的大

楼里。在那里，摆放着再普通不过的、右手边附有写字板的椅子，在教室高处有一扇窗户，一块巨大的黑板在教室四周的墙壁延伸。这间教室并不是很大，只有大约25个人在上课。我通常设法早到，这样，我就可以坐在最靠近大门的座位上。有一次，我迟到了，我在跟一个朋友聊天，这只发生过一次。然后，我不得不坐在另一边的过道上。我一团糟（克伦开始哭起来）。

理查德·沙夫：这是你最困难的一个时期吗？（我希望听到克伦更多的焦虑体验。）

克伦：太可怕了。我觉得脸通红，我的手开始出汗，而且，我必须尽一切努力避免吃东西。我开始呼吸加快，并感到我的心脏在跳动。现在只是谈论它，就使我重新感受到那种感觉。

理查德·沙夫：现在只花一点时间，舒服并静静地休息一下。平缓地吸气并慢慢地呼气……这只是让你自己在椅子上放松下来，要慢慢地、轻松地吸气和呼气。一边感受舒服的放松，一边让你自己放松下来。（我决定现在帮助克伦稍稍放松下来，这样，我们就能够更多地谈论她关注的事情。为了做到这一点，我使用了非常小的一部分松弛练习。）

克伦：现在感觉好多了。对我来说就是这样一个问题，我太想上一所好的大学，并获得一个市场营销的学士学位了。

理查德·沙夫：你似乎为自己确立了不同凡响的目标，它们真的好像完全占据了你的思想。（我希望克伦对在生活中遇到的压力角色引起注意。）

克伦：是的，没有什么比我更想要得到这个了。我的哥哥在学校里成绩不好，而我却想把成绩搞上去。我的理想是要成为一名成功的商业女性。

理查德·沙夫：有时候，希望太多就会干扰你想要的东西。（我希望把话题转到她的压力问题上。）

克伦：是的，我希望我能够像金妮一样。她几门课程都是“A”，但是，她似乎对这样的成绩反应平静、镇定自若。

理查德·沙夫：多向我讲一讲金妮是怎样学习和工作的吧。（金妮也许可以作为一个有着良好的学习习惯、没有压力的模式。）

克伦：她刚刚来上课，我们交谈过，她似乎总是有所准备，但她有时间工作，有时间交男朋友，似乎每天只花两三个小时学习。而我却要花双倍的时间学习。

理查德·沙夫：她似乎和你的学习观不一样。（我正在寻找各种方式，使金妮的行为可以作为克伦的一个模式。）

克伦：她的确与众不同。她有更多的自信心，她似乎知道她会做得很好，继续上一所四年制的学校，而且，她对成功并不担心，这也正是我想要的。 316

理查德·沙夫：她冷静的态度对她似乎很有效。（我正在指出金妮保持冷静行为模式的某些方面，这些方面也许对克伦有所帮助）。

克伦：是的，她很冷静地进入教室。她坐下来，打开她的笔记本，看着老师，总是面带微笑。

理查德·沙夫：你也可以试着这么做，这也许对你有效。

克伦：你知道，我曾经试过类似的做法，我觉得谈论此事有点难为情，但是，我几乎全部采用她的姿态，并像她那样坐下来。几分钟后，这种做法就有效果了。

理查德·沙夫：太棒了。也许你应该再试一次。我敢打赌，这种做法在其他时候也能有效。（我在强化克伦的某个正面体验，这样，她在类似的情境下就能够感受较少的压力。）

问题 12.8 在什么情境下，你感受到的压力最大？

克伦：是的，我认为，我有些时候可以做到这一点。并不都是在课堂上，在英语课上可能会更轻松；这会是一个很好的开始。

理查德·沙夫：听起来好极了，在英语课上表现得比较平静，可以有助于你更多地关注功课和老师讲的内容。（我再次强化克伦的想法，而且，我特别喜欢她在一个比较轻松的情境下表达比较平静的建议。通过这种方式，她可以逐渐把她的行为推广到像数学课那样的更困难的情境。）

问题 12.9 在三种方法（强化、效仿或松弛）中至少选择一种方法，说明你也许能够将一种紧张的情境改变为一个不太紧张的情境。

这个小事例说明了强化和松弛技巧可以怎样用来帮助减缓压力，更具体地讲，强化和松弛技巧可以怎样用来帮助减缓焦虑的症状。当然，要采取更多的与克伦简短交谈的这种形式，帮助她冷静下来并把注意力集中在她的功课上，而不是集中在她的紧张状态上，但是，上面的交谈也说明了能够怎样使用各种方法来对抗压力以及传授冷静和松弛的方法。

使用认知方法

认知方法侧重于改变思维的不同方式。在上一节中，我介绍了消极思维（认知扭曲）能够怎样造成压力。我们在下面将着眼于减少压力的各种方式。一些认知治疗师所使用的常见方法有：去灾难化、挑战两极化思维、挑战心灵感应、挑战过分类化和再归因。这些方法源自阿龙·贝克（Aaron Beck，1976）的工作。就挑战信念和质疑非理性想法而言，阿尔伯特·埃利斯（Albert Ellis，1993）也已经介绍了类似的方法。

问题和解决方案

我怎样才能改变被扭曲的思维和非理性信念呢？

- 去灾难化。
- 挑战两极化思维。
- 挑战心灵感应。
- 挑战类化。
- 重新标记负面想法。
- 挑战你的非理性信念。

- **去灾难化**（decatastrophizing）。当个人灾难化或夸大某个感到恐惧的结果时，有益的做法是质疑这个结果。一个实用的方法就是采取“如果……那又会怎么样”的技巧。如果某个人说，他或她非常害怕未知的事情发生，一个反驳就是：“如果它确实发生，那又会怎么样呢?”来看下面的事例。

去灾难化　一种质疑一个人在夸大某个感到恐惧的结果时的方法。 317

琼：如果我这学期完不成院长布置的表格，我的一切就都完了。我会成为一个烂摊子，永远也进不了法学院了。

理查德·沙夫：可是，如果你没有完成院长布置的表格，又会发生什么事呢?

琼：嗯，那会很可怕的，我不知道我会做什么。

理查德·沙夫：嗯，如果你没有完成院长布置的表格，又会发生什么事呢?

琼：我想，那将会决定我得到的分数。在全部得到“B”与没有完成院长布置的表格全都得到“C”之间有重大的区别。

理查德·沙夫：那么，你是否全部得了“B”呢?

琼：我想不会这么糟糕的，我能够在下学期做得更好。

理查德·沙夫：那么，你是否得了 3 个“C”和 2 个“B”呢?

琼：那真的不太可能。我在功课方面一直很努力。这可能会对我有机会上法学院造成影响，但是，我也许能够挽回损失。

询问“如果它确实发生，那又会怎么样?”似乎有助于琼仔细地剖析她所处的情境，看是否有另外处理情境的方法。

- **挑战两极化思维**（challenging dichotomous thinking）。当人们要么把事情描述为全好或全坏，要么描述为全黑或全白时，他们就是在沉迷于两极化思维。通过**量表编制**（scaling），将一个二分法变成一个统一体进行质疑。因此，在琼的事例中，分数可以从不同程度来看，与是否完成院长布置的表格作业相比，琼对得到一个 3.0 还是 3.25 的可能性的反应大不一样。有关“B”和“C”的讨论，改变了琼全有或全无的两极化思维方式。

挑战两极化思维　用来帮助个人将事件看成全好或全坏的选择方法。

量表编制　通过使用一个 1 到 10 而不只是 0 到 10 的数字量表，将一个二分法变成一个统一体。 318

- **挑战心灵感应**（challenging mind reading）。当人们认为知道别人的想法时，向他们询问如何知道这种想法是有帮助的。

挑战心灵感应　向认为知道别人正在想什么的人询问，他们是怎样知道这个想法的。

拜伦：我知道彼得不喜欢我，当我前几天看到他时，他理都不理我。

理查德·沙夫：你怎么知道他看到你啦?

拜伦：嗯，我不太确定。他正在和别人说话，而我们是在去上课的路上经过那里的。

理查德·沙夫：可是，如果他确实看到你了，你又怎么知道他不喜欢你呢?

拜伦：嗯，我想，我不知道。

我对拜伦进行的挑战，是让他质疑他的假设并明白他的假设可能是错的。

挑战类化　剖析或质疑人们做出绝对表述的准确性。

- **挑战类化**（challenging generalizations）。当人们类化或做出绝对表述

时，有益的做法是，剖析他们的类化或做出的绝对表述是否准确。在下面的事例中，我挑战了莫利的过分类化。

莫利：这项工作我已经做了5个星期了，做这项工作的每个人都比我聪明。

理查德·沙夫：每个人？做这项工作的每个人都比你聪明？

莫利：很多做这项工作的人，我并不完全了解。但是，我的同事尼科尔似乎就挺聪明的，她似乎真的知道要发生什么事。

理查德·沙夫：注意，在做这项工作的所有人中，比你聪明的只是尼科尔。

莫利：我想，只是尼科尔。在这个领域，她拥有很多经验，而且，她似乎知道该做什么。

我挑战了莫利认为每个在工作中的人都比她聪明的信念。当我们更进一步地着眼于这个信念时，莫利能够看到没有太多的证据表明，这个信念是真实的，而且，她确实只侧重了一个人。如果你只工作了5个星期，那么在某个地方工作几年的同事对这个领域比你了解得要多是很自然的事情。

重新标记 将人们对自己的消极标记改变为更准确的词语。

- **重新标记**（relabeling）。当人们以某种消极方式来标记他们自己时，更准确地重新标记便是有益的做法。

319 梅尔：我就是这样一个脑子慢的人。我永远都无法把数学学好。

理查德·沙夫：把你自己叫做脑子慢的人，似乎也于事无补。让我们来看看你在数学上遇到的困难，对它们进行更详细的讨论。

我试图重新标记梅尔的标记。更好的说法是，他遇到了“数学困难”，而不是说他是一个“脑子慢的人”。另外，还要注意的是，梅尔正在概括他的数学能力，而我却正在设法对此进行挑战。

挑战和质疑非理性信念 一种挑战人们认为他们必须完美、不该遭受痛苦或不适、未来可能有危险以及找不到解决办法将很可怕的看法。

- **挑战和质疑非理性信念**（challenging and disputing irrational beliefs）。阿尔伯特·埃利斯花了50多年的时间，帮助人们质疑和挑战非理性信念。表12—1罗列了一些非理性信念以及对它们的挑战。

正如表12—1所示的那样，对于每种非理性想法而言，总有一种挑战它的方法。通过质疑我们自己，我们可以看到，我们的一些假设并不总是正确的。

表12—1 **质疑和挑战非理性信念**

非理性信念	挑战和质疑
我做的一切事情都必须完美无缺。	要设法全力以赴是对的，但对完美无缺不要期待太多。
我没有必要忍受任何痛苦或不适。	虽然处于痛苦之中令人不快，但是，它是生活的组成部分，而且，我可以忍受。
未来可能发生的事情是非常危险的。	对未来感到焦虑于事无补。在某个事件发生的时候，你完全能够应付。
如果我对每个问题都无法找到解决方案，将是可怕和糟糕的。	使用你能够找到的解决方案，你可以获得满足。并非所有的问题都有很好的解决方案。
我必须要考好。	考好固然很好，但是，如果你考得不如你之前的预期，你也得继续生活下去。

虽然挑战非理性信念和想法可以被用于许多不同类型的问题，但是，它却一直被最直接地应用于感到沮丧和悲伤的人们。他们经常具有“没有人爱我”、“我无法做任何正确的事情”、“我做的一切都很糟糕”、“我太无能了”等信念。所有这些一般性表述都可以通过使用认知技术得到回答。在下面的事例中，我将表明，我能够挑战保罗的信念。由于一些最近发生的事件以及一些并非最近发生的事件，保罗看不到继续生活下去的理由。

> 保罗刚刚与交往两年的女朋友分道扬镳，并在一个草坪护理业务上终止了他的合作关系。此外，他还发现，他的父母正在闹离婚。虽然他今年23岁，已经离开高中6年了，但是，他仍然对学校感到苦恼。他为没有在高中做得更好而感到后悔，他也为没有在高中毕业后继续接受更多的教育而感到后悔。
>
> 保罗：我最近一直过得很痛苦。在我的人生中，没有一件事是正确的。我觉得每个人都比我做得好，而我却是一个失败者。
>
> 理查德·沙夫：你似乎被此刻的事情击垮了。（这些都是过分类化、灾难化和两极化思维的事例，但我不想通过挑战他所有的想法来制服他。） 320
>
> 保罗：是的，一切都是如此不可抗拒，当我发现我的父母在结婚28年后要离婚时，我震惊不已。我永远都无法恢复过来。这是发生在我身上最糟糕的事情。
>
> 理查德·沙夫：对你来说，这确实产生了一个问题，而且，这也是你似乎无法克服的问题。但是，我们也许能够一起看一看是否有处理这个问题的方法。（事实上，保罗父母的离异是一个悲剧。然而，保罗正在克服巨大的困难，因此，为了去灾难化，我决定将这个困难置于一个可以被设法说服的视角下。）
>
> 保罗：这确实很难。虽然我知道我仍然能够见到我的父母。我的父亲大约6个星期前搬出了公寓，我仍然与他进行联系，但我不会像过去一样看到他了。我的妈妈仍然心烦意乱，对我来说，我似乎很难去安慰她。
>
> 理查德·沙夫：你似乎在设法尽可能以最好的方式来帮助你的母亲。（在这里，我正在使用一种行为技巧来强化保罗帮助母亲的行为，并在他没有灾难化时，承认他的效力。）
>
> 保罗：我知道，我的父亲不喜欢我跟我的母亲进行交谈。他认为，我对他来说是一个叛逆者，我正在背叛他。
>
> 理查德·沙夫：你怎么知道你的父亲认为你对他来说是一个叛逆者呢？（我正在挑战保罗的心灵感应。）
>
> 保罗：我确实不知道他在想什么。他只是一直在说我的母亲的很多坏话。我确实不知道他怎么看我。
>
> 理查德·沙夫：有时，这有助于你重新考虑你的信念。尤其是在你感觉不好的时候。当你感到沮丧时，它确实可以歪曲你看待事物的方式。（从广义上讲，我正在向保罗说明灾难化或心灵感应于事无补的原因。）
>
> 保罗：与我尝试的一样，我似乎无法更多地帮助我的父母。我只是觉得我在一切事上都失败了。而其他人则获得了成功，这些人是和我一起上高中的人、我周围的人。他们全都有很好的工作。我是一个真正的失

问题 12.10 你能够给出当你处于灾难化、使用两极化思维、心灵感应、过分类化或标记时的事例吗？设法至少给出上述三种情况的事例。

问题 12.11 对于每个被扭曲的思维事例，你能够使用哪种方法来挑战你的思维？

问题 12.12 给出两个非理性信念的事例（使用埃利斯的思想），并使用表12—1的事例，说明挑战每个事例的方法。（提示：设法在非理性信念上使用“必须”或“不得不”。）

败者。

理查德·沙夫：像你这样描述的事情只有两类，成功与失败。根据你的定义，别人是一个成功者，而你却是一个失败者。（我正在挑战保罗的两极化思维。）

保罗：有时确实如此，但也确实并非总是如此。我想，这没有明确的区分。我在草坪业务上做得相当出色，我的生活也过得相当不错，尽管我没有非常显赫的声望。可是，我的一些朋友，我想我没有谈论的朋友们都有毒品问题，他们现在也确实在从事愚蠢的工作。

321 理查德·沙夫：看来在你没有非常狭窄地对事物进行分类的时候，你就会得到一个比较宽泛的事物画面。

保罗：我知道，对我来说，宽泛地看待事物会更好，但是，它确实非常困难。有时，我只是反复地对自己说："我必须是一个成功者，我绝不能失败，我绝不能失败。"

理查德·沙夫：如果事物变得更好，那的确会很好，我认为，我们可以在这些方面付出努力，这样，美好就会发生。但是，要说它们"必须"和"我不得不"，似乎没有什么比这些给你施加的压力更大了，这也使你感到的沮丧越来越多。（我正在挑战保罗"必须"成为一名成功者的非理性想法，我正在帮助他把强加的压力卸下来。）

问题 12.13 描述两次你感到悲伤或沮丧的经历。

问题 12.14 给出两个你能够使用一两个技巧，挑战你自己的负面思维或负面信念的事例。

在上述事例中，我使用了去灾难化、挑战心灵感应和两极化思维的方法，帮助保罗准确地进行思维并感到不太沮丧。我在这里这样做是为了进行说明。在一个真实的情境中，我不会这么快地使用如此多的技巧。另外，我还可能使用其他一些行为上的方法。（我确实对他使用了一些强化方法。）我也可能对他的沮丧感受做出更多反应。我举例说明的认知技巧可以有助于治疗师在受辅者感到沮丧时使用，并在你黯然神伤时提供帮助。

使用带有压力的情感方法

虽然你可以用一些方法来应对感受，但是，有一种方法却十分引人注目。卡尔·罗杰斯[①]（Carl Rogers，1961，1980）是以人为本治疗法的创始者。他的治疗法几乎完全适应对受辅者体验的理解以及了解一个人自己的体验。在治疗条件变化方面，罗杰斯（Rogers，1959）关注某种关系的三个重要特征：真诚、接受和移情。这三个概念可以适用于理解你自己和他人。我将对这些特征进行比较详细的讨论，然后，我将它们应用于应对你自己和他人的愤怒。作为一种与应对愤怒方法一样提供对比理解认识的方式，我也将对其他应对愤怒的方法进行剖析。我们先来剖析罗杰斯（Rogers，1959，1961，1980）的真诚、接受和移情概念。

---

① 卡尔·罗杰斯（Carl Rogers，1902—1987），著名心理学家，人本主义心理学的创始人，生于美国伊利诺伊州的橡树园。他创立了以人为本的治疗法，在当今欧美各国广泛流行。著有《咨询和心理治疗：新近的概念和实践》（*Counseling and Psychotherapy：Newer Concepts in Practice*，1942）、《以受辅者为中心的治疗法：实践、运用和理论》（*Client-centered Therapy：Its Current Practice，Implications and Theory*，1951）、《在患者中心框架中发展出来的治疗法、人格和人际关系》（*A Theory of Therapy，Personality and Interpersonal Relationships as Developed in the Client-centered Framework*，1959）、《个人形成论：我的心理治疗观》（*On Becoming a Person：A Therapist's View of Psychotherapy*，1961）、《自由学习》（*Freedom to Learn：A View of What Education Might Become*，1969）等作品。

- **真诚**（genuineness）。真诚主要是指不要对你自己或他人持虚情假意的态度。为了做到真诚，你必须了解你自己的想法和感受。通过了解你自己的想法，你可以在与他人的关系中发展真诚。这并不意味着一个人在所有情境下都需要与人真诚地打交道。例如，在购买汽车的时候，你可能需要讨价还价，而真诚却不是一个做生意的好方法。了解你自己或别人的失望感受，是做到真诚的一个事例。下面是一个来自治疗的事例。 322

真诚 要对你自己的想法和感受持坦率和诚实的态度。不要对你自己或他人持虚情假意的态度。

问题和解决方案

我怎样才能应对我自己或他人的挑衅或愤怒的情绪呢？

- 在适当的时候，要做到真诚、接受和移情。
- 要了解你的感受和身体感觉。
- 要停下来并让你自己放慢节奏和放松下来。
- 要决定说什么。

雅尼娜：我不知所措了，完全不知所措了。我找不到方向了。

理查德·沙夫：你感到不知所措，不知道该去哪里。我可以理解你的失望，而且，我认为，我要在这种困难的时期与你在一起。

在我的表述中，有一种对受辅者所持的坦率态度以及一种对雅尼娜的真诚感受。我了解我对她的感受，并想把这种感受传达给她。

- **接受**（acceptance）。接受是指欣赏一个人，而不是对这个人做出评价。接受意味着有时要接受有害的、怪异的感受，有时要接受令人憎恶的感受。接受个人并不意味着赞同他们，而是指关心他们。接受既不存在积极的评价，也不存在消极的评价。个人因他（她）自己而受到评价。下面是接受一个做过令人厌恶行为的人的事例。

接受 是指欣赏一个人，而不是对这个人做出评价。这个词可以表示接受有害的、怪异的感受，有时还表示接受令人憎恶的感受。

迈尔斯：我儿子三岁了，他进入了我收藏邮票的房间，撕毁了一些邮票，把邮票扔得满屋都是，而且还在邮票上倒牛奶。我怒不可遏，把他扔到墙上，挥起拳头打他的脸，结果，打断了他的颌骨。

理查德·沙夫：你太生你儿子的气了，以至于你大发雷霆，你现在对你自己的所作所为肯定非常懊恼。

在这个事例里，我接受了迈尔斯，但是，我并不赞同或宽恕他的行为。我想把他理解为一个人，并向他表达这层意思。在一个不同的情境中，我可能是他的法官、孩子的医生或一名警官。但在这里，我处在一个关心他而不是评价他的角色上。有时，评价你自己和他人比较适当，有时，接受你自己或他人也许是最好的。罗杰斯对接受而不是评价的重要性尤其感兴趣。 323

- **移情**（empathy）。在没有受到你自己的价值观和观点的影响下，对某个人移情是指要进入和了解他们的世界。这包括每一时刻都要对这个他正在交谈的人保持敏感，以及对他的恐惧、愤怒或混乱保持敏感。本质上，当我们移情时，我们生活在他（她）的人生中，在没有做出评价的情况下，感受那种人生的意义。我们不但要理解这个人，也要对那种理解进行沟通（Rogers，1975）。移情类似于接受的概念，但是除了接受

移情 在没有受到你自己的价值观和观点的影响下，进入并了解一个人的世界。移情在表达对另一人的看法时，表明了敏感和理解。

外，它还意味着理解。这是一种对这个人的态度。在前文的事例中，我不仅接受了迈尔斯，而且，我也表明，我理解他对儿子的愤怒以及他对自己的懊恼。我不赞同他的所作所为，但我试图理解他和他的体验。

宣泄 一种通过“把心事讲出来”来表达强烈感受的方式。披露不适的感受，可以感觉好一些。

要真诚，这样，你就可以接受并移情自己的感受或体验，而且，在许多不同的情境中，其他人的感受或体验也相当有益。罗杰斯认为，这些条件是帮助人们改变的最重要的因素。他认为，没有必要提出意见或建议，而是要沟通和理解人们的体验，这是一种能够帮助他们解决许多情绪问题的方法。罗杰斯认为，人们的问题往往以一种类似的方式提出，这是因为那些在他们周围的人们，如父母、老师或朋友，没有提供各种他们认为有必要接受的条件。在下面的事例中，我将说明这三个条件怎样能够帮助愤怒的人。心理分析学者有一个类似的概念，他们把这个概念称为**宣泄**（catharsis）。简言之，就是“把心事讲出来”。通过表达难以描述或透露的感受，人们在他们的困难或痛苦被人们理解时，可以感觉好一些。

我下面将对马克斯对其女友发脾气进行剖析。首先，我将说明罗杰斯理解另一人的方法怎样有助于理解马克斯。然后，我将讨论一些其他方法来应对他人以及我们自己的愤怒。

马克斯：我不知道什么控制了我。我想最好的词语是嫉恨吧。我只是对格温大为不满，因为我看到她和别人在酒吧里。我们已经交往三年了，但我们一直存在分歧，就像这件事一样。不过我从来没有见过她和别人一起。我对她非常恼火，我去了她的公寓。她住在一个有两间卧室的公寓里，她与凯西各住一间，我径直走了进去。我两年来一直有一把钥匙，所以，我们很容易分开行动。我直接走进了格温的房间。我拿起她的黄铜灯，将它砸到墙上。灯泡碎了，阴影撒落了下来，痛苦也减弱了。我拿出我在她的五斗橱里能够找到的每一张照片，用那盏残破不堪的灯砸得粉碎。然后，我为了寻找信件，把她所有的衣服都扔到了地板上。我走进她的储藏室，把她的衣服从衣架上撕扯下来，还是为了寻找信件。我没有找到任何东西，但是，我把看到的纸张扔得满地都是。这简直就是一场飓风的缩影。在我的人生中，我从来没有这样愤怒过。

324

理查德·沙夫：你对格温的暴怒和狂怒是如此之大，以至于你无法容忍你自己。你甚至对你自己都感到惊讶。（我很难找到表达马克斯愤怒的词语，我将尽我所能。）

马克斯：我从来没有如此暴怒过。我的胸膛随时都要爆炸，我的脸通红。假如格温在那儿的话，我可能也会把她撕成碎片的。我可能会对她造成更多的伤害，就像我在她的房间里所做的那样。

理查德·沙夫：你似乎被你的暴怒以及你可能对格温造成的伤害吓坏了。（我感到马克斯受到了某种惊吓，我想和他沟通我对这一点的理解。）

马克斯：在我离开公寓的时候，恐惧出现了，我意识到我做的事情。我意识到，看到她与那个家伙在一起，我对她是多么愤怒，我受到的伤害是多么大啊。

理查德·沙夫：那种愤怒的意识似乎把你击倒了。你仍然生她的气，但是，你也对你的所作所为感到震惊。（马克斯正在感受几件事情，我正在试图和他沟通我对这些事情的理解。）

马克斯：我想，我对我嫉恨的程度无法理解。我真的害怕失去格温，我也许被这种愚蠢的嫉恨控制了。

理查德·沙夫：听起来你从这件事后就一直在深深地责怪自己。（我的目的不是为了帮助马克斯改变他的行为，而是帮助他理解这种行为，这样，他就能够主动地加以改变了。）

正如马克斯和我上面交谈的那样，时间过去了几个星期，马克斯应该能够更好地理解他自己对与格温的关系的体验了。他对她发脾气、他对自己的不安全感以及他对她的需要，应该有一个更好的理解。他同样也可以开始对他的行为负责。如果格温决定重新回到他的身边，那么，我就会帮助他理解在那种情境下的自己。如果格温决定完全停止与他见面，我就会帮助他理解这种结果的感受。我对马克斯表达理解，应该有助于他更好地理解和接受自己。我通过关注真诚、接受和移情来这么做。我的目标不是帮助马克斯把格温找回来或对马克斯进行评价，而是表明我对马克斯的关心和理解，这样，他就能够增加对自己的感受、行为和想法的理解，并相应地发生变化。

问题 12.15 回想一个当你生气时，与某个人交谈对你有帮助的事例。在这个事例中，他或她是怎样帮助你的？这个事例与我帮助马克斯的例子相似吗？

在你应对自己的愤怒方面，也可以从理解马克斯愤怒的以人为本的方法中得到一些有益的想法。在我们感到愤怒的时候，我们能做的首要事情之一，不仅包括了解我们对愤怒的体验，也包括对狂怒的感受，意识到那种五脏俱焚的愤怒感或者面红耳赤的感觉，抑或那种呼吸急促或心跳加快的生理反应。当我们有这些感觉时，就要尽可能退避三舍。你可以有几种方法使自己平静下来：深呼吸，抓住一个物体，数到10或使用某种松弛技巧，如攥紧拳头，然后放松拳头。当我们意识到我们自己的愤怒时，我们随即就要让自己平静下来，我们可以有能力决定如何面对他人。 325

问题 12.16 回想一种你生气的情境。描述你处理这种情境的方式。你能够怎样使用我在这里提出的建议来处理这种情境呢？

有时，当我们与别人交谈时，我们也会感到愤怒。想一想，当你看到两个人陷入一场身体对抗或非常吵闹的口角时的情境。他们看上去怎样？他们通常是相互指向对方。他们也许用手指向对方，他们的脸可能被狂怒所扭曲。他们没有做的事情，就是试图理解对方。他们往往使用“你”的表述，如“你是一个愚蠢的笨蛋，你从来不听我的；你做这种蠢事和那种蠢事。”他们也许试图解释他们的观点，而另一个人也这样做。这些行为都是当你希望避免某种愤怒时，什么都没有做的典型事例。相反，比较好的做法是，在身体方面要稍稍拉开距离，降低嗓门，设法平息对方的愤怒。让对方表达自己，然后平静地对这个人做出反应，这有助于缓和某种潜在的有害情境。有时，你应选择让对方爱怎么说就怎么说，而不是卷入一场口角或打斗。你可以侧重于理解某个人的狂怒，并在这个人平静下来后，才对他（她）的狂怒做出反应。

问题 12.17 回想一种类似于马克斯的情境。比较两种情境有何不同？当时你有怎样的感受？后来你又有怎样的感受？

总结

虽然压力是必要的，是生活的一个组成部分，但是，压力却给人们造成了各种棘手的问题。每天发生的外在紧张性刺激，如那些上学或上班的人们或像亲人死亡等创伤性事件，都让我们置身于紧张的情境之中。当人们体验压力时，他们会经常感到诸多身体变化，这些变化会对他们的肌肉、呼吸、心率以及身体的其他部位产生影响。人们在心理上同样也能体验压力。他们也许通过思考他们拥有的有关情境、他们的行为方式（各种行为）以及他们具有的感受来体验这种压力。在通常情况下，对压力做出反应的想法（或认知）于事无补，并可以产生灾难化、两极化思维，心灵感应以及过分类化。另外，作为紧张情境的结果，人们也许会产生非理性思维。对压力做出的行为反应方式，可以包括削弱某项任务的成绩、
326 身体疾病或拖延。在对压力做出反应时具有的情绪感受，最常见的是焦虑、沮丧和愤怒。

在描述人们在处理时的想法、行为和感受的方法上，心理治疗师一直是很有帮助的。阿龙·贝克设计了几种方法来帮助个人改变在思维上造成的扭曲。阿尔伯特·埃利斯描述了挑战和质疑非理性想法的方法。行为治疗师提供了一些帮助个人强化他们自己的积极行为、效仿他人学习以及学习放松的方式。卡尔·罗杰斯始终将他的工作重点放在人们如何通过做到真诚、接受自己和他人以及对他们自己和他人进行移情来改善自己上。

行为、认知和以人为本的技巧被应用于各式各样的个人问题。行为技巧经常可以有助于减少焦虑。认知方法被应用于沮丧和悲伤的感受。以人为本的方法被用于帮助个人理解和应对他们自己的愤怒以及他人的愤怒。焦虑、沮丧和愤怒可以从行为、认知和以人为本中的任意一个观点来理解。治疗师通常会将行为、认知和以人为本的方法结合起来，应用于种类繁多的问题。你可以选择最有益的方法来解决你自己的问题。

推荐读物

《爱是永远不够的》(*Love Is Never Enough*)

A. T. 贝克（Beck，A. T.）著，哈珀与罗出版公司（Harper & Row），1988 年版

这本书旨在帮助夫妇双方进行更为有效的沟通。阿龙·贝克是认知疗法的创始人，他阐述了思维、认知扭曲的错误方式可以导致焦虑、抑郁和缺乏沟通的后果。贝克对个人怎样才能认识和改变干扰沟通计划的认知扭曲进行了说明。为了使这本书切合实际需求，贝克提供了帮助个人对自己的关系进行调查的问卷。出现麻烦的夫妇的真实对话，使这本书读起来有身临其境之感。

《如何坚决抗拒使你陷入悲惨境地的每一件事情——是的，每一件事情!》(*How to Stubbornly Refuse to Make Yourself Miserable about Anything—Yes, Anything!*)

A. 埃利斯（Ellis，A.）著，卡罗尔传播出版公司（Carroll Communications），1988 年版

通过质疑非理性信念，埃利斯阐述了个人可以使用一个合理的方法来避免抑郁和焦虑。这本书尤其对“克己主义者”以及自我批评主义者和完美主义者有所帮助。埃利斯为处理非理性思维提供了许多切实可行的建议。

《愤怒：情感的误区》(*Anger：The Misunder-* 327
stood Emotion)

C. 塔夫里斯（Tavris，C.）著，西蒙和舒斯特出版公司（Simon & Schuster），1989 年版

愤怒是一种强大的情感，给许多人都造成了困难。塔夫里斯阐述了怎样才能把愤怒的力量化为积极的动力。这本书从众多不同的视角对愤怒进行了剖析。塔夫里斯是一名深受欢迎的作家，他的写作风格生动有趣，又不乏幽默。

推荐网站

心理健康网（Mental Health Net）

http：//www. cmhc. com/

这是一个探索心理健康诸多方面的出色网站。这个网站对许多心理失调和治疗方法以及专业问题进行了讨论。另外，该网站还与 8 000 多个心理健康资源设有链接。

学生咨询服务虚拟辅导手册收藏网（The Student Counseling Virtual Pamphlet Collection）

http：//uhs. bsd. uchicago. edu/scrs/vpc/virtulets. html

芝加哥大学学生咨询办公室（Student Counseling Office at the University of Chicago）对优秀的在线信息提供了链接，这些信息由许多咨询中心提出的问题所组成，并对大学生产生一定的影响。网站关注的内容有爱情、友谊、关系和心理健康等问题。

紧张、焦虑、恐惧和身心失调网（Stress，Anxiety，Fears，and Psychosomatic Disorders）

http：//www. cnhc. com/psyhelp/ch835/

这个网络资源是卡莱顿·E·塔克-拉德（Clayton E. Tucker-Ladd）著述的《心理自助》（*Psychological Self-Help*）一书在线教材的组成部分，并提供了对压力及其与心理和生理失调关系的讨论。

焦虑恐慌互联网资源：松弛网（The Anxiety-Panic Internet Resource：Relaxation）

http：//www. algy. com/anxiety/relax. html

这个网站是处理焦虑、恐慌和压力的网站。为了提高一个人的松弛技巧和放松能力，这个网站提供了许多建议。

阿尔伯特·埃利斯学院网（The Albert Ellis Institute）

http：//www. rebt. org/

自 20 世纪 50 年代以来，阿尔伯特·埃利斯撰写了超过 750 篇文章和 65 本图书，这些文章和图书涉及了克服非理性信念的各种方法。这个网站对埃利斯质疑非理性信念的方法进行了说明。

第13章

应对策略

328 **支持体系** ………………………… 你求助于谁来解决问题？

问题解决策略 …………………… 你使用什么策略解决在人生中遇到的非情感问题？

保持自我控制 …………………… 你怎样控制在人生中遇到的问题？

谈论你自己遇到的各种挑战 …… 你怎样谈论你自己遇到的某个棘手的情境？

幽默 ……………………………… 你怎样使用幽默来减少压力？别人怎样有效地使用幽默？

奖励自己 ………………………… 你会怎样奖励自己取得的成就？

本章包括了一些处理未来关注问题的重要方法，这些方法几乎适用于我们所涉及的全部主题。这些应对方法（Kleinke，1998）包括经常可以应用于不同话题的各种策略。 329

- 使用支持体系。不同的支持体系可以被用于种类繁多的活动，如学习、职业生涯选择、处理压力以及家庭或其他问题。
- 问题解决。有些问题解决策略要比其他一些问题解决策略更适于某些情境。一些情境可以使用三步解决法。
- 保持情感控制。本书所探讨的一些话题，如研究和选择职业生涯等可以通过思考和规划来加以解决；而其他一些涉及爱、家庭关系以及亲人丧失的话题，则是与我们的情感有关的问题。如何保持情绪控制（或听之任之），均取决于各种情境。
- 谈论你自己遇到的各种挑战。本书讲述的话题均提出了不同类型的挑战。在这些话题中，各种挑战往往都是独一无二的。处理浪漫伴侣关系破裂的挑战，每个人都不尽相同，而且，各种情境也不一样。本书为你遇到的各种棘手的情境提出了建议。
- 幽默感。虽然个人无法在每种情境下都保持一种幽默感，但是，他们却能够从不同的视角来看待各种情境，其中就包括幽默的视角。
- 自我奖励。人们往往认为他们的成功理所当然，而批评他们自己遇到的各种困难。奖励自己的成功，能够帮助你培养一种成就感和成功感。我将在下面介绍各种奖励自己的方法。

本书在最后一章里讨论上述应对策略，是因为它们能够在不同程度上适用于本书讨论的诸多话题。使用支持体系、问题解决、保持情感控制以及自我奖励的应对策略，均适用于前 11 章的内容。我在下面将介绍谈论你自己遇到的各种挑战策略以及对各种情境保持幽默感的策略。

支持体系

向人们寻求各种帮助［**支持体系**（support systems）］，是每个人都可以使用的一个最重要的应对技能（Cohen & Hoberman，1983）。能够知道所有你需要知道的处理棘手的人生问题的方法，是一种不合理的预期。有时，个人需要得到具体支持——帮助完成一项工作、修理一辆汽车或获得一项贷款。在其他情况下，个人需要得到信息支持——对他们做的事情提出建议或反馈意见，如选修一门课程或完成一项工作。在多数情境下，个人需要他们能够信任和可以信赖的人提供情感支持。有时，人们希望有人可以依靠或提供保证。从朋友或亲人那里寻求情感支持的人，期待得到人们的关心。当请求具体支持或信息支持时，信任关系也许并不重要。最后，还有一种支持被称为“归属支持”，在归属支持中，个人希望感到他们适应其他人。如果你是学校一个群体或几个群体中的一员，那么，你很可能就会感到某种归属感。如果你曾有过去一所新学校上学的经历，你就会发现，通常需要一些时间才能形成那种“归属”感。

支持体系 那些你可以向其寻求各种帮助的人们。 330

支持不仅提供信息、某种归属感以及在你处于情感压力时所需要的帮助，而且，支持也可以影响你的自尊（Thoits，1986）。在你即将经历某事或正在做某事时，知道有人支持你，可以帮助你培养更多的自信心，处理各种棘手的情境。你还可能学习处理各种情境的新技能或新方法，这同样也有助于你更好地了解自己。当个人请求支持时，一种友谊感或友好感就会形成。与其感到依赖或需要他人，倒不如请求支持，寻求支持可以增加一个人的幸福感。

支持体系并不是自动形成的。如果你为在人生中遇到的悲剧而感到心烦意乱的话，那么，你很可能就会寻求某个你认识了一段时间的人的支持（有些危机情况除外）。支持体系取决于你与人们的关系，而不取决于你接触的个人的数量。当你寻求支持时，无论是具体支持、信息支持还是情感支持，都有助于产生合理的预期和态度。要做出合理的请求，而不要做出不切实际的要求。你很可能以各种方式成为其他人的支持来源，并在请求过分支持时具有某种意识。

个人需要哪种支持，在很大程度上取决于个人所处的情境。表 13—1 较为详细地描述了支持体系的种类，这些支持体系对于各章（第 2～12 章）均有所帮助。当你需要别人帮助处理各种情境时，你可能发现再次剖析表 13—1 也会有所帮助。

表 13—1　　支持体系

学习和研究（第 2 章）。虽然教师和助教都是帮助学习的显见来源，但是，我们还有其他资源。学习小组、指导老师和朋友都可以成为有效的支持体系。

选择职业生涯（第 3 章）。因为选择职业生涯是一项非常复杂的任务，职业生涯咨询师等专业资源经常是有所帮助的。从你以前或当前工作中认识的人们、朋友和家人中间形成一个人际关系网络体系，同样也可以帮助你更多地了解各种职业。当你就你的职业生涯做出新的或不同的选择时，要寻求那些很可能赞同你做出选择的人们的支持，而不是对选择做出判断的人们的支持。

适应工作（第 4 章）。同事和老板都可能成为支持体系，因为他们是以前的同事和雇主。

家庭关系（第 5 章）。由于在家庭范围内存在的关系的复杂性，因此，在家庭关系内，如果家庭成员就处理问题方式具有先入之见的话，那么，他们就不会像支持体系那样有帮助了。咨询师和朋友都是优秀的倾听者，经常提供一种有益的支持体系。

爱和友谊（第 6 章）。根据不同的情境，家庭成员在处理浪漫伴侣或朋友问题方面具有支持作用，不过，寻求咨询师和治疗师等处于情境之外以及不太可能做出判断的人们的支持还是很有帮助的。

性和亲密行为（第 7 章）。许多诸如医生、护士、婚姻咨询师等知识渊博的卫生专业人员以及像计划生育那样的组织，都能够提供与节育和性传播疾病有关的问题的支持。

性别角色（第 8 章）。那些享有相似性别角色观点的人们很可能会支持你。另外，找到两种性别的个人同样也是有帮助的，这样你可以接触到有关处理异性关注的问题。许多人发现，夫妻或婚姻咨询师在处理亲密行为和性别问题方面也是很有帮助的。

文化多样性（第 9 章）。当你与来自某种不同文化的人打交道时，对人们具有各种不同价值观体系和信仰持坦率态度的朋友，很可能会提供支持。另外，你可以向来自不同文化的人们寻求信息支持或情感支持，这也是有价值的。

生与死（第 10 章）。除了朋友和亲属外，许多专业人员都可以为你的悲伤和悲痛提供帮助。牧师、牧师咨询师、殡仪馆工作人员、家族成员、收容计划工作人员以及心理学家和精神病学家，均可以在一个短暂或较长的时期提供支持。寻求知识渊博的个人为你提供丧失亲人的帮助，是对你的朋友和亲属提供支持的有益补充。

滥用物质（第 11 章）。向各种住院病人和门诊病人提供的治疗方法，均可以向具有物质关注问题的个人提供。诸如戒酒者匿名会和麻醉药物滥用者匿名会等组织很容易联系，这些组织的成员都有向他人提供支持服务的经历。

管理压力（第 12 章）。当你应对各种压力情境时，了解你是否需要建议或希望别人倾听你的建议或二者兼而有之，都是有益的做法，这样，你就知道要求什么。在过去一直有所帮助并且不做出判断的人，很可能成为你未来的支持力量。

问题解决策略 331

不同的问题需要不同的解决方案。正如我们在第 1 章里讨论的那样，有些问题并没有解决方案；相反地，它们需要关注各种情感问题。浪漫伴侣和家庭成员出现的问题，往往适合表中的最后一类。适合不同问题并对不同问题采取不同的策略，是非常有帮助的。有时，问题具有非同寻常或意想不到的解决方案或策略。使用一种你以前从未使用过的方法，问题就可能得到成功解决。一般而言，问题解决策略需要一种积极解决问题的方法，而不是回避问题或等待问题自己解决。

虽然我们拥有很多**问题解决策略**（problem-solving strategies），但是，我将主要介绍一种相对简单明了的策略，这种策略对于提供解决方案而非情感问题效果最佳（D'Zurilla & Nezu，1982）。如果你认为你可以解决问题，并能够找到有效的策略，那么，使用问题解决方法就是有益的。即使你不够自信，设法用一种你可以找到的解决方案的信念，冷静和理性地着手处理问题，也是有益的做法。当你能够这样做时，你可以采取下面 4 个步骤来解决问题。

问题解决策略 一种积极应对问题的方法，而不是一种被动或回避的反应方法。 332

1. 界定问题。剖析问题的内容以及着手处理问题的方式。关键问题是什么？冲突内容是什么？如果你能够确定这些问题，你就会比较容易地列出一个解决问题的目标表。

2. 列出选项。尽可能多地写出各种不同的方案是有帮助的。你可以修正和改变这些方案。与其在你撰写方案的过程中批评你的思路，倒不如先写出来。然后，你就可以进行修改、重写，并从这样或那样的方案中借鉴各种思路。

3. 做出决策。要对你的方案或思路进行权衡。要比较各种选项，如果要做出选择，就要写出可能的结果。每种选择可能的结果是什么？哪种选择最简便易行？哪些解决方案最容易实现？哪些解决方案可能会导致其他问题？你能将一种解决方案的部分内容纳入到另一种解决方案吗？如果你的第一种方案不起作用，你会怎么做？如果解决方案不起作用，就要灵活应变，做出新的目标表。

4. 尝试选项。要将方案付诸行动。如果方案看上去不起作用，就要变更方案或改变选项。要重新评价你的方案使其具有灵活性，并能够导致一个更令人满意的决策。因为预测的结果并不总是符合实际的结果，所以，愿意改变策略是有所帮助的。

在过去 3 年里，雷尼斯一直从事着计算机程序员的工作。她所在的公司在一定程度上支持她想要完成计算机科学专业学士学位选修课程的愿望。在 26 岁时，雷尼斯开始独自抚养她 3 岁的女儿。由于家庭和工作的需要，雷尼斯在过去的两年中，一直是每个学期选修 1 门课程。她需要用 7 个以上的学期才能修完学位选修课程。上课和学习的重担凌驾于她的全部责任之上，给她造成了极大的压力。

现在，她有机会在夏天选修3门课程，这样，就缩短了她在未来几年里用于学习课程的时间。为此，她的上司已经同意给她一个月的假，她也可以利用她的休假时间来弥补其他月份的工作。另一个问题是照顾孩子。
333 她常常要把女儿朗达留给她有两个男孩的姐姐。然而，她的姐姐在今年夏天要做一份兼职工作，雷尼斯必须给朗达寻找一个日托的地方。雷尼斯最终还清了信用卡的债务，即使在她没有任何收入的时候，她也没有因为朗达的日托去借钱，而且，她还养活了自己。

她该怎么办呢？雷尼斯使用了如图13—1所示的3步问题解决法。

334

1. Define the problem.

I want to graduate. Critical issue: Can I financially afford to leave work temporarily to complete 3 of the 7 remaining courses? Conflicts: Supporting Rhonda and me while I finish 3 courses. 3 courses are a lot to take this summer. Can I do it? Can I find good day care for Rhonda? How much will my sister be available to care for Rhonda? Goals met by solving problem: Move 12 to 18 months closer to graduation and the salary increase that will result. Stop worrying about this problem so much.

2. List options

A
Get a part time job.
Take care of Rhonda when I'm not in school.
Try to find easy courses.

B
Get my sister to take care of Rhonda, offer to pay her.
Take evening courses.
Study during the day.

C
Take care of Rhonda myself.
Study when she's napping.
Take evening courses.

3. Make decisions

I won't make enough from a part time job to help with much of anything. Rhonda doesn't sleep long enough for me to get my work done. I will talk to my sister about paying her to take care of Rhonda. I think there will be times when I can take care of her boys and Rhonda too. I am going to have to see how my course schedule will work out and when projects and exams are due, so I can see when I will be most available to take care of Rhonda and the boys.

图13—1 使用4步问题解决法的前3个步骤的事例

问题13.1 描述一种你可以应用我们在前面“问题解决策略”中所讨论的情境。

问题13.2 用4步问题解决法解决一个问题。

雷尼斯能够做出她的冲突问题表。她确定了她的目标（在夏天完成3门课程）。然后，她做了3个表。每个表都罗列了一些与目标有关的问题。然后，她将3个表的思路整合为一个临时性方案。她知道，她选择的课程和课程需要完成的作业，都可能会迫使她改变方案。

并非所有的问题都可以用这种方法来进行处理。有时，当你尝试某种解决方案时，其他问题就会出现。在出现问题的情况下，特别是出现与个人冲突有关的问题的情况下，你要能够对意见、要求或他人的行为做出反应。剖析问题解决策略的方式，能够应用于或适用于本书所涉及的各个话题。表 13—2 提供了一些使用各种策略的方法。

表 13—2　问题解决策略

学习和研究（第 2 章）。从某种意义上讲，学习是一种问题解决的形式。许多课程都需要一种特定的问题解决方法，如数学和科学课程等。3 步问题解决法可以有助于你决定学习什么以及学习多久。

选择职业生涯（第 3 章）。选择一种职业不同于大多数其他问题情境，职业生涯选择关注的问题可以对一生产生影响。职业生涯决策策略要比 3 步问题解决法更复杂，因为当个人在做出职业生涯决策时，他们必须考虑他们的人格、兴趣、价值观和能力以及环境因素，如就业市场等因素。

适应工作（第 4 章）。解决在工作中出现的问题取决于你工作了多长时间以及问题是否涉及工资、工作条件、老板或同事等内容。在采取行动之前，思考可供选择的行动是有益的做法。

家庭关系（第 5 章）。坦率的态度、对他人的取向、容易相处以及坚持原则（我们在第 1 章中讨论的内容），均有助于解决家庭问题。

爱和友谊（第 6 章）。情绪中心解决方案对于理解那些你感到气愤或不满的人能够有所帮助。关心他人有助于解决你与他人之间存在的问题。

性和亲密行为（第 7 章）。有关性行为存在太多不准确的信息，所以，在做出决策之前收集准确的信息是至关重要的。显然，在涉及某种性情境之前，了解你自己的价值观，能够减少因冲动做出决策的可能性。关于性传播疾病的应对应该被认为是非常严重的，而且，需要得到各种医疗建议。

性别角色（第 8 章）。要设法从不同性别的人们的视角来了解问题和争议。要注重理解沟通方式，而不是关注理解理性的决策。

文化多样性（第 9 章）。从他人的观点来看待自己，可以有助于你解决涉及文化问题的争议。挑战你自己的信仰，并将信仰视为源自文化的产物，都是非常有益的做法。对忍受种族主义的人保持同情心，可以有助于解决与文化多样性有关的问题。

生与死（第 10 章）。情绪和感受是非常强大的力量，可以保持很长一段时间。对于许多人来说，理性的决策过程极为重视悲痛过程。对临终的人们或应对亲人死亡的人们保持耐心是有益的，因为他们的理性决策过程可以受到这种丧失感的影响。

滥用物质（第 11 章）。当一个人受到药物或酒的影响，抑或在一个人对药物或酒成瘾时所做出的决策，可以完全不同于此人在清醒状态抑或对药物或酒没有成瘾时所做出的决策。如果你对药物或酒成瘾的话，那么，倾听别人的意见，并寻求戒酒者协会等群体的帮助是非常重要的。

控制压力（第 12 章）。在做出决策的时候，重要的是，这些决策是经过思考做出的，而并不是根据灾难化、过度分类或负面标记做出的。问题解决方案可以包括重新强化你自己、从你认识的人那里塑造自己、放松以及挑战非理性信念。在通常情况下，问题会通过某种对你自己或他人的关怀和理解态度而得到缓解。

保持自我控制

自我控制　对事件以及对一个人的人生各个方面采取负责的态度。

个人在认为控制发生在他们身上的事件的程度上——**自我控制**（self-control）——存在差异（Kleinke，1998）。有些人往往责备他人，并认为发生在他们身上的事情超出了他们的控制范围。他们也许认为，他们无法改变在他们的人生中遇到的重大事件，并认为，他们无力解决问题。这种态度使得改变一个人的人生变得相当困难。能够对你可以控制的人生各个方面采取负责的态度，可以为你提供一种信心感和能力感。

在你可以控制局面的情况下，设法改变人们的消极态度，能够对你人生的各个领域产生极大的影响。例如，与其说，“能否找到一份好工作，取决于你认识谁，”倒不如说，“我将继续联系工作面试，增加我认识的人的数量。”第一句话的态度相当消极，听上去也十分无助；第二句话则给出了求职者的控制态度。另一个事例："无论我怎么做，都会有人不喜欢我。"不同的说法是："如果我设法去理解人们，我就能够帮助他们更多地了解我和我的积极品质。"通过这种方式，这个人就可以影响与他人的互动。关于学校，还有一个事例，"我不知道为什么我才得了这么点分。"相反地，你可以这样说，"我要跟我的老师谈一谈怎么才能够提高我的分数的问题。"

335 **问题 13.3** 给出一个无助或消极的表述，然后，将它改变为一个你可以加以控制的事例。

问题 13.4 在保持自我控制方面，什么策略对你比较有用？给出表 13—3 中一个话题的事例。

当我们处理在人生中遇到的各种情境时，评价我们能在多大程度上控制这些情境是有益的做法。通过设法获得解决问题的信息，个人可以开始控制他们在人生中遇到的各种不同的事件。在通常情况下，通过更多地了解我们所需要的保持我们身心健康的信息，我们将形成各种解决方案。

如果认为一个人注定失败或一个人命中注定要走厄运的话，那么，命运就无法由这个人来掌控了。这并不等于说个人能够完全控制他们自己的人生。显然，个人无法控制一些事故和灾难。一旦车祸、火灾、洪水或龙卷风发生，什么也无法改变这类事件。然而，个人可以控制处理事件以及其他事情的方式。在通常情况下，这种控制采取理解你的情感的形式并对其进行控制以及找出做出反应的办法。表 13—3 给出了一些保持自我控制以及对本书介绍的各种情境做出反应的建议。

表 13—3 **保持自我控制**

学习和研究（第 2 章）。在解决完成论文或准备考试的问题时，对考试或论文采取负责的态度，并正确地看待这类事件都是有益的做法。考试恐慌可以通过把考试（或论文）看作一个人学术生涯过程诸多事件中的一个来加以缓解。有时，学生会自忖，"这次考试太难了，无论我学不学都没关系。"其实有关系。把考试看作由教师来控制或教师的责任，只会限制学生在备考过程中的角色。

选择职业生涯（第 3 章）。选择一种职业生涯是一个漫长的过程，对于许多人来说，选择职业生涯需要很多年的时间。对这个过程的时间长度保持一种宽容的态度，可以是有益的做法。要注重了解你喜欢和擅长的职业生涯过程，而不是具体的选择，可以有助于你减少做出选择的压力。找工作可能是令人沮丧的过程——找工作一直被人们描述为一连串"不行"，随后是一个"行"的事情。预见找工作的经历也许是缓慢的过程，并充斥着各种"不行"，可以缓解你可能有的沮丧感。

适应工作（第 4 章）。在工作中，你也许遇到很多日常压力。在与客户、同事和老板打交道时，保持情感控制是极为重要的。告诉你自己保持平静、数到 10、放松一会儿、深呼吸，均有助于确保情感控制。

家庭关系（第 5 章）。毫不奇怪的是，与兄弟、姐妹、子女和父母之间的关系具有深厚的情感。识别这种情感并加以控制，有助于个人解决对家庭成员发脾气以及其他情感问题。关心他人以及关怀和同情他人，有助于保持一种控制感，因为其重点在于他人而不是发脾气或你也许具有的其他沮丧感。

爱和友谊（第 6 章）。在亲密关系中，情感控制经常受到考验。为了解决发脾气和心烦意乱的问题，离开一会儿并使自己平静下来，都是有益的做法。我们在第 5 章、第 6 章和第 12 章讨论了各种策略。

性和亲密行为（第 7 章）。因为性情境是充满激情的情境，在性情境中，个人可能难以保持控制，因此，在性情境出现之前，明确做出价值观和行为决策都是有益的做法。在处于性情境之前，讨论节育和性传播疾病，有助于一个人与其决策保持一致。

性别角色（第 8 章）。理解异性的所思所感，可以有助于个人更容易地与异性成员建立联系。关注性别角色可以对沟通的各种方式产生影响，同样也是有益的做法。

文化多样性（第 9 章）。通过理解他人的需求和价值观，个人能够关注如何对他人做出反应，并因此保持对他们自己的控制。将你自己置身于别人的位置上，可以有助于你避免进入某种情境，并从某种不同的观点来看待这种情境。

生与死（第 10 章）。悲伤和悲痛伴随着情感控制的丧失而出现。选择向谁寻求支持，可以成为一项重大的决策。对那些需要寻求释放情感控制的人们提供支持本身，就是有益的做法。因为悲伤过程往往是一个漫长的过程，所以，在创建你以前曾有过的自我控制过程中，保持对你自己和他人的宽容态度，是非常有益的做法。

滥用物质（第 11 章）。了解物质滥用对情感和决策的影响，有助于个人做出饮酒和服用药物的决策。在使用它们之前，对物质进行思考，有助于个人避免处于如酒后驾车、争吵或打架等缺乏自我控制的情境。

控制压力（第 12 章）。通过了解和把握一个人的消极信念，如灾难化或过分分类等信念，在压力出现之前，人们可以阻止压力。了解非理性的想法以及这些想法怎样增加忧虑，均能够成为有益的做法。放慢你自己的节奏并找出非理性的想法，可以为你提供一种控制情感和行为的方法。

谈论你自己遇到的各种挑战 336

对你如何解决问题进行明确的思考以及计划你的将来，可以是一个非常有效的方法。迈希恩鲍姆（Meichenbaum，1985）撰写了有关如何面对困难的人生挑战的策略。他建议，人们首先要做好解决问题的准备，然后要面对问题，随后要对解决问题的方式进行思考。

为了对某个具有挑战性的问题做好准备，思考你将如何使用支持体系（表 13—1），你解决问题的方法（表 13—2）以及你在处理问题的同时如何保持控制（表 13—3），均是有益的做法。要回忆某个应对策略、你以前处理各种压力事件的方法以及你怎样应用现在全都有效的那类知识。有些表述可以帮助你解决各种棘手的情境，如下列表述。 337

"我现在感到焦虑，但我以前有过这种感受，我能够处理这种情况。"

"无论结果怎样，我都可以借鉴这个经验。"

"让我自己心烦意乱，对处理这种情况于事无补。"

"我可以使用某个问题解决计划使事情顺利进行下去。"

"在面对问题时，我可以使用各种松弛策略。"

内心演练（mental rehearsal）是一种有效的问题解决方法。想象你自己处理问题以及你解决问题的方式，是非常有益的做法。运动员在他们做某个运动项目之前，经常想象他们自己完成动作的画面，作为一种保持控制和减少焦虑感的方法。

在处理问题时，你在过去曾经很好地解决问题并可以再次这样做，这有助于你打消顾虑，恢复自信心。有些策略包括下列内容：

"让我关注我要做的事情，而不是被其他压力搞得心烦意乱。"

"如果我的行为方式就好像我知道在做什么的话，那么，我就能够像我知道我在做什么一样。"

"如果我一开始就感到紧张，那么，我就可以放松下来。"

"我过去解决过比这更困难的问题。"

在个人解决问题时，问题可能发生变化。如果你面临的挑战是与一个发脾气的人打交道，那么，这个人也许会改变做出反应的各种方式，而这些方式是你没有预料到的。灵活并能够改变侧重点，是非常有益的做法。

另一种改变侧重点的方法，是以某种积极的方式来解释事件，这种方法被称为**正面重新解释法**（positive reinterpretation）：个人认识到问题可能会更加糟糕。你可以通过将你的困难与其他人的困难进行比较来这样做。这种比较经常有助于人们放松下来并看到其他解决方案。研究（Park，Cohen，& Murch，1996）表明，正面重新解释法有助于人们解决问题和应对各种困难情境。

正面重新解释法　以比较积极的方式来看待事件的各种方法。

问题 13.5　描述你通过某个具体问题进行自我交谈，很快解决问题的情境。

在问题解决后，要思考你学到了哪些有益的东西。在处理问题方面，你应该寻找各种祝贺自己的方法以及寻找在未来提高解决问题的能力的方法。重视你对情境做出的积极贡献是极为重要的。通过对某种情境进行反思，你能够回

338 到或远离某种情境，并提高你减少感情用事的各种可能性。这样你就可以减少你所体验的焦虑。另一种方法是保持一种幽默感。

幽默

对我们所做的事情具有幽默感，有助于我们不把自己看得过重，因此，在各种情境下，我们也就不会感到害怕或焦虑。正如弗兰克尔（Frankl，1969）指出的那样，当你自嘲时，你不会感到悲伤，同时，你也不会感到灰心丧气。幽默为我们能够审视各种情境提供了可能，而且，幽默有时还可以找到处理各种情境的新方法和不同的方法。幽默是“我有时会犯错误，但并不太糟糕，我能够应付它”的另一种说法。

幽默是一种处理愤怒、悲伤和沮丧极为有效的方法。如果我们不把自己看得过重，我们就可以从不同的方面来看待某种情境，这样，我们就能够把它看得不像原本那么严重。例如，如果我对朋友约会迟到感到生气，我就会想起某个人推迟与我见面的情境，这个人讲起话来比我认识的任何人都要快。当我在脑海里听到部分谈话时，我对这个人的能力抱以微笑，这个人在 30 秒钟讲出的话比任何人都要多。

问题 13.6 描述一个你使用幽默来处理问题的情境。解释幽默怎样有助于处理问题。

这里介绍的是轻快的和针对自我的幽默。当针对其他人时，幽默经常可以是佯装生气和嘲讽。当我把幽默描述为一种解决问题的有效方式时，我不会这样说，“你是从哪个垃圾堆里找到那件衣服的?”这种类型的幽默是卑劣的，并以一种负面方式针对别人。为了减轻焦虑、悲伤或其他负面情绪，我介绍了可以针对自我的幽默类型。

奖励自己

虽然大多数人都做好了进行自我批评和批评他们所做事情的准备，但是，他们不太可能对所取得的积极成就奖励自己。我发现，很少有人在获得成功时奖励或鼓励自己。许多人往往关注他们过去的缺点或问题，而忽视他们所取得的成功。有些人是十全十美的人，总认为他们自己失败了。一般而言，无论他们怎么做，他们都认为做得不够好。有些人把“A－”的分数看作一般，并通过关注他们如何能够做得更好，将这个分数变成一种失败的经历。

339 **奖励** 一种在你取得成功时鼓励自己和支持自己的方法。

如果你能够就各种成就来**奖励**（reward）你自己，你就能够在你所做的事情方面培养一种自信心。与其确定几个要完成的大型任务，倒不如最好组织一项活动，这样，你就会有几个比较小的任务去完成，而且，你也有时间对你所取得的成功进行反思。在各种时间点上奖励自己，不仅可以在具体任务方面建立一种成就感，而且，也可以按照这个方式来创建自尊。当运动员为自己制定任务时，他们通常以小的增量这么做，这样，在继续另一个任务之前，他们就有时间欣赏已完成的任务。例如，花样滑冰运动员设法关注下一个难度项目，而不是过早地去考虑他们的最终目标。虽然这可能是有益的做法，但是，想要成为一名奥运会滑冰运动员，这并不会帮助你关注你需要完成的每一项任务。

得到别人的表扬有助于你建立自信心。不幸的是，谁提供表扬以及何时表扬，却取决于各种因素，而这些因素则不在我们控制之列。许多人往往忽视他人的赞誉，并忽视听取他们自己的自我批评。自我批评频繁发生，而自我表扬却很少见，因此，我对自我奖励的方式提出了建议，这些奖励方式与本书所涉及的各种话题（表 13—4）有关。在通常情况下，我的建议涉及实现的过程，而不一定只与成就本身有关。

问题 13.7　给出一个你处理情境奖励自己的事例。你可以对自己说什么？

表 13—4　奖励自己的策略

学习和研究（第 2 章）。奖励自己不仅因为获得了高分，也因为学习了概念和掌握了章节内容或素材部分。

选择职业生涯（第 3 章）。了解各种职业、什么人从事这些职业以及他们挣多少钱等内容，都是有所帮助的。为获得工作面试以及与未来的雇主进行交谈，同样也是一种有价值的成就，因而可以自我奖励。有些人往往忽视这些成就，只关注成功地选择职业生涯或得到工作。

适应工作（第 4 章）。对于大多数人而言，工作日由完成许多工作任务组成。有些工作日是典型的工作职责，而其他工作日则是意想不到的，如应付一位发脾气的顾客或老板。从一组活动中，选择有意义的活动以及表扬一个人成功地完成任务，都可以使自尊得到提高。

家庭关系（第 5 章）。许多家庭关系都可能出现困难，其中，包括一些令人尴尬或造成压力的情境。找到这些问题的解决方案并设法解决这些问题，并非易事。重视你这么做的能力，也是非常有价值的。

爱和友谊（第 6 章）。在通常情况下，爱和友谊被人们认为是理所当然的。要重视朋友和亲人，而且，当我们帮助别人时，我们也要表扬自己，这并不是傲慢自大的行为，相反，我们在人际交往关系中创建了自信。

性和亲密行为（第 7 章）。具有一套明确的性价值观并与你自己的价值观一致以及尊重他人，都可以被视为一种成就。

性别角色（第 8 章）。数百年来，各类作者撰写了大量个人在理解异性的感受和行为方面所存在的困难。努力理解其他人的性别角色，也是一种成就。

文化多样性（第 9 章）。由于在许多国家里存在范围广泛的偏见和歧视，因此，不应该对应对这些问题的能力掉以轻心。因减少偏见或歧视而表扬自己，肯定是有价值的。

生与死（第 10 章）。要帮助和同情那些行将死去或失去亲人的人。对这类人表示关怀和提供支持，是他们需要和感激的事情。有时，它有助于把自己置身于他人的境地，欣赏你为他们做的事情。

滥用物质（第 11 章）。如果你知道某个人或某些人确实滥用毒品的话，那么，你就会意识到你不这样做是一件多么有意义的成就了。

控制压力（第 12 章）。在通常情况下，个人遇到的最困难的情境就是压力。通过表扬自己完成一项艰巨的任务，就能够减轻焦虑和压力。

你也许发现自己对表 13—4 提出的建议感到不适，也许认为这些建议有点愚蠢。我想，这是因为许多人对于表扬感到不舒服。然而，自我表扬或正面强化（positive reenforcement）却可以使自信心和自尊得以提高。

结论

本书各章均涉及了人生的某个重大领域。在本书中，我设法提供了有关处理你在人生中遇到的各种问题的信息。所有这些领域都应该与你在未来的某个时间有关。由于这个原因，你可以把本书看作未完成和不完善的著作。本书附录 A 中的日志页，为你提供了一个理解你在人生不同方面发生变化的机会。无论你是否选择填写这些部分，你都将生活在我们已经涉及的几乎各个领域里。我希望，我在本书提供的信息在未来能对你有所帮助。

你对个人问题的选择和解决方案，不会随着本书的结束而结束。要坦率地谈论各类风险，并尝试各种新事物。支持群体因各种问题而存在，如强奸或乱伦受害者的支持群体、男性群体和女
340 性群体、重新加入学生群体、医疗自助群体以及吸毒和酗酒自助群体等。使用这些群体时不要犹豫不决。此外，每个社区也都会提供个人和团体咨询服务。治疗师和咨询师可以对他们如何提供帮助进行说明。在通常情况下，朋友为你提供帮助，因为你向他们提供帮助。祝愿你在人生的选择中获得成功。

推荐读物

《让你自己自信起来：一个积极改变的实践导论》(*Asserting Yourself: A Practical Guide For Positive Change*)

S. A. 鲍尔和 G. H. 鲍尔（S. A. Bower and G. H. Bower）著，阿狄森—韦斯利出版公司（Addison-Wesley），1991 年版

这本书介绍了不自信、愤怒和自信的行为。作者通过提供适于各种情境的文字剧本，说明了你能够在各种情境下做到果断行事的方式。各种情境涉及的范围非常广泛，其中包括应付物质滥用者、应付沉默治疗、与提出不切实际要求的人合作以及处理各种就业情况。

341 《你的天赋权利》（第 7 版）(*Your Perfect Right*, 7th ed.)

R. E. 阿伯蒂和 M. L. 埃蒙斯（R. E. Alberti and M. L. Emmons）著，因佩克特出版公司（Impact），1995 年版

这本书经过多次再版后，被认为是这个领域的一部杰作。作者说明了区分自信行为、攻击行为和被动行为的方式。他们提供了各种行为的事例，并说明了在各种情境下做出果断反应的方式。作者还教导人们在尊重他人权利的同时，有权表达他们自己的意见。

《心理疗法迷津》(*The Psychotherapy Maze*)

O. 埃伦伯格和 M. 埃伦伯格（O. Ehrenberg and M. Ehrenberg）著，阿伦森出版公司（Aronson），1994 年版

这本书就你是否喜欢采取心理疗法来帮助解决问题的各种争议进行了阐述，这些问题也在本书的一些章节进行了讨论。这本书的作者谈论了选择治疗师以及有助于治疗发挥效果的方式。他们还为确定疗法是否有效提出了建议。此外，这本书还就费用、健康保持组织计划以及紧急电话等重要问题进行了讨论。

《我是疯狂，还是退缩?》(*Am I Crazy, Or Is It My Shrink?*)

L. E. 博泰、B. 博加尔和 J. M. 舒尔金（L. E. Beutler, B. Bongar, and J. M. Shurkin）著，牛津大学出版社（Oxford University Press），1998 年版

虽然书名听起来带有幽默感，但是，这却是一本非常严肃的、考查与心理疗法有关问题的著作。作者涉及了选择治疗师、向治疗师提出问题以及如果你不确定治疗是否有效怎么办等问题。这本书提供的信息有助于你识别治疗师不专业或不道德的疗法。这本书的作者都是研究心理疗法有效性领域的专家。

推荐网站

如何获得人生问题帮助网（美国心理学会手册）(How to Find Help with Life's Problems)

(APA Brochure)

http：//helping. apa. org/brochure/index. html

这个网站由美国心理学会设计，针对不同类型的问题，提供了有关寻找不同类型治疗的建议。

心智工具网［Mind Tools（tm）］

http：//www. mindtools. com/index. html

詹姆斯·曼克特洛（James Manketlow）[1] 为更直接和更有效地处理各种问题，提供了切实可行的建议。问题解决和压力减轻技巧都是有益的和切实可行的。

[1] 詹姆斯·曼克特洛（James Manketlow）于 1995 年创立了心智工具网（MindTools. com），并担任该网站的执行总裁。著有《工作生活：管理你的时间》（*WorkLife*：*Manage Your Time*）、《工作生活：管理压力》（*WorkLife*：*Manage Stress*）、《心智工具》（*Mind Tools*）、《压力工具》（*Stress Tools*）、《为成功创造时间！》（*Make Time for Success*!）等作品。

附录A

人生的选择：日志页

343 以下各页为你提供了一个从第 2 章到第 12 章记录有关事件或做日志的机会。有几种方法来这么做。你也许希望在学习这门课程的过程中这么做，你也许希望在学习这门课程之后这么做，或兼而有之。这是一种思考你在人生中的重要领域里做出选择的方式。当你记录时，你要将记录日期写在记录内容的旁边。这样，你可以在随后回到这个记录内容时，查看你发生了怎样的变化或取得了怎样的进展。

一定要小心你写的内容，以防被某个你不希望的人看到。

第2章　学习和研究

344

1. 你喜欢学习什么新内容？
2. 你学过什么有效的学习策略？
3. 你使用过什么方法来应对办事拖拉？
4. 你想学习什么新学科？

345

第3章　选择职业生涯

1. 什么是你的新兴趣?
2. 什么是对你至关重要的新价值观?
3. 你获得或取得的新能力或新成就是什么?
4. 什么新的职业似乎吸引你? 为什么?
5. 你拥有什么新的网络资源?

第4章　适应工作

346

1. 记录对一项新工作的反应的日期，并记录对一项新工作的反应。
2. 你做什么有助于你感到工作有效？
3. 你在工作中感到满意的活动是什么？你可以多做一些这样的活动吗？
4. 你有过何种职业生涯危机？你又是如何应对它们的？

347

第 5 章 家庭关系

1. 你怎样处理与兄弟姐妹的关系？
2. 对于不同的家庭问题，采取什么策略比较有效？
3. 在处理与家人的关系方面，你希望做出什么变化？

第6章 爱和友谊

348

1. 在关系方面，你记录了什么变化？
2. 在关系方面，你做出了何种选择？
3. 你怎样处理关系问题或难题？

349

第7章 性和亲密行为

1. 你的性价值观是什么？那些对你至关重要的人的性价值观是什么？
2. 关于性，你关注什么社会压力？
3. 你的宗教信仰和性价值观一致吗？请解释。

第 8 章　性别角色

350

1. 你怎样改变你的性别观?
2. 其他人的性别观对你产生怎样的影响?
3. 在涉及异性方面，你观察到自己或他人有什么行为或行为变化?
4. 你设法做什么来保持你的外表和身体的积极形象?

351

第9章 文化多样性

1. 你怎样改变你的刻板印象？
2. 你怎样观察到你自己和别人的成见？
3. 你怎样处理歧视？
4. 关于本书的种族认同模式，现在以什么方式适用你？

第10章 生和死

352

1. 关于丧失亲人，你关注什么问题？
2. 你怎样使用悲痛阶段的信息或悲痛阶段的任务？
3. 你怎样处理他人的悲伤？

353

第 11 章 滥用物质

1. 你需要何种物质滥用的信息？

2. 如果你有物质滥用问题，你怎么知道？

3. 如果你有物质滥用问题，你会对此做什么？

4. 关于物质滥用治疗，你或与你亲近的人是需要治疗还是保持头注？请描述。

第 12 章　控制压力

354

1. 什么负面想法或不合理的信念对你产生压力？
2. 你采取什么策略来改变这些想法？
3. 你怎样放松？
4. 你采取什么策略来强化自己？
5. 你怎样对你自己和他人表示同情？

词汇表

ability 能力

目前表现的品质，个人现在正在做的事情。

acceptance 接受

是指欣赏一个人，而不是对这个人做出评价。这个词可以表示接受有害的、怪异的感受，有时还表示接受令人憎恶的感受。

achievement 成就

对过去表现的判断，一个人做过的事情。此外，利用一个人的能力做事，还表现出一种成就感；这种成就感是 6 种工作适应价值观之一。

achievement motivation 成就动机

是指对卓越的追求。研究者最初从个人主义视角定义这个词语，但是，研究者也已经从集体主义者视角阐述这个词语。

acquaintance rape 熟人强奸

强奸发生于一个人遭到她或他认识的、来自一种非浪漫情境的某个人的强奸。

acronym 首字母缩略词

由不同词语的第一个字母创建的词语。它们被用来帮助记忆一连串词语，也是一种记忆方法。

addiction 成瘾

产生依赖性和戒毒适应的药物。因此，如果人们试图停止服用药物，他们就需要使用药物使身体正常运转，也会对他们的身体产生压力。

adjustment 适应

人们应对他们的人生以及应对他们所面临的问题和挑战的方式，指人生的各个领域。

affective tasks 情感任务

具有许多有关丧失亲人的感受，并有向其他人表达这些感受的愿望。

aggressive behavior 主动行为

坚持自己的权利，同时违背他人的权利。这可以包括取笑、支配或贬低他人。

agreeableness 一致性

努力同意别人。有时，它意味着分享相似的看法。

alcohol dependency syndrome 酒精依赖性综合征

一种对酒精的心理和生理依赖，导致慢性病以及破坏人际关系和工作关系；一个卫生专业人员使用的词语，这个词语类似于他们首选的酒精中毒词语。一些症状是频繁出现暂时失去记忆、震颤性谵妄（幻觉、精神错乱、心跳加快）、肝脏疾病，神经损伤或充血性心力衰竭。

Alcoholics Anonymous 戒酒匿名会

总是处于酒精中毒康复过程或酒精依赖综合征的酗酒者举行的会议。戒酒是参加这个计划的酗酒者的一个目标。他们坚持产生某种强大精神成分的12步模式。参加会议的人们都以匿名的形式出席。

altruism 利他主义

希望通过为他人做事情或与他们和谐相处来帮助他们；工作适应理论的6种价值观之一。

androgyny 双性同体

每个人都拥有男性和女性人格特质的思想。双性同体的人们在双性同体测验中的得分，要高于男性气质和女性气质的平均分。

anger 愤怒

愤怒、烦躁以及恼火的感受。在通常情况下，这些感受是由压力产生的。愤怒可以通过吼叫、面部表情或身体对抗表达出来。

anorexia 厌食症

一种危及生命的身体失调，其中，人们为了保持最低限度的重量而拒绝吃足够的食物。由于他们强烈地担心变得肥胖而忍饥挨饿。

Antabuse (disulfiram) 戒酒硫

一种用于酒精中毒的化学治疗方法。在与酒一起服用时，戒酒硫可以产生非常令人不快的影响，其中包括呕吐、出汗、头痛、呼吸困难和血压降低。

anticipated events 预期事件

大多数人在一生中发生的事件或事情，如开始一份工作或退休。

anxiety 焦虑

通常由于压力或冲突所产生的某种不愉快的情绪状态。当人们体验焦虑时，他们很可能感到恐惧、忧虑以及心跳加快或呼吸急促等身体感受。

anxious-ambivalent style 焦虑—矛盾方式

一种成人依恋方式，在这种方式中，人们可能担心关系结束。在儿童时期，他们可能有过父母或看护者不一致的经历。

approach-approach conflict 双趋冲突

在两个具有吸引力的目标之间做出的一种选择。例如，你是想去看电影，还是想去游乐园？

approach-avoidance conflict 趋避冲突

与一个目标有关，在具有吸引力和不具吸引力方面做出的选择。例如，我应该买一辆新车，然后，我不得不支付昂贵的购车款吗？

aptitude 能力倾向

有关未来表现的预测，一个人将来可以做的事情。能力倾向试图衡量将来可能的成就。

assertiveness 自信

一个人以一种明确表示喜好等来表达的方式，有别于被动行为或主动行为。

attachment 依恋

与另一个人的一种情感纽带，这种情感纽带通常是强大和持久的，最常被用来描述婴儿与母亲的关系。

authoritarian parenting style 专制型抚养方式

父母约束孩子做的事情，但不太可能接受孩子的行为。这种态度的典型表达是："这样做是因为我告诉过你，不要提出问题。"

authoritative parenting style 恩威型抚养方式

父母在保持高度约束孩子的同时，也高度容忍孩子。父母在重视服从的同时，也讨论要求和预期。

autonomy 自主权

独立或凭自己的本事工作的机会，包括测试自己的想法、富有创造性以及对一个人的行为负责。这是工作适应理论的6种价值观之一。

avoidance-avoidance conflict 双避冲突

在两个不具吸引力的目标之间做出的一种选择。例如，我是该打扫房间，还是该刷碗呢？

avoidant style 回避反应方式

一种成人依恋方式，在这种方式中，个人可能难以发展亲密和信任的关系，特别是难以发展与浪漫伴侣的亲密和信任关系。

avoiding a problem 回避问题

并不设法解决问题；可能导致自我毁灭性活动，如酗酒等。其他回避问题的方法有不考虑这个问题或从事一个中立性活动，如看电视等。

bargaining 交涉

向上帝请求更多的时间、请求特别豁免或要

求得到死亡宽恕，这是库伯勒-罗斯提出的临终阶段的第3个阶段。

behavioral approaches 行为方法

被用来帮助人们戒除药物的方法。主要的行为方法是强化（类似奖励）。

behavioral tasks 行为任务

做一些承认丧失的事情。葬礼仪式是一种常见的行为任务。

belonging 归属

爱、分享以及与他人合作的需求，由威廉·格拉塞尔定义。

bereavement 丧亲

通常与丧失和一个亲人的死亡联系在一起，与孤独、见不到某个人以及悲伤联系在一起。

binge drinking 狂饮

一次喝下5杯或5杯以上的酒，被用作对过度饮酒的一种数量测量。

bisexuality 双性恋

既被同性成员所吸引，又被异性成员所吸引。

blaming oneself 责备自己

由于造成问题而批评自己；使关注的行动变得更加困难。

bonpu zazen 坐禅

一种根据禅宗佛教冥想的基本方法。

boundaryless career 无边界职业生涯

一种频繁出现的工作变动、从事临时性任务以及从公司一个部门调到另一部门的职业生涯。因此，个人很可能感到不如只被分派一项任务安全。

bulimia 易饥症

一种设法通过呕吐或偶尔使用泻药将身体的食物排泄出去来控制体重的手段。人们经常经历一个暴食—腹泻周期，其间，他们吃大量的食物，随即呕吐或使用泻药。

carcinogens 致癌物质

可以导致癌症的化合物或物质。

cardiovascular disease 心血管疾病

心脏和血管的疾病或不适。

career 职业生涯

在一个人一生中出现的工作和闲暇活动。在整个一生当中，这个人都要做出各种职业生涯选择和决策。

career crisis 职业生涯危机

可以是造成创伤并具有长期影响的事件。比如，在工作中发生事故、被解雇或下岗。

catastrophizing 灾难化

夸大事件，从而使个人体验更多的恐惧或压力。

catharsis 宣泄

一种通过“把心事讲出来”来表达强烈感受的方式。通过披露不适的感受，个人可以对自己感觉更好。

challenging and disputing irrational beliefs 挑战和质疑非理性信念

由阿尔伯特·埃利斯提出，被用来帮助个人解决他们的问题。一种挑战人们认为他们必须完美、不该遭受痛苦或不适、未来可能有危险以及找不到解决办法将很可怕的看法。

challenging dichotomous thinking 挑战两极化思维

被用来帮助个人将事件看成全好或全坏的选择方法。挑战两极化思维的一个常见方法就是量表编制。

challenging generalizations 挑战类化

剖析或质疑个人做出绝对表述的准确性。

challenging mind reading 挑战心灵感应

向认为知道别人正在想什么的个人询问，他们是怎样知道这个想法的。

change 改变

使不同或变化；人们都具有在他们的人生中做出许多改变的能力。

child abuse 虐待儿童

对儿童造成包括身体、性、情感以及忽视在内的伤害。界定对儿童造成的伤害或虐待儿童，经常要留给社会服务机构和法律机构来做出决策。

choices 选择

另一种选择；选择涉及人生的各个领域。

chronic hassles 长期困扰

干扰工作表现或满意度的各种情境。例如，一个不讲理的上司或令人不愉快的物质工作环境。

cirrhosis of the liver 肝硬化

慢性肝脏损伤，从而导致正常的肝脏功能丧失；肝硬化的各种症状是黄疸（皮肤和眼睛发黄）、脱发、脾大、腹泻、出血、精神混乱以及许多其他问题。

cognitive distortion 认知扭曲

在推理方面出现的系统误差，经常产生于儿童早期的推理错误；一种推理的不准确或无效使用的说明。

cognitive tasks 认知任务

通过了解发生了什么事情，个人就能够理解丧失的细节。

collectivist culture 集体主义文化

个人学会关注其他人的需求和价值观，并将他人的需求和价值观置身于自己的需求和价值观之上的文化。

comfort 舒适

各种可以减轻一份工作对一个人造成压力的方式，其中包括独立、积极或忙碌、能够从事各种工作、得到很好的薪水以及具有安全感。舒适是工作适应理论 6 种价值观之一。

communication style 沟通方式

对另一个人进行沟通的一般方式。坦嫩认为，与女性沟通方式相比较，男性沟通方式是规范。

companionate love 伴侣之爱

伴随着对另一个人的性感受、想法和关注而产生深厚的友谊和情感的感受。

confidentiality 保密性

保守秘密，不告诉别人你被告知的事情。保密性在与他人建立一种相互信任关系时至关重要。对于客户来说，在与心理学者、神职人员、社会工作者或精神病学者讨论个人问题的时候，保密性尤其重要。

conscientious 责任心

可信赖，一个人可以被期待做他或她所说的事情，这也包括以一个人参加的活动而自豪。这有助于对言辞和行动负责。

cultural markers 文化标志

有时被称为通过礼仪；表示从一种角色向另一种角色的转变。高中毕业典礼就是一种表示庆祝活动的文化标志。

cultural racism 文化种族歧视

当一个文化群体能够使用其文化价值观来规定一个国家的价值体系时，那么，其他文化价值观往往被忽视并被认为是劣等的。

cultural relativity 文化相关性

相对于个人的文化，然后，相对于个人行为的意义来理解个人的行为；与民族优越感相对。

cultural universals 文化普遍性

几乎所有人都很可能经历的情境和事件。例如，教育、抚养和悲痛。

culture 文化

一群人共同享有的一组态度、价值观、信念和行为。每个人都可以在不同程度上体验文化。

curiosity 好奇心

对新事物或不同寻常事物的愿望，存在于人们对环境的兴趣而探究环境。

date rape 约会强奸

发生于约会或浪漫关系背景下的强奸。约会强奸可以是女性拒绝发生性行为，随后，男性迫使她与他发生性关系。

decatastrophizing 去灾难化

一种质疑一个人在夸大某个感到恐惧结果时的方法。一个这样做的方法就是使用“如果……那又会怎么样”的技巧。

denial 拒绝

对丧失常见的初步反应，这是库伯勒-罗斯提出的对听到一个人被诊断身患绝症的第 1 个阶段的反应。

depression 沮丧

一种对压力的常见反应，在通常情况下，以焦虑、垂头丧气以及较少的身体活动为特征。其他符合沮丧的情绪反应是苦恼、悲哀和悲伤。

detoxification programs 脱毒计划

旨在帮助个人药物戒毒适应、侧重于医学治疗的计划。计划通常是住院治疗，一般要持续几天的时间。

dichotomous thinking 两极化思维

认为事情要么完全是我们所希望的结果，要么就是一种失败；有时被称为黑白思维或极端思维。

discrimination 歧视

根据信念对一个人或一群人所采取的实际行动，通常是偏见。

discrimination (job) 歧视（就业）

根据人们的性别、种族、文化群体、年龄或其他类似的特征所做出的就业或其他决策。与白人男性相比，就业歧视在女性和少数民族就业率和工资较低方面影响较大。

double bind 双重约束

给出可以引起压力的矛盾信息或冲突要求。例如，你以愤怒的语气告诉某个人，你爱这个人，你的语气就会与你所表达的爱发生矛盾。

double jeopardy 双重危险

由于性别和种族或文化认同而经历的歧视。

empathy 移情

理解另一人的观点，并沟通对那个人的理解。这个观点既可以是情感上的观点，也可以是没有明确表达的观点。在表达对另一人的看法时，这个移情的人表明了敏感和理解。

ethnic group 族群

一般而言，民族起源规定了族群或种族划分。个人可以具有几个不同的民族起源。

ethnocentrism 民族优越感

认为一个人自己群体的价值观和态度是评价其他群体的标准。

exploration 探究

寻求或剖析事物的行为。好奇心是一种倾向；探究是寻找或寻求的行为。

expressive style 表达方式

一种包括表达情感和对他人感受保持敏感的行为方式。黛博拉·坦嫩将这种方式描述为女性经常使用的方式。

factor 因素

一种成功的工作绩效所需的特征。

family therapy 家庭疗法

一种旨在帮助家庭成员改善关系，并在家庭范围内把问题解决的咨询或心理治疗形式。在通常情况下，所有家庭成员或大部分家庭成员都要共同参与治疗。

fetal alcohol syndrome 胎儿酒精性综合征

母亲由于在怀孕期间酗酒，造成对胎儿的一种不可逆转的生育异常并发症。可能的胎儿生育异常有小头、小脑、心脏缺损、髋关节脱臼、智力低下、学习智障以及许多其他问题。

freedom 自由

我们希望我们的人生如何生活、如何表达自己以及如何崇拜；由威廉·格拉塞尔定义。也包括我们交往的人们、我们希望阅读或撰写什么以及我们希望如何创造或怎样表现。

frustration 挫折

一种内在压力的形式，发生在个人追求目标遇到干扰的时候。

fun 娱乐

我们为了体育运动、阅读、收藏、笑一笑和开玩笑等消遣而从事的爱好和事情，由威廉·格拉塞尔定义。

gender 性别

指一个人是男性还是女性。我们可以学习或继承男性和女性的差异。

gender roles 性别角色

有关对男性和女性适当行为的预期。人们认为，男性和女性扮演的角色根据文化背景的不同而有所不同。

gender schema theory 性别图式理论

着眼于个人在多大程度上从性别视角来评价他人。

gender stereotypes 性别刻板印象

有关人们认为男性和女性具有的技能、人格和行为的各种信念。女性应该待在家里照顾孩子，就是一种性别刻板印象。

generalization 类化

如果一个人的某种行为被强化的话，那么，这种行为就可以被扩大到包括其他行为。

genuineness 真诚

要对你自己的想法和感受持坦率和诚实的态度。不要对你自己或他人持虚情假意的态度。

goal 目标

一个人设法达到的目标。人们制定的一个目标以及随后选择的行为，将有助于他们实现这个目标。

grief 悲伤

丧失对一个人产生的影响，悲伤既可以是在内心，也可以表现在外表，如哭泣。

growth 成长

一个人在整个一生中持续的一个过程，可以表现在生理、情感和智力等几个方面。

hallucinations 幻觉

看到或听到根本不存在的事物。通过服用药物所产生的幻觉通常是视觉上的，而不是听觉或嗅觉（闻到）上的。

happiness 幸福

一种愉快或满足的感受，可以瞬间出现，也可以持续几个月或几年。

hedges 暧昧的回答

一种试探性或不确定的看法或观点的表达。诸如“有几分地”和“有几分”等都是暧昧的回答。

heterosexism 异性恋主义

与生俱来地认为异性恋要好于同性恋的观点。

heterosexuality 异性恋

针对另一种性别的性欲和性爱行为。

Holland type 霍兰德式

霍兰德采用6种分类来描述人们的人格：现实型、研究型、艺术型、社会型、企业型和传统型；人格类型与现实型、研究型、艺术型、社会型、企业型和传统型工作环境相符合。

homophobia 同性恋恐怖症

对同性恋者的恐惧和憎恨。

homosexuality 同性恋

针对同性别的人的性欲和性爱行为。

hospice 收容计划

旨在照顾临终者及其亲属和朋友的计划和设施。收容计划提供各种家庭服务，这样，病人就能够待在家里。收容计划同样也可以拥有某个设施，并用其为临终者提供护理以及向临终者及其朋友和家人提供咨询。

hypnosis 催眠

一种有点类似于睡眠可以产生极度暗示性的情形。有时被用作吸烟或其他药物的治疗方法，在实现催眠之后，催眠师向一个人提出建议。

individual racism 个人种族歧视

根据自己优于某个人或另一个种族人们的信念而具有的思想、感受或态度。

individualistic culture 个人主义文化

一个人的需求要比朋友、家庭成员或邻居的需求重要的文化。

induction 诱导

一份新工作或一门课程的开始过程。变化出现取决于对这项新活动所做出的承诺。

inner-based solution 内导向解决方案

改变对事件或对人的态度或学习应对问题的新技能。这类解决方案需要这个人采取行动改变自己而不是改变环境。

institutional racism 机构种族歧视

政府或组织制定的政策含有歧视不同种族的人们的内容。

instrumental style 工具方式

一种旨在实现解决方案或达到目标的行为方式。黛博拉·坦嫩一般用它来描述男性的行为。

integration 整合

一个人在熟悉一份工作时，对工作和同事感到轻松的过程。当个人对工作职责和同事感到轻松时，整合就会出现。

interest 兴趣

对一项活动的好奇心或在一项活动中享受快乐。由于与职业生涯有关，兴趣通常可以持续若干年。

intervention 干预

人们通过这个过程接近某个需要接受药物或酒精治疗的病人，向这个病人解释治疗是必要的方法。

job 职位

一个组织内部要求的类似于技能的岗位；指雇主要求工作者完成的任务。

labeling 标记

根据一些失误或错误，将负面素质归咎于一个人自己身上。例如，因为在一次考试中表现不佳就说“我很愚蠢”。

labor market 劳动力市场

一个州、一个国家或世界各地的民众通过就业来满足需求的过程。

life roles 人生角色

在不同类型的情境下所表现出的不同行为。

lifetime sports 终生运动项目

对体能要求较少，比其他运动项目要求较少的参与者的运动项目。它们是成年人在一生的各个时期里比较容易参加的运动项目。终生运动项目包括高尔夫球、网球和保龄球等。

loss 丧失

被用来泛指与某个人、对象、地位、关系分开，抑或被用来泛指剥夺某个人、对象、地位、关系。在通常情况下，被用来指一个亲人的死亡。

massed practice 集中练习

一种学习方法，其中课程教学或练习课彼此

不间断地进行；一种“恶补”的技术描述。

masturbation 手淫

通过刺激自己的生殖器来产生性快感，经常包括性高潮。

meditation 冥想

一种在亚洲被广泛采用的寻求较高层次心理或宗教自我发展的手段。在美国和欧洲，冥想一直有助于减缓人们的生理和情绪压力。

menopause 绝经期

月经永久性终止。一般来说，这种情况出现在女性 50 岁左右的时候。

menstruation 月经

定期从子宫流出的血液，大约每月出现一次。

mind map 思维导图

一种通过在一张纸上对信息进行大量或少量分组而概括内容的方法。

mind reading 心灵感应

认为自己知道另一个人的想法。完全知道别人的想法几乎是不可能的。

mnemonics 记忆法

通过使信息具有更多的相关性来帮助记住信息的策略。首字母缩略词是记忆方法的一个事例。

monogamy 一夫一妻制

只与一个异性保持性关系。

mourning 悲痛

以一个人自己的方式来应付和应对丧失或悲伤。悲痛既可以是内心的，人们无法看到它，也可以是外表上，如在一个葬礼上流露出的悲痛。

multiple intelligence 多元智能

一种认为每个人都具有不同的学习方式或不同的记忆内容方法的观点。加德纳罗列了 7 种智能形式。

musturbation 必须

一个由阿尔伯特·埃利斯杜撰的词语，这个词语是指个人通过说他“必须”或“不得不”做某事，把压力强加到自己身上。这类词语增加了个人强迫自己做事情的压力，也增加了他们自己的焦虑。

Narcotics Anonymous 麻醉药物滥用者匿名会

一个类似于戒酒匿名会的群体，该协会公开人们滥用包括酒精在内的任何药物。

need hierarchy 需求层次

需求层次是由亚伯拉罕·马斯洛提出的，在需求层次中，人们必须满足生理和安全需求等最基本的需求之后，才可能满足爱和归属、自尊以及自我实现的需求。

nicotine inhalers 尼古丁口腔吸入剂

被用作治疗吸烟的一种方法；一支装满尼古丁的塑料管，吸烟者一天可吸入 2～10 次。

nicotine patches 尼古丁贴剂

一种吸烟的治疗方法，类似于绷带，仅释放小剂量的尼古丁进入身体。

non-events 无效事件

一个人希望发生但从未发生的事情。例如，一个没有出现晋升或调动的情境。

normative 规范性

社会活动的共同准则。规范性行为是指有关正确或适当行为的社会期望。

object 对象

在对象关系理论中，“对象”是指与任何人或任何事的关系。在通常情况下，讨论的对象是父亲或母亲。

object relations theory 对象关系理论

一种剖析父母与子女之间的关系以及个人发展成为独立的人的方式的观点。

occupation 职业

类似于人们在许多组织看到的各种职位。例如，简是一名会计，会计是一种职业。她为阿特拉斯公司工作，那是一种职位。

openness 开放性

一种对解决问题或寻找新思路的灵活态度。例如，没有预见的判断。

orgasm 性高潮

性强度达到其最大的强度并出现释放的点，心率、呼吸速率和血压逐渐降低。

orientation toward others 对他人的取向

通过喜欢与人交往以及保持开朗的性格，人们表示一种与人在一起的兴趣。许多问题都涉及与他人在一起的困难，所以，喜欢与他人在一起有助于处理各种问题。

outcome expectations 结果预期

对一个结果的某种可能性的估计。例如，在你参加英语考试时，估计考试的成绩便是结果期望。

outer-directed solution 外导向解决方案

改变他人的行为或以某种方式管理环境或部

分问题。

overgeneralization 过分类化

选择一两个负面事件，并据此制定规则。例如，因为你在一门课程的一次测验中表现不佳，所以，你就得出在这门课程的所有测验中表现得都会很差的结论。

overlearning 过度学习

在你掌握内容后进行复习；一种提高记忆力的有效方法。

palliative unit 临终关怀病房

为护理临终病人而建立的设施，通常是医院的单人病房。

passionate love 激情之爱

对别人一往情深、产生爱慕之情、完全被另一个人所吸引或打动。

passive behavior 被动行为

也被称为非自主行为；做别人希望做的事情，即使你不想这样做。

permissive parenting style 宽容型抚养方式

父母高度容忍孩子，但很少约束允许孩子做的事情。孩子自由地表达自己，并对参加的活动以及参加方式做出自己的决定。

personality 人格

描述一个人的特质。这些特质包括思维、感受和行为。

physical tasks 身体任务

个人在他们处于临终时所完成的身体任务，其中包括营养和流食需求。

physiological dependence 生理依赖

当药物对你的身体正常功能所产生的影响变得非常必要时，在没有药物的情况下，你的身体就无法很好地运转。

positive reinforcement 正强化

通过奖励来加强某种特定行为再次发生的可能性。强化提高了某种行为的发生次数。

positive reinterpretation 正面重新解释法

关注以比较积极的方式来看待事件的各种方法。有时，这意味着认识到问题可能会更加糟糕或者其他人遇到更大的困难。

power 权力

控制他人以及比他人更好的需求；由威廉·格拉塞尔定义。

prejudice 偏见

一种对某个文化或其他类型群体的判断、情感或态度。

primary appraisal 初级评价

适用于问题解决，确定是否存在某个问题或危险的过程。

problem solving 问题解决

一种积极应对问题的方法，而不是一种被动或回避反应的方法。问题可以是情绪上的，也可以是行为上的。

procrastination 拖拉

把要做的事情拖延到以后去做。例如，将学习推迟到其他时间。

progressive relaxation 渐进松弛

一种让个人绷紧和放松包括上肢、面部、颈部、肩部、胸部、腹部和腿部在内的肌肉群，以实现更深层次的放松的方法。

proximity 接近性

找到在附近的人。接近性在决定我们与谁发展友谊和关系方面是一个重要的因素。

psychological tasks 心理任务

死亡过程造成的变化，包括一种与众不同的安全感、减少对自己的控制以及一种对活着的意义的不同体验。

psychotic reactions 精神病反应

各种非常重要的思维和感觉反应，使得个人无法保持与现实的联系。经历精神病反应的个人做出的表述往往没有什么意义、明显不合逻辑或不准确。

race 种族

一个生理概念，种族与我们的血缘和遗传承袭有关。专家对现有的种族数量持不同的意见。

racial identity models 种族认同模型

在涉及文化时，说明个人在理解自己和他人经验方面所经历的常见阶段的各种解释。

racism 种族歧视

一个人自己的种族在生物学上要优于某个不同的种族的信念。

rape 强奸

有害地、被迫地与另一个人进行口交、肛交或性交。强奸被视为一种敌对和侵犯行为的表达，而不是被看作一种性行为的表达。

rapid smoking 快速吸烟

一种令人产生厌恶感的方法，快速吸烟要求吸烟者每 6 秒完成一次香烟吸入和呼出的过程，直到吸烟变得非常使人不快。

rapport 和谐

通过分享类似的经历和同情他人而与他人建立关系，经常被女性所使用。这是坦嫩发现的最常见于女性的一种谈话方式。

reciprocity 相互性

与人相互喜欢的趋势，是解释友谊和关系发展方面的一个重要因素。

reformation 修正

人们在一份新工作中与同事变得更加轻松时出现的过程。随着人们逐渐认识同事，尴尬往往变成了熟悉。

relabeling 重新标记

将人们以某种消极方式标记他们自己的方式，改变为更准确的词语。例如，“我很愚蠢”可以被标记为“我努力”或“我没有为那次测验做准备。”

relational theory 关系理论

研究女性在寻找认同感方面关系的重要性的心理学理论。这个观点认为，女性的自我意识在很大程度上取决于她们发展和保持关系的能力。

relaxation techniques 松弛法

旨在放慢呼吸速率和心率等各种身体过程的方法。这种方法可以减缓肌肉的紧张程度，不会引起肌肉痉挛，并感觉比较舒服。

report 传闻

谈论一个人知道的事情以及做事情的方式，通常被男性所使用。

reward 奖励

一种在你取得成功时鼓励自己和支持自己的方法。它在某种程度上类似于强化，但却被用来提供承认一种成就的手段。

safety 安全感

在一家公司内感到安全或放心以及一个人受到公平对待；工作适应理论的 6 种价值观之一。

satisfaction 满意度

对你目前所从事的工作感到满意；一种对完成某种活动的成就感。

satisfactoriness 满意

一个雇主对一名雇员的表现的满意度，并在某种程度上对一个人充分完成所分配的工作的评价。

scaling 量表编制

通过使用一个诸如 1～10 而不只是 0～10 的数字量表，将一个二分法变成一个统一体。

schema 图式

一种有助于个人解释所看到现象的联想方式。看到一扇窗户着火很可能唤起许多人一种“危险”的图式。

secondary appraisal 次级评价

适用于问题解决，确定最佳处理这个问题方法的过程。

secure attachment 安全依恋方式

一种成人依恋方式，在这种方式中，个人容易信任他人、与其他人在一起很轻松以及在长久的关系中能够得到信任。

self-control 自我控制

对事件以及对一个人的人生各个方面采取负责的态度。不要责备自己或他人，而要对他们采取控制或责任的态度，不断地改变各种活动或事件。

self-actualization needs 自我实现需求

一种来自于我们实现自己的目标、具有创造性以及创造性地表现我们自己的满足感，马斯洛需求层次理论中的最高需求。

self-critical beliefs 自我批评信念

干扰应对问题的一般信念。例如，“我没用”、“我什么事都做不好。”

self-disclosure 自我披露

向别人描述你的个人情况。

self-efficacy theory 自我效能理论

人们对自己完成任务的能力做出的判断。缺乏自信类似于低自我效能。

self-esteem needs 自尊需求

对我们自己充满信心、自我感觉良好以及有一种价值意识。

sensate focus 感觉重点

一种性关注的治疗方法，教导伴侣在没有达到性高潮的情况下如何在感觉上彼此得到满足。

separation and individuation 分离和个性化

与父母分离，以做出自己的选择并对自己的人生负责的过程。

sex 性

在本教材中，性被用来指性行为，如接吻或性交等。

sexual harassment 性骚扰

遭到不受欢迎的行为，而这种行为在本质上与性有关。这可以包括从不受欢迎的口头禅到被霸占或被抚摸等性攻击。

sexual orientation 性取向

个人对同性、异性或两种性别的偏好。许多文化认为，个人都具有一种异性取向，异性取向是个人对异性的一种偏好。

sexual scripts 性脚本

有关人们应该在性方面如何表达自我的预期。性脚本种类繁多，并根据个人的价值观以及文化和宗教信仰的不同而各异。

sexually transmitted diseases（STDs）性传播疾病

一种通过与另一个人性接触而传染的疾病，通常包括体液的交换。常见的性传播疾病是阴虱症、衣原体疾病、淋病、梅毒、疱疹、生殖器疣、病毒性肝炎和艾滋病病毒或艾滋病。

shyness 羞怯

在陌生人或不熟悉的人们面前感到不安或焦虑。个人可能会感到脸红、紧张、无法讲话以及不知道该说些什么。

similarity 类似性

寻找类似于我们自己的人。类似性在决定友谊和关系的发展方面是一个重要的因素。

social interest 社会型兴趣

分享和关心其他人的福利，福利可以在人们的整个一生中，指导人们的行为方式。这包括成为社会组成部分的意识，并为改善社会型兴趣承担某些责任。由阿尔弗雷德·阿德勒提出。

social tasks 社会任务

指临终过程的社会任务，这些任务涉及人际关系的重要性以及医院和救护车等社会系统。

spiritual tasks 精神任务

对一个人的人生意义、一个人的价值观的性质以及一个人的宗教和精神信仰提出质疑，作为死亡过程的一个组成部分。对于一些人来说，死亡过程的精神任务要比他们以往人生组成部分的精神任务更为重要。

SQ3R SQ3R 学习法

浏览、提问、阅读、复述和复习；一种著名的学习方法，这种方法侧重于能够通过回答有关内容的问题来理解内容。

state shyness 状态羞怯

只在特定情境下出现的羞怯，如遇到陌生人或在一大群人中间。

status 地位

成就得到认可和重视；工作适应理论的 6 种价值观之一。

stereotypes 刻板印象

一个人对一群人所持有的积极或消极的信念。

stereotypes（Holland）刻板印象（霍兰德）

人们对职业的印象和概括。霍兰德认为，这些概括一般都是准确的。

stress 压力

情感或身体紧张可以干扰应对各种局面。情绪压力的事例是焦虑、沮丧和愤怒。

stroke 中风

大脑部分血液供应量突然减少，造成身体器官受损。中风的症状是无法说话、无法移动身体部分或意识丧失。

support systems 支持体系

那些你可以向其求助的人们。有些人可以提供情感支持，有些人可以提供信息支持，还有些人可以提供财政支持。

tag question 附加疑问句

把问题附加在一个句子的结尾，女性使用的方式。

therapeutic community 治疗社区

一个旨在帮助个人改变他们的生活方式、戒除药物、开始工作以及对社会采取积极态度的计划。

tolerance 耐药量

为了体验相同的效果需要越来越多的药物。随着使用某种药物量的逐渐增多，生理和心理问题的机会就会有所增加。

trait 特质

一种可以通过测验或观察进行测量的个人特征。

trait shyness 特质羞怯

在许多人际交往情境下出现的焦虑或害怕，

如与一小群人、陌生人或亲戚在一起、在工作或约会的情境下。

transitions 调动

一个人从职业生涯一部分变动到另一部分。调动可以是预期调动、非预期调动、长期困扰调动以及无效事件调动。

unanticipated transitions 非预期调动

令人吃惊或意外的事件，如被解雇。

vaginismus 阴道痉挛

性交前，阴道不自觉地收缩。这是一个女性关注的性问题。

valuational tasks 评价任务

剖析一个人自己的价值观，因为它们与亲人的丧失有关。

values 价值观

对人们至关重要的概念和态度。这些概念和态度包括一般价值观，这是宗教、政治或社会以及与工作有关的价值观。

white privileges 白人特权

那些处于多数民族（西方文化）的人们在他们没意识到的情况下往往具有的特权。

withdrawal 戒毒适应

当一个人对某种药物产生依赖性时，设法停止服用这种药物后，这个人就会产生身体压力。

work 工作

一种对其他人创作有价值的活动；与有报酬和无报酬活动有关的一般性词语。

work adjustment theory 工作适应理论

一个在预测工作满意度方面侧重于价值观重要性的理论。价值观包括成就、舒适、地位、利他主义、安全感和自主权。

参考文献

Abel, G., & Rouleau, J. L. (1990). The nature and extent of sexual assault. In W. Marshall, D. Laws, & H. Barbaree (Eds.,. *Handbook of sexual assault* (pp. 9-20). New York: Plenum.

Adler, A. (1964). *Social interest: A challenge to mankind*. New York: Capricorn.

Ainsworth, M. D. S., Blehar, M. C., Waters, E., & Wall, S. (1978). *Patterns of attachment*. Hillsdale, NJ: Earlbaum.

Amato, P. R. (1993). Children's adjustment to divorce: Theories, hypotheses and empirical support. *Journal of Marriage and the Family*, *55*, 23-38.

Ammerman, R. T. (1990). Predisposing child Factors. In R. T. Ammerman & M. Hersen (Eds.), *Children at risk: An evaluation of factors contributing to child abuse and neglect* (pp. 199-221). New York: Plenum.

Anderson, C. D., & Tomaskovic-Devey, D. (1995). Patriarchal pressures: An exploration of organizational processes that exacerbate and erode gender earnings inequality. *Work and Occupations*, *22*, 328-356.

Aneshensel, C. S. (1986). Marital and employment role strain, social support and depression among adult women. In S. E. Hobfall, (Ed.), *Stress, social support and women* (pp. 99-114). New York: Hemisphere.

Ansbacher, H. L., & Ansbacher, R. (Eds.). (1970). *Superiority and social interest by Alfred Adler*. Evanston, IL: Northwestern University Press.

Aron, A., & Westbay, L. (1996). Dimensions of the prototype of love. *Journal of Personality and Social Psychology*, *70*, 535-551.

Ary, D. B., & Biglan, A. (1988). Longitudinal changes in adolescent cigarette smoking behavior: Onset and cessation. *Journal of Behavioral Medicine*, 11, 361-382.

Asendorpf, J. B. (1989). Shyness as a final common pathway for two different kinds of inhibition. *Journal of Personality and Social Psychology*, *57*, 481-492.

Ashraf, J. (1995). The effect of race on earnings in the United States. *Applied Economic Letters*, *2*, 72-75.

Atkinson, J. W. (1964). *An introduction to motivation*. Princeton, NJ: Van Nostrand Reinhold.

Axelson, J. A. (1999). *Counseling and development in a multicultural society* (3rd ed.). Pacific Grove, CA: Brooks/Cole.

Bandura, A. (1997). *Self-efficacy: The exercise of control*. San Francisco: W. H. Freeman.

Bandura, A. (1986). *Social foundations of thought and action: A social cognitive theory*. Englewood Cliffs, NJ: Prentice-Hall.

Barlow, D. H., & Durand, V. M. (1999). *Abnormal psychology* (2nd ed.). Pacific Grove, CA: Brooks/Cole.

Baumeister, R. F (1984). Choking under pressure: Self-consciousness and paradoxical effects of incentives and skillful performance. *Journal of Personality and Social Psychology*, *46*, 610-620.

Baumrind, D. (1991). Effective parenting during the early adolescent transition. In P. A. Cowan & M. Hetherington (Eds.), *Family transitions* (pp. 111-164). Hillsdale, NJ: Erlbaum.

Baumrind, D. (1989). Rearing competent children. In W. Damon (Ed.), *Child development today and tomorrow*. San Francisco: Jossey-Bass.

Baumrind, D. (1978). Parental disciplinary patterns and social competence in children. *Youth and Society*, 9, 299-276.

Baumrind, D. (1971). Current patterns of parental authority. *Developmental Psychology Monographs*, *4*, (1, Part 2).

Beck, A. T. (1991). Cognitive therapy: A 30-year retrospective. *American Psychologist*, *46*, 368-375.

Beck, A. T. (1976). *Cognitive therapy and the emotional disorders*. New York: International Universities Press.

Bern, S. L. (1987). Gender schema theory and the romantic tradition. In P. Shaver & C. Hendrick (Eds.), *Sex and gender* (pp. 251-271). Newbury Park, CA: Sage.

Bern, S. L. (1981). Gender schema theory: A cognitive account of sex typing. *Psychological Review*, *88*, 354-364.

Bentley, K. S., & Fox, R. A. (1991). Mothers and fathers of young children: Comparison of parenting styles. *Psychological Reports*, *69*, 320-322.

Berlyne, D. E. (1960). *Conflict, arousal, and curiosity*. New York: McGraw-Hill.

Berscheid, E., & Reis, H. T. (1998). Attraction and close relationships. In D. T. Gilbert, S. T. Fiske, & G. Lindzey (Eds.), *The handbook of social psychology* (Volume II). Boston: McGraw-Hill.

Betz, N. E., & Fitzgerald, L. F. (1987). *The career psychology of women*. Orlando, FL: Academic.

Bloodworth, R. C. (1987). Major problems associated with marijuana abuse. *Psychiatric Medicine*, *3* (3), 173-184.

Bolles, R. N. (1999). *What color is your parachute?* (28th ed.). San Francisco: Ten Speed.

Bowlby, J. (1982). *Attachment and loss (Vol. 1): Attachment* (2nd ed.). London: Hogarth.

Bowlby, J. (1980). *Attachment and loss (Vol. 3): Loss, sadness and depression*. New York: Basic.

Brannon, L., & Feist, J. (1997). *Health psychology: An introduction to behavior and health* (3rd ed.). Pacific Grove, CA: Brooks/Cole.

Brazelton, T. B. (1992). *On becoming a*

family: *The growth of attachment*. New York: Delacorte.

Breitman, P., Knutson, K., & Reed, P. (1987). *How to persuade your lover to use a condom... and why you should*. Rocklin, CA: Prima.

Broverman, I. K., Broverman, D. M., Clarkson, D., Rosenkrantz, P., & Vogel, W. (1970). Sex role stereotypes and clinical judgments of mental health counselors. *Journal of Consulting and Clinical Psychology*, *34*, 1-7.

Browne, A., & Williams, K. R. (1993). Gender intimacy and lethal violence: Trends from 1976 through 1987. *Gender & Society*, *7*, 78-98.

Buss, D. M. (1989). Sex differences in human mate preferences: Evolutionary hypotheses tested in 37 cultures. *Behavioral and Brain Sciences*, *12*, 1-14.

Buvat, J., Buvat-Herbaut, M., Lemaire, A., & Marcolin, G. (1990). Recent developments in the clinical assessment and diagnosis of erectile dysfunction. *Annual Review of Sex Research*, *1*, 265-308.

Cash, T., & Derlega, B. (1978). The matching hypotheses: Physical attractiveness among same-sex friends. *Personality and Social Psychology Bulletin*, *4*, 240-243.

Cherlin, A. J. (1992). *Marriage, divorce, remarriage* (Revised and enlarged edition). Cambridge, MA: Harvard University Press.

Ciancanelli, P., & Berch, B. (1987). Gender and the GNP. In B. B. Hess & M. M. Ferree (Eds.), *Analyzing gender*: *A handbook of social science research* (pp. 244-266). Newbury Park, CA: Sage.

Clements, M. (1994). Sex and America today. *Parade*, August 7, 4-6.

Coambs, R. B., Li, S., & Kozlowski, L. T. (1992). Age interacts with heaviness of smoking in predicting success in cessation of smoking. *American Journal of Epidemiology*, *135*, 240-246.

Cohen, S., & Hoberman, H. M. (1983). Positive events and social supports as buffers of life change stress. *Journal of Applied Social Psychology*, *13*, 99-125.

Corey, G., & Corey, M. S. (1997). *I never knew I had a choice* (6th ed.). Pacific Grove, CA: Brooks/Cole.

Corr, C. A. (1992). A task-based approach to coping with dying. *Omega*, *24*, 81-94.

Corr, C. A., Nabe, C. M., & Corr, D. M. (2000). *Death and dying*: *Life and living* (3rd ed.). Pacific Grove, CA: Brooks/Cole.

Crooks, R., & Baur, K. (1999). *Our sexuality* (7th ed.). Pacific Grove, CA: Brooks/Cole.

Culp, J., & Dunson, B. (1986). Brothers of a different color: A preliminary look at employer treatment of White and Black youth. In R. Freeman & H. Holzer (Eds.), *The Black youth employment crisis* (pp. 233-260). Chicago: University of Chicago Press.

D'Zurilla, T. J., & Nezu, A. M. (1982). Social problem solving in adults. In P. C. Kendall (Ed.), *Advances in Cognitive Behavior Research and Therapy* (Vol. 1, pp. 202-274). New York: Academic.

Dawis, R. V., & Lofquist, L. H. (1984). *A psychological theory of work adjustment*. Minneapolis: University of Minnesota Press.

DeLeon, G. (1994). Therapeutic communities. In M. Galanter & H. D. Kleber (Eds.), *Textbook of substance abuse treatment*. Washington, D. C.: American Psychiatric Press.

DeLeon, G. (1989). Psychopathology and substance abuse: What is being learned from research in therapeutic communities. *Journal of Psychoactive Drugs*, *21*, 177-188.

Dinklage, L. B. (1968). *Decision strategies of adolescents*. Unpublished doctoral dissertation: Harvard University: Cambridge.

Dion, K. K., Berscheid, E. & Walster, E. (1972). What is beautiful is good. *Journal of Personality and Social Psychology*, *24*, 285-290.

Doweiko, H. E. (1999). *Concepts of chemi-*

cal dependency (4th ed.). Pacific Grove CA: Brooks/Cole.

Ellis, A. (1993). *Psychotherapy and the value of a human being* (Rev. ed.). New York: Institute for Rational Emotive Therapy.

Ellis, A. (1962). *Reason and emotion in psychotherapy*. Secaucus, NJ: Lyle Stuart.

Emery, R. E., & Lauman-Billings, L. (1998). An overview of the nature, causes, and consequences of abusive family relationships: Toward differentiating maltreatment and violence. *American Psychologist*, *53*, 121-135.

Erikson, E. H. (1963). *Childhood and society* (2nd ed.). New York: Norton.

Evans, R. I., Rozelle, R. M., Maxwell, S. E., Raines, B. E., Dill, C. A., Guthrie, T. J., Henderson, A. H., & Hill, D. C. (1981). Social modeling films to deter smoking in adolescents: Results of a three year field investigation. *Journal of Applied Psychology*, *66*, 399-414.

Everitt, B. J., & Bancroft, J. (1991). Of rats and men: The comparative approach to male sexuality. *Annual Review of Sex Research*, *2*, 77-118.

Feingold, A. (1992). Good-looking people are not what we think. *Psychological Bulletin*, *111*, 304-341.

Feingold, A. (1990). Gender differences in effects of physical attractiveness on romantic attraction: A comparison across five research paradigms. *Journal of Personality and Social Psychology*, *59*, 981-993.

Feiring, C., & Lewis, M. (1987). The child's social network: Sex differences from three to six years. *Sex Roles*, *17*, 621-636.

Ferree, M. M. (1987). She works hard for a living: Gender and class on the job. In B. B. Hess & M. M. Ferree (Eds.), *Analyzing gender: A handbook of social science research* (pp. 322-347). Newbury Park, CA: Sage.

Fisehhoff, B. (1992). Giving advice: Decision theory perspectives on sexual assault. *American Psychologist*, *47*, 577-588.

Fiske, S. T., & Taylor, S. E. (1991). *Social cognition*. New York: McGraw-Hill.

Fitzgerald, L. F, & Ormerod, A. J. (1993). Breaking silence: The sexual harassment of women in academia and the work place. In F. L. Denmark and M. A. Paludi (Eds.), *Psychology of women: A handbook of issues and theories* (pp. 553-581). Westport, CT: Greenwood.

Fleming, S., & Balmer, L. (1996). Bereavement in adolescence. In C. A. Corr & D. E. Balk (Eds.), *Handbook of adolescent death and bereavement* (pp. 139-154). New York: Springer.

Frankl, V. (1997). *Viktor Frankl-Recollections: An autobiography*. New York: Plenum.

Freeman, A. (1993). A psychological approach for conceptualizing schematic development for cognitive therapy. In K. T. Kuehlwein & H. Rosen (Eds.), *Cognitive therapy in action* (pp. 54-87). San Francisco: Jossey-Bass.

Freeman, A. (1987). Cognitive therapy: An overview. In A. Freeman & B. Greenwood (Eds.), *Cognitive therapy: Applications in psychiatric and medical settings* (pp. 1935). New York: Human Science Press.

Fromm, E. (1956). *The art of loving*. New York: Harper & Row (Colophon) (paperback edition, 1974).

Gagnon, J. H., & Simon, W. (1973). *Sexual conduct: The social sources of human sexuality*. Chicago: Aldine.

Gardner, H. (1983). *Frames of mind: The theory of multiple intelligences*. New York: Basic.

Gardner, J. N., & Jewler, A. J. (1997). *Your college experience: Strategies for success* (3rd ed.). Belmont, CA: Wadsworth.

Garnets, L., & Kimmel, D. (1991). Lesbian and gay male dimensions in the psychological study of human diversity. In J. D. Goodchilds (Ed.), *Psychological perspectives on human diversity in America*. Washington, D. C.: American Psychological Association.

Gilligan, C. (1982). *In a different voice*. Cambridge, MA: Harvard University Press.

Gilligan, C. (1977). In a different voice: Women's conception of self and morality. *Harvard Educational Review*, *47*, 481 - 517.

Gilmore, D. (1990). *Manhood in the making: Cultural components of masculinity*. New Haven, CT: Yale University Press.

Ginott, H. G. (1972). *Teacher and child: A book for parents and teachers*. New York: Macmillan.

Gladue, B. A. (1994). The biopsychology of sexual orientation. *Current Directions in Psychological Science*, *3*, 150 - 154.

Glasser, W. (1998). *Choice theory: A new psychology of personal freedom*. New York: Harper.

Glasser, W. (1985). *Control theory: A new explanation of how we control our lives*. New York: Harper & Row.

Glasser, W. (1965). *Reality therapy: A new approach to psychiatry*. New York: Harper & Row.

Gonzales, M. H., & Meyers, S. A. (1993). "You're mother would like me": Selfpresentation in the personal ads of heterosexual and homosexual men and women. *Personality and Social Psychology Bulletin*, *19*, 131 - 142.

Grambs, J. D. (1989). *Women over forty: Visions and realities*. New York: Springer.

Gutek, B. (1985). *Sex and the workplace*. San Francisco: Jossey-Bass.

Gutek, B., & Koss, M. P. (1993). Changed women and changed organizations: Consequences of and coping with sexual harassment. *Journal of Vocational Behavior*, *42*, 28 - 48.

Hackett, G., & Betz, N. (1981). A self-efficacy approach to the career development of women. *Journal of Vocational Behavior*, *18*, 326 - 339.

Hare-Mustin, R. T., & Marecek, J. (1988). The meaning of difference: Gender theory, postmodernism, and psychology. *American Psychologist*, *43*, 445 - 464.

Hatcher, R. A., Trussell, J., Stewart, F., Cates, W., Jr., Stewart, G. K., Guest, F., & Kowal, D. (1994). *Contraceptive technology* (17th ed.). New York: Ardent Media.

Hazen, C., & Shaver, P. (1987). Romantic love conceptualized as an attachment process. *Journal of Personality and Social Psychology*, *52*, 511 - 524.

Hazan, C., & Shaver, P. (1986). *Parental care giving style questionnaire*. An unpublished questionnaire.

Helms, J. E. (1995). An update on Helms's white and people of color racial identity models. In J. Ponterotto, J. M. Casas, L. A. Suzuki, & C. M. Alexander (Eds.), *Handbook of multicultural counseling* (pp. 181 - 198). Thousand Oaks, CA: Sage.

Herek, G. M., Gillis, J. R., Cogan, J. C., & Glunt, E. K. (1997). Hate crime victimization among lesbian, gay, and bisexual adults. *Journal of Interpersonal Violence*, *12*, 195 - 215.

Hettich, P. I. (1992). *Learning skills for college and career*. Pacific Grove, CA: Brooks/Cole.

Hofstede, G. (1984). *Culture's consequences: International differences in work-related values*. Newbury Park, CA: Sage.

Holland, J. L. (1997). *Making vocational choices: A theory of vocational personalities and work environments*. Odessa, FL: Psychological Assessment Resources.

Holmes, T. & Rahe, R. (1967). The social readjustment rating scale. *Journal of Psychosomatic Research*, *11*, 213 - 218.

Hopson, B., & Adams, J. D. (1977). Towards an understanding of transitions: Defining some boundaries of transition. In J. Adams, J. Hayes, & B. Hopson (Eds.), *Transition: Understanding and managing personal change* (pp. 1 - 19). Montclair, NJ: Allenheld & Osmun.

Hudgens, R. W. (1983). Preventing suicide. *New England Journal of Medicine*, *30*, 897–898.

Hughes, L. (1996). *Beginnings & beyond: A guide for personal growth & adjustment*. Pacific Grove, CA: Brooks/Cole.

Hull, J. G. (1987). Self-awareness model. In H. T. Blanc & K. E. Leonard (Eds.), *Psychological theories of drinking and alcoholism* (pp. 272–304). New York: Guilford.

Hunt, M. (1974). *Sexual behavior in the 1970s*. Chicago: Playboy Press.

Hyde, J. S. (1996). *Half the human experience: The psychology of women* (5th ed.). Lexington, MA: Heath.

Jacobson, E. (1938). *Progressive relaxation*. Chicago: University of Chicago Press.

Jakubowski, P. A. (1977). Assertion training for women. In E. I. Rawlings & D. K. Carter (Eds.), *Psychotherapy for women* (pp. 147–190). Springfield, IL: Charles C. Thomas.

Jenike, M. A. (1991). Drug abuse. In E. Rubenstein & D. D. Federman (Eds.), *Scientific American medicine*. New York: Scientific American Press.

Jones, J. M. (1997). *Prejudice and racism* (2nd ed.). New York: McGraw-Hill.

Jordaan, J. P. (1963). Exploratory behavior: The formation of self and occupational concepts. In D. Super, R. Starishevsky, N. Matlin, & J. p. Jordaan (Eds.), *Career development: Self concept theory* (pp. 42–78). New York: College Entrance Examination Board.

Jordan, J. V. (1997). *Women's growth in diversity: More writings from the Stone Center*. New York: Guilford.

Kail, R. B., & Cavanaugh, J. C. (1996). *Human development*. Pacific Grove CA: Brooks/Cole.

Kenrick, D. T., Groth, G. E., Trost, M. R., & Sadalla, E. K. (1993). Integrating evolutionary and social exchange perspectives on relationships: Effects of gender, self-appraisal, and involvement level on mate selection criteria. *Journal of Personality and Social Psychology*, *64*, 1951–1969.

Kinsey, A., Pomeroy, W., & Martin, C. (1948). *Sexual behavior in the human male*. Philadelphia: Sannders.

Klatsky, A. L., Friedman, G. D., & Siegelaub, A. B. (1981). Alcohol and mortality: A ten-year Kaiser-Permanente experience. *Annals of Internal Medicine*, *95*, 139–145.

Kleinke, C. L. (1998). *Coping with life challenges* (2nd ed.). Pacific Grove, CA: Brooks/Cole.

Knussman, R., Christiansen, K., & Couwenbergs, C. (1986). Relations between sex hormone levels and sexual behavior in men. *Archives of Sexual Behavior*, *15*, 429–445.

Kohlberg, L. (1981). *The philosophy of moral development: Essays on moral development* (Vols. 1–2). San Francisco: Harper & Row.

Koss, M. P. (1993). Rape: Scope, impact, interventions, and public policy. *American Psychologist*, *48*, 1062–1069.

Koss, M. P., Gidycz, C. A., & Wisniewski, N. (1987). The scope of rape: Incidents and prevalence of sexual aggression and victimization in a national sample of higher education students. *Journal of Consulting and Clinical Psychology*, *55*, 162–170.

Kübler-Ross, E. (1975). *Death: The final stage of growth*. Englewood Cliffs, NJ: Prentice-Hall (Spectrum).

Kübler-Ross, E. (1969). *On death and dying*. New York: Macmillan.

Lazarus, R. S. (1993). Why we should think of stress as a subset of emotion. In L. Goldberger & S. Breznitz (Eds.) *Handbook of stress: Theoretical and clinical aspects* (2nd ed.). New York: Free Press.

Lazarus, R. S. (1991). *Emotion and adaptation*. New York: Oxford University Press.

Lazarus, R. S., & Folkman, S. (1984). *Stress, appraisal, and coping*. New York: Springer.

LeFrancois, G. R. (1996). *The lifespan* (5th ed.) Pacific Grove, CA: Brooks/Cole.

Lent, R. W., Brown, S. D., & Hackett, G. (1994). Toward a unified social cognitive theory of career and academic interest, choice, and performance. *Journal of Vocational Behavior*, *45*, 79 - 122.

Lewin, K. (1935). *A dynamic theory of personality*. New York: McGraw-Hill.

Lofquist, L. H., & Dawis, R. V. (1991). *Essentials of person-environment correspondence counseling*. Minneapolis: University of Minnesota.

Longstreth, L. E. (1970). Birth order and avoidance of dangerous activities. *Developmental Psychology*, *2*, 154.

Maccoby, E. E. (1990). Gender and relationships: A developmental account. *American Psychologist*, *45*, 513 - 520.

MacKenzie, R. A. (1997). *The time trap*. New York: AMACOM.

Maddi, S. R. (1989). *Personality theories: A comparative analysis* (5th ed.). Belmont, CA: Brooks/Cole.

Maltz, D. M., & Borker, R. A. (1983). A cultural approach to male-female miscommunication. In J. A. Gumperz (Ed.), *Language and social identity* (pp. 196 - 216). New York: Cambridge University Press.

Marrone, R. (1997). *Death, mourning, and caring*. Pacific Grove, CA: Brooks/Cole.

Maslach, C., & Goldberg, J. (1998). Prevention of burnout: New perspectives. *Applied and Preventive Psychology*, *1*, 63 - 74.

Maslow, A. (1970). *Motivation and personality* (2nd ed.). New York: Harper & Row.

Masters, W. H., & Johnson, B. E. (1980). *Human sexual inadequacy* (2nd ed.). New York: Bantam.

Masters, W. H., Johnson, B. E., & Kolodny, R. C. (1994). *Heterosexuality*. New York: HarperCollins.

Matsumoto, D. (1996). *Culture and psychology*. Pacific Grove, CA: Brooks/Cole.

McIntosh, P. (1989). White privilege: Unpacking the invisible knapsack. *Peace and Freedom Journal*. July/August.

Meichenbaum, D. (1985). *Stress inoculation training*. New York: Pergamon.

Miles, M. S., & Demi, A. S. (1986). Guilt in bereaved parents. In T. A. Rando (Eds.), *Parental loss of a child* (pp. 97 - 118). Champaign, IL: Research Press.

Miller, J. B. (1991). The development of women's sense of self. In J. B. Jordan, A. G. Kaplan, J. B. Miller, I. P. Stiver & A. L. Surrey (Eds.), *Women's growth and connection* (pp. 11 - 16). New York: Guilford.

Mirvis, P. H., & Hall, B. T. (1994). Psychological success and the boundaryless career. *Journal of Organization Behavior*, *15*, 365 - 380.

Moore, D. W. (1994, May). One in seven Americans victim of child abuse. *The Gallup Poll Monthly*, pp. 18 - 22.

Morrison, D. R., & Cherlin, A. J. (1995). The divorce process and young children's well-being: A prospective analysis. *Journal of Marriage and the Family*, *57*, 800 - 812.

Morrow, L. (1993, March 29). The temping of America. *Time*, pp. 40 - 44, 46 - 47.

Myers, D. G., & Diener, E. (1997). The pursuit of happiness. *Scientific American*, *Special issue 7*, 40 - 43.

Nass, G. D., Libby, R. W., & Fisher, M. P. (1981). *Sexual choices: An introduction to human sexuality*. *Monterey*, CA: Brooks/Cole.

NIH (National Institute of Health) (1999). HIV/AIDS Fact Sheet. National Institute of Allergy and Infectious Diseases.

Noppe, L. D., & Noppe, I. C. (1996). Ambiguity in adolescent understandings of death. In

C. A. Corr & D. E. Balk (Eds.), *Handbook of adolescent death and bereaving* (pp. 25 – 41). New York: Springer.

Occupational Outlook Handbook. (1998). Washington, D. C.: U. S. Department of Labor.

Occupational Outlook Quarterly (1999). U. S. Department of Commerce, Bureau of the Census, Washington, D. C., p. 40.

Ogbu, J. (1993). Differences in cultural frame of reference. *International Journal of Behavioral Development*, *16*, 483 – 506.

Park, C. L., Cohen, L. H., & Murch, R. L. (1996). Assessment and prediction of stress-related growth. *Journal of Personality*, *64*, 71 – 105.

Parkes, C. M. (1987). *Bereavement: Studies of grief in adult life* (2nd ed.) Madison, CT: International Universities Press.

Parsons, F. (1909). *Choosing a vocation*. Boston: Houghton Mifflin.

Peterson, G. W., Leigh, G. K., & Day, R. D. (1984). Family stress theory and the impact of divorce on children. *Journal of Divorce*, *7*, 1 – 20.

Pines, A. M. (1993). Burnout. In L. Goldberger & S. Breznitz (Eds.), *Handbook of stress: Theoretical and clinical aspects* (2nd ed.). New York: Free Press.

Pryor, F. L., & Schaffer, D. (1997, July). Wages and the university educated: A paradox resolved. *Monthly Labor Review*, 3 – 14.

Pryor, J. B., LaVite, C. M., & Stoller, L. M. (1993). A social psychological analysis of sexual harassment: The period situation interaction. *Journal of Vocational Behavior*, *42*, 68 – 83.

Rapaport, K., & Burkhart, B. R. (1984). Personality and attitudinal characteristics of sexually coercive college males. *Journal of Abnormal Psychology*, *93*, 216 – 221.

Reis, H. T., & Patrick, B. C. (1996). Attachment and intimacy: Component processes. In E. T. Higgins & A. Kruglanski (Eds.), *Social psychology: Handbook of basic principles*. New York: Guilford.

Restak, R. (1994). *Receptors*. New York: Bantam.

Reynolds, D. K. (1980). *The quiet therapies*. Honolulu: University Press of Hawaii.

Rinpoche, S. (1992). *The Tibetan book of living and dying*. New York: HarperCollins.

Robinson, E P. (1970). *Effective study* (4th ed.). New York: HarperCollins.

Robinson, J. P., & Milkie, M. A. (1998). Back to basics: Trends in and role determinants of women's attitudes toward housework. *Journal of Marriage and the Family*, *60*, 205 – 218.

Roe, A., & Lunneborg, P. W. (1990). Personality development and career choice. In D. Brown, L. Brooks, & Assoc. (Eds.), *Career choice and development: Applying contemporary theories to practice* (2nd ed., pp. 68 – 101). San Francisco: Jossey-Bass.

Rogers, C. R. (1980). *A way of being*. Boston: Houghton Mifflin.

Rogers, C. R. (1975). Empathic: An unappreciated way of being. *Counseling Psychologist*, *5*, 2 – 10.

Rogers, C. R. (1961). *On becoming a person*. Boston: Houghton Mifflin.

Rogers, C. R. (1959). A theory of therapy, personality, and interpersonal relationships as developed in the client-centered framework. In S. Koch (Ed.), *Psychology. A study of science: Formulations of the person and the social context* (pp. 184 – 256). New York: McGraw-Hill.

Rosman, B. L., Minuchin, S., & Liebman R. (1975). Family lunch session: An introduction to family therapies in anorexia nervosa. *American Journal of Orthopsychiatry 45*, 846 – 853.

Russo, N. F. (1979). Overview: Sex roles, fertility, and the motherhood mandate. *Psychology of Women Quarterly*, *4*, 7 – 15.

Sacks, M. H. (1993). Exercise for stress control. In D. Goleman & J. Gurin (Eds.), *Mind/body medicine: How to use your mind for better* health. Yonkers, NY: Consumer Reports Books.

Sanday, P. (1981). The socio-cultural context of rape: A cross-cultural study. *Journal of Social Issues*, *37*, 5-27.

Schachter, S. (1982). Recidivism and self-cure of smoking and obesity. *American Psychologist*, *37*, 436-444.

Schlossberg, N. K. (1984). *Counseling adults in transition*. New York: Springer.

Schuckit, M. A. (1989). *Drug and alcohol abuse: A clinical guide to diagnosis and treatment* (3rd ed.). New York: Plenum.

Sharf, R. S. (2000). *Theories of psychotherapy and counseling: Concepts and cases*. Pacific Grove, CA: Brooks/Cole.

Sharf, R. S. (1997). *Applying career development theory to counseling* (2nd ed.). Pacific Grove, CA: Brooks/Cole.

Sharf, R. S. (1993). *Occupational information overview*. Pacific Grove, CA: Brooks/Cole.

Sherwin, B. B. (1991). The psychoendocrinology of aging and female sexuality. *Annual Review of Sex Research*, *2*, 181-198.

Shneidman, E. S. (1985). *Definition of suicide*. New York: Wiley.

Simon, W., & Gagnon, J. (1986). Sexual scripts: Permanence and change. *Archives of Sexual Behavior*, *15*, 97-120.

Skinner, B. F. (1953). *Science and human behavior*. New York: Free Press.

Sternberg, R. J. (1988). Triangulating love. In R. J. Sternberg & M. L. Barnes (Eds.), *The psychology of love*. New Haven, CT: Yale University Press.

Sternberg, R. J. (1986). A triangular theory of love. *Psychological Review*, *93*, 119-135.

Stockard, J. (1997). Sociology: Discovering society. Belmont, CA: Wadsworth.

Super, D. E. (1990). A life span, life space approach to career development. In D. Brown & L. Brooks (Eds.), *Career choice and development: Applying contemporary theories to practice* (2nd ed., pp. 197-261). San Francisco: Jossey-Bass.

Super, D. E. (1970). *Work Values Inventory*. Boston: Houghton Mifflin.

Super, D. E., & Nevill, D. D. (1989). *The Values Scale: Theory, research, and application*. Palo Alto, CA: Consulting Psychologists Press.

Super, D. E., Nevill, D. D. (1986). *The Salience Inventory*. Palo Alto, CA: Consulting Psychologists Press.

Surrey, J. L. (1991). The self-in-relation: A theory of women's development. In J. B. Jordaan, A. G. Kaplan, J. B. Miller, J. P. Stiver, & J. L. Surrey (Eds.), *Women's growth and connection* (pp. 51-66). New York: Guilford.

Tannen, D. (1990). *You just don't understand: Women and men in conversation*. New York: Ballantine.

The American workforce: 1992 - 2005. (1993). *Occupational Outlook Quarterly*, *37*, 4-44.

Thoits, P. A. (1986). Social support as coping assistance. *Journal of Consulting and Clinical Psychology*, *54*, 416-423.

Tice, D. M., & Baumeister, R. F. (1997). Longitudinal study of procrastination, performance, stress, and health: The cost and benefits of dawdling. *Psychological Science*, *8*, 454-458.

Tiedeman, D. B., & O'Hara, R. P. (1963). *Career development: Choice and adjustment*. New York: College Entrance Examination Board.

Till, F. (1980). *Sexual harassment: A report on the sexual harassment of students*. Washington, D. C.: National Advisory Council on Women's Educational Programs.

U. S. Bureau of the Census. (1995). *Statistical abstract of the United States: 1995* (115th ed.). Washington, D. C.: U. S. Government Printing Office.

U. S. Department of Labor. (1997 - 1998). *Occupational Outlook Quarterly*. Washington, D. C.

Ubell, E. (1984). Sex in America today. *Parade*, October 28, 11-13.

Unger, R., & Crawford, M. (1996). *Women and gender: A feminist psychology* (2nd. ed.). New York: McGraw Hill.

Walker, L. E. (1989). Psychology and violence against women. *American Psychologist*, *44*, 695－702.

Wallace, P. (1975). *Pathways into work*. Lexington, MA: D. C. Heath.

Walsh, A. (1991). *The science of love: Understanding love and its effects on mind and body*. Buffalo, NY: Prometheus.

Walsh, R. (1981). Meditation. In R. J. Corsini (Ed.), *Handbook of innovative psychotherapies* (pp. 470－488). New York: Wiley.

Walster, E., & Walster, G. (1978). *A new look at love*. Reading, MA: Addison-Wesley.

Watkins, C. E., Jr. (1992). Birth-order research and Adlerian theory: A critical review. *Individual Psychology*, 48, 357－368.

Weiner, A. B. (1976). *Women of value, men of renown: New perspectives in Trobriand exchange*. Austin: University of Texas Press.

Weisner, C., Greenfield, T., & Room, R. (1995). Trends in the treatment of alcohol problems in the U. S. general population, 1979－1990. *American Journal of Public Health*, *85*, 55－60.

Weiten, W., & Lloyd, M. A. (2000). *Psychology applied to modern life* (6th ed.) Pacific Grove, CA: Brooks/Cole.

Wolpe, J. (1990). *The practice of behavior therapy* (4th ed.). New York: Pergamon.

Worden, J. W. (1991). *Grief counseling and grief therapy: A handbook for the mental health practitioner* (2nd ed.). New York: Springer.

Wubbolding, R. E. (1988). *Using reality therapy*. New York: Harper & Row.

Yang, K. S. (1982). Causal attributions of academic success and failure and their affective consequences. *Chinese Journal of Psychology* [Taiwan], *24*, 65－83. (The abstract only is in English.)

Zajonc, R. B., & Mullally, P. R. (1997). Birth order: Reconciling conflicting effects.

American Psychologist, *52*, 685－699.

Zimbardo, P. G. (1990). *Shyness*. Reading, MA: Addison-Wesley.

Zimbardo, P. G. (1977). *Shyness: What it is, what to do about it*. Reading, MA: Addison-Wesley.

Zuckerman, M. (1990). Some dubious premises in research and theory on racial differences. *American Psychologist*, *45*, 1297－1303.

索　引

（所注页码为英文原书页码，即本书边码）

译后记

本书是美国著名心理治疗与咨询专家，特拉华大学个体与家庭研究系和心理学系副教授理查德·S·沙夫撰写的教科书。

本书以学者的睿智，教师的宽广视野，咨询者的敏锐观察，从心理学和社会学的视角，向我们讲述了如何解决人生中遇到的各种问题，怎样处理好个人选择与个人关系。本书在突出实用性的基础上，涉及广泛而重大的人生问题，诸如学习和工作、家庭与亲密伴侣之间的关系、性别问题、文化多样性、物质滥用、压力应对、焦虑和愤怒等等；另外，本书还提供了大量的案例研究与应用，这些内容不仅使教科书讲述的知识变得栩栩如生，易于理解，也使知识内容与读者遇到的问题产生关联。全书逻辑清晰，内容翔实，文字简洁；在版式设计上，重点突出，易于阅读。

人生的每一步都是个体自我选择的结果。人生的选择往往与个体的情感和理智相联系，又常常受到道德规范的制约。人的第一反应往往是从情感出发，具有冲动性。而理智是人用以认识、理解、思考和决断的能力。英国 19 世纪唯美主义作家奥斯卡·王尔德（Oscar Wilde，1854—1900）在《自深深处：囚于铁窗锁链中的一封信》（*De Profundis Epistola*：*In Carcare et Vinculus*，1905）中指出："动机是理性的目标。"如果没有理智和知识作为基础，那么任何选择都只是冲动、盲目和草率付诸的行为。瑞士心理学家和精神病学家卡尔·古斯塔夫·荣格（Carl Gustav Jung，1875—1961）认为："思想动摇并非在正确与错误之间左右不定，而是在一种理智与非理智之间徘徊。"情感有时战胜理智，理智有时征服情感；理智时常纠正情感过于匆促的判断，但情感却是人的一切活力的动力源泉。

每个人都对自己的人生选择持有不同的看法。译者以为，人生是一个过程，如果把人生比作倒 U 形曲线的话，人生就是从起点回到起点的过程，其间明显发生变化的不仅是人生时间的横坐标，人生诸多方面的纵坐标也在发生变化，而且，这些人生诸多方面的指标均有其各自的峰值。究其本质而言，人生是个体追求和实现意义的过程。人生蕴涵意义，意义内在于人生。人生的意义是以人生的事实为载体，人生的事实反过来被打上了人生意义的烙印，总是以追求和实现人生的意义来展开。个体在追求和实现人生意义的过程中，要遵循道德规范。行为是人类文明的标志。在人生还没有达到“从心所欲，不逾矩”之前，我们的行为首先必须尊重道德规范。

人生的成败得失往往就在于取舍之间。学会选择是人生成熟的表现，是实现人生意义道路上的航标；懂得放弃是人生轨迹坐标上的真实生长点，有时要比学会选择更为重要，放弃是选择的博弈，是选择的超越，是选择的升华。只有学会量力而行的选择，只有懂得老练睿智的放弃，只有我们的态度和行为行走在道德规范之中，我们才会使人生不出现任何陷落的底线，才会实现自己的人生意义。

由于译者知识和水平有限，加之翻译时间较短，译作难免会出现这样或那样的错误，恳请读者批评指正。

最后，在完成这部译作之际，我要向中国人民大学出版社负责此书的编辑们表达诚挚的谢意，感谢他们给予我的鼓励与帮助，也感谢他们为本书所付出的辛苦！另外，我还要向中国人民大学出版社对本书出版的支持表示感谢！

谨以此书送给我的妻子冯华和儿子皮皮。

译者

2010 年初春初稿于北京

2011 年仲秋终稿于北京

Life's Choices: Problems and Solutions, 1st edition
Richard S. Sharf

Cengage Learning Asia Pte. Ltd.
5 Shenton Way, # 01-01 UIC Building, Singapore 068808

北京市版权局著作权合同登记号　图字：01-2003-8133

图书在版编目（CIP）数据

生涯发展与规划——人生的问题与选择/（美）沙夫著；周黎明译．—北京：中国人民大学出版社，2011.7
ISBN 978-7-300-13303-4

Ⅰ.①生… Ⅱ.①沙… ②周… Ⅲ.①职业选择-研究 Ⅳ.①C913.2

中国版本图书馆 CIP 数据核字（2011）第 135255 号

心理学译丛·教材系列
生涯发展与规划
——人生的问题与选择
[美] 理查德·S·沙夫 著
周黎明 译
Shengya Fazhan yu Guihua

出版发行	中国人民大学出版社		
社　　址	北京中关村大街 31 号	**邮政编码**	100080
电　　话	010－62511242（总编室）		010－62511398（质管部）
	010－82501766（邮购部）		010－62514148（门市部）
	010－62515195（发行公司）		010－62515275（盗版举报）
网　　址	http://www.crup.com.cn		
	http://www.ttrnet.com(人大教研网)		
经　　销	新华书店		
印　　刷	涿州市星河印刷有限公司		
规　　格	215 mm×275 mm　16 开本	**版　　次**	2012 年 8 月第 1 版
印　　张	21.25 插页 2	**印　　次**	2012 年 8 月第 1 次印刷
字　　数	498 000	**定　　价**	45.00 元

CENGAGE Learning™

Supplements Request Form (教辅材料申请表)

Lecturer's Details（教师信息）			
Name: (姓名)		Title: (职务)	
Department: (系科)		School/University: (学院/大学)	
Official E-mail: (学校邮箱)		Lecturer's Address / Post Code: (教师通讯地址/邮编)	
Tel: (电话)			
Mobile: (手机)			

Adoption Details（教材信息） 原版□ 翻译版□ 影印版 □			
Title: (英文书名) Edition: (版次) Author: (作者)			
Local Puber: (中国出版社)			
Enrolment: (学生人数)		Semester: (学期起止日期时间)	
Contact Person & Phone/E-Mail/Subject: (系科/学院教学负责人电话/邮件/研究方向) （我公司要求在此处标明系科/学院教学负责人电话/传真及电话和传真号码并在此加盖公章.） 教材购买由 我□ 我作为委员会的一部份□ 其他人□[姓名:] 决定。			

Please fax or post the complete form to（请将此表格传真至）：

CENGAGE LEARNING BEIJING
ATTN : Higher Education Division
TEL: (86) 10-82862096/ 95 / 97
FAX : (86) 10 82862089
ADD: 北京市海淀区科学院南路 2 号
融科资讯中心 C 座南楼 12 层 1201 室 100080

Note: Thomson Learning has changed its name to CENGAGE Learning

VERIFICATION FORM / CENGAGE LEARNING